K⁷ 2902

NOTICE HISTORIQUE

ET STATISTIQUE

SUR LA BARONIE, LA VILLE ET L'ARRONDISSEMENT

DE FOUGÈRES.

NOTICE
HISTORIQUE ET STATISTIQUE
SUR LA BARONIE, LA VILLE ET L'ARRONDISSEMENT
DE FOUGÈRES,

PAR MM. AMÉDÉE BERTIN,
Docteur en Médecine, Sous-Préfet, Membre de la Légion-d'Honneur

ET

LÉON MAUPILLÉ,
Conservateur de la Bibliothèque de Fougères.

RENNES,
Imprimerie de A. MARTEVILLE & LEFAS, rue Royale, 9.

1846.

PRÉFACE.

M. l'abbé Tropée, recteur du Loroux, en s'occupant de la confection d'un registre de paroisse pour l'église de Saint-Léonard, dont il était vicaire, avait été amené à étendre ses recherches aux différents établissements religieux qui ont existé et qui existent encore dans la ville de Fougères, et dont la fondation se rattache à l'histoire des anciens seigneurs du pays; mais ce travail, qui a déjà servi à M. l'éditeur du nouveau Dictionnaire de Bretagne d'Ogée, pour annoter l'ancien article *Fougères* de cet ouvrage, ne constituait pas une histoire de la ville et de la baronie de Fougères. Pour pouvoir donner une histoire aussi complète que possible de cette ville et de cette baronie, il fallait consulter tous les documents historiques généraux et locaux, qui parlent de Fougères, en extraire les faits qui se rapportent à cette localité, les fondre et les coordonner : c'est ce travail que M. MAUPILLÉ a entrepris, et qui forme la Notice que nous publions.

Quoique M. Maupillé ait fait de nombreuses recherches, cependant, comme il se trouve éloigné des grandes bibliothèques, il n'a pas tout vu, et il peut bien avoir commis quelques erreurs ou fait quelques omissions. D'un autre côté, il n'existe à Fougères ni archives de la ville, ni archives du pays ; pendant les derniers troubles civils, elles ont toutes été ou détruites ou transportées à Nantes. Des recherches ultérieures pourront donc encore ajouter à cette esquisse, qui alors méritera de porter le nom d'histoire de la baronie de Fougères.

Cette notice historique paraîtra peut-être un peu longue ; mais on ne doit pas oublier qu'il s'agit ici de monographie, et que des détails, des développements, qui seraient déplacés dans une histoire générale, ne sauraient être un hors-d'œuvre dans une monographie.

Quant aux documents statistiques sur l'arrondisse- de Fougères, ils avaient été en grande partie réunis pour l'usage de l'administration de cet arrondissement, et ils n'auraient pas été livrés à la publicité, si la notice historique qu'ils accompagnent, et dont ils sont, pour ainsi dire, le complément, n'avait pas été publiée. Les monographies statistiques d'arrondissement ne sont en effet que des matériaux pour faire des statistiques plus étendues; elles embrassent des circonscriptions territoriales trop petites, des faits trop peu nombreux pour être autre chose que des notes, des chiffres à ajouter à d'autres notes, à d'autres chiffres.

La statistique, dont on veut faire une science particulière, n'est à notre avis qu'un instrument de toutes les sciences; elle est surtout un instrument de l'économie politique, ou de la science sociale; elle est, pour cette science, ce que sont pour la géographie les voyages de recherches et de découvertes. Le statisticien va en effet à la recherche de la distribution de tous les faits sociaux; il les recueille, les énumère, les rapproche, les groupe de manière à en rendre la comparaison plus facile, à fournir à la science sociale les éléments nécessaires pour qu'elle en déduise les lois de distribution, de mouvement et de développement de tous ces faits.

Tant que les instruments des sciences restent imparfaits, les sciences aussi restent imparfaites, confuses, incertaines et conjecturales; toutes, avant d'arriver à mériter le nom de sciences certaines et fixes, parcourent les différentes phases de leur développement, suivent une loi qui leur est assignée, comme à toutes les séries d'êtres et de faits. Ainsi la magie, l'astrologie, l'alchimie, le jugement du hasard, ont précédé la physique, l'astronomie, la chimie, le jugement après examen et appréciation du fait.

Parmi les phases du développement que parcourent les différents ordres de faits qui sont du domaine de notre intelligence, il y a nécessairement plusieurs phases pendant lesquelles les sciences, quoique sorties de la période d'ignorance et de superstition, ne sont pas encore arrivées à leur période lumineuse. Tel est aujourd'hui l'état de transition dans lequel se trouve la science sociale, qui possède déjà plusieurs instruments presque parfaits et d'une grande puissance, mais qui est encore arrêtée dans sa marche et dans sa constitution, par l'imperfection de quelques-uns de ses instruments.

La statistique, malgré son langage mathématique, malgré son apparence de précision, est presque toujours un des instruments les plus imparfaits de la science sociale. Compter des faits et les ajouter, rien au premier abord ne paraît plus simple et moins sujet à erreur. Cela pourrait être, en effet, si un seul homme recueillait tous ceux qui sont du domaine de la statistique. Cette unité d'action est impossible; il faut faire récolter les faits de statistique par un très-grand nombre de personnes. Si encore ces collecteurs de faits pouvaient mettre au service de l'œuvre le temps, l'intelligence, le bon vouloir et les connaissances nécessaires !.. Mais il n'en est rien : les maires, dans les communes rurales, des agents subalternes, dans les villes, sont les instruments de la statistique, et presque tous n'ont aucune des conditions voulues pour recueillir des documents qui puissent inspirer quelque confiance.

A toutes ces causes d'imperfection de la statistique, il faut encore ajouter que ceux qui demandent des renseignements statistiques posent parfois les questions d'une manière si incomplète, souvent si peu intelligible, parcequ'ils sont eux-mêmes sans connaissances précises sur ce qu'ils veulent, que chaque collecteur de faits ne peut pas toujours parvenir à comprendre ce qu'on lui demande. En outre les statisticiens prennent souvent comme bons, sans les soumettre à aucune critique, tous ces documents recueillis de la manière la plus dérisoire, et ils en tirent des conséquences nécessairement erronées et parfois contradictoires.

Ces sources d'erreur, auxquelles puise la statistique, sont, à différents degrés, communes à tous les pays; mais elles sont presque générales en France, où la population manifeste une extrême répugnance pour toute espèce de recensement, et où, lors même qu'elle n'a aucun intérêt à tromper l'autorité qui est chargée de prendre des renseignements, elle se fait un jeu de lui donner de fausses indications.

Enfin, une nouvelle cause d'erreur, particulière à la France, est l'extrême lenteur avec laquelle on parvient à réunir tous les éléments de la statistique; lenteur qui n'existe pas dans les autres pays, où nous croyons cependant que le mécanisme administratif est bien inférieur au nôtre.

Ces explications étaient nécessaires afin que l'on n'attribue pas aux chiffres des notes statistiques plus de valeur qu'ils n'en ont réellement. Ces chiffres ont été contrôlés, critiqués par tous les moyens praticables; malgré cela, plusieurs ne peuvent être considérés que comme des probabilités, et toutes les observations qui les accompagnent doivent être prises pour des réflexions et non pour des conclusions.

Dans tous les tableaux statistiques on a rapproché, groupé les faits de manière à parler le plus possible à l'intelligence du lecteur. Il serait fastidieux de lui rendre compte des motifs qui ont fait adopter telle disposition plutôt que telle autre : il les découvrira lui-même. Il serait plus fastidieux encore de lui montrer au doigt toutes les ressemblances, toutes les différences qui existent de commune à commune; de lui donner les raisons plus ou moins probables de ces ressemblances et de ces différences. Quelques indications générales suffiront; sa sagacité fera le reste.

On ne doit d'ailleurs pas perdre de vue que les monographies statistiques d'un arrondissement sont réellement comme des sons musicaux, qui n'acquièrent de valeur que lorsqu'ils sont réunis à un certain nombre d'autres sons. La puissance de la mélodie et celle de l'harmonie augmente en raison du plus grand nombre de sons et de timbres différents que contient le clavier musical; de même aussi la statistique deviendra un instrument plus puissant de la science sociale, à mesure que le nombre des monographies d'arrondissement augmentera. Mais la statistique d'un arrondissement ne peut véritablement exister, qu'autant que celle de chaque commune a été dressée avec sincérité, avec unité de vue, en poussant jusqu'à la minimité la recherche des faits qui entrent dans la constitution topographique et sociale des communes, œuvre aujourd'hui impossible en France : c'est dire ce que valent toutes les données statistiques.

Amédée BERTIN.

INTRODUCTION.

De la cité des Rhedones et du comté de Rennes.

Le territoire qui forme aujourd'hui l'arrondissement de Fougères était, sous la domination des Celtes, compris dans la cité des Rhedones.

Cette cité, membre de la célèbre confédération armoricaine, fut soumise par P. Crassus, lieutenant de César, l'an 56 avant Jésus-Christ. Incorporée à l'empire romain, elle fit partie de la seconde, puis de la troisième Province Lyonnaise, sous la métropole de Tours.

Les Romains en restèrent les maîtres jusqu'en 439 : cette année ils en furent chassés par Grallon, roi des Bretons, qui la réunit à la monarchie qu'avait fondée Conan Mériadec, son aïeul, trente ans auparavant.

La cité des *Rhedones* demeura unie à la monarchie bretonne, sous Audren, successeur de Grallon; mais à la mort de ce prince (464), elle en fut détachée et forma, sous le nom de *comté de Rennes*, un état particulier qui fut possédé par Juthaël ou Withaël.

Le comté de Rennes ne resta pas long-temps dans la possession des princes bretons ; en 497, Clovis, amené par la victoire sur les frontières de la Bretagne, songea à donner à ses états une limite plus naturelle que celle qui les séparait du comté de Rennes : il envahit les terres de ce comté, et, après avoir refoulé les Bretons au-delà de la Rance et de la forêt de Brékilien, il le réunit à ses autres conquêtes.

A la mort de Clovis (511), le comté de Rennes tomba dans le partage de Childebert ; mais Hoël, fils du roi Budic, sut habilement profiter de la division qui existait dans la maison royale : il tomba sur les Français, qui ne s'attendaient à rien moins qu'à une pareille attaque, et rétablit sa nation dans la possession de ses anciennes limites.

Le comté de Rennes fut successivement gouverné par trois princes bretons, Hoël Ier ou Rioval, Hoël II (545) et Canao (546).

Ce dernier, en recevant dans ses états Chramne, le fils de Clotaire, révolté contre son père, provoqua le ressentiment du monarque outragé. Une armée française entra en Bretagne, et une seule défaite fit perdre aux Bretons tous les avantages de la victoire d'Hoël (560).

Redevenu province française, le comté de Rennes échut, après Clotaire Ier, à Chilpéric Ier (562), et ensuite à Clotaire II (582); mais ni l'un ni l'autre ne purent y consolider leur autorité. Il devint comme un terrain neutre sur lequel les deux peuples venaient chaque année mesurer leurs forces et dont la possession était le prix du vainqueur. Enfin, une armée de Childebert ayant été presqu'entièrement détruite dans les landes qui avoisinent aujourd'hui Saint-Aubin-du-Cormier, les Français renoncèrent pour un temps à leurs entreprises sur cette contrée (593).

Six princes bretons, Judual, Hoël III (595), Salomon II (612), Judicaël (632), Alain II (638) et Grallon II (690), purent en conséquence jouir en paix des fruits de la victoire remportée par Guérech; mais en 691, Pépin, maire du palais d'Austrasie, qui gouvernait sous le nom du faible Thierry III, entreprit de faire rentrer sous la domination des Francs tous les peuples qui, profitant de l'incapacité des derniers Mérovingiens, s'étaient soustraits à leur empire : il tourna ses armes victorieuses contre les Bretons et leur enleva encore une fois le comté de Rennes.

Réunie à la France, et, pendant un siècle et demi, possédée sans trouble par Clovis III (691), Childebert II (695), Dagobert II (714), Chilpéric II (715), Thierry IV (720), Childéric III (742), Pépin-le-Bref (752), Charlemagne (768), et Louis-le-Débonnaire (814), cette contrée paraissait désormais faire partie de la monarchie à laquelle se rattachaient, outre les liens d'une si longue dépendance, la langue et les mœurs de ses habitants, lorsque parut, à la tête des Bretons, un homme dont la valeur secondait merveilleusement le génie audacieux et entreprenant. Voulant faire sortir sa nation de l'abaissement dans lequel l'avaient maintenue les longues prospérités de la France, sous le gouvernement des carolingiens, Nominoé fondit à l'improviste sur le comté de Rennes, en chassa les Français et y fit reconnaître son autorité, avant même que Charles-le-Chauve eût songé à lui opposer la moindre résistance (843).

Ce fut en vain que plus tard ce faible monarque déploya tout l'appareil de sa puissance, et vint à la tête de ses armées pour tenter de reprendre le territoire qu'il avait perdu. Quatre expéditions n'aboutirent qu'à des défaites qui amenèrent enfin un traité honteux pour la France : le monarque humilié se trouva heureux d'acheter la paix en abandonnant les comtés de Rennes, de Nantes et de Retz, qui, depuis cette époque, n'ont pas cessé d'appartenir à la Bretagne, jusqu'au jour où ils vinrent se fondre avec elle dans la grande monarchie à laquelle les rattachaient tant de souvenirs.

Le comté de Rennes fut successivement possédé par Erispoé (851), Salomon III (852), Gurvand (874), Judicaël (877), Juhel Béranger (888) et Conan (950).

Ce dernier prince, devenu souverain de toute la Bretagne (990), démembra son ancien apanage, le comté de Rennes, et donna ainsi naissance aux deux seigneuries de Vitré et de Fougères.

Le pays que nous occupons a donc été possédé par quatre peuples différents : par les Celtes, jusqu'à l'an 56 avant Jésus-Christ; par les Romains, jusqu'à l'an 439 de Jésus-Christ, c'est-à-dire pendant une période de 483 ans; par les Français et les Bretons alternativement, jusqu'à l'an 843, c'est-à-dire pendant une période de 404 ans (1).

---

(1) Une particularité assez remarquable, c'est que cette période est

Enfin, par les Bretons seuls, qui, comme nous l'avons vu, en sont restés définitivement les maîtres.

Ici se présenterait naturellement une question de philosophie sociale d'une haute importance, savoir : quels éléments sociaux chacun de ces peuples a apportés dans la formation de la société à laquelle nous appartenons; en d'autres termes, chez lequel de ces peuples nous devons aller rechercher nos ancêtres. Mais la solution complète de cette question exigerait des connaissances que nous ne possédons pas, et nous entraînerait d'ailleurs dans des développements qui excéderaient les bornes que nous nous sommes prescrites. Cependant, pour satisfaire au désir que son simple exposé pourrait faire naître, examinons en peu de mots les circonstances qui ont accompagné la succession de ces différents peuples, les phénomènes sociaux qui se sont manifestés lorsqu'ils sont venus prendre la souveraineté de notre contrée. Peut-être pourrons-nous en déduire des conséquences qui feront jaillir une certaine lumière sur l'obscurité de notre origine.

D'abord, qu'arriva-t-il lorsque les Romains renversè-

---

partagée en deux parties parfaitement égales par la possession de chacun des deux peuples, l'un et l'autre ayant possédé le comté de Rennes pendant l'espace de 202 ans, ainsi qu'il résulte du tableau suivant :

BRETONS.	FRANÇAIS.
De 439 à 497 — 58 ans.	De 497 à 513 — 16 ans.
De 513 à 560 — 47	De 560 à 591 — 34
De 591 à 691 — 97	De 691 à 843 —152
Total. . 202	Total. . 202

rent la domination des Celtes? Quel fut le résultat des dispositions réciproques des deux peuples?

D'un autre côté, l'histoire nous apprend que les Romains, maîtres de la Gaule, songèrent plutôt à la dominer par l'ascendant et le prestige de leur civilisation que par la force et les autres moyens que justifie la conquête. Ils traitèrent les habitants avec des égards auxquels ils n'avaient point habitué les peuples qu'ils avaient soumis jusqu'alors, et non contents de leur conserver la plus grande partie de leurs priviléges, ils leur accordèrent le droit de bourgeoisie et la faculté de parvenir aux plus grandes charges de l'empire. D'un autre côté, les Gaulois se laissèrent facilement séduire par ces brillantes faveurs : bientôt les lois de Rome, ses mœurs, ses vêtemens même devinrent ceux des habitants de la Gaule, et les nombreuses colonies semées, par les empereurs, sur la surface de son territoire, furent comme autant d'écoles dans lesquelles, en se façonnant aux usages et en apprenant la langue des vainqueurs, les anciens Celtes voyaient chaque jour s'effacer et disparaître les derniers linéaments de leur caractère national.

Ce grand phénomène social était entièrement accompli au Ve siècle, lorsque les Bretons insulaires vinrent prendre possession de la presqu'île armoricaine. L'élément civilisateur, en contact avec l'élément barbare, avait fini par l'emporter, et une assimilation complète s'était formée sous l'action vivifiante du Christianisme, entre deux peuples qui semblaient devoir être toujours séparés. Des légions romaines étaient bien encore commises à la garde du territoire; mais les colonies, sorties du sein même de l'Italie, maudissant les exactions et le despotisme effréné des empereurs, s'étaient sensiblement rapprochées des indigènes dont elles partageaient les souffrances, et leur fusion avait donné naissance à un nouveau peuple, dont le nom de Gallo-Romain, consacré par l'histoire, rappelle assez la double origine.

Maintenant qu'arriva-t-il, lorsque les Bretons expulsèrent les légions romaines qui étaient commises à la garde de la *cité des Rhedones* et s'en emparèrent? Imposèrent-ils aux Gallo-Romains le joug de leurs institutions, de leurs croyances religieuses, de leurs mœurs et de leur langue, ou parvinrent-ils à les leur faire admettre, comme les Romains avaient fait à leurs ancêtres, quatre siècles auparavant? Non; issus de la même famille que les anciens Celtes, mais séparés maintenant par la différence du langage, ils n'essayèrent sans doute même pas de renouer les liens d'une fraternité qui n'avait plus d'existence que dans des souvenirs traditionnels. Maîtres du comté de Rennes, ils ne se mirent jamais en devoir de le coloniser, et, se portant pour ainsi dire comme héritiers des Romains, ils se contentèrent d'exercer sur les habitants, auxquels d'ailleurs ils laissèrent la jouissance de leurs propriétés, les droits de la souveraineté, en exigeant d'eux les tributs et les autres prestations qui constituent la subjection et la dépendance.

Il en fut de même des Francs, lorsqu'à leur tour ils vinrent enlever aux Bretons leur conquête. Néanmoins il paraîtrait étrange que ces derniers, restés définitivement et sans contestation maîtres du comté de Rennes, n'y aient pas fondé d'établissement, si nous ne savions pas que la crainte des Francs et surtout la terreur que leur inspiraient les Normands, les retinrent longtemps retranchés derrière la forêt de Brékilien et les rives de la Rance, qui leur semblaient des remparts formés par la nature elle-même, et au-delà desquels peu d'ennemis avaient osé s'avancer pour les inquiéter.

Aux IXe et Xe siècles, lorsque la société, après un long travail de dislocation, commença à se rasseoir sur ses bases et préluda à la formation du système féodal, plusieurs chefs bretons vinrent bien se fixer au milieu des populations gallo-romaines qui occupaient le comté de Rennes; mais ils furent toujours en trop petit nombre pour exercer quelque influence sur la société dans laquelle ils entraient, et pour ne pas, au contraire, être contraints de subir la sienne propre et de céder à ses exigences. Aussi, si nous jetons un coup-d'œil sur le comté de Rennes, à la fin du Xe siècle, nous sommes frappés par le spectacle que nous offre une société toute gallo-romaine par sa langue et ses institutions, quoique les hommes qui marchent à sa tête et la dirigent appartiennent presque tous à la nation bretonne.

Nous trouvons encore aujourd'hui une preuve de notre assertion, dans les noms des paroisses qui furent imposés vers cette époque et qui, pour la plupart, se rapportent à la langue gallo-romaine. Il est vrai que ces mêmes noms nous servent à retrouver la trace d'établissemens bretons sur les confins des trois provinces de la Bretagne, de la Normandie et du Maine, dans cette contrée, que l'on désigna, au moyen-âge, sous le nom de Désert. Mais ces établissements, nous n'en doutons pas, appartiennent à un autre ordre de faits. Lorsque Charles-le-Chauve eût concédé à Salomon III le Cotentin, le diocèse d'Avranches et cette partie du Maine qui est en-deçà de la Mayenne, une colonie de Bretons alla prendre possession des terres nouvellement concédées et y fonda les établissements dont il est question.

La terrible invasion des Normands, qui arriva quelques années après, en détruisit sans doute un grand nombre, et força leurs possesseurs de se retirer dans leur ancienne patrie; mais tout porte à croire que tous n'obéirent pas à cette réaction violente, et qu'une partie se maintinrent dans *le Désert*, où ils se retranchèrent militairement, et qu'ils donnèrent naissance aux paroisses dont les noms de Landéan, Landivy, Goron, Harcoët de Saint-Hilaire, dont on a fait, par inversion, Saint-Hilaire-du-Harcoët, Villamée (Villa d'Amois), etc., accusent encore aujourd'hui l'origine bretonne.

D'après ce que nous venons de dire, nous pouvons conclure que la société à laquelle nous appartenons est la fille et l'héritière de cette société gallo-romaine, formée de la fusion des Romains et des Celtes : celtique par son son origine, romaine par son intelligence, ses mœurs et ses institutions. Nous pouvons par conséquent revendiquer pour nos ancêtres les Celtes, dont les traits principaux se retrouvent encore, après deux mille ans, dans leurs descendants, malgré les altérations qu'ont éprouvées leurs mœurs, par suite du croisement des races.

PREMIÈRE PARTIE.

LIVRE PREMIER.

Histoire de la Terre ou Baronie de Fougères et de ses possesseurs.

CHAPITRE PRÉLIMINAIRE.

De l'étendue de la terre de Fougères. — Des droits qu'elle donnait à son possesseur. — Étymologie du nom de Fougères.

La terre ou baronie de Fougères se composa, dès le principe, de tout le territoire compris dans le Vendelais, le Coglais, le Désert et les châtellenies d'Antrain et de Bâzouges (1).

Elle avait, comme on voit, une étendue beaucoup plus considérable que l'arrondissement qui l'a remplacée, puisqu'à l'exception de quelques communes du canton de Saint-Aubin-du-Cormier, elle comprenait toutes celles qui font aujourd'hui partie de notre arrondissement, et, en outre, un grand nombre qui sont en-

---

(1) Voir Vendel, Cogles, Louvigné, Antrain et Bâzouges.

trés dans la formation des arrondissements de Vitré et de Saint-Malo.

La baronie de Fougères étant une des plus anciennes et des plus considérables de la province, donnait à son possesseur le droit d'assister aux conseils du duc, comme membre de son Parlement (1). Il suffit de jeter un

---

(1) Voir D. Morice, tome III, col. 579, 583, 597, 632, 697, 698, 700, 706, 707, 710, etc. Le titre de baron n'avait pas à cette époque la signification que nous lui attachons aujourd'hui ; c'était un adjectif vague et indéfini, qui ne correspondait à aucun degré de la hiérarchie nobiliaire, une qualité indéterminée que l'on donnait à tous les seigneurs, depuis le duc jusqu'aux simples chevaliers. Il paraît néanmoins que, dans le principe, il indiquait une position éminente immédiatement inférieure à celle du souverain : c'est dans ce sens que l'on disait des comtes de Champagne, des ducs de Bourgogne, etc., qu'ils étaient les barons du roi de France ; mais bientôt les grands vassaux, à l'imitation de leurs maîtres, créèrent dans leurs domaines des apanages plus considérables, qui donnèrent à leurs possesseurs le titre de *baron*, et leur exemple ayant trouvé des imitateurs dans tous les degrés de l'échelle féodale, il n'y eut pas jusqu'au plus petit seigneur de haubert qui ne pût, avec raison, se dire le baron du seigneur dont il était le vassal immédiat. Les actes émanés des seigneurs de Fougères ne nous permettent pas de douter qu'ils n'aient eu dans leurs domaines quelques vassaux plus puissants auxquels ce titre était spécialement affecté.

« Henry, mon père, dit Raoul II, dans la charte de fondation de » Rillé, sentant sa fin approcher, appela auprès de lui tous les clercs » de sa terre, ses fils et la plus grande partie de ses barons, des bour- » geois et des paysans, etc. » (D. Morice, tome III, col. 607).

Une transaction entre Raoul Ier et les religieux de Marmoutiers donne la qualité de *barons* à Mein de Poilley ; à Hamelin, fils de Pinel, seigneur de Vendel ; à Richard, fils d'Hamon, et à Payen d'Iné. (D. Morice, tome III, col. 489, 605, 623, etc.) Ce ne fut que vers la fin du XIVe siècle que l'on restreignit le titre de baron aux seuls conseillers du duc, aux titulaires des neuf grandes seigneuries (Fougères était du nombre), qui avaient été censés faire toujours partie du Parlement.

coup-d'œil sur nos annales pour se convaincre de la vérité de notre assertion. Du XI° au XIII° siècle, nous rencontrons peu d'actes émanés de nos souverains dans lesquels le concours des seigneurs de Fougères ne soit clairement exprimé. Nous bornant à une seule citation, nous rappellerons l'*Assise* du comte Geoffroy, dans laquelle Raoul II figure, en première ligne, comme témoin de cette célèbre constitution. Et remarquons-le ici en passant, cette circonstance n'est pas la seule dans laquelle le seigneur de Fougères, en concurrence avec les autres barons de la province, semble avoir eu sur eux cette prérogative d'honneur. Cependant nous croyons qu'il y aurait plus que de la témérité à avancer, avec l'auteur de l'article *Fougères*, dans le Dictionnaire d'Ogée, que *cette terre conférait à son possesseur le titre de premier pair ou premier baron de Bretagne, et le droit de présider la noblesse aux Etats de la province.*

Il est bien certain, d'abord, que les historiens antérieurs au XV° siècle ne nous ont laissé aucun renseignement sur le rang que les barons pouvaient tenir entre eux avant cette époque, et les documents que l'on invoquerait, à l'appui d'un système sur leur hiérarchie, ne sont ni assez nombreux, ni assez explicites, pour qu'on en puisse déduire aucune conséquence.

L'auteur cite, il est vrai, une charte d'Alain-le-Long, qui donne la préséance au seigneur de Fougères; mais la saine critique a depuis long-temps fait justice de cette pièce, évidemment apocryphe.

On rechercherait encore aussi inutilement ces prétendues ordonnances dont parle le même auteur, et qui, selon lui, établirent l'alternative entre le seigneur de

Fougères et celui de Vitré. Un vers latin, fait exprès pour la circonstance, et produit par le duc de Rohan, à l'occasion de ses débats avec le seigneur de Vitré, dans une tirade qui devait consacrer l'ordre établi entre les barons :

Vitrus cum Filetro alternantur ambo;

Ce vers seul est le seul titre sur lequel on puisse fonder une prérogative qui n'est d'ailleurs confirmée par aucun témoignage.

On doit porter le même jugement sur le droit de présider la noblesse, que le même auteur attribue au seigneur de Fougères.

En effet, jusqu'au commencement du XIVe siècle, le Parlement de Bretagne, composé uniquement des neuf prélats et des neufs barons de la province, ne dut avoir d'autre président que le duc lui-même. Il en dut être ainsi jusqu'en 1309, que le duc, ayant appelé pour la première fois les députés des villes, donna sans doute plus d'extension à l'ordre de la noblesse et du clergé.

Alors seulement chaque ordre, devenu trop nombreux pour se réunir dans le même local et ayant des intérêts particuliers et souvent opposés, dut se réunir séparément et avoir un président pour régler ses délibérations et maintenir l'ordre pendant les séances; mais l'honneur de présider la noblesse ne put être attaché à la baronie de Fougères, qui venait d'être confisquée par le roi de France, et qui, par conséquent, ne relevait plus que d'une manière nominale du duc de Bretagne, puisqu'elle était au pouvoir d'un prince dont il était lui-même le vassal.

Le nom de Fougères, donné à la ville et à la baronie dont nous entreprenons d'écrire l'histoire, a été expliqué de diverses manières par les auteurs qui ont voulu rechercher son origine ou son étymologie.

Robert Cenalis ou *Cenau*, évêque d'Avranches, le fait venir de la grande abondance de fougères qui croissent dans les environs : *Filiceriæ*, dit-il, *à filicetis*.

Cet auteur voit donc tout simplement un mot français dans le nom de Fougères; c'est-à-dire un mot qui a sa signification propre et qui n'a point été formé exprès pour notre pays, auquel il a été seulement appliqué, par extension, d'après une de ses productions naturelles.

D'autres, au contraire, ont voulu que le nom de Fougères fût un nom factice, dérivé de la langue celtique, un nom qui aurait emprunté à cette langue tous les éléments de sa formation, et qui, par conséquent, n'aurait aucun sens dans notre idiôme national, auquel il serait parfaitement étranger.

Le savant auteur de l'Histoire ecclésiastique de Bretagne, l'abbé Déric, est du nombre de ces derniers. Suivant lui, *Fougères* viendrait de *faow, hêtre*, dont, par crase, on aurait fait *fou*, et de *ger, rivière*. Ce nom, par conséquent, indiquerait une ville située dans un territoire planté de hêtres et arrosé par une rivière (1).

Nous ne nous arrêterons pas à démontrer tout ce qu'il y a de vague et d'invraisemblable dans une pareille explication. Nous n'insisterons pas davantage sur l'éty-

---

(1) La ville de Fougères repose sur un sol schisteux, et l'on sait que le hêtre est essentiellement l'arbre des terrains granitiques.

mologie donnée par M. Troprée, dans la nouvelle édition du Dictionnaire d'Ogée : *Faoul Kaër* (1), la ville du fond, est aussi inadmissible que le *faow, ger*, de l'abbé Déric.

En effet, pour que nous pussions admettre la supposition de l'un ou l'autre de ces archéologues, il faudrait qu'en remontant le cours des siècles jusqu'au berceau de notre ville, ce nom de *Fougères* ou son identique se présentât toujours à nous, soit dans sa forme actuelle, soit dans la forme transitoire qu'on lui suppose, ou au moins dans une forme qui s'en rapprochât d'une manière sensible. — Or, nous avons beau fouiller dans nos annales, compulser tous les documents de notre histoire, suivre pour ainsi dire pas à pas, pendant quatre siècles, la filiation grammaticale de ce nom de Fougères, nous ne trouvons dans sa constitution aucun des éléments, aucuns des caractères qu'on lui attribue.

Si nous fouillons dans les annales de Bretagne, dans ce magnifique trésor où la patience et l'érudition des bénédictins ont rassemblé tant de richesses, nous voyons que notre ville fut d'abord désignée sous les noms de *Fulgerium*, *Castrum-Felicense*, *Filgeriæ* ou *Fulgeriæ*, puis sous

---

(1) M. Troprée, voulant justifier son étymologie, invoque à l'appui le nom d'une rue de la ville, appelée encore aujourd'hui *le Faux Ker-Alix;* et qui, dit-il, aura été *Foul-Ker-Alix*, ce dernier nom, ajouté en l'honneur d'Alix, fille d'Henry Ier, baron de Fougères. Il ne manque à M. Troprée qu'une autorité pour appuyer sa supposition, et nous avons des preuves incontestables qu'il ne la trouvera pas. Le nom de *Fos-Quérally*, car c'est ainsi qu'on doit l'écrire, est tout récent et ne remonte pas au-delà de la fin du XVIIe siècle : c'est celui d'un afféagiste qui fit bâtir une partie des maisons qui subsistent encore aujourd'hui, et donna son nom à la rue qui s'était élevée par ses soins.

ceux de *Fougières*, *Foulgères*, et enfin *Fougères*, qui paraît avoir prévalu seulement depuis la fin du XVI° siècle.

Or, ce nom de Fougères est-il autre chose que la traduction française des noms latins qui servaient auparavant à désigner notre ville ; et ces noms latins eux-mêmes, que sont-ils, s'ils ne sont pas des formes diverses du mot *Fulgerium* ou *Fulgeria*, employé dans la basse latinité pour désigner la plante à laquelle nous donnons le nom de fougère ?

Si l'on prétendait maintenant que ces expressions elles-mêmes sont factices et composées de radicaux celtiques, revêtus d'une forme latine, nous en appellerions au témoignage de l'histoire, et en démontrant que plusieurs siècles s'étaient écoulés depuis que la langue celtique avait cessé d'être celle de nos pères, à l'époque où fut fondée la ville de Fougères, nous démontrerions toute la futilité d'une pareille prétention. Il serait, en effet, absurde de supposer qu'un nom a été emprunté à une langue étrangère au peuple qui l'a imposé, lorsque surtout tous ses caractères semblent le rattacher à celle que parlait alors ce peuple.

Mais essayons, s'il est possible, de découvrir la raison d'une dénomination dont nous connaissons maintenant le véritable sens, et voyons si elle ne serait pas comme un anneau symbolique qui relierait la baronie de Fougères au comté de Rennes.

L'acte de fondation du prieuré de Saint-Sauveur-des-Landes ne permet pas de douter qu'à la fin du X° siècle, le nom de *Rhedonensis* ne s'appliquât encore à tout le comté de Rennes : notre pays était donc, par conséquent, *Rhedonensis*, si je puis m'exprimer ainsi, avant d'être *Fulge-*

riensis ou *Felicensis*. Si donc il existe un rapport entre ces deux dénominations, et que nous soyons assez heureux pour le découvrir, la difficulté qui nous arrête aura reçu une solution aussi complète que satisfaisante.

Recherchons donc quel est le véritable sens de ce mot *Rhedonensis*, mot évidemment celtique, préexistant à la conquête des Gaules par les Romains, et revêtu seulement d'une draperie latine, mais trop transparente pour ne pas laisser apercevoir son origine étrangère.

Bien que des autorités imposantes aient pensé que ce mot venait de *red*, marche ou course précipitée, nous ne saurions nous ranger à leur opinion. Il n'est guère dans les usages d'un peuple encore voisin de l'état de nature, d'aller emprunter ses dénominations aux arts de la guerre ou d'une civilisation à laquelle il n'est pas initié : chez lui, l'expression locale est presque toujours topographique, et rappelle la situation des lieux, leurs accidents ou leurs productions. Nous aimons mieux croire, avec M. Michelet (1), que *Rennes* veut dire aussi *fougère*.

Ce nom de *Rhedones*, nom du premier peuple qui occupa notre territoire, est évidemment le *Raden*, *Reden* ou *Rhedyn* des anciens Celtes.

L'un et l'autre, soit qu'on écrive *Redones* ou *Rhedones*, nous présentent des éléments si semblables, des caractères si rapprochés, qu'ils paraissent être identiquement les mêmes, soit qu'on les parle, soit qu'on les écrive. Nous retrouvons en effet dans l'un et dans l'autre les mêmes consonnes, c'est-à-dire tout ce qu'il y a de vital et

---

(1) Histoire de France, t. II, p. 1.

de permanent dans l'expression. Les voyelles, il est vrai, ont subi quelque altération; mais n'oublions pas que dans toutes les langues, ces lettres constituent ce que l'on peut appeler l'élément périssable de la langue : elles se corrompent par la prononciation, et finissent quelquefois par disparaître entièrement, tandis que les consonnes survivent et persistent, comme le squelette, par rapport aux chairs qui le recouvrent.

Mais ce *Raden*, *Reden* ou *Rhedyn* a précisément la même signification que notre mot *Fougères*. Ainsi, pour nous, les noms de Rhedones, Fulgeriæ et ses diverses modifications, tant latines que françaises, ne sont qu'un seul et même nom sous des formes différentes.

Lorsque les Celtes vinrent s'établir dans nos contrées, leurs regards furent singulièrement frappés de la prodigieuse quantité de fougère que produisait le sol de notre territoire, et la tribu qui s'y fixa lui donna un nom qui se rattachait à l'idée de cette production.

Plus tard les peuples qui leur succédèrent, soit qu'ils cédassent aux mêmes impressions, soit qu'ils voulussent perpétuer le souvenir des anciennes traditions, reproduisirent cette même idée dans les noms qu'ils imposèrent aux établissements dont ils étaient les fondateurs : de là ces noms de *Fougères*, *Fougeray*, *Fougerolles*, *Renac*, *Radenac*, etc., que portent différentes paroisses dans nos contrées.

Le seigneur de Fougères fut comme le fils aîné de la vieille cité celtique, qui, en se séparant de sa mère et venant prendre rang dans la société féodale, ne voulut pas rejeter un nom consacré par le temps et par de glorieux souvenirs; mais pour se conformer aux exigences de la société dans laquelle il entrait, il le rajeunit en lui donnant la forme nouvelle que comportait le génie de sa langue.

Telle est, selon nous, l'opinion la plus probable que l'on puisse émettre sur l'origine et le véritable sens du nom de Fougères; et la preuve la plus convaincante que, dès le principe, on lui donnait le sens que nous lui attribuons aujourd'hui, c'est qu'au XII⁰ siècle, lorsque le seigneur de Fougères eut à se créer un écusson et une bannière, il n'alla pas chercher pour leur décoration d'autres attributs que ceux qu'exprimait le nom de sa ville et de sa baronie : *Trois branches de fougère de sinople mises en pal sur un fond d'or*, devinrent le signe distinctif de sa maison, et ces armes parlantes, après avoir été celles de sa famille, sont encore aujourd'hui celles de la ville de Fougères.

CHAPITRE I.

Seigneurs de la maison de Fougères proprement dite.
(990—1257.)

La plupart des historiens qui ont parlé de la maison de Fougères regardent Méen, son auteur, comme un puîné de la maison de Rennes (1).

Nous n'hésitons pas à regarder comme erronée cette opinion, qui repose uniquement sur une fausse interprétation que l'on a donnée à la qualité de *neveu de l'archevêque* prise dans un acte par ce seigneur. On a supposé en effet que Junkeneus, frère de Juhel Béranger et oncle de Conan, occupait encore, en 990, le siége métropolitain, et on a conclu de là que Méen devait appartenir à la famille ducale (2).

Le catalogue des évêques de Dol ne donne, il est vrai, un successeur à Junkeneus que dix ans plus tard; mais il est évident qu'il y a une lacune dans ce catalogue. Le prélat dont Méen est dit être le neveu, et qui a signé l'acte dont il s'agit, est désigné ainsi que lui sous le nom de

---

(1) D. Morice, t. III, p. 11; D'argentré, 93; Dictionnaire d'Ogée, au mot *Fougères*.

(2) D. Morice, t. III, col 350.

Méen; or, quoique les actes de l'église de Dol ne fassent mention d'aucun pontife de ce nom, nous croyons qu'il est plus raisonnable de supposer une lacune dans ces actes, surtout lorsqu'un acte qui a tous les caractères de l'authenticité nous présente un nom pour la remplir, que d'attribuer à un homme une existence qui dépasserait les limites que la providence semble avoir assignées à la vie humaine. Telle eût cependant été la condition de Junkeneus, s'il eût encore vécu en 990, car un siècle tout entier s'était écoulé depuis la mort de Béranger, son père. Pour nous, nous renfermant dans les limites de la connaissance que nous donne l'histoire du premier seigneur de Fougères, nous nous garderons de rien hasarder sur ses ancêtres. Nous dirons seulement qu'il devait appartenir à une famille considérable du duché, puisque cette famille avait fourni un prélat à la métropole.

Nous ne connaissons aucune particularité de la vie de Méen; son nom, ainsi que le nom de plusieurs de ses descendants, ne réveille aucun souvenir, et ils seraient tombés dans l'oubli où sont ensevelis tant d'autres noms qui n'ont pas reçu la consécration de la gloire, si les églises et les monastères, dont les seigneurs de Fougères se montrèrent toujours les généreux bienfaiteurs, ne nous les avaient conservés avec les actes de leur pieuse munificence (1).

Méen eut pour successeur son fils Auffroy, vers l'an 1024.

Ce seigneur fonda sur la hauteur où s'éleva plus tard

---

(1) D. Morice, t. III, col. 350, 351.

l'abbaye de Rillé une première église qu'il consacra à Dieu sous le vocable de Sainte Marie (1).

Il prit une part active à la guerre civile qui éclata en 1034 entre Alain, duc de Bretagne, et Eudon, comte de Penthièvre. Il suivit les drapeaux du duc, et combattit à la bataille de Léhon, qui termina la querelle (2).

En 1027, il avait marié sa fille Ynoguen à Tristan de Vitré, et avait donné à son gendre toutes les paroisses du Vendelais situées au-delà du Coësnon, qui depuis cette époque ont toujours dépendu de la seigneurie de Vitré : il s'était seulement réservé le droit de pêche sur les deux côtés de la rivière.

Auffroy mourut vers l'an 1048, et laissa la terre de Fougères à Méen II, son fils.

Celui-ci sembla prendre à tâche de surpasser son père et son aïeul par ses libéralités envers les églises et les monastères, qui reçurent des témoignages non équivoques de son zèle religieux. Il est généralement regardé comme le fondateur de la collégiale de Saint-Léonard, qu'il érigea vers 1090.

Il mourut l'année suivante, ou tout au plus tard celle d'après, et fut inhumé dans l'église de Saint-Sauveur-des-Landes, où reposaient déjà deux de ses fils, Eudon et Juthel (3).

Méen eut pour successeur Raoul, le second de ses fils, et le seul enfant qui lui restât. Ce jeune seigneur, qui avait

---

(1) D. Morice, t. III, col. 358.
(2) D. Morice, t. I, p. 70.
(3) D. Morice, t. III, col. 393, 394, 398, 405, 410, 411, 423, 424, 471, 488, 489.

été élevé à la cour d'Alain Fergent, duc de Bretagne, conserva toujours pour ce prince une vive affection : il l'accompagna lorsqu'il suivit le duc de Normandie dans son expédition en Angleterre, et combattit auprès de lui à la bataille d'Hasting (1066).

Les services du jeune seigneur breton ne furent pas perdus pour la maison de Fougères. Le conquérant, pour le récompenser de son zèle, et se l'attacher par les liens de la vassalité, lui donna des possessions considérables, tant dans ses anciens que dans ses nouveaux domaines. Un grand nombre de paroisses de Normandie, limitrophes de la Bretagne, furent alors réunies au patrimoine de la maison de Fougères, qui devint par cela même vassale des ducs de Normandie (1).

Raoul, de son côté, se montra tout dévoué au service de ses nouveaux maîtres. En 1106, il embrassa le parti d'Henri Ier contre Robert-courte-Cuisse, son frère, et conduisit à ce prince une troupe de Bretons, à la tête desquels il combattit à la bataille de Tinchebray, qui décida de la liberté et des prétentions du malheureux Robert.

Ce fut là le dernier acte politique de sa vie : à partir de

---

(1) La donation du roi d'Angleterre comprenait, en Normandie : Savigny, les Loges, Brecé, Mesnil-Trove, Molines, Moidré, Heudi-Mesnil, Crèteville, Viré, Egouville, Courtils, Verdun, La Mancellière, Romagné, Wattigny, l'Appentis, Bouillon, etc. — En Angleterre : Bellingstone, Winchester, Kington, Plymton et Thetford. Le seigneur de Fougères devait à l'abbé du Mont-Saint-Michel le service d'un chevalier pour la moitié de *Bouillon* et de *Chavoy*. Ce chevalier devait lui être fourni par Bertrand de Verdun. Il devait également le tiers du service d'un chevalier pour la terre de Moidré. D. Morice, t. III, col. 619, 621.

cette époque, il ne parut plus occupé que des intérêts de son âme, et les années se passèrent pour lui dans les exercices religieux, les pèlerinages et de pieuses fondations.

En 1110, après avoir assisté au concile de Nantes, il partit pour Rome, vit, en passant, la célèbre abbaye de Marmoutiers, et y consacra le souvenir de son séjour par le don de l'église de la Trinité, qu'avait fait bâtir sa mère dans le marché de la ville de Fougères.

De retour dans ses terres, il donna à saint Vital la forêt de Savigny pour y bâtir un monastère, et accompagna cette donation de largesses considérables qui lui méritèrent d'être nommé le *père nourricier de cette abbaye*. Il fit même construire tout auprès une maison dans laquelle il se retirait souvent pour se délasser des affaires et jouir des entretiens de saint Vital. Enfin, sentant sa fin approcher, il quitta tout-à-fait le monde, prit l'habit religieux à Savigny, et y mourut en 1122 (1).

Guillaume et Raoul, ses deux fils aînés, l'ayant précédé dans la tombe, il eut pour successeur Méen III, que l'on avait surnommé Fransgallon. Ce jeune seigneur ne tarda pas lui-même à suivre son père : il tomba malade, quelques mois après, dans le cours d'un voyage qu'il avait entrepris pour visiter ses domaines d'Angleterre, et succomba à cette maladie (2).

Son corps fut déposé dans l'église de Saint-Pierre de Winchester.

La terre de Fougères passa alors à Henri, quatrième fils de Raoul.

---

(1) D. Morice, t. III, col. 423, 463, 486, 525.
(2) Histoire manuscrite de l'abbaye de Savigny, à la bibliothèque de Fougères.

Le nouveau Seigneur, qui avait manifesté une vive opposition aux projets de saint Vital, lorsque ce saint anachorète était venu à la cour de son père solliciter l'autorisation d'établir son monastère dans la forêt de Savigny, n'eut rien tant à cœur que de faire oublier aux religieux la conduite qu'il avait tenue alors. Il assista en personne, et entouré d'un grand nombre de seigneurs, ses vassaux, à la dédicace de l'église de l'abbaye, qui eut lieu en 1124; et voulant laisser aux religieux un souvenir de sa munificence, il leur donna à cette occasion la seigneurie de Moidré et la terre de Verdun, avec beaucoup d'autres biens, tant en Bretagne qu'en Normandie.

Vers l'an 1137, Henri donna un asile dans ses terres à Robert de Vitré, qu'une révolte de ses sujets, fomentée par Conan, duc de Bretagne, avait chassé de sa ville. Il lui procura même le moyen de se venger de ses sujets, en mettant à sa disposition une petite troupe avec laquelle Robert pénétra dans le Vendelais, et fit quelques dégâts sur les terres de son ancienne baronie. Mais les liens du sang et les égards dus au malheur furent moins puissants sur le cœur du seigneur de Fougères, que les caresses et les promesses de Conan. Celui-ci, voulant prévenir une alliance qui pourrait lui faire ombrage, fit offrir à Henri la terre de Gahard, avec une partie de la forêt de Rennes, s'il consentait à abandonner la cause de Robert(1) : le seigneur de Fougères, séduit par ces offres, eut la lâcheté de sacrifier son parent et son ami, et l'obli-

---

(1) D. Morice, t. 1, p. 94 ; d'Argentré, livre IV. ch. 47 ; Le Baud, chroniques de Vitré, ch. XXIII.

gea à quitter, avec sa famille, l'asile qu'il lui avait d'abord généreusement procuré.

Cette coupable condescendance cimenta une étroite amitié entre Conan et Henri, qui devint dès lors un des conseillers les plus intimes du duc.

Cependant, le seigneur de Fougères n'avait pas trouvé dans la satisfaction de ses désirs ambitieux le bonheur qu'il avait espéré, et il avait tourné vers le ciel tous ses vœux et ses espérances. L'exemple de son père, mort religieux à Savigny, était comme un aiguillon puissant qui le poussait à l'imiter et portait toutes ses pensées vers le cloître; mais Olive de Penthièvre, sa femme, ne négligeait aucun des moyens qui étaient en son pouvoir pour l'en détourner : les prières, les caresses et les larmes, étaient tour à tour mises en jeu pour ébranler la résolution de Henri. Enfin, cette dame, lasse de combattre et craignant de résister à une volonté si fortement arrêtée, céda à ses instances. Henri se démit alors de la seigneurie de Fougères, en faveur de son fils Raoul (1150); puis, après avoir réglé toutes ses affaires, il se retira à l'abbaye de Savigny, où il prit l'habit religieux (1).

Son entrée dans le cloître fut, comme on n'en doute pas, l'occasion de magnifiques largesses qu'il fit à l'abbaye. A tous les dons qu'il lui avait déjà faits, il ajouta celui d'un moulin (2), d'un étang, d'une prairie, situés dans la ville de Fougères, de la mouture de tout un quar-

---

(1) Histoire manuscrite de Savigny.
(2) Le moulin appelé pour cela *moulin de Savigny*, et le faubourg du même nom, à Fougères.

tier de la ville, de la vigne qui en était voisine, de l'église du Loroux, déjà donnée par son père, mais dont il confirma la donation, et enfin celui de la forêt des Loges, avec toutes ses dépendances, sauf le quartier dit des Eperviers.

Du reste, Henri ne jouit pas long-temps du repos qu'il s'était promis à l'ombre du sanctuaire; il mourut l'année suivante et fut inhumé dans le cloître de son abbaye, qui devint dès lors le lieu ordinaire de la sépulture des seigneurs de Fougères (1).

Raoul II prit part à la guerre civile qui éclata, en 1154, entre Conan, fils d'Alain, comte de Richemont, et Eudon, comte de Porhoët, au sujet de la possession du duché de Bretagne. Il fut du petit nombre des seigneurs qui suivirent les drapeaux d'Eudon, et servit ce prince avec beaucoup de zèle, dans le cours de la première campagne. Il combattit même pour lui à la bataille qui plaça un instant la couronne ducale sur sa tête, et força son rival d'aller chercher un asile et des secours à la cour du roi d'Angleterre.

Mais l'année suivante, lorsque Conan reparut en Bretagne à la tête d'une armée anglaise, on le vit tout à coup, sans qu'on puisse se rendre compte des motifs qui déterminèrent sa conduite, embrasser le parti contraire et le servir avec la même ardeur qu'il avait montrée l'année précédente à le combattre. Dès le début de la campagne, il reçut l'armée anglaise dans sa ville de Fougères, assista dans ses rangs aux siéges de Hédé et de Montmuran, et marcha ensuite avec elle contre la ville

---

(1) D. Morice, t. 3, col. 579, 580, 583, 585, 1150.

de Rennes, dont la garnison capitula après un combat opiniâtre.

Peu de temps après, ayant rencontré Eudon qui battait la campagne pour rallier les débris de son armée et lever de nouvelles troupes, il l'attaqua et le fit prisonnier.

Des services aussi signalés, une capture aussi importante, valurent à Raoul toutes les bonnes grâces de Conan, qui le nomma grand-forestier de Bretagne, et attacha de grands avantages à cette charge, qu'il rendit héréditaire dans sa famille.

Cependant, ni les faveurs de son souverain, ni les dignités dont il était revêtu, ne pouvaient faire oublier à Raoul les obligations qu'il avait à Eudon et l'amitié dont ce prince l'avait honoré aux jours de sa bonne fortune. Sensiblement touché des disgrâces de son ancien seigneur, et étouffant dans son cœur la crainte que pouvait lui inspirer le ressentiment de Conan, il lui rendit la liberté et lui procura les moyens de passer à la cour de Louis VII, qui occupait alors le trône de France.

Vers le même temps, Jean de Dol, son beau-père, lui laissa en mourant la garde de sa jeune fille Iseult et de ses terres (1162) (1). Raoul, craignant que Conan ne voulût se venger sur sa pupille de la haine que lui avait toujours portée son père, prit toutes les mesures que la prudence pouvait lui suggérer pour défendre ses domaines, dans le cas où Conan tenterait de s'en emparer. Il fit fortifier les châteaux de Dol et de Combourg, pourvut à leurs approvisionnements, et y établit de

---

(1) Chronique de Robert, abbé du Mont-Saint-Michel.

bonnes garnisons; puis, cédant aux pressantes sollicitations d'Eudon, qui n'avait cessé, dans sa retraite, de travailler à se créer de nouveaux partisans, il abandonna tout à coup le parti de Conan, repassa sous les drapeaux de Porhoët, et, étant entré sur les terres du duc, il y exerça de grands ravages (1164) (1). Conan, menacé de nouveau, eut recours à son ancien protecteur. Richard du Hommet, connétable du roi en Normandie, reçut l'ordre de pénétrer en Bretagne; et, ayant réuni ses troupes à celles de Conan, il s'empara de Dol et de Combourg.

Raoul ne se laissa point abattre par cet échec : trop faible pour tenir seul tête à un ennemi bien supérieur en forces, il songea à se créer des alliances qui le missent en mesure de recommencer les hostilités, et il manœuvra avec tant d'adresse qu'il entraîna sous sa bannière un grand nombre de seigneurs bretons et manceaux, qui formèrent avec lui une alliance offensive et défensive (1165).

Henri II, instruit du danger auquel allait être exposé son allié, se hâta de passer lui-même sur le continent, et se mit en devoir de tirer une vengeance éclatante de Raoul, qu'il regardait, à juste titre, comme l'âme du complot.

L'armée anglaise souffrit beaucoup, avant d'arriver à Fougères; car Raoul, dans la prévision d'une guerre, avait fait couper tous les blés et les fourrages à plusieurs lieues à la ronde; il avait fait rompre les chemins qui

---

(1) D Morice, t. I, p. 105.

aboutissaient à sa ville ; il les avait remplis d'épines, de pieux et de chausses-trappes, et avait multiplié autant que possible les obstacles, pour entraver la marche des ennemis. Outre cela, la garnison, informée de leur approche, s'était mise en campagne et les harcelait sans cesse, jusqu'au moment où ils arrivèrent devant la ville et la sommèrent de se rendre. On était alors vers la mi-juin.

La place, qui était abondamment pourvue de provisions et de munitions de toute espèce, ne voulut point entendre à une pareille sommation et les Anglais se disposèrent à en faire le siège. Ils éprouvèrent d'abord quelques échecs et virent, à plusieurs reprises, leurs travaux détruits par les assiégés, qui faisaient de fréquentes sorties dans lesquelles l'avantage leur restait quelquefois ; mais enfin la fortune de l'Angleterre l'emporta : la ville, prise d'assaut, fut livrée au pillage et rasée par ordre de Henri (1166) (1). Raoul, qui avait été assez heureux pour échapper au vainqueur, profita de son éloignement pour réparer les désastres de la guerre et relever les murs de son château.

Sur ces entrefaites fut conclu le traité de Montmirail (1169), qui rendit la paix à la Bretagne ; mais sur la fin de l'année 1173, une rupture ayant éclaté entre le roi d'Angleterre et ses fils, le monarque soupçonneux, dans la crainte que les seigneurs bretons ne s'attachassent à son fils Geoffroy, qui avait épousé l'héritière de Bretagne,

---

(1) Robert, abbé du Mont-Saint-Michel. Anno 1166. — D. Morice, t. I, p. 106.

et ne profitassent de cette occasion pour se soustraire à son obéissance, leur envoya l'ordre de se rendre auprès de sa personne. Le seigneur de Fougères fut du petit nombre de ceux qui refusèrent d'obéir : regardant cet ordre comme l'expression d'un sentiment de faiblesse de la part du roi, il se hâta de mettre la dernière main aux fortifications de sa ville, et aussitôt qu'elles furent achevées, il se déclara ouvertement contre lui.

Son exemple trouva des imitateurs dans Harsculphe de Saint-Hilaire, Hugues, comte de Chester, Eudon, comte de Porhoët, et Guillaume Patri, qui réunirent leurs troupes aux siennes (1). Henri ne put contenir le ressentiment qu'excita en lui la nouvelle de cette défection. Il confia le soin de sa vengeance, dont le poids devait principalement retomber sur Raoul, à une troupe de routiers ou de Brabançons, qu'il envoya en Bretagne avec ordre de ne rien épargner sur leur passage. Ces mercenaires entrèrent sur les terres de Fougères, et, trop fidèles exécuteurs des ordres qui leur avaient été donnés, ils y mirent tout à feu et à sang.

La grandeur du péril ne fit qu'exalter le courage de Raoul et de ses alliés. Le seigneur de Fougères, qui d'abord s'était tenu renfermé derrière ses murailles, et qui, par son inaction, avait inspiré une fausse confiance aux ennemis, profita habilement de cette disposition pour les attaquer. Il fondit tout-à-coup sur eux, surprit leurs bataillons en désordre et les força de se disperser, après

---

(1) D Morice, t. 1, p. 110.

leur avoir fait éprouver des pertes considérables (1). Puis, pour exercer de justes représailles des dégâts qu'ils avaient commis sur ses terres, il alla brûler les châteaux de Saint-James et du Teilleul (2).

Henri, outré de colère, se mit en devoir de couper la retraite au seigneur de Fougères et songea à s'emparer de sa ville avant qu'il y fût rentré; mais Raoul, soupçonnant ses desseins, hâta son retour, et le roi se garda bien de se trouver sur son passage.

Il se consola néanmoins de cet échec, par la richesse et la grandeur du butin qu'il emporta de son expédition. Raoul, dans la prévision d'une guerre, avait fait construire dans sa forêt un souterrain (3) assez vaste pour contenir son mobilier le plus précieux et celui de ses vassaux. Il avait en outre donné l'ordre à ceux-ci de conduire dans le bois tous leurs bestiaux et leurs meubles, afin de les soustraire au pillage, dans le cas où l'ennemi viendrait une seconde fois à se rendre maître de la ville. Informés de l'approche de l'armée anglaise, les habitants de Fougères s'étaient mis en devoir de se conformer à cet ordre et déjà le convoi allait atteindre la forêt, lorsqu'il fut surpris par une troupe d'Anglais qui le pilla et se retira chargée de butin.

Pendant que l'ennemi emportait ses richesses et ne

---

(1) Cette rencontre eut lieu auprès du village qui, de là, a pris le nom de *la Bataillière*, sur la route de Saint-James à Fougères, à un myriamètre de cette dernière ville.

(2) D. Morice, t. I, p. 111. — Robert, abbé du Mont-Saint-Michel. Anno 1173.

(3) **Les celliers de Landéan.** Voir Landéan.

paraissait occupé que du soin de les mettre en sûreté, Raoul ne restait pas inactif; il prenait le chemin de Combourg et de là se rendait à Dol. Arrivé devant ces deux places, il y pratiquait des intelligences, employait l'argent et les promesses pour gagner les garnisons et finissait par arborer sa bannière sur ces murailles, à la place du drapeau de l'Angleterre; mais c'était là le dernier terme des prospérités de Raoul, le dernier gage que devait lui donner la fortune à la veille de le trahir.

Henri, informé de la défection des garnisons de Dol et de Combourg, et craignant que leur exemple ne trouvât des imitateurs, envoya une seconde fois les Brabançons en Bretagne, pour contenir dans le devoir les populations qui pourraient être tentées de s'en écarter et y ramener celles qui s'en étaient déjà éloignées.

Raoul et ses alliés n'hésitèrent pas à marcher contre eux. Les deux armées se rencontrèrent le 20 août à une petite distance de Combourg et le combat s'engagea aussitôt; mais les Bretons ne purent soutenir le choc impétueux de leurs adversaires. Plus de 1500 des leurs restèrent sur la place et seize chevaliers, tombés entre les mains des Anglais, furent ensuite conduits à Pontorson. Raoul et le comte de Chester ne durent qu'à la vitesse de leurs chevaux d'échapper au sort de leurs compagnons; ils gagnèrent en toute hâte la tour de Dol, où ils s'enfermèrent avec quarante chevaliers qui étaient parvenus à se sauver avec eux.

Il y furent bientôt investis par les Brabançons qui les avaient suivis de près. L'arrivée de Henri qui, à la première nouvelle de la victoire de Combourg, s'était empressé de venir en personne pour en recueillir les fruits, fit pousser les opérations du siège avec une ardeur incroyable. Au bout de quelques jours, la tour, battue par les machines anglaises, menaçait d'ensevelir les assiégés sous ses ruines. Ceux-ci durent donc renoncer à la défendre et en conséquence ils capitulèrent le 26 août (1).

Roger de Houveden nous a conservé les noms des chevaliers qui furent faits prisonniers, tant à la bataille de Combourg qu'à la prise de Dol.

Parmi les premiers, on remarque Harsculphe de Saint-Hilaire et Raoul de Sens.

Parmi les seconds, Raoul de Fougères, Guillaume et Juhel, ses fils; Leones de Poilley, Philippe de Landevy, Hamelin d'Esné (peut-être d'Ernée), Guillaume de Goron, Juhel de Mayenne, Guillaume de Saint-Brice, Guillaume d'Orange, Guillaume du Châtellier, Robert le Bouteiller, Sowal de Bâzouges, Henri et Philippe de Saint-Hilaire, Robert de Bâzouges, Philippe de Louvigné, Henri des Gastines, Henri de Saint-Étienne, Roger des Loges, etc. (2).

Ils furent les uns et les autres conduits dans diverses forteresses, où ils demeurèrent renfermés jusqu'à la paix. Le seigneur de Fougères ayant obtenu sa liberté en laissant au roi ses deux fils pour ôtages, revint dans ses terres, où il se montra plus que jamais l'ennemi irréconciliable des Anglais. Accompagné de quelques amis aussi ardents et aussi intrépides que lui, il passa

---

(1) D. Morice, t. I, 111.
(2) D. Morice, I, 902.

une année toute entière dans les bois, dont il ne sortait que pour faire des incursions sur les terres du parti contraire. Durant tout ce temps, il ne cessa de harceler les troupes anglaises et de leur faire autant de mal qu'il était en son pouvoir, sans qu'elles pussent jamais user de représailles envers lui; car il leur échappait toujours par sa prodigieuse activité. Enfin la paix conclue entre Henri et ses enfants vint mettre un terme à sa vie errante et lui permit de rentrer dans sa ville (1173).

Les grandes qualités de Raoul avaient été bien appréciées par Geoffroy, lors même qu'il était son ennemi. Aussi lorsque ce prince eut été reconnu duc de Bretagne, ne négligea-t-il aucun des moyens qui pouvaient lui attacher le seigneur de Fougères. Non content de lui restituer tous ses domaines et de rendre la liberté à ses fils, il lui accorda toute sa confiance et lui en donna le plus éclatant témoignage, en lui conférant la première dignité du duché, avec le titre et les fonctions de sénéchal de Bretagne (1).

Raoul assista en 1185 à la célèbre assemblée connue sous le nom d'*Assise au comte Geoffroy*, dans laquelle furent réglées les successions des barons et des chevaliers.

Geoffroy étant mort l'année suivante, il se montra un des plus zélés défenseurs des droits de la duchesse Constance contre les prétentions des rois Henri et Richard, qui réclamèrent successivement la garde des Etats et de la personne du jeune Arthur pendant sa minorité, et ce fut en partie à ses généreux efforts que cette princesse

---

(1) Histoire manuscrite de l'abbaye de Savigny.

fut redevable de la conservation de ses droits de souveraine et de mère.

Cette affaire terminée, Raoul se mit en devoir de réaliser un projet qu'il méditait depuis long-temps. Dès l'année 1163, il s'était croisé avec ses frères Frangal et Guillaume; mais il est plus que probable que la guerre qui s'alluma presqu'immédiatement après ne lui permit pas de donner suite à cette démarche, et depuis vingt-cinq ans il n'avait pas trouvé l'occasion d'accomplir son vœu. Il profita donc du rétablissement de la paix pour prendre part à la croisade qui se préparait contre les infidèles et il partit avec Richard, roi d'Angleterre, André de Vitré et Juhel de Mayenne (1). Il assista au siège de Saint-Jean-d'Acre et ne revint en Bretagne que vers l'année 1193. — Il renonça dès lors aux affaires publiques et se retira dans le château que Raoul Ier avait fait construire auprès de l'abbaye de Savigny. Ce fut dans cette retraite qu'il expira le 15 juin 1194. Son corps fut déposé dans le cloître régulier de l'abbaye, devant le chapitre (2). A l'époque de la destruction de l'abbaye de Savigny, le tombeau de Raoul fut acheté par M. le comte de la Riboisière, qui l'a placé dans le parc de son château de Montorin, où on le voit encore aujourd'hui.

Guillaume, fils aîné de Raoul, était mort depuis sept ans, lorsque ce seigneur lui-même descendit dans la tombe. La terre de Fougères passa en conséquence à un

---

(1) D. Morice, t. I, p. 120.
(2) D. Morice, t. III, col. 588, 606, 619, 623, 627, 629, 631, 634, 635, 644, 645, 650, 653, 657, 664, 703, 706, 714, 724.

enfant du nom de Geoffroy, que Guillaume avait eu d'Agathe du Hommet, son épouse, et dont la garde fut confiée à Guillaume l'Angevin, son grand-oncle.

Guillaume fut du nombre des seigneurs bretons qui, à la nouvelle de l'attentat commis par ordre de Richard, sur la personne de la duchesse Constance, se rendirent à Saint-Malo-de-Baignon et là, après avoir renouvelé leur serment de fidélité au jeune Arthur, arrêtèrent d'aller porter leurs plaintes au roi de France de la perfidie de son vassal (1196) (1).

Quand ensuite, pour toute réponse, Richard eut fait avancer ses troupes en Bretagne, Guillaume marcha contre elles à la tête des gens d'armes de la baronie de Fougères et contribua à la défaite qu'elles éprouvèrent près de Carhaix.

Cinq ans plus tard (1203), Guillaume vit les terres de son neveu menacées d'une nouvelle invasion anglaise. Jean-sans-Terre, après l'assassinat du jeune Arthur, étant entré en Bretagne à la tête d'une nombreuse armée, s'empara de Dol et ravagea les environs de Fougères, sans éprouver de résistance. Il aurait sans doute attaqué la ville elle-même, si le roi de France, qui faisait la guerre à ses sujets du continent, ne l'eût contraint de voler à leur secours. Guillaume, profitant de sa retraite, se rendit à Vannes, où les États de la province venaient de se réunir et délibéraient sur les moyens de venger le meurtre d'Arthur

L'année suivante (1204), Guillaume maria son neveu

---

(1) D. Morice, t. I, p. 122.

à Mahault ou Mathilde, fille d'Eudon, comte de Porhoët, alliance qui, faisant passer une partie des biens de cette riche maison dans celle de Fougères, rendit celle-ci une des plus puissantes de la Bretagne.

Guillaume, en mariant son neveu, se réserva la jouissance du tiers de la terre de Fougères et le droit de disposer à perpétuité, soit en aumônes, soit à titre de gratification à ses serviteurs, d'une valeur de 100 livres, monnaie d'Anjou; mais après son mariage Guillaume refusa de ratifier les engagements qui avaient été pris en son nom par Eudon, son beau-père, Geoffroy de Châteaubriand et Guillaume de la Guerche. Quatre années se passèrent en contestations, après lesquelles Geoffroy consentit à laisser à son oncle la jouissance du Coglais et un revenu de 100 livres à prendre sur Marcillé et sur les terres les plus voisines de ce fief ou du Coglais. Mais Geoffroy ne tarda pas à regretter sa générosité envers son oncle, et il ne cessa de le troubler dans la possession de son apanage : alors l'un et l'autre consentirent à regarder comme non avenu le premier acte passé entre eux, et au lieu de Marcillé, Geoffroy proposa à son oncle, qui les accepta, 20 livres en fonds de terre sur les fiefs de Louvigné, avec le droit de prendre dans la forêt tout le bois de chauffage ou de construction qui lui serait nécessaire; et pour que cet arrangement fût définitif, les deux parties le soumirent à l'approbation du roi de France, Philippe-Auguste, qui le revêtit de sa sanction (1).

---

(1) D. Morice, t. III, p. 797, 798, 810.

Dans le même temps Geoffroy eut à soutenir une contestation plus sérieuse contre Juhel de Mayenne, qui ne réclamait rien moins que la propriété et l'hommage de toute la terre de Fougères.

Sur quels titres ce seigneur appuyait-il sa demande? Ses prétentions étaient-elles fondées? C'est une question qu'il nous a été impossible d'éclaircir. Ce qu'il y a de certain, c'est que Geoffroy consentit à traiter avec lui, et pour obtenir son désistement, il lui fit la cession de la contrée désignée aujourd'hui sous le nom de petit Maine, dans les communes de Louvigné et de la Bâzouges, avec des droits assez considérables attachés au moulin de la Bignette (1).

Le seigneur de Fougères et son oncle prirent une part active à la guerre que Philippe-Auguste entreprit contre le roi d'Angleterre, pour le punir du meurtre du jeune Arthur, et combattirent dans les rangs de l'armée française, aux sièges de Loches et de Chinon (1205).

Ce fut le dernier acte important de la vie de ces deux seigneurs, qui moururent l'un et l'autre dans le courant de l'année 1212. Ils furent inhumés dans le cloître de l'abbaye de Savigny (2).

Raoul III n'avait encore que cinq ans, lorsque la mort de son père le mit en possession des riches domaines qui formaient alors l'apanage de la maison de Fougères. La garde de sa personne et de ses biens fut confiée à Pierre

---

(1) D. Morice, t. III, col. 813 et 814. — Voir Louvigné et La Bâzouges.

(2) D. Morice, t. III, col. 774, 818, 819, 844.

de Dreux, duc de Bretagne, sous lequel il fit ses premières armes, à la bataille de Châteaubriand (1222).

Ce ne fut pas sans de grandes difficultés que Raoul put sortir de l'étroite dépendance dans laquelle le retenait son tuteur. Comme celui-ci avait le plus grand intérêt à conserver le plus long-temps possible la garde des biens de son pupille, il refusait toujours de s'en dessaisir et alléguait sans cesse de nouveaux prétextes pour justifier sa conduite; enfin, lorsque Raoul eut atteint l'âge de vingt-quatre ans, il consentit à l'envoyer en possession; mais, en retour, il exigea de lui 9,000 livres tournois pour droit de bail (30 mai 1229).

Raoul eut bientôt une occasion de se venger de la mauvaise foi de son tuteur. Cette année-là même, Pierre ayant appelé les Anglais en Bretagne, le roi de France le fit condamner par la cour des pairs à la perte de son duché, et en exécution de cette sentence, il fit saisir tous les biens des seigneurs bretons qui se trouvaient dans son royaume. Quoique les nombreuses possessions de Raoul, en Normandie, se trouvassent comprises dans cette confiscation, il s'empressa d'aller trouver le roi à Athée (1), et lui rendit hommage pour toutes les terres qu'il tenait du duc de Bretagne (2).

Le monarque, reconnaissant de sa démarche, lui restitua toutes ses terres de Normandie, pour lesquelles Raoul lui rendit hommage, suivant la coutume de cette province.

---

(1) Aujourd'hui dans le département de la Mayenne.
(2) D. Morice; t. III, col. 872.

Le roi et le seigneur de Fougères conclurent dans cette entrevue un traité dont voici les principales clauses : Le seigneur de Fougères prit l'engagement de livrer son château au roi, qui pourrait y établir telle garnison qu'il lui plairait, et de lui fournir trente chevaliers que le monarque entretiendrait à ses frais jusqu'à la fin de la guerre ou jusqu'à la majorité du duc de Bretagne, avec la faculté d'en disposer comme bon lui semblerait.

Le Roi, de son côté, prit l'engagement de ne faire aucun traité qui pût replacer le seigneur de Fougères dans la dépendance du roi d'Angleterre ou du duc de Bretagne, et de le secourir comme son vassal, s'il venait à être attaqué par l'un ou l'autre de ces princes.

Pour garantir la fidélité de sa promesse, Raoul accorda au roi l'hommage de tous les chevaliers de ses terres, lesquels devaient, en cas d'inexécution de quelques-unes des clauses du traité, rester auprès du Roi jusqu'à leur entier accomplissement.

Le duc de Bretagne conçut un vif ressentiment de la défection de Raoul, et pour que rien ne pût en arrêter les effets, il jura de ne faire aucune paix avec lui, sans l'assentiment du vicomte de Rohan (1).

Ce seigneur possédait toute la confiance du roi d'Angleterre, qui l'honorait d'une affection toute particulière, et Pierre pensait avec raison que nul plus que lui ne désirait l'humiliation et la ruine d'un vassal qui se montrait si hostile à la cause du monarque. Il marcha ensuite en toute hâte sur Fougères, surprit la garnison et s'empara

---

(1) D. Morice, t III, col. 869.

du château; mais les troupes de France qui gardaient la ville le reprirent presqu'aussitôt, et, la trêve conclue à Saint-Aubin-du-Cormier, en suspendant les hostilités, força le duc de Bretagne d'ajourner ses projets de vengeance (1).

Raoul profita de la paix pour contracter une alliance qui pût lui donner un appui, dans le cas où une nouvelle guerre viendrait fournir à Mauclerc l'occasion d'exécuter ses mauvais desseins contre lui. Il jeta les yeux sur Isabelle, fille d'Amaury de Craon et de Sablé, qui lui apporta en dot 2000 livres tournois en deniers, et 350 livres de revenu annuel, qui furent assises sur les biens de la maison de Craon, à Agon, en Normandie, et à Châteauneuf sur Sarthe (2). L'an 1235, la veille de la Toussaint, Raoul fut reçu chevalier par le roi Saint-Louis lui-même, avec tout le cérémonial usité.

Le 6 décembre de cette année, Isabelle accoucha d'un fils qui reçut au baptême le nom de Jean, et qui mourut le jour même de sa naissance.

Raoul était alors occupé d'un procès considérable qui n'eut une solution définitive qu'en 1242. Eudon III, comte de Porhoët, étant mort en 1231, Raoul de Fougères, son petit-fils, Pierre de Chemillé et Olivier de Montauban, ses gendres, ainsi que Guy de Mauvoisin, son beau-frère, prétendirent également à son héritage (1235). Après de longs débats, qui ne furent suivis d'aucun résultat, Raoul et Guy de Mauvoisin convinrent

---

(1) D. Morice, t. I, col. 163.
(2) D. Morice, t. III, col. 881.

de s'en rapporter, pour ce qui les concernait, à la décision du roi de France. Le monarque, ayant pris connaissance de l'affaire, prononça en faveur de Raoul, fils de l'ainée des filles d'Eudon, et envoya ce seigneur en possession de tous les biens contestés, à la charge de payer à Guy une somme de 2,500 livres tournois et une rente annuelle de 200 livres, qui serait assise sur les biens de la maison de Fougères en Normandie (1).

Les prétendants refusèrent d'acquiescer à ce jugement, et l'année suivante (1236), ils portèrent leur affaire à la cour du duc de Bretagne, qui confirma la sentence du roi; mais ce fut seulement deux ans plus tard (1238) que Raoul et Guy, fatigués de ces longs débats, prirent enfin le parti de transiger et acceptèrent les conditions imposées par les deux souverains (2).

Sur ces entrefaites, Jean Ier, fils de Pierre de Dreux, ayant atteint sa majorité, fut reconnu duc de Bretagne. Un de ses premiers soins fut de ramener sous son obéissance le seigneur de Fougères qui, depuis dix ans, ne reconnaissait d'autre souverain que le roi de France. Pour le disposer en sa faveur, il s'engagea à juger le différend qui existait depuis si long-temps entre ses oncles et lui; il exempta ses terres du droit de bail et de rachapt, sauf l'assise du comte Geoffroy; il lui accorda sur les Juifs de ses terres la même juridiction qu'avait André de Vitré; enfin il lui permit de fortifier, comme bon lui semblerait, son château de Marcillé. Raoul ne fut point insensible à la perspective de si grands avantages : cependant, re-

---

(1) D. Morice, t. III, p. 890.
(2) D. Morice, t. III, p. 901, 902, 907.

connaissant tout ce qu'il devait au roi de France, il voulut avoir obtenu son agrément, avant de faire hommage au duc. Le monarque consentit sans peine à sa demande, et dès lors le seigneur de Fougères redevint le vassal du duc de Bretagne (1239) (1). Saint-Louis n'en continua pas moins de lui accorder une grande confiance et une estime toute particulière. Cette année-là même, ayant renouvelé avec le nouveau duc de Bretagne tous les traités qu'il avait faits avec son père, et exigé de lui qu'il s'engageât à ne faire ni directement, ni indirectement la guerre à la France, il voulut que Raoul se portât fort pour son souverain, et lui garantit l'exécution de ses promesses, en s'engageant à prendre son parti contre le duc lui-même, dans le cas où celui-ci viendrait à enfreindre les conditions de son hommage (2).

Jean, de son côté, mit le plus grand empressement à remplir les engagements qu'il avait contractés envers Raoul. Il ne négligea aucun des moyens qui pouvaient amener entre ses deux oncles et lui une réconciliation à laquelle on travaillait inutilement depuis dix ans, et il fut assez heureux pour y réussir. Cette longue contestation fut terminée par un traité, passé devant le duc lui-même, à la Meilleraye, le 15 avril 1242, et d'après lequel environ les deux tiers de la succession d'Eudon furent attribués à Raoul, l'autre tiers demeurant à ses oncles, qui le partagèrent (3).

---

(1) D. Morice, t. III, p. 910 et 911.
(2) D. Morice, t. III, p. 914.
(3) D. Morice, t. III, p. 912, 916, 933, 934, 935, 940, 941 et 942. — Hévin, arrêts sur Frain, 530 et 531.

Deux ans plus tard fut également terminé un différend qui existait depuis long-temps à l'égard du Vandelais, entre les seigneurs de Fougères et ceux de Vitré. Raoul et André s'abouchèrent à Monbelleu, le jour Saint-Gilles 1244, et là, il fut arrêté entre eux qu'ils ne pourraient avoir aucune forteresse dans le pays Vandelais, si ce n'est Fougères et Châtillon, qu'ils se réservaient le droit de fortifier comme bon leur semblerait. Une dernière clause du traité portait que tous les sujets de contestation qui avaient pu exister entre eux ou leurs prédécesseurs, seraient considérés comme non avenus, moyennant une rente annuelle de 30 livres que le seigneur de Vitré paierait à celui de Fougères (1).

Raoul, ayant ainsi réglé les affaires de sa baronie, se rendit aux sollicitations des religieux de Savigny qui, depuis plusieurs années, le pressaient de demander au souverain pontife la canonisation de Saint-Vital, leur fondateur, et de ses compagnons. Il écrivit en conséquence au pape Innocent IV, l'informant des miracles qui s'opéraient tous les jours, par l'intercession de Dom Vital, Dom Geoffroy, Dom Pierre et Dom Hamon, moines de Savigny, et le priant de les mettre au nombre des saints (2).

Nous ignorons l'effet que produisit la lettre de Raoul et si ses démarches furent accueillies par la cour de

---

(1) Cartulaire de Rillé, à la Bibliothèque de Rennes. D. Morice, t. III, 927 et 928.

L'assiette de ces 30 livres fut faite sur les terres et les hommes du seigneur de Vitré dans la paroisse de Saint-Didier.

(2) Histoire manuscrite de l'abbaye de Savigny.

Rome. Ce qui nous le ferait croire, c'est que, depuis cette époque, les saints dont il est question ont été honorés dans une grande partie de la chrétienté.

Le 29 janvier 1253, Raoul maria sa fille unique Jeanne de Fougères, à Hugues XII de Lusignan, comte de la Marche. Le mariage fut célébré par Etienne de Châteaudun, abbé de Savigny, avec toute la pompe que comportait la haute position des deux conjoints. Raoul ne survécut que trois ans à cette cérémonie. Il mourut le 24 mars 1256, à l'âge de cinquante-deux ans, et fut inhumé, comme ses prédécesseurs, dans le cloître de l'abbaye de Savigny (1).

En lui finit la maison de Fougères, après 266 ans d'existence.

---

(1) Histoire manuscrite de l'abbaye de Savigny.

Tableau généalogique et chronologique des seigneurs de Fougères, de la maison de Fougères proprement dite.

ANNÉES de l'avénement à la Baronie.	NOMS DES BARONS.	NOMS DE LEURS FEMMES.	NOMS DE LEURS ENFANTS.	ANNÉES de la mort des BARONS.
Vers 900...	Méen Ier........	N.............	Auffroy.	vers 1024.
Vers 1024..	Auffroy Ier........	N.............	Méen II. Ynoguen, épouse de Tristan, baron de Vitré. N... religieuse à l'abbaye de Saint-Georges de Rennes. Alvered, bâtard.	vers 1048.
Vers 1048..	Méen II........	Adélaïde........	Juthaël. Eudon. Raoul Ier.	vers 1090.
Vers 1090..	Raoul Ier........	Avise de Bienfaict....	Guillaume. Raoul. Méen III, dit Fransgallon. Henri Ier. Robert. Béatrix.	vers 1124.
1124.......	Méen III........			1124.
1124.......	Henri Ier........	Olive de Bretagne, fille d'Étienne, comte de Penthièvre.........	Raoul II. Frangal. Guillaume l'Angevin, épouse une fille de Geoffroy de Chal. Alix, épouse Robert, seigneur de Vitré. Anne, épouse Robert de Montfort.	1150.

ANNÉES de l'avénement à la Baronie.	NOMS DES BARONS.	NOMS DE LEURS FEMMES.	NOMS DE LEURS ENFANTS.	ANNÉES de la mort des BARONS.
1150	Raoul II	Jeanne de Dol	Geoffroy. Jubel. Guillaume, épouse Agathe du Hommet-Jubel. Henri. Mabille, épouse Alain IV, vicomte de Rohan. Constance, épouse Hugues, comte de Chester. Marguerite, épouse Galeran, comte de Meulan. N....., épouse Payen de Saint-Brice.	1194
1194	Geoffroy Ier, fils de Guillaume et d'Agathe du Hommet	Mathilde ou Mahaut de Porhoët	Raoul III. N....., épouse Foulques Pagnel.	1222
1222	Raoul III	Isabelle de Craon	Jean, mort en naissant. Jeanne, épouse Hugues XII de Lusignan et porte la terre de Fougères dans sa famille.	1256

CHAPITRE II.

Des Seigneurs de Fougères de la maison de Lusignan.
(1256—1314.)

Jeanne, fille unique de Raoul III, en épousant Hugues de Lusignan, semblait devoir faire passer, sans contestation, la baronie de Fougères dans la famille de son époux : cependant il survint une difficulté qui donna lieu à un procès entre Hugues et sa belle-mère.

Quelque temps après la mort de son mari, cette dame, dont le douaire avait été assigné sur la terre de Fougères, ayant épousé Charles de Bodégat, celui-ci n'eut rien de plus pressé que de faire valoir les droits de sa nouvelle épouse, en réclamant l'exécution de toutes les conventions matrimoniales dont sa première union avait été l'objet, et il ne fallut rien moins que l'intervention du duc de Bretagne et de Guy de Lusignan, seigneur de Coniac, pour arranger cette affaire. Grâce à leur médiation, Hugues fut maintenu dans la possession de la baronie de Fougères et de ses dépendances, et Charles de Bodégat reçut en échange, à titre de douaire de sa femme, la terre de Porhoët, aussi avec ses dépendances, sauf néanmoins *son fief* de Bodégat, qu'il devait, comme auparavant, tenir à titre héréditaire de Hugues lui-même, et pour lequel il était soumis, ainsi que ses successeurs, à l'hommage en vers le seigneur de Fougères (1).

L'an 1275, le duc de Bretagne ayant changé les droits de bail en celui de rachapt, Hugues refusa d'accepter la constitution et conserva dans ses terres le droit de bail, qui s'y maintint jusqu'en 1559, que Charles IX y substitua le droit de rachapt (2).

Hugues Ier eut pour successeur Hugues II, son fils ainé. Celui-ci fut tué à la bataille de Courtray, en 1302, et laissa la terre de Fougères à Guy de Lusignan, son frère. Ce seigneur s'étant allié avec les Anglais et leur ayant livré Coignard et Merseins, Philippe-le-Bel, qui nourrissait contre lui un profond ressentiment, profita de cette défection pour le perdre. Il le cita à la Cour des pairs et Guy, déclaré coupable du crime de félonie, fut condamné à la confiscation de ses biens et au paiement d'une amende de 120,000 livres (1307).

Philippe ne voulut pas néanmoins exécuter cette sentence dans toute sa rigueur, et il laissa la jouissance de la terre de Fougères à Yolande, sœur de Guy, qui la conserva jusqu'à sa mort, arrivée en 1314.

Cette dame détacha de la terre de Fougères la sci-

---

(1) La forêt de la Nouée fut également réservée à celui-ci ; mais il fut stipulé que si Jeanne venait à mourir sans enfants, Charles de Bodégat pourrait, en vertu du contrat de mariage d'Isabelle de Craon, sa femme, faire valoir ses droits sur la terre de Fougères et regarder le dernier traité comme non avenu. D. Morice, t. III, 968.

(2) A la Monstre des Osts du duc de Bretagne, faite en 1294, à Ploërmel, le sénéchal du seigneur de Fougères reconnut qu'il devait cinq chevaliers, à raison de la terre de Fougères. D. Morice, t. III, p. 110.

gneurie de Sens, avec ses dépendances, et la donna à Foulques de Malmains, en récompense des services que lui et ses ancêtres avaient rendus à la maison de Fougères.

A la mort de Jeanne de Malmains, sa fille, la terre Sens revint par droit de bail entre les mains du comte d'Alençon, qui, en 1364, la rendit à Bertrand du Guesclin, fils et héritier de cette dame (1).

---

(1) D. Morice, t. III, p. 1541 et 1542.

CHAPITRE III.

Des Seigneurs de Fougères de la maison de France.
(1314—1428.)

Jean III, qui était alors duc de Bretagne, n'eut pas plus tôt appris la mort d'Yolande, qu'il s'empressa de mettre la main sur la terre de Fougères, comme sur un fief qui relevait immédiatement de son duché; mais le roi de France n'était pas disposé à se laisser enlever un bien qui lui avait été adjugé par sentence de la Cour des pairs; il cita le duc de Bretagne à comparaître à sa cour, et pour assurer l'exécution du jugement, qu'il lui était facile de prévoir d'avance, il donna l'ordre à Hugon de la Celle de saisir et d'occuper provisoirement la baronie de Fougères (1). Le duc intimidé ne voulut point s'exposer aux formalités d'une procédure dont les résultats ne pouvaient lui être avantageux, et consentit à laisser la terre de Fougères entre les mains du roi, qui, deux ans après (1316), en investit son fils, Charles de France, comte de la Marche et de Bigorre. Ce prince, devenu roi de France sous

---

(1) D. Morice, t. III, col. 1251.

le nom de Charles-le-Bel, disposa à son tour de la terre de Fougères, en faveur de Philippe de Valois, son oncle.

Avant de parvenir au trône, il avait désintéressé la veuve de Hugues Ier, Béatrix de Bourgogne, en prenant à ferme, pour une rente annuelle de 300 livres, le douaire que son époux lui avait laissé sur les terres de Fougères, Josselin et Porhoët. Philippe de Valois, devenu possesseur de ces terres, ratifia, au mois de mars 1332, le contrat passé par son prédécesseur (1).

Ce prince céda plus tard la terre de Fougères à Jean, son fils, qui, lui-même en disposa presqu'aussitôt, avec le consentement de son père, en faveur de Charles d'Alençon, son oncle (1428) (2).

Cependant ce don de la terre de Fougères ne fut pas purement gratuit de la part de ces princes. Philippe avait consenti à son frère une rente de 10,000 livres, à prendre sur son trésor, et le désir de se décharger de cette dette, dont il stipula l'extinction, fut sans doute la principale considération qui le détermina à cet acte de libéralité. Du reste, il eut bien soin de réserver, pour lui et pour ses successeurs, la souveraineté des terres qu'il concédait, et de n'en aliéner que le domaine (3).

La baronie de Fougères entra ainsi dans la maison d'Alençon, qui la posséda l'espace de cent dix ans, par quatre de ses princes :

Charles Ier, de 1328 à 1346.

---

(1) D. Morice, t. III, col. 1350 et 1351.
(2) D. Morice, t. III, col. 1353.
(3) Dom Morice, t. Ier, p. 389 et 390.

Pierre Ier, de 1346 à 1404.
Jean Ier, de 1404 à 1415.
Jean II, de 1415 à 1428.

En 1366, le comte Pierre Ier fit hommage au duc de Bretagne Jean IV, dont les droits avaient été reconnus par le traité de Guérande, et, l'année suivante, il fit imposer par son sénéchal un écu d'or sur chaque feu de sa terre, afin de contribuer au paiement des dettes du duc.

Il survint en 1381, entre le roi de France et le duc de Bretagne, relativement à la terre de Fougères, une difficulté qui s'était déjà présentée plusieurs fois, mais que l'on avait toujours éludée pour ne pas la résoudre.

Le duc ayant fait lever des fouages dans les terres de Fougères, sans le consentement du comte d'Alençon, celui-ci présenta requête au Parlement de Paris et y fit ajourner le duc de Bretagne, soutenant qu'il n'avait pas le droit de lever de fouages dans ses terres, sans son consentement exprès et celui du roi. Le duc, regardant cet appel comme une atteinte portée aux droits et privilèges de son duché, assembla à Rennes les trois ordres de la province : ceux-ci s'empressèrent de protester contre les prétentions du Parlement de Paris, qui, au mépris des déclarations données par les rois précédents, avait accueilli la requête du comte d'Alençon, sur le principe que le duc de Bretagne était homme lige du roi.

Sur cette déclaration, le duc envoya des ambassadeurs à la cour de France pour soutenir les droits de son duché; ils plaidèrent leur cause avec tant de force et d'éloquence, que le roi les ayant entendus, confirma les *noblesse*.

droits et libertés du duché de Bretagne, révoqua les ajournements donnés par le comte d'Alençon, et le renvoya à la justice ordinaire du pays (1).

Il paraît que celle-ci se prononça contre le duc, en faveur du comte d'Alençon ; car, deux ans plus tard, nous le voyons s'adresser au seigneur de Fougères pour obtenir, à titre de fouage, une somme de 2,000 liv., que celui-ci lui accorda par composition pour l'aider à reprendre Brest, qui était occupé par les Anglais (1386) (2).

En 1424, le duc de Bretagne ayant publié un mandement pour faire armer toutes les communes du duché, le capitaine et le sénéchal de Fougères furent chargés de cette commission dans toute l'étendue de la baronie (3).

La longue guerre que la France eut à soutenir contre l'Angleterre fut surtout fatale aux princes de la maison d'Alençon : elle avait déjà coûté la vie à Charles II et à Jean Ier, son petit-fils, tués, le premier à la bataille de Crécy (1346), le second à la bataille d'Azincourt (1415), lorsqu'elle coûta encore la liberté à Jean II, qui fut fait prisonnier à Verneuil (1424). Emmené en Angleterre, ce prince ne put obtenir sa liberté du duc de Bedfort que moyennant une rançon de 200,000 écus. Ses trésors étant épuisés par les sacrifices que lui et ses prédécesseurs avaient été obligés de faire depuis le commencement de la guerre, il envoya une procuration à Marie de Bretagne, sa mère, et à Jeanne d'Orléans, sa femme,

---

(1) D. Morice, t. III, col. 1328.
(2) D. Morice, t. III, 526.
(3) D. Morice, t. IV, 1166.

pour vendre une partie de ses biens. Il écrivit en même temps au duc de Bretagne, son oncle, et le pria de lui rembourser 97,287 livres 4 sous 4 deniers dont il était redevable à sa mère pour sa dot.

Le duc acquiesça à sa demande; mais, comme cette somme était loin de former celle qui était exigée pour sa rançon, le comte dut songer aux moyens de la parfaire, et il n'en trouva pas d'autres que de vendre sa terre de Fougères.

Le duc, qui la convoitait depuis long-temps, saisit avec empressement cette occasion de rattacher à sa couronne un fleuron qui avait déjà plus d'une fois tenté l'ambition de ses prédécesseurs. Il entra en arrangement avec son neveu, et celui-ci consentit à lui céder sa terre de Fougères, avec les châtellenies d'Antrain et de Bâzouges, moyennant une somme de 80,000 saluts d'or et de 38,000 écus de soixante-quatre au marc. Le contrat fut passé le 31 décembre 1428.

Le duc de Bretagne ne pouvait, sans pressurer ses sujets, payer de suite une somme aussi considérable : il n'acquitta donc d'abord que les 80,000 saluts d'or et 10,000 écus, et pour les 28,000 écus dont il restait débiteur, il donna en gage à son neveu les rubis de la Caille et d'Etampes, ainsi que les Deux Frères, autres pierres précieuses de la maison de Bretagne (1).

Il envoya ensuite son chambellan Robert d'Epinay et Jean de Beaucé pour prendre possession de la ville de

---

(1) Le duc d'Alençon s'engagea à rendre à son oncle le rubis de la Caille, pour 10,000 écus, et le rubis d'Etampes et les Deux Frères pour le reste de la somme.

Fougères, et recevoir le serment de fidélité de Pierre-le-Porc, seigneur de Larchapt, qui en était gouverneur, et celui des habitants; ce qui fut exécuté le 8 janvier 1429 (1).

---

(1) D. Morice, t. I, p. 505 et 506; t. IV, 1213 et suiv. 1220 et suiv.

CHAPITRE IV.

Des Seigneurs de Fougères depuis 1428 jusqu'en 1789.

Jean V céda la baronie de Fougères à son fils François, lors de son mariage avec Yolande d'Anjou, en 1431. Cette baronie fut ensuite possédée par le duc Pierre II (1450), François, comte d'Étampes, depuis duc de Bretagne, sous le nom de François II, qui la reçut en apanage de son cousin (1), et Anne, duchesse de Bretagne.

Cette princesse eut à soutenir, relativement à Fougères, Montfort l'Amaury, Ingrande, etc., un procès qui, commencé en 1495, ne fut terminé qu'en 1501.

Le duc François Ier, par un codicille de son testament, avait exclu ses filles de la succession au duché et leur avait donné à chacune 100,000 écus d'or, pour tous les droits qu'elles pouvaient avoir tant dans sa succession que dans celle d'Isabeau d'Écosse, leur mère.

Ce codicille avait été approuvé par cette princesse, par ses deux gendres, le comte d'Etampes et le vicomte de Rohan, ainsi que par les États du duché tenus à Vannes, en 1455; mais il ne fut point exécuté en

---

(1) D. Morice, t. V, 1567.

ce qui concernait le vicomte de Rohan, et ce seigneur ne put jamais obtenir que 48,000 écus, au lieu des 100,000 qui lui avaient été garantis. Pour le dédommager de cette injustice, la duchesse Isabeau, sa belle-mère, révoqua son consentement au codicille, et lui abandonna tous ses biens meubles, ainsi que les acquêts qui avaient été faits pendant son mariage avec le duc François Ier. A la mort de la duchesse, le vicomte de Rohan se mit en devoir de réclamer les avantages de cette donation, et fit valoir en outre les droits qu'il avait à la succession de ses deux oncles Pierre II et Arthur III, et à celle de sa belle-sœur Marguerite, à laquelle il n'avait pas renoncé. Il demanda donc à la reine la restitution des terres et seigneuries de Fougères, Montfort l'Amaury, Ingrande, Chantocé, etc., avec les fruits et revenus de ces terres, qui pouvaient monter à plus de 100,000 écus.

Après bien des procédures, la reine et le vicomte étant convenus de remettre la décision à un conseil d'arbitres, la reine fut condamnée à remettre au vicomte la moitié de tous les meubles qui avaient appartenu au duc François II et à Marguerite, sa première femme, ou à lui en payer la juste valeur.

Pour satisfaire complètement le vicomte, la reine y ajouta un don de 100,000 écus, et celui-ci abandonna entièrement ses prétentions sur Fougères et les autres seigneuries.

En 1512 fut rédigée une pancarte qui règle les droits dus au seigneur pour les traites.

Madame Claude, fille de la reine, porta la terre de Fougères, avec le duché de Bretagne, dans la maison de

France, par son mariage avec François d'Angoulême, qui fut plus tard roi sous le nom de François Ier. (1514).

Ce monarque, pour récompenser les services que lui avait rendus René de Montéjean, lui donna la terre de Fougères, pour en jouir durant sa vie.

Cette donation se fit au camp devant Pavie, le 2 février 1525.

Le sire de Montéjean étant mort en 1538, la terre de Fougères fit retour au duché de Bretagne dont Henri, second fils du roi, avait été investi en 1536, par donation de la reine Claude, sa mère.

Ce prince en disposa en 1541 en faveur de Jehan de Laval, sire de Châteaubriand, gouverneur de Bretagne, qui n'en jouit qu'un an, étant mort l'année suivante.

En 1547, Henri, ayant réuni le titre de roi de France à celui de duc de Bretagne, disposa une seconde fois de la baronie de Fougères et la donna à Diane de Poitiers, duchesse de Valentinois, qui la conserva jusqu'à sa mort, arrivée en 1566 (1).

Charles IX, Henri III, Henri IV, Louis XIII et Louis XIV possédèrent ensuite la baronie de Fougères, unie au domaine de la couronne.

Au mois de janvier 1559, Charles IX convertit en rachapt le droit de bail qui s'était maintenu dans la baronie de Fougères, depuis l'an 1275 qu'il avait été supprimé dans le reste du duché. — (Edit de Blois).

---

(1) En 1553, François de Keminguy, président de la Chambre des comptes, fut chargé d'arrenter les landes de la baronie de Fougères.

Enfin, en 1753, Louis XV l'aliéna une dernière fois, avec les châtellenies d'Antrain et de Bâzouges, en faveur du duc de Penthièvre, qui la posséda jusqu'à l'époque de la révolution, et qui termine ainsi la liste des seigneurs de Fougères.

Le prix de cette vente, dans laquelle fut également comprise Quimperlé, fut de 622,000 livres.

LIVRE SECOND.

Histoire de la Sénéchaussée de la Subdélégation, du District, et de l'arrondissement de Fougères.

Après avoir retracé succinctement l'histoire de la baronie de Fougères, et avant d'entreprendre l'histoire particulière des localités qui en faisaient partie, nous croyons devoir présenter l'historique des divisions administratives dont la ville de Fougères, objet principal de nos recherches, a été le chef-lieu à différentes époques : nous allons donc parler successivement de la sénéchaussée, de la subdélégation, du district et de l'arrondissement de Fougères.

I.

On entend par sénéchaussée la juridiction du sénéchal, ou l'étendue de territoire dans lequel s'exerçait cette juridiction.

Mais, d'abord, quel était le sénéchal de Fougères? A quelle époque remontait son institution?

On ne peut douter que l'office de sénéchal auprès des barons de Fougères ne fût à peu près aussi ancien que la baronie elle-même. La charte de fondation du prieuré de la Trinité, à la fin du XIe siècle, porte la signature d'André, sénéchal, *Andreas, dapifer* (1); celle de la fondation du prieuré de Saint-Florent-sous-Dol a été donnée en présence de Raoul I, seigneur de Fougères, et de son sénéchal, qui portait le même nom que lui, *Radulfo, siniscallo* (2).

L'acte de donation de l'église de Savigny à l'abbaye de Marmoutiers, en 1090, est signé d'Airald, sénéchal de Fougères, *S. Airaldi, seneschalchi* (3).

Un autre acte de donation faite en 1163 est signé par Raoul, autre sénéchal de Fougères.

Nous ne finirions pas si nous voulions rapporter tous les titres qui démontrent l'existence d'un sénéchal attaché à la personne des seigneurs de Fougères, et jouissant auprès d'eux des mêmes droits et des mêmes prérogatives que les officiers du même titre attachés à la personne des rois et autres princes souverains.

Cependant, s'il est impossible de contester l'existence d'un sénéchal à la cour des seigneurs de Fougères, il est bien difficile, pour ne rien dire de plus, de suivre le développement de leurs attributions, et de constater l'époque à laquelle ils subirent cette grande transformation qui, d'officiers attachés au service personnel du prince, en fit ses premiers ministres, et les plaça à la tête de toutes les affaires civiles.

Le sénéchal n'était, en effet, dans le principe, qu'un officier du palais chargé de servir la table du prince ou du sei-

---

(1) D. Morice, t. III, 424.
(2) D. Morice, t. III, 434.
(3) D. Morice, t. III, 471.

gneur dans les grandes cérémonies : d'où lui sont venus les noms de *dapifer, major domûs, mensæ regiæ præpositus, senescallus* ou *seneschalchus*, sous lesquels il est ordinairement désigné, et qui se rapportent aux mêmes attributions.

Mais bientôt la multiplicité des affaires, la fréquence des voyages qu'ils entreprirent, les plaisirs auxquels ils se livrèrent, l'insouciance même, obligèrent les princes de confier à des mains étrangères l'exercice d'un pouvoir qui devenait trop lourd et trop difficile à manier. Ils démembrèrent leur autorité comme ils avaient démembré leurs domaines, et ils en partagèrent les lambeaux aux officiers de leur maison, qui, devenus les grands dignitaires de la couronne ou du fief, n'en conservèrent pas moins pour titre de leur nouvelle dignité celui de leur ancien office.

Dans ce partage de la souveraineté, le sénéchal ou majordôme reçut la plus belle et la plus importante de ces attributions, la mission de rendre la justice et de faire exécuter ses arrêts.

Il serait intéressant de pouvoir démêler dans notre histoire l'époque à laquelle les seigneurs de Fougères résilièrent ces grandes fonctions de la souveraineté, et cessèrent d'administrer par eux-mêmes la petite société confiée à leur gouvernement ; mais nos annales ne nous fournissent aucune donnée pour la solution de ce problème.

Il est à présumer que tant que les seigneurs de Fougères résidèrent dans leur terre, s'ils ne retinrent pas le plein et entier exercice de la souveraineté, ils se réservèrent du moins la haute direction des affaires, qui ne se traitaient que d'après leurs ordres, par des ministres soumis à leur active surveillance ; et alors le sénéchal n'était qu'un officier de justice dont les attributions étaient limitées par leur nature même.

Mais lorsque l'héritière de la maison de Fougères eut transporté la baronie à un étranger qui ne résida jamais dans ses domaines, le sénéchal acquit toute l'importance que perdait le seigneur par son éloignement. Il devint dès lors le véritable *major domûs*, le représentant du seigneur, le dépositaire de son autorité, et ses attributions ne connurent d'autres bornes que celles de la puissance elle-même. Ainsi l'administration de la justice dans toute l'étendue du domaine, la délivrance des fermes du seigneur, la perception de ses revenus, la convocation du ban et de l'arrière-ban, la vérification et la réception des hommages, les dations de tutelles et curatelles, les baux, le gouvernement et la confection d'inventaire des biens des mineurs et des nobles, les partages des successions entre personnes nobles, la vérification des chartes, l'établissement des foires et des marchés, la concession des lettres d'affranchissement, de rémission, d'abolition, de pardon, de rappel de ban, etc., formaient au sénéchal un faisceau d'attributions qui lui donnaient une importance à laquelle ne saurait prétendre aucun fonctionnaire de nos jours.

La réunion de la baronie de Fougères au duché de Bretagne, et par suite à la couronne de France, n'apporta d'abord aucun changement dans la position de son sénéchal ; mais plus tard la magistrature dont il était revêtu reçut plusieurs modifications, tant dans ses attributions que dans son ressort.

La création d'une intendance en Bretagne, en 1689,

transféra au subdélégué une partie des attributions du sénéchal, et plusieurs édits des rois de France changèrent la circonscription de territoire dans lequel s'exerçait sa juridiction.

A l'époque de la réunion de la Bretagne à la couronne de France, la juridiction du sénéchal de Fougères s'étendait sur toutes les terres qui faisaient autrefois partie des domaines du seigneur de Fougères, vendus au duc de Bretagne par Jean II, duc d'Alençon. Le fief, appelé *Fougères*, dans la ville de Rennes, et qui comprenait les rues Saint-Georges (1), Corbin, Derval, l'église Saint-Germain, ainsi que les paroisses de Chantepie, Amanlis, Janzé, Cesson et La Couyère, relevait également de la sénéchaussée de Fougères.

En 1558, Henri II changea cet ordre de choses, et ayant créé une juridiction royale à Antrain et à Bâzouges, il enleva, pour la former, plusieurs paroisses de la sénéchaussée de Fougères; mais Charles IX, par son édit de réunion donné à Châteaubriand, au mois d'octobre 1565, supprima cette juridiction et la réunit au siège

---

(1) Il y avait dans la rue Saint-Georges un four banal, dit le Four-d'Alençon, où les sujets de Fougères pouvaient faire cuire moyennant deux sols par cuisson.

En raison de son fief, le baron de Fougères levait deux pots de la première pipe de vin qui passait par la ville et faubourgs de Rennes. (Pancarte du duc, en 1481.) Ce fief remontait, pour ainsi dire, à la création de la baronie de Fougères. Dès 1201, nous voyons Hugues-le-Brun afféager ses vignes, sises en un clos, paroisse Saint-Georges de Rennes, apelées vignes de Raoul de Fougères, à Jehan Gloria, moyennant cinquante sous et l'acquittement des rentes dues à l'abbé de Saint-Melaine sur ce fief.

royal de Fougères. Cependant cet édit ne fut pas tout entier en faveur de la sénéchaussée de Fougères; car il en détacha le fief nommé *Fougères*, dans la ville de Rennes, ainsi que les paroisses qui en dépendaient, pour les réunir au siège royal de Rennes.

Charles IX revint plus tard sur cette décision, et cédant aux instances des habitants de Bâzouges et d'Antrain, il leur rendit, par son édit du mois de février 1574, le siège royal que son père avait créé.

Toutefois, cette faveur ne leur fut accordée qu'avec de grandes restrictions.

La juridiction ne pouvait être tenue qu'une fois par semaine, un jour de marché.

Le juge n'avait que le titre et la qualité de lieutenant du sénéchal de Fougères.

Il connaissait bien de toutes les causes civiles et criminelles, et ses appels étaient portés directement au présidial de Rennes et au Parlement; mais les causes relatives au domaine du roi, la dation des tutelles et curatelles, le bail et le gouvernement des nobles, la confection d'inventaire des biens des mineurs, également nobles, étaient exclusivement réservés au sénéchal ou à son lieutenant à Fougères, et celui d'Antrain et de Bâzouges n'était apte à remplir ces fonctions qu'à l'égard des roturiers.

La sénéchaussée de Fougères reçut plus tard, sans que nous puissions connaître l'époque, un nouvel accroissement par la réunion des paroisses de Billé, Javené, Dompierre-du-Chemin, Parcé, Luitré et la Selle-en-Luitré, qui furent distraites du siége de Vitré pour lui être réunies; en sorte qu'en 1789 elle comprenait les trente-trois paroisses suivantes :

Fougères, Javené, Billé, Parcé, Dompierre-du-Chemin, Luitré, la Selle-en-Luitré, Beaucé, Fleurigné, la Chapelle-Janson, Laignelet, le Loroux, Landéan, la Bâzouges-du-Désert, Louvigné, Montault, Mellé, Parigné, Villamée, Poilley, Saint-Georges-de-Reintembault, le Ferré, Montours, le Châtellier, Cogles, Saint-Germain-en-Coglais, la Selle-en-Coglais, Saint-Brice-en-Coglais, Saint-Etienne-en-Coglais, Saint-Hilaire-des-Landes, Saint-Sauveur-des-Landes, Romagné et Lécousse.

Non seulement le sénéchal de Fougères connaissait comme premier juge de toutes les matières civiles et criminelles, dans toute l'étendue de son ressort; il était encore juge d'appel pour toutes les juridictions seigneuriales, fort nombreuses, qui s'y exerçaient. Nous n'avons pas la prétention de présenter un tableau complet de ces juridictions, dont les unes s'exerçaient dans la ville même de Fougères, les autres dans le siége des seigneuries; cependant celui que nous offrons ici, beaucoup plus détaillé que tous ceux qui ont paru jusqu'à ce jour, peut être regardé comme approchant autant que possible de la vérité, car nous l'avons extrait d'un relevé fait à la fin du XVIIe siècle par la sénéchaussée de Fougères.

Nous y avons joint, quand nous avons pu les connaître, les noms des propriétaires, à cette époque et au moment de la révolution, avec le degré de la juridiction.

Juridictions seigneuriales qui s'exerçaient dans la ville même de Fougères.

JURIDICTIONS.	TITULAIRES EN 1680.	TITULAIRES EN 1780.
HAUTES-JUSTICES.		
Rillé	L'abbé de Rillé	Idem.
La Fontaine de la Chèse	Le marquis Guérin de Saint-Brice	Idem.
Larchapt	De Saint-Germain de Larchapt	Idem.
La Trinité	Le prieur de La Trinité	Idem.
Chaudebœuf	Du Parc-Porée	Idem.
Villamée	L'abbé du Mont-Saint-Michel	Idem.
La Tendrais	Des Noés, sieur de La Tendrais	Frain de la Villegontier.
La Villegontier	Frain de la Villegontier	Idem.
La Chesnaye	Guérin de Saint-Brice	Geffelot de Marigny.
Marigny	Geffelot de Marigny	Idem.
MOYENNES-JUSTICES.		
La Motte-Beaucé	Le Lièvre de la Ville-Guérin	Du Parc-Porée.
Le Châtellier	De Beedellèvre	Comte d'Andigné.
Frelay	Comte d'Andigné	Idem.
La Vieuxville	N	Patard de la Méllmère (1).
BASSES-JUSTICES.		
Le Bois-Guy	De Gaulay	Picquet du Bois-Guy.
Saint-Christophe	Le prieur de Saint-Christophe	Idem.

Juridictions seigneuriales qui s'exerçaient dans les différents siéges des Seigneuries.

	HAUTES-JUSTICES.	
Monthorin	Des Vaux, comte de Lévaré.	De Monthulé.
Villavran	Avenel	De Monthulé.

(1) Deux autres juridictions avec droit de haute-justice s'exerçaient dans la ville de Fougères : celles des abbayes de Savigny et de Saint-Georges ; mais les appels étaient portés directement au présidial.

JURIDICTIONS.	TITULAIRES EN 1680.	TITULAIRES EN 1780.
Bois-Garnier.........	N......................	De Monthulé.
Le Plessis-Chasné...	N......................	De Monthulé.
Le Hallay...........	Le marquis du Hallay.....	Idem.
Pont-Péan..........	Le marquis du Hallay.....	Idem.
Romilley...........	Le marquis de la Chesnelaye	Marquis du Hallay.
Parigné............	Guérin de Saint-Brice....	Idem.
Le Sollier..........	Guérin de Saint-Brice....	Idem.
Le Bois-Février.....	De Langan du Bois-Février.	Idem.
Montbraud.........	Idem..............	Idem.
La Crévure........	Idem.	Idem.
Montframmery......	N......................	M. Prioul.
Les Temples........	N......................	MM. Prioul.
La Motte Anger.....	N......................	Juliot de Bénazé.
L'Echange.........	N......................	Juliot de Bénazé.
Bonteville..........	Hay de Bonteville.........	Idem.
Poilley.............	Comte de Poilley..........	Idem.
La Belinaye........	Comte de la Belinaye.....	Idem.
Le Bois-le-Houx.....	Idem..............	Idem.
Ardennes...........	Marquis de Romilly de la Chesnelay............	Idem.
Saint-Brice.........	Guérin de Saint-Brice.....	Idem.
Saint-Etienne.......	Idem...............	Idem.
Le Rocher-Sénéchal.	De Farcy du Rocher.......	Le marquis de Saint-Brice.
La Chattière........	Du Plessis-Mouton	Le marquis de Saint-Brice.
La Haye............	Comte de la Haye S.-Hilaire	Idem.
Le Fail.............	M. de Coëtquen...........	Comte de la Haye S.-Hilaire.
Linières............	De Beaupré de Chambellay.	Mis de Rochefort.
Le Tiercent.........	De Ruellan, baron du Tiercent................	Du Tiercent la Baluc.
S.-Sauv.-des-Landes.	Le prieur de Saint-Sauveur	Les Eudistes de Rennes.
MOYENNES-JUSTICES.		
La Chapelle (Lousigné).............	N......................	Guérin de la Grasserie.
Marbré.............	N......................	Desantieux.
Longrais...........	N......................	Desantieux.
La Motte-d'Iné......	N......................	Juliot de Bénazé.
BASSES-JUSTICES.		
Teillay.............	N......................	Tuffin de la Rouërie.
La Vairie..........	N......................	Delaunay de la Vairie.
Les Fléges	Bégasse des Fléges........	Idem.
Saint-Marc.........	Du Feu Saint-Marc........	Idem.
Troncay............	N......................	Le comte de la Belinaye.

Nous ignorons le degré des juridictions suivantes :

Le Plessis-Couard, le Bois-Nouault, la Thébaudière, le Tertre, Saint-Germain, Racinoux, la Villette, le Moulin-Blot, la Godelinaye, la Chaudronneraye, les Alleux, les Renardières, le Plessis-au-Breton, Malhaire, Tannu, Sus-Minette, les Doffays, Lasnerie, le Rocher-Poirier, Bourboulié, le Prieuré de la Daufinais, la Bâtardière, les Acres, Launay-Fourgon, l'Archidiaconé et la Bretonnière, qui toutes étaient du ressort de la juridiction royale de Fougères.

Le siége royal était composé du sénéchal, de l'alloué ou lieutenant, du procureur du roi et d'un assesseur que l'on prenait ordinairement parmi les avocats.

La juridiction des traites et gabelles, ainsi que la police, étaient également attachées au siége royal et exercées par les mêmes juges.

Nous donnons ici les noms des sénéchaux de Fougères, depuis l'année 1551.

Le chiffre que nous plaçons en tête indique seulement que le sénéchal en question était entré en charge à cette époque :

1551. — Paël de la Chaudronneraye.

1556. — Jean du Châtellier du Bois-Nouault.

1576. — Guérin de la Grasserie.

1589. — Belouan de la Ville-Reine.

1590. — Jean Loysel, sieur de la Mitterie, fut reçu par le Parlement de la Ligue, séant à Nantes, le 6 décembre.

1613. — Jean Lyais, sieur de Launay.

1640. — François Grout, sieur de la Ville-Nouveaux.

1653. — François de Bellouan, sieur des Linières.

1676. — Sébastien Frain de la Villegontier.

1722. — Sébastien Frain de la Villegontier, fils.

1742. — Le Beschu de la Raslais.

1768. — Pierre Patard de la Mélinière.

La ville de Fougères avait son usement particulier, d'après lequel, contrairement à l'usement de Rennes, qui permettait d'appeler directement en action personnelle à la Prévôté tous ceux qui avaient contracté en cette ville, les habitants de Fougères étaient maintenus dans le privilége de ne pouvoir être cités en action personnelle que dans leur juridiction. Un autre privilége, également contraire à la règle généralement observée en Bretagne, consistait dans le droit qu'avait le seigneur de Fougères, de s'attribuer la jouissance des rachapts et sous-rachapts de toutes les terres nobles de sa baronie.

II.

Les subdélégations furent établies en Bretagne en 1689, en même temps que l'intendance dont elles étaient une division.

Comme les fonctions de l'intendant concernaient tout ce qui a rapport à l'administration, et que le subdélégué n'était autre chose qu'un fonctionnaire nommé par lui et chargé de l'instruction et de la discussion des affaires, de la surveillance du service et de l'exécution des ordres du roi, dans une certaine circonscription territoriale, on peut, jusqu'à un certain point, assimiler le premier au préfet de nos jours, et le second au sous-préfet, en faisant observer néanmoins que la distance qui sépare l'intendant de son subdélégué était infiniment plus grande que celle qui sépare aujourd'hui ces deux derniers fonctionnaires.

L'intendant était en effet un vice-roi dans sa province, tandis que le subdélégué n'était qu'un ministre assez subalterne dans sa subdélégation.

La subdélégation de Fougères comprenait les vingt-six paroisses qui forment aujourd'hui les trois cantons de Fougères et de Louvigné ;

Celles qui forment le canton de Saint-Brice, moins le Tiercent, Saint-Marc-le-Blanc et Baillé ; et enfin, dans le canton de Saint-Aubin, celle de Vandel, en tout, trente-cinq paroisses.

III & IV.

Les sénéchaussées et les subdélégations disparurent dans la tempête qui engloutit toutes les vieilles institutions de la monarchie.

En vertu d'un décret de l'Assemblée constituante et des lettres-patentes du roi, du 4 mars 1790, la division par départements fut substituée, dans toute la France, à la division par provinces.

Les départements furent ensuite divisés en districts, et les districts en cantons.

Fougères devint alors le chef-lieu d'un district qui comprit neuf cantons ainsi formés :

1. — Fougères,

Lécousse,
Romagné,

Saint-Sauveur-des-Landes.

2. — Billé,

La Chapelle-Saint-Aubert,
Chiennée,

Combourtillé,
Vandel.

3. — Parcé,

Dompierre-du-Chemin,	Luitré.
Javené,	

4. — Fleurigné,

Beaucé,	Landéan,
La Chapelle-Janson,	Le Loroux,
Laignelet,	La Selle-en-Luitré.

5. — Louvigné-du-Désert,

La Bâzouges-du-Désert,	Parigné.
Mellé,	

6. — Saint-Georges-de-Reintembault,

Le Ferré,	Montault,
Poilley,	Le Châtellier,
Villamée,	Saint-Germain.

7. — Saint-Brice-en-Coglais,

Coglès,	La Selle-en-Coglès,
Montours,	Saint-Etienne-en-Coglais.

8. — Saint-Marc-le-Blanc,

Baillé,	Saint-Hilaire des Landes,
Saint Christophe-de-Valains,	Le Tiercent.

9. — Saint-Aubin-du-Cormier,

Gosné,	Saint-Marc-sur-Coësnon,
Mézières,	Saint-Ouen-des-Alleux.
Saint-Jean-sur-Coësnon,	

La loi du 28 pluviôse an VIII, qui substitua à la division par districts la division par arrondissements, supprima le district de Dol, et réunit à l'arrondissement de Fougères les deux cantons d'Antrain et de Bâzouges-la-Pérouse, qui appartenaient à ce district, cantons qui étaient ainsi formés :

1. — Antrain,

Chauvigné,	La Fontenelle,
Saint-Ouen-de-la-Rouërie,	Tremblay.

2. — Bazouges-la-Pérouse,

Marcillé-Raoul,	Rimou,
Noyal-sous-Bâzouges,	Saint-Remy-du-Plein.

L'arrondissement de Fougères se composa donc d'abord de onze cantons, qui ont ensuite été réduits à six, par l'arrêté des consuls du 27 brumaire an X.

Ils sont formés ainsi qu'il suit :

1. — Fougères (sud),

Fougères,
Billé,
Combourtillé,
Dompierre-du-Chemin,
Javené,

Lécousse,
Parcé,
Romagné,
Saint-Sauveur.

2. — Fougères (nord),

Beaucé,
Fleurigné,
La Chapelle-Janson,
Laignelet,
Landéan,

La Selle-en-Luitré,
Le Loroux,
Luitré,
Parigné.

3. — Antrain,

Antrain,
Bazouges-la-Pérouse,
Chauvigné,
La Fontenelle,
Marcillé-Raoul,

Noyal-sous-Bazouges,
Saint-Ouen-de-la-Rouërie,
Saint-Rémy-du-Plein,
Rimoux,
Tremblay.

4. — Louvigné-du-Désert,

Louvigné-du-Désert,
La Bazouges-du-Désert,
Mellé,
Le Ferré,

Montault,
Poilié,
Saint-Georges-de-Reintembault,
Villamée.

5. — Saint-Aubin-du-Cormier,

Saint-Aubin-du-Cormier,
Chienné,
Gosné,
La Chapelle-Saint-Aubert,
Mézières.

Saint-Christophe-de-Valains,
Saint-Jean-sur-Coësnon,
Saint-Marc-sur-Coësnon,
Saint-Ouen-des-Alleux,
Vandel.

6. — Saint-Brice-en-Coglais.

Saint-Brice-en-Coglais,
Baillé,
Cogles,
La Selle-en-Coglais,
Le Châtellier,
Le Tiercent,

Montours,
Saint-Etienne-en-Coglais,
Saint-Germain-en-Coglais,
Saint-Hilaire-des-Landes,
Saint-Marc-le-Blanc.

SECONDE PARTIE.

Histoire des Villes et des Communes de l'arrondissement de Fougères.

LIVRE PREMIER.

Histoire de la ville de Fougères et de ses Monuments.

CHAPITRE I.

Histoire de la ville de Fougères.

---

§ 1. — *Fougères sous les seigneurs des maisons de Fougères et de Lusignan.*

Quelques antiquaires (1) ont voulu faire remonter la fondation de la ville de Fougères jusqu'au temps des Romains. Suivant eux, la station *ad fines*, indiquée dans l'itinéraire d'Antonin, sur la route de *Valognes à Rennes*, *ab Alaunâ Condate*, aurait été précisément là où est la ville de Fougères, et lui aurait ainsi donné naissance.

---

(1) Le géographe Sanson, Ogée, article Fougères.

Mais cette opinion n'a d'autre fondement que la prétention qu'ont montrée quelques antiquaires de vouloir retrouver dans des villes actuellement existantes tous les lieux indiqués dans les anciens itinéraires, et elle se trouve suffisamment réfutée par le silence de l'histoire et l'étude plus réfléchie du document même sur lequel elle repose.

D'autres, tels que d'Argentré et Le Baud, ont supposé l'existence de la ville de Fougères dès le VIIe ou au moins dès le IXe siècle : le premier, en faisant intervenir un de ses seigneurs du nom de *Gurbidic*, dans une charte d'Alain-le-Long, duc de Bretagne, en 689 ; le second, en donnant à un autre de ses seigneurs le commandement d'un corps d'armée, dans une expédition conduite par Charles-le-Chauve, en 857, contre les Saxons. Mais les judicieuses critiques de Nicolas Vignier, d'Hévin et de Dom Morice ont démontré d'une manière trop évidente la fausseté de la prétendue charte d'Alain-le-Long, pour qu'elle puisse servir à étayer aucun système touchant l'origine des anciennes baronies de Bretagne ; et la chronique de Saint-Brieuc, citée par l'historien Le Baud, est depuis long-temps reléguée au nombre des pièces apocryphes, inventées par les historiens du XVIe siècle, dans un intérêt de système.

Pour nous, nous ne pensons pas que l'on puisse faire remonter la fondation de la ville de Fougères à une époque antérieure à la création de la seigneurie, qui, sans aucun doute, fut la cause de son établissement. Nous ne trouvons, en effet, aucun document authentique qui puisse venir à l'appui d'une opinion plus favorable à son antiquité.

Le titre le plus ancien que nous possédons concernant la baronie de Fougères, l'acte de fondation du prieuré de Villamée, vers 990, ne laisse en aucune manière soupçonner que la ville existât à cette époque. Méen, que nous avons dit avoir été le premier seigneur de Fougères, n'y prend pas le titre de sa baronie, mais tout simplement celui de *laïc*, *Maino laïcus;* sans doute parce que la ville, qui devait constituer son titre et donner son nom au fief tout entier, n'avait pas encore reçu l'existence.

Ce n'est que vers 1040 que nous rencontrons, pour la première fois, le nom de Fougères dans l'histoire. Méen II, en donnant aux religieux de Marmoutiers l'église de Saint-Sauveur-des-Landes, leur donna également une maison dans sa ville de Fougères, *in castro Filgerio*.

C'est donc entre ces deux époques, 990 et 1040, c'est-à-dire aux premières années du XIe siècle, que nous devons rapporter la fondation de la ville de Fougères.

Quoique l'histoire garde le plus profond silence sur ses commencements, nous pouvons, grâce aux documents généraux, assister en quelque sorte à sa naissance, et suivre pour ainsi dire pas à pas ses progrès et ses développements.

Le Xe siècle vit crouler le gigantesque édifice qu'avait élevé le génie de Charlemagne, et à la construction duquel il avait consacré quarante années de combats. Cette grande unité monarchique, qui avait été le rêve de sa vie tout entière, disparut alors dans une effrayante dislocation, et de ses débris il se forma une foule de petites souverainetés, les unes indépendantes, les autres qui ne tinrent plus au centre de la monarchie que par le lien d'un hommage trop souvent illusoire.

La Bretagne, comme les autres provinces, fut entrainée dans ce grand travail de décomposition sociale, et elle vit son territoire se fractionner en seigneuries, dont les possesseurs méconnurent plus d'une fois l'autorité, source de leur puissance. — Ces nouveaux souverains choisirent le plus ordinairement, pour y établir leur demeure, une éminence sur laquelle ils élevaient un château, qu'ils entouraient ensuite de retranchements murés ou palissades, quelquefois même d'un fossé, dans lequel ils faisaient entrer les eaux d'un étang ou d'une rivière.

Ces remparts, tout simples qu'ils étaient, suffisaient à une époque où l'homme qui se défendait avait sur l'assaillant, réduit pour ainsi dire aux seuls moyens d'attaque qu'enseigne la nature, tout l'avantage que lui a fait perdre le perfectionnement de l'art de la guerre.

Autour de cette demeure venaient se grouper tous les serfs qui travaillaient pour le compte du maître, et les hommes libres que l'attente de sa protection ou de ses faveurs attachait à sa personne.

Charlemagne, dans un de ses Capitulaires, nous a donné la nomenclature des *bons artisans* dont il recommande à ses juges de pourvoir ses châteaux et ses maisons royales. Or, comme chaque seigneur, à l'exemple de l'empereur, dut s'empresser de régler sa maison d'une manière semblable, seulement en restreignant le nombre des hommes proportionnellement à ses besoins et à sa puissance, nous pouvons très-bien nous faire une idée de la population d'une ville à cette époque. Elle se composait, suivant le Capitulaire, « d'ouvriers en fer, d'or-
» fèvres ou argentiers, de tailleurs, de tourneurs, de

» charpentiers, d'armuriers, de ciseleurs, de savonniers,
» de brasseurs sachant faire la cervoise, le cidre et le
» poiré, et toute autre liqueur bonne à boire, de boulan-
« gers sachant aussi faire la semoule pour l'usage *du maî-
» tre*, de faiseurs de filets, sachant faire tout ce qui ap-
» partient à la chasse, et, du reste, des hommes de mé-
» tier qu'il serait trop long d'énumérer. »

La fondation d'un château avait donc toujours pour conséquence l'établissement d'un village, dans lequel se rassemblaient tous ceux qui pouvaient attendre faveur, salaire ou protection de la part de celui qui l'habitait.

Une église complétait les éléments de cette ville naissante : elle était ordinairement située à quelques pas de la forteresse, quelquefois même dans son enceinte, et était desservie par un prêtre qui était le chef spirituel de la colonie, comme le seigneur en était le chef civil et militaire.

Telle a été l'origine de la plupart de nos villes, au moyen-âge, quand elles n'ont pas dû leur formation à l'existence d'un couvent.

Telle a été aussi, nous n'en pouvons pas douter, l'origine de la ville de Fougères. Méen, investi d'une partie du comté de Rennes, dut songer aux moyens de s'assurer la paisible jouissance de son fief, de le mettre en état de défense, en cas qu'un ennemi tentât de le lui enlever, et de remplir les conditions de son investiture, qui consistaient, sans doute, en services militaires stipulés en faveur du duc de Bretagne. Or, il lui était difficile de rencontrer dans toutes ses terres un endroit qui réunit à un plus haut degré tous les avantages réclamés par le système militaire en usage à cette époque, que celui où est établi le château de Fougères. Le rocher, en effet, sur lequel il s'élève, présentait un heureux ensemble de circonstances qui devaient nécessairement fixer le choix d'un homme de guerre. Outre sa position centrale au milieu des possessions du seigneur, position qui lui permettait, en cas d'attaque, de se porter avec une égale facilité sur tous les points qui viendraient à être menacés, et d'y rentrer, dans le cas où il serait forcé à une retraite, la nature avait fait tous les frais des fortifications, et l'homme n'avait qu'à compléter son œuvre, pour en faire une place presqu'inexpugnable.

L'ennemi, en effet, qui eût osé s'aventurer dans les épaisses profondeurs de la forêt, dont l'ombrage s'étendait jusque sur ses murailles, et qui lui servait de rempart du côté de la Normandie et du Maine, les seuls côtés qu'il eût intérêt à protéger, aurait été bientôt arrêté par les eaux de la petite rivière qui baignait les murs du château, et que trois vastes réservoirs pratiqués par la nature, au nord et au midi, permettaient d'élever de manière à inonder entièrement les abords et à intercepter toute communication avec la campagne. (1)

Il est bien probable que le château seigneurial servit d'abord de retraite à toute la colonie, et qu'elle fut un certain nombre d'années sans franchir son enceinte. Cependant ses limites devenant trop resserrées pour contenir sa population, celle-ci dut songer à s'établir en dehors des murailles, mais de manière pourtant à pouvoir s'y

---

(1) Les deux étangs de la Couarde et l'étang de *Rouillard* : ce dernier situé au dessous du château.

réfugier facilement, si elle venait à être inquiétée dans sa nouvelle demeure. C'est ainsi que durent se former peu à peu les quartiers de la basse-ville, aujourd'hui délaissés, mais pleins des souvenirs de huit siècles, et pouvant révendiquer la gloire d'avoir été le berceau dans lequel se forma la petite société dont nous sommes les membres.

Il est également probable que la première église paroissiale fut élevée dans l'enceinte même du château et consacrée sous l'invocation de la Sainte-Vierge. (1)

Cependant, moins d'un siècle après la fondation de la ville de Fougères, sous le pontificat de Méen, évêque de Rennes (vers 1064), Raoul Ier et sa mère Adélaïde transférèrent à l'église Saint-Sulpice, qui était déjà érigée en paroisse, les droits et les prérogatives attachés jusqu'alors à la chapelle du château de Fougères, qui ne servit plus qu'aux exercices religieux du seigneur et de sa famille. (2)

Plusieurs siècles s'écoulèrent et le bas-fond formé par les rochers, qui semblables à d'énormes murailles le ferment de tous côtés, ne laissant d'ouverture que pour l'entrée et la sortie de la rivière qui l'arrose, ce bas-fond ayant reçu toute la population qu'il pouvait contenir, les habitants s'étendirent sur le flanc des deux escarpements qui touchaient au château par leur base, du côté où semblaient les appeler les deux églises de Rillé et de Saint-Léonard, construites déjà depuis long-temps, mais tout à fait en dehors de la ville.

---

(1) Voir le château et l'église de Saint-Sulpice.
(2) Voir Saint-Sulpice.

Il est à présumer néanmoins que les sommets de ces deux escarpements avaient reçu quelques édifices à une époque bien antérieure. L'hospice Saint-Nicolas entr'autres existait bien certainement à la fin du XII° siècle; mais ces édifices isolés de la ville ne lui étaient point rattachés, comme ils le sont aujourd'hui, par une série non interrompue de constructions liées entr'elles et formant rues : ce ne fut qu'à la longue que ces deux parties, que les accidents du terrain forçaient pour ainsi dire de venir à la rencontre l'une de l'autre, en s'étendant par un mouvement qui les rapprochait sans cesse, finirent par se joindre et ne former qu'une seule agglomération que l'on entoura de murailles.

Ainsi, on peut croire avec quelque raison que les quartiers qui se trouvent aujourd'hui au centre de la ville, tels que la place Royale et ses environs, sont d'une formation plus récente que les autres, et ont été bâtis à l'époque la plus rapprochée de nous. C'est vers là, en effet, que la disposition du sol et la réflexion concourent à établir le point de jonction des deux parties de la ville qui s'étaient élevées isolément. Il est difficile, du reste, d'assigner l'époque précise à laquelle se consomma cette réunion : nous croyons néanmoins ne pas hasarder, en disant qu'elle était déjà accomplie au milieu du XV° siècle, quand on construisait les beaux remparts dont nous admirons encore aujourd'hui les restes.

Mais abandonnons le champ des hypothèses et des probabilités; l'histoire va désormais nous servir de guide, et son flambeau nous fournira une lumière suffisante pour éclairer les événements dont notre ville sera le théâtre.

Elle comptait à peine un siècle et demi d'existence lorsqu'elle fut attaquée par les Anglais, appelés en Bretagne par Conan (1166). Défendue par Raoul II, elle soutint un siège de quelques jo s, après lesquels elle fut prise d'assaut, livrée au pillage, et rasée ensuite par ordre du roi d'Angleterre.

Grâces à l'activité de son seigneur, elle sortit bientôt de ses ruines, et six ans après ce désastre, elle était déjà rétablie et prête à soutenir les efforts de ceux qui viendraient l'attaquer. Henri II, en 1172, et Jean-sans-Terre, en 1203, ravagèrent ses environs, mais ne firent aucune tentative contre elle.

En 1230, Pierre Mauclerc, voulant se venger du seigneur de Fougères, qui avait fait hommage au roi de France, avec lequel il était en guerre, tomba à l'improviste sur le château de Fougères, et s'en empara; mais les troupes de France, qui gardaient la ville au nom du roi, le reprirent presque aussitôt (1).

§ 2. — *Fougères sous les seigneurs des maisons de France et d'Alençon.*

La baronie de Fougères fut sans doute redevable à sa qualité de fief dépendant de la maison de France, d'être préservée des malheurs qu'attirèrent sur le reste de la Bretagne les querelles des maisons de Blois et de Montfort.

---

(1) En 1304, le timbre de l'horloge actuelle fut fondu par *Rolland Chaussière* : à cette époque le moulin de Grolay existait et était le moulin seigneurial de Fougères.

La longue guerre de la succession, qui, de 1341 à 1365, ensanglanta tant de fois les landes de la vieille Armorique, n'amena aucun événement qui ait donné aux historiens l'occasion de citer, même en passant, la ville de Fougères. Durant toute cette période, qui commence à la mort de Jean III et finit au traité de Guérande, tandis que toutes les villes de Bretagne, tour à tour prises et reprises, viennent figurer dans le tableau de l'histoire et conquérir leurs droits à l'immortalité, la ville de Fougères, presque seule, semble avoir été mise en oubli par nos chroniqueurs. Heureux du reste ses habitants d'avoir échappé, dans cette circonstance, à cette glorieuse renommée, dont l'histoire est la dispensatrice, mais qu'elle fait acheter le plus souvent par le sang et les larmes!

Il n'est pas douteux cependant que Fougères n'ait tenu le parti de Charles de Blois, cousin de son seigneur, et qu'elle n'ait même fourni ses contingents à l'armée française qui soutenait sa cause; mais jamais les Montfort n'entreprirent d'en tirer vengeance; et, bien qu'ils fussent maîtres de Saint-Aubin-du-Cormier, on ne voit pas que les garnisons de ces deux places si rapprochées aient songé à s'inquiéter réciproquement, quoique les duels de garnison à garnison fussent assez dans les mœurs de l'époque.

La guerre s'étant rallumée, en 1372, entre la France et l'Angleterre, le duc de Bretagne embrassa le parti de ses anciens auxiliaires. Les habitants de Fougères arborèrent cette fois le drapeau du duc de Bretagne sur leurs murailles, mais ils furent bientôt punis de leur défection.

L'armée française, réunie sous les ordres de Duguesclin, ayant reçu l'ordre d'entrer en Bretagne, marcha de suite sur Fougères. La garnison, informée de son approche, sortit de la place pour lui livrer combat ; mais elle fut repoussée avec perte, et poursuivie de si près que les Français entrèrent avec elle dans la ville et la forcèrent de capituler (1).

Le traité conclu, en 1381, entre le roi de France et le duc de Bretagne, replaça Fougères dans le vasselage du duc.

La ville qui, jusqu'aux dernières années du XIVe siècle, ne s'était développée que lentement et avec peine sur le sommet et le penchant de la colline qui dominait sa citadelle, prit, au commencement du XVe, un accroissement considérable, et acquit une véritable importance. Elle en fut surtout redevable aux désastreux événements qui jetèrent la consternation dans toute la France à cette époque. Un grand nombre de familles normandes qui se livraient à des opérations industrielles et commerciales, forcées de quitter leur patrie, devenue le théâtre de la guerre, vinrent se réfugier en Bretagne, où elles espéraient trouver la sécurité nécessaire pour l'exercice de leurs professions. Le duc s'empressa de leur offrir un asyle; et, pour encourager ces migrations, il fit expédier, par son chancelier Eder, des lettres de naturalisation à

---

(1) « Allèrent les seigneurs à Fougères-la-Rons, où l'on faict les draps : et venus les premiers coureurs de l'Ost, ceux de la ville yssirent, dont mal leur print, car d'iceux y eut bien de morts six vingts. Et entrèrent les gens de l'Ost avecques eux en leur ville : ainsi fut Fougères prise. » Cabaret, d'Orronville, Vie de Louis de Bourbon, ch. xv.

tous ces étrangers, qui s'établirent en partie à Fougères et à Antrain (1).

Ce fut à ces industriels et par leurs mains que notre ville vit naître ses premières manufactures de draps et autres étoffes de laine, ainsi que ses premières tanneries (2).

La qualité supérieure des eaux de la rivière qui la traverse fut bientôt reconnue, et plus tard elle reçut le privilége presque exclusif de teindre en couleur écarlate, privilége qu'elle a conservé jusqu'en 1622, époque à laquelle le cardinal de Richelieu le lui retira pour le donner à la ville de Paris.

Pendant que la France et l'Angleterre épuisaient leurs finances et le sang de leurs sujets dans leur trop longue querelle, le duc de Bretagne faisait battre monnaie à Fougères. Les fourneaux étaient établis dans la tour, aujourd'hui ruinée, qui était à gauche de la porte de la dernière enceinte du château. On y voyait encore, il y a quelques années, des résidus et des scories de métal que le concierge avait soin de faire remarquer aux visiteurs, et auxquels il rattachait les souvenirs, toujours effrayants, de faux monnayeurs. Mais quoique nous n'ayons pas connaissance de pièces de monnaie, avec l'indication qu'elles ont été frappées à Fougères, les comptes des trésoriers de Bretagne, de 1413 à 1430, ne permettent pas d'élever le moindre doute sur leur émission (3).

---

(1) D. Morice, t Ier, p. 488.
(2) L'établissement du moulin qui est situé auprès de la porte Saint-Sulpice et qui porte encore le nom *de Moulin à Foulon*, date de cette époque (1420 à 1430).
(3) D. Morice, t. IV, col. 1103, 1193.

En 1420, le comte d'Alençon tira de sa ville de Fougères un certain nombre de machines de guerre qu'il envoya au comte de Porhoët, pour le siége de Châteauceaux (1).

Jean V ayant enfin embrassé le parti du roi de France, et résolu de marcher à son secours, rassembla ses troupes à Fougères, Antrain et Bâzouges, les conduisit de là à Pontorson, dont Warvick venait de s'emparer, et emporta la place au premier assaut.

§ 3. — *Fougères sous les ducs de Bretagne.*

Dans le courant de l'année 1433, le comte André de Laval et Ambroise du Loré, entreprirent inutilement de chasser de l'abbaye de Savigny Vénables, capitaine anglais qui s'y était retranché avec 1200 hommes, et qui de là ne cessait de ravager la contrée voisine. Repoussés après un combat de quatre heures, qui coûta environ 200 hommes aux ennemis, ils se retirèrent aux faubourgs de Fougères. Ils y apprirent bientôt que Vénables avait quitté Savigny, et se dirigeait sur Lassay. Alors, ayant déterminé Pierre le Porc, gouverneur de Fougères, à se joindre à eux avec la garnison de la place, ils se mirent ensemble à la poursuite de Vénables : ils l'atteignirent près de Lassay, et lui firent éprouver un échec considérable (2).

---

(1) D. Morice, t. 1, 478.
(2) Hist. de Charles VII, par Jean Chartier, 1433. — D. Morice, t. IV, col. 1262.

Dans la prévision d'une guerre, le duc de Bretagne, de concert avec le roi de France, n'avait rien négligé pour mettre la ville de Fougères en état de défense, et la garantir d'un coup de main. Dès l'année 1431, monseigneur de Châteauneuf, qui en était gouverneur, y tenait garnison avec vingt hommes d'armes et vingt hommes de trait. Le connétable, Jehan Sénéchal, avait en outre sous ses ordres six hommes à Voulges au Relleguet (1). La présence de l'ennemi sur les frontières fit donner un renfort considérable à cette garnison, et en 1434 elle se composait, outre les hommes de M. de Châteauneuf et les préposés à la garde ordinaire de la place, de quatorze hommes d'armes et trente-deux de trait, aux ordres du gouverneur; de cinquante-cinq hommes d'armes et quatre-vingt-quatre de trait, commandés par le vicomte de la Bellière, seigneur de Malestroit; de seize hommes d'armes et vingt de trait, commandés par monseigneur d'Acigné; enfin d'un homme d'armes et cent quarante de trait, commandés par Olivier de Méel, capitaine de La Gravelle (2).

La solde de ces différents corps s'élevait à 2,780 livres par mois, ainsi réparties : 1,270 pour le vicomte de la Bellière, 360 pour monseigneur d'Acigné, 850 pour Olivier de Méel, et 300 pour les gens de M. de Châteauneuf. La guerre durait depuis trente ans entre la France et l'Angleterre, avec une grande alternative de succès et de revers : les deux nations, également épuisées, désiraient

---

(1) D. Morice, t. IV, col. 1234.
(2) D. Morice, t. IV, col. 1262.

vivement la paix. Une trêve dans laquelle fut compris le duc de Bretagne avec ses vassaux fut d'abord signée pour durer jusqu'au 1ᵉʳ juin 1545, et prolongée ensuite jusqu'au 1ᵉʳ juin 1549 ; mais un événement assez indifférent en lui-même vint tout à coup changer les dispositions pacifiques des deux peuples, et les précipiter de nouveau dans la carrière des armes.

M. Gilles, frère du duc de Bretagne, avait été élevé à la cour du roi d'Angleterre, et avait conservé une vive affection pour le monarque dont il avait été l'ami d'enfance. Les relations qu'il entretenait avec lui ne pouvaient que contrarier vivement le duc, tout dévoué aux intérêts de la France, et naturellement mal disposé pour son frère : il ne fut donc pas difficile aux ennemis du jeune prince d'exploiter ces dispositions, et de présenter comme criminels les rapports de M. Gilles avec son royal ami.

Le duc, charmé de trouver un prétexte de perdre un frère pour lequel il ressentait une profonde antipathie, donna bientôt l'ordre de l'arrêter et de le traduire en jugement ; mais le résultat de l'enquête ne répondit pas à ses espérances, et M. Gilles, déclaré innocent, et absous par ses juges, n'en fut pas moins détenu prisonnier par son frère.

Le roi d'Angleterre, informé de la captivité de son ami par un de ses domestiques, qui avait trompé la surveillance qu'on exerçait autour de lui, s'empressa d'envoyer des ambassadeurs au duc de Bretagne, et lui écrivit lui-même, de sa propre main, pour réclamer la mise en liberté de son frère ; mais ces témoignages d'intérêt ne servirent qu'à confirmer le duc dans ses soupçons, et à rendre plus rigoureuse la captivité du jeune prince. Le roi, voyant que les sollicitations de ses ambassadeurs et ses instances personnelles venaient échouer contre l'inébranlable résolution du duc, avisa au moyen de servir son ami d'une manière plus efficace. Il s'arrêta au dessein de s'emparer d'une ville de Bretagne, espérant qu'il obtiendrait facilement la liberté de M. Gilles, lorsqu'il en ferait la condition principale de la restitution de sa conquête.

Ce projet arrêté, il ne restait plus que le choix du capitaine qui serait chargé de l'exécuter. Aucun ne lui parut plus propre que François Surienne, dit l'Aragonais, capitaine brave et expérimenté, déjà célèbre par la prise de trente-deux places. Celui-ci, ayant reçu les ordres du roi, envoie à Fougères un homme de confiance, avec mission d'examiner la situation de la ville, ses fortifications, la force de sa garnison, et surtout la manière dont la garde s'y fait; puis, quand il a obtenu tous les renseignements qu'il désire, et qu'il s'est assuré que la garnison, se reposant sur la trêve, apporte une grande négligence dans son service, il se hâte de passer en Angleterre, et d'aller, en rendant compte au roi de ses observations, lui communiquer le plan de l'entreprise qu'il a projetée sur Fougères.

Le monarque approuve son projet, et pour l'encourager dans son exécution, il le nomme conseiller en son conseil, chevalier de la Jarretière, capitaine de Condé-sur-Noireau, et il lui accorde, pour soutenir l'éclat de tous ces titres, 1,000 livres de pension et 300 nobles de rente sur les ports d'Angleterre et la seigneurie de Porchester.

Surienne, comblé d'honneurs et de richesses, se retire à Verneuil, dont il était gouverneur, et attend là que la fortune vienne lui offrir l'occasion d'exécuter son dessein. Pour éviter les soupçons et cacher ses projets, il est obligé de consacrer à ses préparatifs plus de temps qu'ils ne semblent l'exiger. Le conseil d'Angleterre s'en inquiète, et accuse de lenteur la prudence de son capitaine.

Enfin, le 19 mars 1449, Surienne quitte Condé-sur-Noireau à la tête de six cents hommes, et vient coucher à Brécé. Le lendemain, il prend la route de Fougères; et étant arrivé devant la ville, dans la nuit du 23 au 24, sans avoir été aperçu, il profite du moment où les habitants et la garnison se livrent au sommeil pour faire ses approches. Il se glisse dans les fossés, applique ses échelles contre les murailles, escalade en même temps, avec une partie de sa troupe, et la ville et le château, et prend si bien ses mesures pour s'assurer la garnison, qu'à son réveil, elle se trouve prisonnière. Le lendemain matin, à sept heures, il ouvre les portes à ceux de ses gens qui étaient restés dehors, et abandonne la ville au pillage. Les Anglais, maîtres de la ville, se répandirent dans les différents quartiers, « tuèrent et meurdryrent gens, vio-
» lèrent les églises, commirent tous sacrilèges, ravirent
» femmes, prinrent prisonniers, pillèrent, robèrent, bou-
» tèrent feux, prinrent et appliquèrent à eux tout ce
» qu'ils purent trouver, et firent tous autres maux, cri-
» mes et excès, ainsi qu'il est accoustumé de faire en
» temps de guerre (1). »

---

(1) Réponse des ambassadeurs de France au premier écrit des Anglais. — D. Morice, t. IV, col. 1482.

Le butin qu'ils enlevèrent fut considérable. Quelques historiens le font monter jusqu'à 160,000 écus d'or. Cette somme, tout énorme qu'elle est, ne nous paraîtra pas exagérée, quand nous saurons qu'il n'y avait pas, *dans ce temps-là, un canton plus riche en France que Fougères et ses environs* (1).

Cette ville, dit Mathieu de Coussy, *estoit fort riche et bien peuplée de notables bourgeois et riches marchands, lesquels, pour la plus grande partie, furent du tout mis à destruction et espoliés de tous biens, et y furent trouvés très-grands finances d'or, argent, riches joyaux, et autres biens sans nombre* (2).

---

(1) De Barante, Hist. des Ducs de Bourgogne, t. VII, p. 921.

(2) Chroniques de Mathieu de Coussy, chap. XXIX.

On peut également consulter les autres historiens contemporains, qui tous s'accordent à nous représenter la ville de Fougères comme fort riche et fort considérable. Jean Chartier, Histoire de Charles VII, nous dit qu'elle était *très-riche, bien peuplée de notables gens et de fort grand renom de toute ancienneté.* — Berry, dans son Histoire chronologique du même prince, parlant du pillage de Fougères, dit que *ce fut dommage, car c'était une très-puissante et bonne ville, bien peuplée de notables bourgeois et riches marchands*, et il ajoute que les Anglais *y trouvèrent beaucoup d'argent* —Jacques du Clerq se sert à peu près des mêmes termes. — Mémoires, livre I, ch. 2. Enfin, voici un fait dont l'authenticité n'est pas suspecte, et qui prouve combien, à cette époque, l'argent était commun à Fougères :

Le duc de Bretagne Jean V ayant obtenu la commutation d'un vœu qu'il avait fait, lorsqu'il était prisonnier des Penthièvre, s'adressa à Pierre Rondel, marchand à Fougères, et à Guyon de Monteault, qui s'engagèrent à payer en son nom 10,000 ducats d'or au pape.

Pour sûreté de sa créance, le duc leur donna le profit et seigneuriage des mouvances de Morlaix et Fougères, dont il leur abandonna le gouvernement. (Extrait du Livre des Ozt, estant à la Chambre lès Comptes, manuscrit à la Bibliothèque de Rennes.)

Le duc de Bretagne, indigné de cette perfidie, envoya Michel de Parthenay vers Surienne, pour lui demander raison de sa conduite, et savoir en vertu de quel ordre il s'était emparé de Fougères pendant la trêve. *Ne m'enquérez plus avant*, répondit le capitaine : *ne voyez-vous pas que je suis de l'ordre de la Jarretière? et vous suffise.* Mais, dit Parthenay, *on dit que vous avez pris Fougères pour avoir messire Gilles. Qui vous le rendrait avec un bon pot de vin, seriez-vous content?* L'Aragonais lui répondit franchement : *J'ai pouvoir de prendre, et non de rendre.*

Quand le duc eut connaissance de cette réponse, il ne douta plus que le conseil du roi n'eût ordonné cette perfidie, et il lui fut clairement démontré que Surienne n'était que l'instrument dont il s'était servi pour la consommer. Cependant il envoya encore un héraut au duc de Sommerset, gouverneur du roi en Normandie, pour le sommer de lui rendre Fougères, et de réparer les dommages que les troupes anglaises avaient causés sur ses terres, contre la foi de la trêve; car Surienne, après s'être fortifié dans la place, mettait à contribution toute la contrée voisine, et l'on estimait déjà à plus de 600,000 écus le dommage qu'il avait occasioné par ses pillages. Sommerset se contenta de désapprouver Surienne, sans promettre de satisfaction. On a des raisons de croire qu'il lui avait, en effet, défendu de faire aucune entreprise qui pût porter atteinte à la trêve; mais Surienne lui ayant montré les ordres du roi, il l'avait laissé agir, et lui avait même fourni les troupes dont il avait besoin.

Le duc de Bretagne ayant perdu tout espoir de recouvrer Fougères par la voie des négociations, députa le chancelier de Guémené et l'évêque de Rennes à la cour de France, afin d'exposer au roi la trahison des Anglais, et de l'engager à se joindre à lui pour en tirer vengeance.

Le roi s'empressa d'envoyer des ambassadeurs en Angleterre pour demander satisfaction ; mais le conseil, tout en désapprouvant la conduite de Surienne, se garda bien de donner aucun ordre pour la restitution de Fougères et la réparation des dommages : seulement, pour avoir un prétexte de congédier les ambassadeurs, il renvoya l'affaire au duc de Sommerset.

Celui-ci essaya de justifier la conduite de son gouvernement, en disant que le duc de Bretagne, vassal du roi d'Angleterre, avait manqué à son devoir en faisant arrêter et retenant sans motif M. Gilles en prison, contre la volonté de son souverain ; que la prise de Fougères n'était qu'une juste représaille de cette arrestation et de cette détention illégale, et ne pouvait être une violation de la trêve ; que, du reste, les dommages dont le duc se plaignait seraient bientôt réparés, s'il voulait s'adresser au roi comme à son souverain.

Une telle réponse laissait à Charles VII peu d'espoir d'arriver à une conclusion par la voie des négociations ; cependant, pour enlever aux Anglais tout prétexte de rejeter sur lui la responsabilité d'une guerre qu'il regardait dès lors comme inévitable, il proposa au duc de Sommerset une conférence dans laquelle ses ambassadeurs et lui pourraient traiter de la réparation due au duc de Bretagne.

Cette conférence, indiquée d'abord à Louviers, s'ouvrit à Pont-Saint-Ouen, et fut ensuite ramenée à Louviers. Le roi s'était flatté de l'espérance que les succès de ses capitaines, qui venaient presque au même instant de s'emparer de Pont-de-l'Arche, de Gerberoy et de Conches, rendraient les Anglais plus traitables, et faciliteraient un arrangement qu'il désirait avant tout; mais les longues prospérités de cette nation avaient tellement enflé le cœur et fasciné les yeux de ceux qui la gouvernaient, que les propositions du roi furent à peine discutées. Dans toute la suite des conférences, les ambassadeurs anglais parurent dominés par l'idée de faire triompher les prétentions de leur monarque sur la Bretagne. On leur proposa de rendre Pont-de-l'Arche, Conches et Gerberoy, s'ils consentaient à rendre Fougères; mais ils ne voulurent entendre à aucune proposition, et l'on se sépara, de part et d'autre, avec la résolution d'en appeler aux armes pour trancher cette importante question.

Le premier soin du roi fut de s'assurer l'alliance du duc de Bretagne, pour la cause duquel il allait de nouveau courir la chance des combats. Le 7 juin 1449, il conclut avec lui un traité par lequel il s'engageait à ne faire ni paix ni trêve avec l'Angleterre, jusqu'à ce que Fougères lui fût rendue, et, si elle ne lui était pas remise à la fin de juillet, il devait joindre ses forces à celles du duc pour la ramener dans sa possession. Le duc rassembla aussitôt son armée à Saint-Aubin-du-Cormier et fit quelques courses dans les environs de Fougères; mais elles n'eurent aucun résultat. Alors il changea ses dispositions et se prépara à faire une puissante diversion du côté de la Normandie.

Pendant ce temps-là, Pierre, son frère, qu'il avait nommé lieutenant-général du duché, en son absence, venait mettre le siège devant Fougères avec les troupes qu'il lui avait laissées.

Le duc lui-même ne tarda pas à venir l'y joindre : une campagne lui avait suffi pour enlever le Cotentin aux Anglais et le replacer sous la domination de la France, tant la victoire avait été fidèle à ses armes! Et c'était cette armée avec laquelle il avait opéré cette prodigieuse conquête, et qui était toute remplie encore de l'enthousiasme de ses succès, qu'il amenait pour renforcer celle de son frère.

De plus, en rentrant en Bretagne, il avait été joint par les vicomtes de Rohan et de la Beilière, l'amiral de Coëtivy, les seigneurs de Guingamp, de Montauban, de Rieux, de Combourg, de Penhoët et autres, auxquels s'étaient déjà réunies plusieurs compagnies que Henri de Villeblanche, gouverneur de Rennes, avait levées en Basse-Bretagne et qu'il conduisait au siège de Fougères; en sorte que l'armée destinée à agir contre la place présentait un effectif de 8,000 hommes.(1)

---

(1) Il se manifesta un grand enthousiasme parmi les seigneurs bretons à l'occasion du siége de Fougères. On cite entr'autres un trait de Guillaume de Rosnivinen, seigueur Du Plessis, qui prouve combien l'esprit national était vivace et puissant, à cette époque, chez les Bretons. Ce seigneur, commandant d'une compagnie de cent hommes d'armes, dont faisaient partie Geoffroy de Couvran et Olivier de Broons, avait reçu l'ordre d'aller en Piémont et de se mettre avec sa troupe au service du duc d'Orléans. Il était déjà rendu à Grenoble, lorsqu'il apprit les événements dont la Bretagne était le théâtre. Il s'employa si bien auprès des principaux membres du Conseil du roi, qu'il obtint la permission de revenir en sa patrie, et amena au siège de Fougères la compagnie qu'il commandait. Le duc, pour reconnaître son dévoûment, lui donna le gouvernement de Saint-Aubin-du-Cormier.

Ce n'était pas trop pour faire le siège d'une ville qui était en bon état de défense, pourvue abondamment de vivres et de munitions, protégée par une garnison nombreuse, toute composée de bons soldats et commandée par Surienne.

Dès le commencement des opérations, M. Pierre avait fait élever deux forts, l'une devant la porte Saint-Léonard, qu'il gardait lui-même avec un nombre assez considérables d'archers et de gens de guerre; l'autre devant la porte de Rillé, dont il avait remis la garde au sire de Rieux, qui, outre ses fantassins, tous soldats d'élite, avait sous ses ordres 150 hommes de cavalerie.

Ces forts contrariaient vivement les assiégés, qui ne pouvaient sortir de la place sans être bientôt repoussés, non sans éprouver de grandes pertes.

Le duc, à son arrivée, se posta devant l'une des autres portes et plaça le connétable de Richemont devant l'autre : dès lors les opérations du siège furent poussées avec une activité incroyable.

Le connétable essaya d'abord d'enfoncer les portes avec son artillerie; mais n'ayant pu en venir à bout, il renonça à ce moyen de pénétrer dans la ville et fit toutes ses dispositions pour former un siège en règle. Par son ordre, des tranchées furent ouvertes pour mettre les soldats à l'abri des traits que les archers anglais lançaient avec une précision et une justesse remarquables, et des batteries furent établies aux endroits où les murailles paraissaient plus faciles à entamer; mais nos Bretons eurent beaucoup à souffrir dans l'exécution de ces divers travaux : malgré les pertes qui en résultaient pour eux, les assiégés faisaient de fréquentes sorties dans lesquelles ils détruisaient ou du moins endommageaient considérablement les ouvrages des assiégeants, qui étaient forcés sans cesse de les recommencer; ce qu'ils faisaient toujours avec une nouvelle ardeur et sans se rebuter jamais des obstacles.

Cependant les Anglais ne furent pas toujours également heureux dans ces expéditions. Un jour entr'autres, ayant cru s'apercevoir que le guet dont était chargé le sire de Derval se faisait avec une certaine négligence, ils fondirent sur sa troupe, espérant la surprendre; mais ils furent bien étonnés de la trouver sur ses gardes et disposée à les recevoir. Le combat s'engagea avec une pareille ardeur, de part et d'autre; mais un corps de Bretons qui avait aperçu le mouvement des Anglais, étant venu soutenir le sire de Derval, celui-ci repoussa vigoureusement les ennemis et les força de rentrer précipitamment et en désordre dans la ville, en les poursuivant jusqu'aux pieds des remparts.

Arrivés là, les Bretons remarquèrent un des boulevards qui leur parut fort mal gardé, et de suite ils se mirent en devoir de monter à l'assaut : les Anglais ne leur opposèrent qu'une faible résistance, et s'empressèrent de rentrer dans la ville, abandonnant lâchement le poste qu'ils étaient chargés de défendre; mais bientôt de nouvelles troupes se présentèrent et entreprirent de déloger les Bretons. Ils s'engagea un combat opiniâtre dans lequel le terrain fut défendu pied à pied avec une égale valeur, et qui coûta la vie à un grand nombre d'Anglais et de Bretons. Enfin ceux-ci, accablés sous les traits qui tombaient du haut des murailles, comme la grêle dans un jour d'orage, furent obligés de se retirer sans avoir pu atteindre la porte.

Cependant l'artillerie ne cessait de foudroyer les murailles : déjà elles avaient cédé en plusieurs endroits, et les brèches qu'elles avaient ouvertes en s'écroulant semblaient présager aux Bretons qu'ils touchaient au terme de leurs glorieuses fatigues; mais le désespoir suggéra aux Anglais un expédient qui prolongea encore quelques jours leur résistance. Aussitôt qu'un pan de mur était détruit, ils s'empressaient de le remplacer par des barricades, formées avec des tonneaux qu'ils garnissaient en dehors de balles de laine et de sacs remplis de fientes d'animaux, contre lesquels le canon ne produisait aucun effet.

Pour détruire ces remparts d'une nouvelle espèce, les assiégeants imaginèrent de descendre dans les fossés, armés de crocs en fer, au moyen desquels ils accrochaient et attiraient à eux les matériaux dont ils étaient formés; mais ce ne fut pas sans rencontrer de grandes difficultés et sans perdre bien des leurs qu'ils en vinrent à bout; car les Anglais faisaient pleuvoir sur eux une grêle de pierres et de traits : souvent même ils descendaient dans les fossés et combattaient corps à corps avec eux pour leur arracher quelques lambeaux de toile dont la possession, dans la situation où ils étaient, semblait être devenue le principal objet du combat.

Les Anglais forcèrent plusieurs fois les Bretons de se retirer; mais ils ne pouvaient les empêcher de revenir à la charge, ni même les tenir à une distance telle qu'il ne leur fût pas possible d'enlever, avec leurs instruments, les sacs qui formaient les barricades, et de les détruire presque au moment même où elles étaient élevées.

La détresse devenait donc de plus en plus grande parmi les assiégés, qui commençaient à être privés des moyens de fermer les brèches que le canon faisait à leurs murailles. Il ne leur restait d'autre ressource que de s'ensevelir sous les ruines de la ville ou de se rendre à discrétion ; car le duc de Bretagne était bien résolu à ne pas traiter avec eux, et il n'y avait pas d'espoir qu'il renonçât à son entreprise au moment où la fortune ne semblait plus attendre qu'un signe de sa volonté pour lui livrer sa conquête. Mais un ennemi plus cruel que la guerre vint à leur secours et les tira de cette cruelle alternative.

Les longues fatigues qu'avait essuyées l'armée, les dures privations qu'elle avait éprouvées, jointes aux chaleurs excessives qui se firent sentir pendant le siége, déterminèrent dans le camp du duc des maladies qui devinrent bientôt contagieuses, et enlevèrent un grand nombre d'officiers et de soldats. Parmi les premiers fut le jeune comte Alain de Léon, fils du duc de Rohan, qui avait épousé Yolande de Laval, nièce du duc de Bretagne. La mort de ce jeune prince excita les regrets de toute l'armée, et fut, pour plusieurs seigneurs, une occasion de faire des représentations au duc et de l'engager à écouter les propositions des Anglais, qui offraient chaque jour de traiter avec lui. Ils le menacèrent de se retirer et de l'abandonner, s'il ne se rendait pas à leurs désirs, et quelques-uns, voyant qu'il s'opiniâtrait à rejeter toute espèce d'accommodement, se retirèrent en effet.

La crainte que cet exemple n'entraînât d'autres seigneurs qu'il voyait consternés par la terreur du fléau, et qu'une désertion complète ne vînt à lui ravir les fruits d'une campagne aussi longue et aussi pénible, lorsqu'il était à la veille de les cueillir, cette crainte changea entièrement les dispositions du duc. Il consentit à prêter l'oreille aux propositions des Anglais, et il leur accorda de sortir de la ville, vie et bagues sauves, et de se retirer où bon leur semblerait sur les terres du roi d'Angleterre (1).

Ils étaient encore au nombre de 500, lorsqu'ils sortirent de la place.

Le duc en prit possession le jour même, 4 novembre 1449, deux mois après le commencement des opérations du siége. Après avoir pourvu à ses besoins les plus pressants, y avoir placé une bonne garnison dont il confia le commandement au maréchal de Bretagne, il licencia son armée, épuisée par la fatigue et la maladie, et se rendit lui-même à Rennes, et de là à Dinan. Arrivé dans cette dernière ville, il publia une déclaration par laquelle il exemptait les habitants de Fougères, pendant

---

(1) La composition fut telle qu'ils s'en pourraient aller avec tous leurs chevaux et harnois saufs, et chacun portant devant lui un petit fardeau seulement. — Jean Le Chartier, Histoire de Charles VII.

Alain Le Chartier, dans une ballade dont nous donnons ici la première strophe, a chanté la reprise de Fougères par le duc de Bretagne :

> Anglois! Anglois! chastiez-vous,
> De l'ung promettre et l'autre faire,
> Qui la trève avez comme foulz
> Rompue pour Fougières forfaire.
> Mais David pria Dieu deffaire
> Ceulx qui veulent guerre et non paix.
> L'on doit juger selon les faictz.

Cette ballade se compose de vingt et une strophes de ce genre, dont chacune finit par une espèce de sentence ou proverbe :

> Aux trompeurs vient la tromperie,
> Qui trop embrasse peu estraint;
> Tant grate chièvre que mal gist, etc.

vingt ans, de tout impôt ou subside, pour leur aider à réparer leurs murailles et à rétablir leur commerce (1).

La surprise de Fougères eut des conséquences immenses; car, comme nous l'avons vu, ce fut cette perfidie des Anglais qui força en quelque sorte Charles VII à reprendre les armes et à recommencer une guerre que lui faisaient craindre les revers des précédentes campagnes; mais l'heure de notre délivrance avait sonné, et l'étranger, qui, depuis un demi-siècle, nous commandait en maître, allait être chassé de notre territoire En moins d'une année, Charles VII recouvra toutes les provinces qu'avaient perdues ses prédécesseurs, et la journée de Formigny, en achevant la ruine des Anglais sur le continent, ne leur laissa que la ville de Calais pour légitimer le titre de roi de France, que s'arrogèrent encore long-temps leurs monarques.

C'est ainsi, comme l'a fort judicieusement observé un grave écrivain, que la France entière a contracté une dette envers notre ville, puisque c'est à dater de la défaite des Anglais dans ses murs que commence leur expulsion totale de notre territoire.

La ville de Fougères profita du privilége que lui accorda le duc pour relever ses fortifications; mais elles n'étaient pas encore rétablies qu'elle se vit menacée d'un second siége et à la veille d'une nouvelle destruction.

Depuis long-temps la France méditait des projets de

---

(1) D. Morice, t. IV, col. 1515.—Cette déclaration est du 12 décembre 1449. — Voir, pour les détails du siége de Fougères, d'Argentré, Histoire de Bretagne, livre XII, ch. 10.

conquête sur la Bretagne, et n'attendait qu'un prétexte pour les mettre à exécution. Le duc François II, en donnant un asyle dans ses Etats au duc d'Orléans, qui avait été obligé de quitter la cour de France, vint bientôt le lui fournir.

Le duc de la Trémouille entra en Bretagne au commencement de l'année 1487, et vint mettre le siége devant Nantes; mais il ne put s'en rendre maître. Obligé de se retirer, il prit le chemin de la France, à travers notre province, et s'empara de Vitré et de Saint-Aubin-du-Cormier. L'année suivante (1488), il recommença la campagne à la tête d'une armée de douze mille hommes, et maître d'Ancenis et de Châteaubriand, il vint mettre le siége devant Fougères.

Cette place, que l'on regardait comme la clef de la Bretagne, du côté du Maine et de la Normandie, passait alors pour la plus belle et la plus forte du duché, après Nantes (1). Du moment que l'on avait entrevu la possibilité d'une guerre avec la France, les Bretons n'avaient rien négligé pour la mettre en état de soutenir un siége. Ils se flattaient de l'espoir que, dans le cas où les Français feraient une invasion subite sur leur territoire, cette ville, pourvue d'un riche matériel et défendue par leurs meilleurs soldats, arrêterait assez de temps l'ennemi pour leur permettre de rassembler toutes leurs forces. Ils y avaient, en conséquence, réuni un grand nombre d'ouvriers qui travaillaient nuit et jour à réparer les fortifica-

---

(1) D. Morice, t. II, p. 180. — Guillaume de Jaligny, Histoire de Charles VIII.

tions et à mettre la dernière main aux ouvrages déjà terminés. De nombreux convois y amenaient chaque jour des provisions de toute espèce. Enfin, trois mille hommes, choisis parmi leurs meilleurs soldats, composaient sa garnison, et se montraient pleins de dévoûment et d'ardeur pour tenir tête à l'ennemi quand il se présenterait.

Instruits de l'approche de l'armée française, ils conçurent d'abord le projet de marcher à sa rencontre, et de lui livrer bataille en dehors de la ville, mais ils se contentèrent de la harceler dans sa marche; et voyant bientôt qu'ils avaient le désavantage dans tous leurs engagements avec elle, ils prirent le parti de rentrer dans la ville et de se retrancher derrière leurs murailles, pour y attendre l'ennemi.

Le duc de la Trémouille les suivit de près, et commença immédiatement les opérations du siége. Il chargea Pierre d'Urfé, grand-écuyer de France, du commandement d'une batterie dirigée contre le boulevard de Saint-Léonard et la tour de Leschauguerte, pendant que lui-même se réservait le commandement d'une autre destinée à battre la porte Roger et la tour de Montframmery (1).

---

(1) Guillaume de Jaligny, dans son Histoire de Charles VIII, dit : *La petite rivière qui passe par dedans* (la ville) *fut détournée et divertie ailleurs, dont ils* (les Bretons) *croyaient bien qu'on ne pourrait venir à bout.*

On ne conçoit réellement pas comment les Français purent opérer ce détour de la rivière. Les collines dans lesquelles est encaissé le lit du Nançon sont trop élevées pour qu'on puisse supposer qu'on lui ait donné un autre cours. Ce passage de l'historien français ne peut être vrai qu'en supposant que la rivière, qui coulait aux pieds du rempart,

Le duc de la Trémouille avait si bien pris ses mesures, son artillerie fut si bien servie, que quelques jours suffirent pour ruiner entièrement les travaux de défense entrepris par les assiégés. Ils durent dès lors songer à une capitulation, et s'ils ne la sollicitèrent pas, c'est qu'ils espéraient toujours que l'armée bretonne, qu'ils savaient être dans les environs, arriverait incessamment à leur secours; mais cette armée ne se réunissait qu'avec peine, et ses chefs, qui se flattaient que la ville tiendrait assez pour leur donner le temps d'arriver, mettaient dans leurs opérations une lenteur et une négligence impardonnables.

Enfin, les assiégés, se voyant réduits à la dernière extrémité, et trompés dans toutes leurs espérances d'un secours prochain, remirent la place entre les mains des Français.

Quant à la garnison, elle se retira à Andouillé, lieu du rendez-vous de l'armée bretonne, et combattit, quelques jours après, dans ses rangs, à la bataille de Saint-Aubin-du-Cormier, qui décida du sort de la Bretagne (1).

Le traité du Verger ou de Coiron, qui suivit cette bataille, assura au roi la possession de Fougères, ainsi que celle de Saint-Aubin-du-Cormier, de Saint-Malo et de

---

ait été amenée sous le rocher de Rillé; mais on ne voit pas bien quel avantage les assiégeants auraient pu retirer de ce changement de direction, qui leur eût coûté beaucoup de travail, et eût été très-dangereux à entreprendre sous le canon de la place.

(1) Cette bataille eut lieu le 28 juillet. Fougères avait capitulé le 25, après un siège de huit jours. — Guillaume de Jaligny, Histoire de Charles VIII; — Jean Bouchet, Histoire de Louis de La Trémouille; — D. Morice, t. II, p. 182; — D'Argentré, livre XIII, ch. 43.

Dinan. Cependant il fut stipulé qu'il rendrait Fougères et Saint-Malo aux filles du duc, s'il était prouvé qu'il n'eût aucun droit sur ces deux villes. Dans ce cas, il devait être remboursé de tous les frais qu'il aurait faits pour leurs fortifications. Mais le roi, tout en paraissant faire de grandes concessions aux Bretons, ne laissait pas de les retenir en sa dépendance, en leur faisant souscrire un article accessoire, d'après lequel les quatre places désignées au traité devaient appartenir à la France, si les filles du duc venaient à se marier sans son consentement. Il leur donna néanmoins une garantie de ses dispositions pacifiques, en s'engageant à leur rendre toutes les villes dont ses troupes s'empareraient dans le duché, sous peine de perdre ses droits sur les quatre places.

L'année suivante (1489), la guerre s'étant rallumée en Bretagne, le roi de France rassembla ses troupes dans les places frontières. Fougères reçut une garnison nombreuse : elle se composait principalement de soixante-cinq lances tirées des compagnies de M. de la Trémouille, des hommes d'armes à la suite des capitaines de Régnier, Philippe du Moulin; de quarante hommes d'armes et quatre-vingts archers, sous la conduite de Gilbert de Grazay, seigneur de Champ-Roux, et du bâtard de Bourbon; de deux cents hommes de pied du capitaine Bongars, et d'une compagnie de Suisses.

Le roi de France, par le traité de Francfort, conclu entre lui et l'archiduc Maximilien, se réserva la possession de Fougères, Saint-Malo et Dinan.

Lorsque, après la mort de Charles VIII, le mariage de son successeur Louis XII fut arrêté avec la reine douairière, Fougères fut la seule ville, avec Nantes, que le roi excepta de l'engagement qu'il prit avec la reine de lui rendre toutes les places de son ancien duché (1499), et qu'il voulut garder pendant un an pour sûreté de la convention.

§ 4. — *Fougères sous les rois de France.*

Les rois François Ier et François II, touchés des malheurs qu'avait éprouvés la ville de Fougères, assiégée et prise deux fois dans un demi-siècle, affranchirent ses habitants de tout devoir pendant leurs règnes. Déjà la reine Anne, par lettres-patentes du 22 juillet 1498, les avait exemptés pour dix années de tous fouages, impôts, traites et subsides mis et à mettre. Ces priviléges leur furent confirmés plus tard par Henri II et Charles IX, qui limitèrent d'abord à un certain nombre d'années le temps durant lequel ils devaient en jouir; mais les habitants de Fougères ayant constamment soutenu le parti du roi et de la religion pendant les guerres civiles, ayant même rétabli leurs fortifications, fourni des soldats au roi, et entretenu, à leurs frais, une garnison pour défendre la ville contre ceux de la religion prétendue réformée, Charles IX, sensible à un dévoûment qui n'avait reculé devant aucun sacrifice, rendit perpétuels et irrévocables les priviléges qui ne leur avaient été accordés que pour un temps, sans que les habitants de Fougères fussent tenus à autre chose qu'à en demander le renouvellement au commencement de chaque règne. (Lettres-patentes de 1565 et 1569.)

En 1558, on abattit l'ancienne Saunerie, qui occupait l'emplacement actuel de la place Royale, et l'on traça une rue pour joindre la porte Roger à la rue de la Pinterie. Ce qui resta de l'emplacement de cette halle fut afféagé à divers particuliers, qui y bâtirent des maisons, avec le privilége exclusif de jouir de la vente du sel.

En 1559, le 6 du mois de janvier, une nouvelle pancarte réglant les droits dus au seigneur pour coutume, hallage et étalage, fut arrêtée par le sénéchal de Fougères.

En 1562 et 1563, la ville de Fougères fut désolée par la peste. Le nombre des malades fut si considérable qu'on imposa une taxe extraordinaire sur tous les bénéfices de la baronie, pour les nécessités de l'hôpital.

Une ordonnance faite en la juridiction pour le prix des grains, à la requête de l'administrateur de l'hôpital, déclare qu'une somme de 600 livres est nécessaire par semaine pour donner un seul repas par jour aux pauvres qui sont soignés dans le Lazaret (1565). Le calvinisme fit fort peu de progrès à Fougères et dans les environs. Les prétendus réformés n'y furent jamais assez nombreux pour y avoir un temple ou même un ministre; cependant ils ne laissèrent pas d'y éveiller l'attention du gouvernement, et le duc d'Étampes, gouverneur de Bretagne, crut devoir donner des ordres au lieutenant de la compagnie qui était à Fougères, pour qu'il veillât à ce que la tranquillité n'y fût pas troublée.

Les premières lettres de création de notaires royaux à Fougères furent données au mois de décembre 1567.

Leur nombre, fixé d'abord à quatre, fut porté à huit au mois d'octobre 1570, par suite de création de quatre autres notaires pour la baronie.

Les États de Bretagne furent indiqués à Fougères en 1578; ils devaient ouvrir le 15 octobre. Plusieurs membres des trois ordres s'y rendirent avec M. de la Hunaudaye, qui tint la place du premier commissaire du roi;

mais ils se séparèrent quelques jours après, sur l'avis qui leur fut donné que M. le duc de Montpensier, par une déclaration dont ils n'avaient pas eu connaissance, avait changé l'époque et le lieu des États.

Ils se tinrent à Rennes, et n'ouvrirent que le 22 décembre.

Le duc de Mercœur, qui s'était déclaré chef de la Ligue en Bretagne, ayant réussi à faire reconnaître son autorité dans la ville de Rennes, songea à s'assurer de Fougères. Il se présenta devant la ville le 22 mars 1589, et n'eut pas de peine à s'en faire ouvrir les portes. Les habitants, qui s'étaient toujours montrés très-attachés aux anciennes doctrines, ne pouvaient en effet accueillir que favorablement un prince qui s'en proclamait le défenseur.

Le lieutenant du marquis de La Roche (1), qui commandait en son absence, sembla vouloir se défendre dans le château et faire quelque résistance; mais cédant bientôt aux sollicitations de Mercœur, et séduit par ses offres, il le lui livra, avec tous les effets qui appartenaient au gouverneur, moyennant une somme de 1,500 écus, qui lui fut comptée sur-le-champ.

Mercœur attachait beaucoup d'importance à la possession de Fougères et il fondait de grandes espérances sur

---

(1) Le marquis de La Roche, gouverneur de Fougères, était tombé entre les mains des gens du duc de Mercœur, auprès de Sablé, et détenu au château de Nantes, où il demeura sept ans prisonnier.

Le marquis de La Roche se nommait Troïlus de Mescouette et était un gentilhomme de Basse-Bretagne : il fit ériger sa terre de La Roche en marquisat par l'entremise de la reine, Catherine de Médicis, dont il avait été page, et dont il avait gagné les bonnes grâces.

les ressources qu'il tirerait de cette ville, pour le siège de Vitré qu'il méditait. Il ne négligea donc aucun des moyens qui pouvaient lui assurer la soumission des habitants et mettre la place à l'abri d'un coup de main. Il y établit une très-forte garnison, y réunit des approvisionnements considérables, fit travailler sans relâche au rétablissement de ses fortifications, et resta lui-même à surveiller l'exécution des travaux jusqu'au 4 avril, que la nouvelle du soulèvement de Rennes le fit partir en toute hâte.

Le Parlement, qui était entré dans des voies de rigueur contre le duc et ses adhérents, rendit arrêts sur arrêts pour faire rentrer Fougères sous l'obéissance du roi. Non seulement il ordonna la saisie de tous les biens des rebelles; mais encore il enjoignit au capitaine Le Gréal, qui commandait à Fougères, de remettre la place entre les mains de celui qui serait nommé par M. de La Hunaudaye, lieutenant-général du roi en Bretagne, et mettant en quelque sorte le pays hors la loi, il transféra la juridiction royale de Fougères à la prévôté de Rennes.

Le duc, de son côté, usa de représailles en faisant saisir tous les biens de ceux qui étaient contraires à la Sainte Union catholique; et, comme il avait la force pour soutenir son autorité, ses ordres furent exécutés à la lettre dans la terre de Fougères, tandis que les arrêts du Parlement ne servirent qu'à montrer combien sont faibles les organes de la justice en présence d'une armée rebelle.

Après un court séjour à Nantes et devant Vitré, dont il fut forcé de lever le siége, le duc de Mercœur revint à Fougères. Ce fut dans cette ville qu'il apprit la mort de Henri III, tombé sous le poignard d'un assassin. Persuadé que cet événement imprévu allait faire prendre aux affaires une tournure favorable à ses projets, il dépêcha en toute hâte le sénéchal de Fougères à Rennes, pour y porter cette nouvelle, dans l'espérance qu'elle y occasionerait un soulèvement en sa faveur ; mais elle n'y produisit aucun effet, et le Parlement, regardant le sénéchal comme un factieux, le fit arrêter, instruisit son procès, le condamna à être pendu et le fit exécuter le soir même de son arrivée.

Le prince de Dombes, après avoir ramené sous l'obéissance du roi les paroisses des environs de Vitré, qui avaient arboré le drapeau de la Ligue, prit la route de Fougères avec son armée et deux pièces de canon ; mais il ne fit aucune entreprise contre la place, et se retira après avoir lancé quelques boulets à la garnison, qui lui riposta vigoureusement. Cependant ses gens se répandirent dans les campagnes, et remportèrent quelques avantages sur les troupes du duc : ils s'emparèrent même de l'abbaye de Rillé, la pillèrent, et brûlèrent ou emportèrent ses archives.

Pendant toute la durée de la guerre, Mercœur fit de fréquents voyages à Fougères, et y résida même souvent. Il en avait fait sa principale place d'armes, et il employa utilement en plusieurs circonstances la garnison qu'il y avait établie, notamment au siége du Blavet (1590), où elle lui rendit de grands services.

Peu de temps après, le duc de Montpensier, après avoir enlevé Châtillon aux rebelles, résolut d'attaquer Fougères. La consternation fut grande dans la ville ; car personne n'y doutait qu'il ne l'emportât, s'il se présentait ; mais la maladie qui décimait son armée, et particulièrement les Anglais, qui en faisaient partie, le forcèrent d'ajourner son entreprise.

Pendant qu'il se reposait à Saint-Aubin-du-Cormier, les Anglais, auxquels il avait permis d'aller se rafraîchir en Normandie, prenaient la route du Maine, sous la conduite du major Oinefil. Arrivés près d'Ambrières, ils rencontrèrent la garnison de Fougères, commandée par Bois-Dauphin, qui les attaqua et les défit entièrement.

La Chesnaye Vaulouet, que Mercœur avait nommé gouverneur de Fougères, fut blessé d'un coup d'arquebuse dans cette rencontre, et mourut, l'année suivante, des suites de cette blessure.

Mercœur nomma à sa place le marquis de Belle-Ile, fils du maréchal de Retz. — Le nouveau gouverneur, qui désirait ardemment faire sa paix avec le roi, crut que le meilleur moyen d'assurer sa réconciliation était de lui livrer Fougères et le Mont Saint-Michel, dont Mercœur lui avait promis le gouvernement, s'il parvenait à en chasser Kermartin, qu'il soupçonnait d'attachement à la cause royale.

La tête remplie de ce projet, il se rendit le 11 janvier 1596, avec ses capitaines, au Ferré, où se trouvaient les sieurs de Canisy, de la Fresnaye et plusieurs autres seigneurs du parti du roi, avec lesquels il entra en pourparlers; mais ils ne purent s'entendre. Le gouverneur désappointé s'empressa de revenir à Fougères, et y ayant rassemblé toutes les troupes qui étaient cantonnées dans les environs, il se jeta sur la Normandie et s'avança jusqu'à Tinchebray, mettant tout à feu et à sang sur son passage.

Il n'avait pas renoncé pour cela à son entreprise sur le

Mont Saint-Michel. Étant rentré à Fougères, il quitta une seconde fois cette ville, le 22 mai, et arriva le lendemain matin au Mont, où on l'introduisit sans difficulté avec six des siens. Mais, à peine y fût-il entré, que le caporal qui était de garde ferma la porte : le marquis, irrité, se retourna aussitôt et lui ordonna fièrement d'ouvrir ; mais, sur le refus que fit celui-ci, il lui passa son épée au travers du corps. Les soldats de la garde, indignés de cet attentat, se précipitèrent sur le marquis et le massacrèrent avec les six hommes qui l'avaient accompagné. — Le reste de sa troupe, qui se montait à cinq cents hommes, reprit en toute hâte le chemin de Fougères.

Cette ville resta au pouvoir du duc de Mercœur jusqu'au traité d'Angers (23 mars 1598), qui mit fin à la guerre civile en Bretagne.

Peu de temps après, Henri IV confirma aux habitants de Fougères les priviléges qui leur avaient été accordés par ses prédécesseurs.

Ceux-ci profitèrent du rétablissement de la paix, pour réparer leurs murailles : le roi lui-même vint à leur aide, en leur accordant à cet effet la permission de lever six deniers sur chaque pot de vin et trois deniers sur chaque pot de cidre qui seraient débités, tant dans la ville que dans la châtellenie de Fougères. (Lettres-patentes du 13 août 1602).

1616. — Les renseignements nous manquent sur les événements dont la ville de Fougères fut le théâtre pendant la minorité du roi Louis XIII. Il paraît que la plus grande partie des gentilshommes du pays embrassèrent le parti des princes : ils parvinrent à gagner le sire de

Guémadeuc, qui feignit de se laisser surprendre, et leur livra le château, dont il était gouverneur.

Le Parlement, tout dévoué aux intérêts de la cour, fit défense à tous gentilshommes et gens de guerre de s'assembler, pour porter aide et secours à ceux qui détenaient le château contre la volonté du roi; mais nous ignorons quel fut le résultat de cette défense, s'il fut repris par les troupes royales, ou si seulement il leur fut rendu à la paix qui fut faite la même année.

Le Parlement de Bretagne exerça des poursuites contre le gouverneur et ses complices, auxquels on reprochait encore l'assassinat d'un sieur de Novet et celui du sénéchal de Châtillon; mais un arrêt du Conseil attribua la connaissance de cette affaire au Parlement de Paris, qui déclara Thomas de Guémadeuc coupable du crime de félonie, le condamna à être écartelé, et le fit exécuter en place de Grève.

Le 27 octobre 1624, les États donnèrent leur consentement aux habitants de Fougères, pour la continuation d'un devoir de 5 livres par pipe de vin vendue en détail, et de 50 sous par pipe de cidre également vendue en détail dans la ville.

Il n'y avait pas encore de droit sur les boissons logées chez les habitants.

Le consentement des États fut renouvelé le 20 août 1630, le 18 août 1701 et le 2 septembre 1713.

La contagion qui, de 1626 à 1640, exerça des ravages si désastreux dans toute la province, n'épargna pas la ville de Fougères : ce fut principalement dans le cours de l'année 1635 qu'elle y sévit d'une manière plus terrible. S'il faut s'en rapporter à une ancienne tradition, le nombre des pestiférés fut tel que les prêtres ne pouvaient suffire à leur administrer les secours de leur saint ministère ; et l'on étendit le drap mortuaire sur les églises de la ville en signe de deuil.

Les habitants de Fougères, décimés par la contagion, s'adressèrent à Dieu avec toute la ferveur de la piété surexcitée par la crainte qu'inspirait le fléau. Les prières publiques, les vœux, les processions, tout fut mis en œuvre pour appaiser la colère du ciel. On montre encore aujourdhui, au hameau de la Placardière, en Beaucé, la grande croix de la paroisse qui y fut portée processionnellement et laissée là en *ex voto*, comme une borne que la main de la religion imposait à la contagion et qu'elle ne devait pas franchir.

C'est à cette occasion que prit naissance la confrérie de Sainte-Anne et de Saint-Roch, établie dans l'église de Saint-Léonard, et qui subsiste encore aujourd'hui (1).

---

(1) Voir, pour ce qui concerne cette société, l'histoire de la Chapelle miraculeuse de sainte Anne de la Bosserie, par M. l'abbé Badiche.

Déjà un grand nombre de confréries existaient à cette époque à Fougères, et plusieurs autres prirent naissance dans le courant du XVIIe siècle. Les premières étaient celles de saint Jean, qui remontait au commencement du XVe siècle, fondée par les maîtres teinturiers ; de saint Come et de saint Damien, par les médecins, les chirurgiens et les apothicaires; de saint Crépin et de saint Crépinien, par les maîtres cordonniers (1575); de la sainte Trinité, par les maîtres tailleurs (1580); de saint Jacques et de saint Philippe, par les maîtres tanneurs ; de la Transfiguration de Notre Seigneur, par les maîtres tisserands (1607), etc. Les secondes furent celles de sainte Anne, fondée par les maîtres menuisiers (1645); de saint Yves, par les officiers de la juridiction royale (1657), de saint Barthélemy, des Agonisants, du saint Sacrement, etc.

Les Etats de Bretagne, convoqués à Fougères pour l'année 1653, se tinrent dans l'église de Saint-Léonard, sous la présidence de M. de la Motte-Houdancourt, évêque de Rennes. Ils ouvrirent le 20 octobre, et furent clos le 6 décembre.

Le clergé y fut représenté par trois évêques, cinq abbés et les députés des chapitres.

L'ordre de la noblesse, qui ne comptait à l'ouverture que cent quatre-vingt-dix-neuf gentilshommes, en comptait plus de trois cents à la dernière séance (1). Il fut présidé par M. de la Trémouille. Enfin le Tiers fut représenté par trente-huit députés, et présidé par Eustache de Lys, sénéchal de Rennes. Le don gratuit, les affaires relatives au commerce et à l'amirauté, le rachat des Bretons détenus par les puissances barbaresques, les postes, les fouages et les impôts, furent les principales matières sur lesquelles se porta l'attention des Etats dans cette session.

Avant de se séparer, ils votèrent une somme de 120 livres, à titre de dommages-intérêts, pour le fermier des halles, qui les leur avait abandonnées pour remiser leurs voitures et carrosses et loger leurs chevaux.

En 1680, le Collége fut transféré de Rillé à Saint-Yves, qui avait été afféagé, deux ans auparavant, moyennant 16 deniers de rente censive et féodale et 4 deniers de fermage.

L'abbé de Rillé fut dès lors débouté du droit de nommer le principal et les régents du Collége (2).

---

(1) Elle offrit cette particularité remarquable, que les gentilshommes s'engagèrent par serment à ne pas avoir recours au duel pour vider leurs querelles particulières.

(2) Voir Rillé.

En 1685, le fermier du domaine ayant démontré que le privilége qu'avaient les afféagistes de l'ancienne Saunerie de vendre du sel dans leurs boutiques favorisait le faux saunage, obtint une sentence qui obligea ceux-ci de vendre le sel dans la halle à blé, qui était fermée la nuit; mais, par respect pour le droit qu'ils avaient acquis par leur afféagement, il fut ordonné qu'ils ne paieraient que 40 sous par place, seulement pour frais de couverture.

Dans le courant du XVIII° siècle, la ville de Fougères fut désolée par six incendies qui détruisirent presque entièrement sa partie haute.

Le premier, en 1710, consuma la plus grande partie de l'ancienne Saunerie, où avaient été construites les boutiques à sel, et plusieurs maisons voisines de la porte Roger.

La communauté se pourvut au Conseil, et demanda l'autorisation de disposer de l'emplacement de sept des maisons incendiées pour établir une place.

Le roi accorda l'autorisation demandée, à charge de rembourser les propriétaires du fonds, et de payer à son trésor une rente annuelle de 16 livres, qui lui était due sur la Saunerie.

Le second, dans la nuit du 16 mai 1734, détruisit les halles aux toiles et à la viande, ainsi que plusieurs maisons voisines.

Les Etats accordèrent aux incendiés qui continuèrent de résider dans la ville l'exemption de la capitation pendant deux années, et ils renouvelèrent ensuite cette exemption pour les quatre années suivantes.

Le troisième, dans la nuit du 14 septembre 1751, consuma un grand nombre de maisons dans les rues de la

Pinterie, du Bourg-Neuf et de l'Aumaillerie. Le roi fit aux incendiés la remise de la capitation pendant dix années.

Le quatrième, en 1762, consuma les maisons de la rue des Trois-Rois (J.-J. Rousseau) et une partie de celles des rues du Temple et de l'Aumaillerie (1). Les États accordèrent encore une indemnité considérable aux incendiés.

Enfin, le 22 septembre et le 4 octobre 1788, deux nouveaux sinistres éclatèrent, le premier au côté occidental de la Grande-Rue, à l'entrée de la rue de l'Horloge; le second à l'entrée du faubourg Roger.

Ces désastres ont beaucoup contribué à l'embellissement de la ville de Fougères, en lui donnant l'occasion d'élargir ses rues, qui, de la porte Saint-Léonard à la porte Saint-Sulpice, dans une longueur d'environ 1,000 mètres, étaient fort étroites, bordées qu'elles étaient par des porches et des maisons en encorbellement, dont quelques-unes existent encore dans la rue du Temple et dans le bas de la rue de la Pinterie.

---

(1) Ce fut à la suite de ce sinistre que la communauté songea à faire l'acquisition de deux pompes à incendie et du matériel nécessaire pour leur service, consistant en cent vingt sceaux, vingt-quatre haches, douze grapins, etc.

Le tout coûta 3,097 livres.

Elles arrivèrent à Fougères le 5 août 1764; mais on fut encore deux années sans songer à l'organisation d'une compagnie de pompiers, pour les servir. Ce fut aussi à cette époque que l'on se mit en devoir de faire venir les eaux de la forêt dans la ville. En 1772, la ville fut autorisée à faire un emprunt de 12,000 livres pour cet objet, et l'année suivante les travaux furent entièrement terminés.

Indépendamment de ces sinistres, l'autorité prit des mesures pour l'élargissement des rues, et en 1758, un arrêt du Conseil ordonna la suppression de tous les porches de la Pinterie, depuis l'impasse de la prison jusqu'au château; mais cet arrêt resta dix ans sans être exécuté, et il fallut une ordonnance du duc d'Aiguillon et de l'intendant pour forcer les propriétaires à les démolir.

La ville, du reste, leur donna l'exemple en faisant démolir le porche du Collége.

L'année suivante, les Etats leur accordèrent une indemnité de 600 livres.

(1766).—Le grain étant fort cher à Fougères, et les ouvriers manquant de travail, la communauté résolut de faire aplanir l'Eperon par des ateliers de charité, et de le convertir en place d'armes; elle vota une somme de 600 livres à cet effet (1). Mais il se trouvait, entre l'Eperon et la porte Saint-Léonard, un terrain vague qui appartenait au duc de Penthièvre, et qui devenait nécessaire à la ville pour l'exécution de son projet : le prince consentit à lui en faire la cession, à la charge par elle de payer une rente annuelle pour la conservation du domaine du roi, engagé à Son Altesse. Le receveur du domaine, à Fougères, montra des prétentions exorbitantes; alors la communauté s'adressa directement au Conseil du roi, par l'entremise de M. Leroux, avocat, et obtint l'homologation de l'afféagement consenti, moyennant une rente annuelle et censive de 20 sous.

---

(1) Deux nouvelles sommes de 600 livres en 1767, et une autre de 1,500 en 1770, furent encore affectées à ce travail.

(1767). — Etablissement de deux commissaires de police nommés par la communauté.

(1769). — On rétablit le Collége, qui était fermé depuis 1745. Dès 1725, il avait été sur le point de tomber, et il ne s'était soutenu que par les efforts de la société de Sainte-Anne et de Saint-Roch, qui était venue à son secours. Cette société, qui ne l'avait abandonné que lorsqu'il ne lui avait plus été possible de frayer à sa dépense, fit encore cette fois de nouveaux sacrifices : elle s'imposa une somme annuelle de 300 livres, qui, jointe à la même somme donnée par la communauté, et à une rente de 186 livres, dont celle-ci avait reçu le capital, forma un total de 786 livres. Ce fut au moyen de cette faible ressource que le collége fut remis en exercice. On discuta long-temps si la direction en serait confiée à des prêtres séculiers ou aux récollets, qui la sollicitaient, et l'on finit par s'arrêter aux premiers. Mais toutes ces avances n'aboutirent à rien : l'œuvre de la communauté était morte-née, et dès 1774, c'est-à-dire cinq ans après son rétablissement, le collége était encore fermé pour ne plus s'ouvrir qu'après la révolution (1).

---

(1) Le principal ne recevait de la ville que 186 livres, sur lesquelles il avait encore à payer 6 livres aux chapelains de Saint-Léonard, pour deux obits fondés par mesdemoiselles Du Coudray, en cette paroisse.

Le plus ancien des trois régents, qui tenaient le collége, était de droit principal. Celui-ci avait voix délibérative à la communauté de ville et au bureau des pauvres, et le droit d'assistance, comme les officiers des paroisses de Saint-Léonard et de Saint-Sulpice, aux enterrements et services.

Chaque régent, outre ses 186 livres d'appointements, recevait 20 sous

(1775)—Le marché des bestiaux, qui tenait dans l'intérieur de la ville, dans la rue qui de là porte le nom de l'Aumaillerie, fut transféré sur la Douve, où il se tient encore aujourd'hui.

(1779).—Le 22 juillet, un ouragan épouvantable passa sur la ville de Fougères : sa violence fut telle que la tête d'un ormeau fut portée du cimetière sur le toit de l'hôtel-de-ville : elle l'enfonça entièrement et endommagea même le plafond de l'étage inférieur.

La communauté fit alors supprimer, par économie, un donjon qui se trouvait annexé à l'hôtel-de-ville, du côté du cimetière, elle fit seulement replacer dans le mur de côtière l'écusson aux armes de la ville, dont il était décoré.

(1780).—Elle fit encore une tentative inutile pour relever son collège, en le plaçant sous la protection et la direction immédiate de l'évêque de Rennes, et en créant une rente de 300 livres pour les régents. Il fut également question de le transférer de Saint-Yves à la maison de retraite; mais ce dernier projet n'eut pas de suite, et la protection de l'évêque de Rennes fut impuissante à relever un établissement auquel tout avenir semblait fermé.

(1781).—Un dépôt d'artillerie fut établi à Fougères, et y resta trois ans. L'école du canon avait lieu dans la prairie remplacée aujourd'hui par la chaussée du Chemin-Neuf et les jardins au-dessous du rempart.

(1785). — On commença les travaux pour l'exécution

---

par mois de chaque élève qui étudiait sous lui, excepté des pauvres, qui avaient l'instruction gratuite.

Une autre rétribution de 5 sous par an était également imposée aux élèves pour le balayage des classes.

de la nouvelle route de Rennes, et l'on jeta les fondations du pont de la Couarde, entre le rocher et le château. La première pierre fut posée avec un grand cérémonial; une plaque commémorative en cuivre fut placée sur la clef de la tête en aval, et le pont nommé Pont-de-Bertrand, en l'honneur de monseigneur Bertrand de Molleville, intendant (1).

1788. — L'arrestation des députés que l'ordre de la noblesse avait envoyés à Versailles pour réclamer contre l'enregistrement des arrêtés par voie d'autorité, causa

---

(1) Voici cette inscription tout entière :
Du règne
de Louis XVI, le Bienfaisant,
la liberté protégée, la servitude abolie ;
Louis-Jean-Marie de Bourbon, duc de Penthièvre,
gouverneur de la province de Bretagne ;
Armand-Marc, comte de Montmorin,
commandant en chef de la même province ;
Antoine-François de Bertrand de Molleville, chevalier, seigneur de Montesquiou, etc., maître des requêtes et commissaire départi
par Sa Majesté;
La première pierre de ce pont fut posée le 25 juillet
de l'an de grâce
1786,
Au nom de M. l'intendant de Bretagne, en présence de M. l'abbé de la Biochaye, abbé commandataire de l'abbaye de Bon-Repos, et de M. le chevalier de Talhouët,
commissaires des États de Bretagne,
par MM.
Le Mercier, maire de la communauté de la ville de Fougères et commissaire des États, Pichon de Vaulevier, Poirier de la
Gautrais, Le Bouc de la Bouteillière,
échevins, commissaires nommés par la communauté de Fougères.
Le sieur Piou, ingénieur des États de Bretagne ;
Les sieurs Morel et Leroux, entrepreneurs du pont.

une grande sensation à Fougères. La communauté, informée que la commission intermédiaire des Etats avait envoyé de nouveaux députés pour solliciter leur élargissement, s'empressa de lui adresser des félicitations sur sa conduite, et déclara en même temps qu'elle adhérait à toutes les démarches qu'elle pourrait faire dans le but d'obtenir la liberté des prisonniers.

Quelques jours après, elle adhéra à la nomination de MM. l'abbé Le Maitre et Tréhu de Monthierry, que la communauté de Rennes avait délégués pour s'unir aux députés de la noblesse, du clergé et des autres villes de la province; elle les autorisa à signer en son nom tous les mémoires qui seraient faits par les trois ordres, et leur donna les mêmes pouvoirs que ceux qui leur avaient été conférés par la communauté de Rennes.

Les députés se rendant à Paris, passèrent à Fougères le 4 août. Ils y furent accueillis avec l'empressement le plus honorable : un grand nombre d'habitants se portèrent au devant d'eux; et, à leur descente de voiture, un des échevins, M. Pichon de Vaulevier, les complimenta au nom de la communauté, et leur exprima les vœux qu'elle formait pour le succès de leur mission.

Le 15 septembre, la communauté, ayant choisi M. Le Mercier, maire de la ville, pour la représenter aux Etats de la province, de longues discussions s'engagèrent sur l'ensemble des demandes que le député serait chargé de présenter. On nomma des commissaires pour la rédaction d'un cahier; mais ils ne purent s'entendre. Enfin, le 5 décembre, la communauté arrêta définitivement que son représentant aurait à demander l'augmentation dans le nombre des députés du tiers, une formation de cet ordre plus régulière et qui lui donnât plus de consistance, l'admission du clergé inférieur en nombre égal à celui des évêques, des abbés et des députés des chapitres, l'abolition de la corvée en nature remplacée par un impôt ou une taxe sur les trois ordres, la répartition des fouages sur toutes les propriétés, etc.

M. Le Mercier se rendit à Rennes, porteur de ces instructions, qui étaient, du reste, conformes à celles qu'avaient données à leurs représentants les communautés des autres villes de la province. Le 27 décembre, il souscrivit aux différents vœux émis par les députés du tiers; mais le lendemain, il s'unit à quelques-uns de ses collègues, et soutint le vote par ordre et non par tête en matière d'impôt.

Aussitôt que la communauté eut connaissance de cette espèce de rétractation, elle le révoqua de ses fonctions, et nomma par acclamation, à sa place, M. Lemoine de la Giraudais, auquel elle adjoignit plus tard MM. Bochin et Biard de la Gilaudais, comme députés, et M. Pichon de Vaulevier comme agrégé.

1789. — La réunion des trois ordres, dans la séance du 27 juin, excita beaucoup d'enthousiasme à Fougères. Les corps constitués se rendirent à l'église de Saint-Léonard, où il fut chanté un *Te Deum*, qui fut suivi d'un feu de joie et accompagé de salves d'artillerie.

Le 24 juillet, une députation des gentilshommes de la ville se présenta à l'assemblée de la communauté, et déclara qu'ils étaient étrangers de fait et d'intention aux malheureux événements dont la ville de Rennes avait été le théâtre le 26 et le 27 janvier, et que le vœu de leur cœur était la réunion parfaite de tous les citoyens. Sur la demande de la communauté, elle déclara même qu'ils regardaient comme indignes du nom de citoyens les auteurs de ces scènes sanglantes.

La communauté accueillit cette déclaration, qui fut insérée sur ses registres et signée de tous les gentilshommes; mais trois jours après, elle reçut une communication de la communauté de Rennes, qui lui reprochait la faiblesse de sa conduite, protestant que son intention formelle et définitive était d'exclure tous les gentilshommes du serment patriotique, et l'engageait à imiter son exemple. Elle annula alors sa première délibération, arrêta qu'elle se conformerait en tout aux mesures prises par la communauté de Rennes, et nomma, en conséquence, des commissaires chargés d'entretenir une correspondance suivie avec elle.

Pendant ce temps-là, la ville était fortement agitée par la fermentation des esprits préoccupés, non seulement de la grandeur des événements politiques, mais encore de l'inquiétude d'une famine que faisait craindre la disette et la cherté des grains. Des troubles éclatèrent à plusieurs reprises, et le détachement des dragons d'Orléans, qui tenait garnison dans la ville, ayant reçu l'ordre de partir, la communauté envoya deux députés à Rennes, pour obtenir du commandant l'autorisation de le conserver.

La communauté de Rennes détacha de suite une compagnie de cent hommes de la milice nationale, qu'elle envoya à Fougères pour porter secours aux habitants, et elle chargea en même temps huit députés, à la tête desquels était M. de la Motte-Fablet, maire de Rennes, de faire une enquête sur les événements dont la ville avait été le théâtre, et de rétablir la paix et l'union entre les citoyens.

Le lendemain de son arrivée (5 août), M. de la Motte-Fablet réunit la communauté dans l'église de Saint-Léonard, et reçut le serment patriotique des officiers municipaux et d'un grand nombre d'habitants. Il prononça, ainsi que M. Ponsard, l'un de ses collègues, un discours approprié à la circonstance, dans lequel ce dernier surtout essaya d'animer le zèle de l'administration, en rejetant les désordres passés sur son insouciance. Les troubles n'en continuèrent pas moins, et quelques jours après, le corps municipal, jugeant la juridiction ordinaire insuffisante, s'attribua l'exercice de la police.

Le 27 août, la communauté donna son adhésion à la nomination de M. de Lafayette, comme lieutenant-général des gardes nationales du royaume, et le 11 septembre elle se prononça contre le *veto* que l'Assemblée proposait d'accorder au roi.

Comme on le voit, les événements de Paris avaient leur retentissement jusque dans les murs de notre ville. Chaque coup porté au trône y rencontrait un écho qui était une manifestation non équivoque de la disposition générale des esprits.

1792. — La conspiration de la Rouërie produisit une grande agitation à Fougères : les principaux habitants s'enrôlèrent sous la bannière du chef royaliste, avec le jeune Aimé Picquet du Bois-Guy, qui était à leur tête.

Le 19 mars 1793, 4,000 paysans, insurgés contre la Convention, attaquèrent Fougères; mais ils furent bientôt repoussés par la garnison, soutenue par la garde nationale.

Le 4 novembre, l'armée vendéenne, après avoir battu le général Brière, qui avait voulu l'arrêter dans sa marche, s'empara de Fougères. Trois cents Vendéens y étaient détenus dans les prisons, et attendaient avec résignation l'exécution du jugement qui les condamnait à la peine de mort. Le premier soin des généraux Talmont et Leforestier, à leur entrée dans la ville, fut de les rendre à la liberté. Exaspérés par les souffrances qu'ils avaient endurées pendant leur captivité, et ne respirant que vengeance, ils se précipitèrent, comme des furieux, dans toutes les maisons, en arrachèrent avec violence tous les soldats qui, après la déroute de l'armée, étaient allés y chercher une retraite, et massacrèrent impitoyablement tout ce qui se présenta sous l'habit militaire.

L'armée vendéenne resta à Fougères pendant trois jours, qui se passèrent en conseils et en délibérations sur le plan de campagne à suivre. Enfin elle en partit le 8 novembre et prit la route de Dol.

Les républicains, maîtres de la ville, usèrent de terribles représailles. « *Des soldats indisciplinés*, écrivait le » médecin Gainou à son ami Robespierre, se sont portés » dans les hôpitaux, y ont égorgé les blessés des brigands » dans leurs lits : plusieurs femmes des brigands y étaient » malades ; ils les ont violées et les ont égorgées après ! »

L'armée vendéenne, après avoir abandonné le siége de Granville, repassa à Fougères le 26 novembre.

Le 19 décembre, le général Beaufort, commandant l'armée des côtes de Cherbourg, arriva à Fougères avec six mille hommes et dix pièces d'artillerie.

Il venait se mettre à la disposition de Jean Bon Saint-André, qui l'y avait devancé de quelques jours. La ville fut déclarée en état de siége et y resta pendant cinq ans.

Ici doit s'arrêter notre travail sur la ville de Fougères. Les événements dont elle a été le théâtre depuis cette époque jusqu'à nos jours appartiennent à l'histoire contemporaine, et notre intention n'est pas de nous hasarder sur le terrain brûlant où leur récit nous obligerait de nous placer.

Trois fois des intérêts politiques ont divisé nos pères et les ont armés les uns contre les autres; trois fois la guerre civile a ensanglanté nos campagnes, et des balles françaises ont fait couler sur le sol de notre patrie un sang qui ne devait être versé que pour sa défense et par des balles étrangères.

Plusieurs de ceux qui ont pris part à ce grand duel vivent encore aujourd'hui, et parmi ceux qui sont morts, il en est quelques-uns dont la cendre est à peine refroidie. Ce n'est donc pas en présence des acteurs de ce drame terrible, ou sur leur tombe fermée d'hier, que nous viendrons raconter des événements auxquels nous serions nécessairement obligés de mêler leurs noms.

Enfants d'une génération qui a malheureusement trop connu les haines qu'entraînent après elles les dissensions politiques, il est bien loin de notre pensée de vouloir entretenir des plaies encore saignantes, et de ranimer des passions à peine éteintes, en soufflant de nouveau le feu qui les alluma. Non, le désir le plus ardent comme le plus sincère de notre âme est de voir enfin tarir cette source de divisions qui ont fait le malheur de nos pères, et, unis de cœur et d'action, de travailler sans relâche à l'accroissement de la prospérité du pays qui nous a vus naître.

CHAPITRE II.

Histoire des Monuments de la ville de Fougères.

§ 1. — *Du Château et des anciennes fortifications.*

I.

Le château de Fougères, une des pièces de fortifications du moyen-âge les mieux conservées que l'on rencontre en Bretagne, décrit un plan irrégulier dans son ensemble, et même dans chacune de ses lignes : il offre une assise tourmentée, comme le rocher sur lequel il s'élève. Ses remparts, qui, dans toute leur enceinte, ont encore leur couronne de créneaux et de machicoulis, sont flanqués de onze tours de différents genres d'architecture et de différentes époques.

On peut diviser le château en quatre plans principaux, l'entrée, l'aire ou enceinte, le donjon et la poterne.

L'entrée était défendue par trois tours, réunies entre elles par une courtine, aujourd'hui détruite en partie, et remplacée par des constructions modernes. Elle communiquait avec la ville par un pont-levis qui donnait passage sur le premier canal de la Couarde, et avec le château par un autre pont-levis qui s'abaissait sur un second canal.

Ces trois tours, qui existent encore aujourd'hui, présentent tous les caractères de l'architecture militaire du XIIe siècle, et furent sans doute construites par Raoul II, lorsqu'il rétablit son château en 1173 : seulement elles ont été l'objet de réparations considérables à leurs sommets.

Elles portent les noms des trois gouverneurs qui sans doute furent les auteurs de ces réparations.

Du Hallay à gauche;

De la Haye de Saint-Hilaire au dessus de la porte;

De Guémadeuc à droite.

L'aire, ou enceinte du château, était défendue à son entrée par deux tours, dont l'une, dite de Coigny, est encore debout.

A gauche, et vis-à-vis, se trouvait un vaste bâtiment dont les dimensions intérieures étaient de 29 mètres de longueur, sur 11 mèt. 50 centimètres de largeur.

Il comprenait trois pièces, superposées les unes sur les autres : celle du rez-de-chaussée, désignée sous le nom de salle de Mortemart, présentait une élévation d'étage de 4 mèt. 30 cent. Le plancher supérieur reposait sur sept énormes poutres qui étaient soutenues, dans leur milieu et à leurs extrémités, par de fort belles colonnes de granit.

La salle du premier étage, dite de Sévigné ou des chevaliers, offrait une élévation de 5 mètres 60 centimètres. Elle était éclairée par cinq grandes croisées, et trois énormes cheminées étaient destinées à répandre la chaleur dans ses différentes parties.

Enfin celle du second étage, à laquelle on avait donné

le nom de Pontpignan, n'était qu'une espèce de grenier.

Ce bâtiment était terminé, à sa partie orientale, par une tour, ou plutôt par un pavillon qui portait le nom de Richelieu, et qui a été démoli à la fin du dernier siècle, ainsi que la construction dont il dépendait.

A l'extrémité occidentale de ce bâtiment se trouvait la chapelle destinée aux exercices religieux du seigneur et des hommes de la garnison.

Cette chapelle, érigée sous le vocable de sainte Marie, remontait à la fondation même de la ville de Fougères, dont elle paraît avoir été la première église (1).

Ayant été démolie vers le milieu du XVIIe siècle, un arrêt du Conseil du roi (3 février 1670) en ordonna la reconstruction, et autorisa la translation provisoire dans la tour de Coigny.

Un autre arrêt du 29 février même année enjoignit au gouverneur d'employer à sa reconstruction la moitié des revenus de chaque année; mais cet arrêt ne reçut point d'exécution, et jusqu'à l'époque de l'aliénation du château, le service divin ne cessa pas d'être célébré dans l'oratoire provisoire.

La chapelle du château était desservie par un religieux de l'abbaye de Rillé, qui avait le titre de prieur de Notre-Dame-du-Château (2), la chapellenie formant elle-même un prieuré sous le même titre.

Les fonctions du prieur étaient de dire trois messes les

---

(1) Voir Saint-Sulpice.
(2) Le dernier titulaire a été l'abbé Déric, chanoine de l'église cathédrale de Dol, auteur de l'Histoire ecclésiastique de Bretagne.

dimanche, mercredi et vendredi, pour le repos et salut des âmes des fondateurs et donateurs.

Ses revenus consistaient en diverses rentes sur le domaine du roi, tant en argent qu'en denrées, dans le dixième du produit des moulins et coutumes de Bâzouges, Rimou, Coësnon et Marcillé, et en différentes rentes féodales.

Les autres tours de l'enceinte, et qui subsistent encore aujourd'hui, sont celles du Cadran, de Raoul et de Surienne, ces deux dernières reconstruites à neuf de 1589 à 1598, par le duc de Mercœur, pendant qu'il occupait Fougères.

Le donjon, dont il n'existe plus, depuis 1630 (1), qu'une élévation ou plate-forme de 20 à 25 mètres de superficie, et de forme triangulaire, contient encore de vastes casemates dont la seule entrée, qui aboutit sur la cour du château, est obstruée par les décombres (2).

Il avait été bâti en 1383, par les soins d'Olivier de Clisson.

---

(1) Il fut démoli par ordre du roi.

(2) La date de 1019 qu'on lit sur l'imposte de cette porte a fait supposer à quelques personnes qu'il avait été bâti à cette époque; mais le style de la porte et l'emploi des chiffres arabes repoussent entièrement cette supposition. Nous croyons, avec l'éditeur du nouveau Dictionnaire d'Ogée, qu'il faut lire 1619, et que le 0 n'est qu'un 6 dont la partie supérieure a été brisée. Mais ici se présente un nouvel embarras, et nous ne saurions soupçonner la raison de cette date; car, dès 1617, l'ordre avait été donné de démolir le donjon.

Peut-être doit-on croire que cette date n'est que l'effet du caprice d'un ouvrier, qui se sera fait un jeu de la graver sur cette imposte, ou encore que la pierre du couronnement de la porte étant venue à se briser, on lui aura substitué celle-ci en 1619.

A ses trois angles s'élevaient trois tours, qui se présentent encore à nous dans un état parfait de conservation.

A l'angle est, la tour de Guibé, qui n'est qu'un léger bastion saillant, de style mauresque, et sans aucune importance pour la défense.

A l'angle nord-ouest, la tour de Mélusine, bâtie vers 1242, par Hugues de Lusignan, qui lui donna le nom de la fée puissante dont sa famille avait la prétention de tirer son origine. L'entrée en était défendue par un pont-levis.

A l'angle sud-ouest, la tour du Gobelin, restaurée par Olivier de Clisson, et devenue tristement célèbre par les victimes de la tyrannie révolutionnaire qui y furent enfermées en 1792 et 1793. (1)

La poterne qui s'abaisse entre les tours de Mélusine et du Gobelin, au-delà du donjon, avec lequel elle communiquait par un chemin couvert dont la voûte est enlevée, se terminait par une tour géminée qui encadrait une porte à anse de panier. Cette tour, élevée en 1440, par Pierre II, duc de Bretagne, reçut de lui le nom d'Amboise, en l'honneur de Françoise d'Amboise, son épouse.

La poterne communiquait, au moyen d'un pont-levis, avec un rocher de forme elliptique qui s'avançait au milieu des eaux et des marais dont le château était environné au nord et à l'ouest.

---

(1) On a commis une erreur, en gravant le nom de Mélusine sur cette dernière tour. C'est à la première, évidemment la plus ancienne, qu'il appartient.

C'était en passant le long de ce rocher, et par un des supports qui soutenaient le pont-levis, que des tuyaux en terre amenaient jusque dans les cuisines du château les eaux de la fontaine de Bémouche, située dans la vallée opposée.

Pour compléter la défense de la place, on avait ménagé trois grands réservoirs, qui étaient entretenus par les eaux du Nançon, et qui en rendaient les approches très-difficiles.

Les deux premiers de ces réservoirs étaient désignés sous le nom d'étangs de la Couarde (1).

L'un était creusé entre le flanc nord du château et un second rempart dont il ne reste plus d'autres vestiges qu'une tour que l'on aperçoit auprès des ponts de Rennes (2).

Il laissait échapper ses eaux par quatre issues :

1° Par le canal entre la ville et l'entrée du château, où elles donnaient le mouvement à quatre moulins qui en dépendaient, et que l'on nommait les moulins de la Tranchée;

2° Par le canal entre l'entrée et la cour du château, dans lequel elles descendaient au moyen d'une arche pratiquée dans le rempart, au point où elle existe aujourd'hui.

3° Par-dessous le pont-levis de la poterne : de là, elles

---

(1) Du roman *warde*, d'où est venu le mot *garde* : les étangs de la garde.

(2) Ce rempart commençait aux environs de la poterne, et se terminait en communiquant avec le second mur d'enceinte ou chemin couvert nommé la Cardinale; il était flanqué de plusieurs tours.

se rendaient dans le lit actuel de la rivière, en baignant les pieds du château, dont elles suivaient exactement tous les contours;

4° Enfin, par deux arcades, dans l'étang de la Basse-Couarde.

Celui-ci était situé au dessous du premier, et couvrait la prairie comprise aujourd'hui entre le rocher de la Couarde, les jardins de Rillé et les vallées de la fontaine de Bémouche.

Les eaux de cet étang s'échappaient par la chaussée qui se trouvait à l'extrémité nord-ouest du rocher, et suivaient à peu près la même direction que suit aujourd'hui le petit ruisseau qui arrose les prairies situées au dessous du château; elles allaient également traverser le faubourg du Gast au pont Graffard, et enfermaient ainsi dans une espèce d'îlot l'église de Saint-Sulpice et les maisons voisines (1).

Enfin, l'étang de Roullard, immédiatement au dessous du château, était formé par une chaussée qui n'était en quelque sorte que le prolongement du rocher sur lequel a été bâti le presbytère de Saint-Sulpice, un peu au dessus du moulin de la Roche et de l'église de la Trinité.

On voit que pour inonder les approches du château, il suffisait de fermer les écluses qui donnaient passage à la rivière, et bientôt tous les abords présentaient l'aspect d'un lac assez profond pour qu'il fût très-dangereux de le franchir. Du reste, ce moyen de défense, qu'on avait ménagé avec tant d'art, faillit plusieurs fois causer la ruine de la basse-ville.

---

(1) Cet étang a été supprimé au commencement du XVIIe siècle.

En 1720, il se forma une crevasse dans la chaussée de l'étang supérieur de la Couarde, et il s'ensuivit une inondation de tous les quartiers inférieurs.

Cet accident suggéra la pensée d'opérer quelques changements dans la chaussée; mais soit inexpérience de la part des ingénieurs chargés de la direction des travaux, soit un effet d'une crue extraordinaire et subite des eaux, dans la nuit du 13 au 14 septembre 1768, la chaussée rompit entièrement, et toute la basse-ville fut encore inondée. La police intervint pour lors, et une sentence, confirmée par un arrêt du Conseil, enjoignit au gouverneur de rétablir la chaussée, et de faire à l'étang de la Couarde tous les travaux nécessaires pour prévenir les inondations; mais, sur les réclamations réitérées du général et des habitants de la paroisse de Saint-Sulpice, un nouvel arrêt du Conseil (11 février 1775) supprima entièrement l'étang de la Couarde, et régla la disposition des lieux telle qu'elle existe aujourd'hui.

Le château formait avec la ville un gouvernement militaire, dont le revenu s'élevait de 2,400 à 3,000 livres.

La position de Fougères lui donnait une très-grande importance; aussi voyons-nous qu'avant la réunion de la Bretagne, ce gouvernement était regardé comme un des postes les plus honorables de la province, et donné seulement aux seigneurs qui avaient rendu de grands services au pays. Le plus ancien gouverneur de Fougères dont l'histoire nous ait conservé le nom, est Pierre Le Porc, seigneur de Larchapt, nommé par le duc de Bretagne Jean VI, en 1427. Ses successeurs furent, en 1430, le sire de Châteauneuf; Jean de Raguenel, seigneur de Malestroit (1434); Michel de Parthenay (1456); le sire de la Hunaudaye (1457); Gilles de la Clartière (1476); Bertrand du Parc (1478); Barnabé Giffard (1478); Charles du Parc (1482); Antoine Moulinbloc (1483); le Vte de Coëtmen, sieur de Tonquedec (1487); Arthur de Porcon (1488); le duc de la Trémouille (1488); Jean Guibé (1498); N.... Bertrand de Pleguen, seigneur du Plessis-au-Chat (1544); Germain d'Anthenase (1567); M. de la Tannière (1576); M. de la Haie de Saint-Hilaire (15...); M. Renaud de la Marzellière (1585); le Mis de la Roche (1588); M. de Gréal (1588); le Mis de Belle-Ile (1589); le Mis de la Chesnaye Vaulouet (1595); Thomas de Guémadeuc (1597); le maréchal de Thémines (1619); de Lauzières (1620); le Mis de Boisblot (1623); le Mis de Mortemart Vivonne (1627); le Mis de Sévigné (1634) (1); le Mis d'Aurouvé (1652); le Cte de La Haye Saint-Hilaire (1659); Charles de Grumel, Cte d'Avaray (1671); le Cte Bernard de Beaumont (1676); le Mis de la Roche d'Orange (1682); le Mis de la Chesnelaye Romilley (1694); le Cte de la Bérange Lescaut (1705); le Cte de Longrus (1711); le Cte de Mornay (17....); le Mis de la Chesnelaye Romilley (1755); et enfin le Cte de Coigny (1758) (2).

---

(1) Après la mort du marquis de Sévigné, le maréchal de Schomberg avait obtenu du roi le gouvernement du château, pour en conserver le bénéfice aux enfants du marquis. Il s'obligea d'en fournir la démission au sieur d'Aurouvé, moyennant 52,000 livres.

(2) Nous n'avons pas la prétention d'offrir comme complète cette liste des gouverneurs de Fougères. Il y a nécessairement plus d'une lacune. Nous avons seulement voulu, en mettant sous les yeux du lecteur cette série de noms illustres, donner un appui à ce que nous avons dit plus haut, que le gouvernement de Fougères était réservé comme une récompense à de grands services.

Une des mesures qui ont évidemment le plus contribué à la conservation du château de Fougères, fut la résolution que prit le gouvernement et qu'il exécuta, en 1778, de faire aux bâtiments toutes les réparations qui seraient jugées nécessaires. La direction des travaux, qui s'élevèrent à la somme de 100,000 fr., fut confiée à notre concitoyen M. de Pommereul, officier supérieur au corps royal d'artillerie.

Le gouvernement profita de cette restauration du château pour y loger les prisonniers faits sur les Anglais, pendant la guerre de l'indépendance. A la paix, il y établit un dépôt d'artillerie, qui fut remplacé par une garnison d'infanterie, et puis par de la cavalerie.

Le château, avec toutes ses dépendances, fut afféagé, en 1784 (20 juillet), à M. de Pommereul, qui s'engagea à payer au trésor une redevance annuelle de 860 livres, à entretenir les bâtiments en bon état, et à les abandonner, sans aucune indemnité, chaque fois qu'il en serait requis pour le service du roi.

M. de Pommereul entra en possession le 23 avril 1786, et M. de Coigny, qui ne cessa pas moins d'être gouverneur titulaire, eut la jouissance de la rente. Enfin, par un arrêté du préfet, du 17 nivôse an X (27 janvier 1802), M. de Pommereul devint propriétaire incommutable, moyennant une somme de 5,260 livres, quart de l'estimation qui en avait été faite, conformément à la loi du 14 nivôse an VII.

II.

La partie de la ville de Fougères qui était entourée de murailles, pouvait contenir de deux mille cinq cents à trois mille âmes, et c'était pour protéger ce petit nombre d'habitants que l'on avait déployé un véritable luxe de fortifications ; car, en y comprenant le château, elles avaient un développement de plus de trois mille mètres sur une moyenne de huit mètres de hauteur et de trois mètres en largeur.

Les murailles sont encore assez bien conservées aux côtés ouest et nord de la ville, et elles résisteront longtemps, les vallées presque verticales sur l'arête desquelles elles sont placées ne permettant pas à la ville de s'étendre de ce côté. Elles ont été, au contraire, presqu'entièrement détruites dans la partie est, du côté de laquelle la moindre inclinaison du sol a appelé toutes les nouvelles constructions ; mais les vestiges qui sont encore debout sont comme autant de jalons qui peuvent aider la pensée et lui servir de points de repère pour rétablir ces murailles là où elles ont disparu.

L'enceinte de la ville de Fougères avait quatre entrées à doubles portes, dont la garde était confiée à un connétable (1).

Les portes extérieures étaient munies de ponts-levis, flanquées de tours et protégées par des ouvrages avancés.

Ces quatre entrées étaient :

La porte Saint-Léonard, démolie en 1774 ;

La porte Roger, démolie en 1770 ;

---

(1) Le connétable était le chef de la milice urbaine et un officier purement municipal. Il faisait partie de la communauté de ville, et était spécialement chargé de la surveillance des fortifications, de la fermeture des portes et de la tenue de la milice.

A Fougères, il touchait 1,100 livres d'appointements. Le dernier titulaire a été M. Baston de Vilherbue, mort à la fin du siècle dernier.

La porte Rillé, démolie en 1767 ;

La porte Chesnay, ou de Saint-Sulpice, dont la partie extérieure subsiste encore aujourd'hui : elle était protégée par la tour de Pléguen ou de la Trémouille, qui la rattachait à l'enceinte du château, et établissait une communication de la ville avec lui.

Cette porte est construite en pierres de granit de haut appareil et d'une grande élégance. Les traverses de ses machicoulis, soutenus par des consoles en culs-de-lampes travaillés, sont ornées de découpures en trèfle sculptées avec beaucoup de délicatesse, comme celles des tours de Surienne et de Raoul.

Les remparts étaient, en outre, flanqués de dix tours, dont une seule, qui se trouvait dans la direction de la rue Rallier, et qui portait le nom de *Tour-Midi*, a disparu.

Les autres étaient, à partir du château, en remontant par le boulevart nord :

La tour Cardinale, défendue par un second rempart qui ne parait pas avoir jamais été achevé, et s'être étendu dans une longueur de plus de 50 mètres au-delà de cette tour (le chemin couvert, nommé Cardinale, commençait entre cette double enceinte) ;

La tour des Noës, qui a long-temps servi de prison ;

La tour de Montgommery ;

La tour Roger ;

La tour du Four ;

La tour de Saint-Nicolas ;

La tour de Leschauguerte (tour du Presbytère) ;

La tour du Papegault (1),

---

(1) Le papegault ou papegeai était un faux oiseau en bois, peint en

Et enfin la tour Nichaud.

Aucune partie de ces murailles ne paraît remonter à une époque antérieure à l'invention de la poudre. Partout on remarque des embrasures à canon et à arquebuses, et le style des remparts, d'accord avec les documents historiques, nous autorise à assigner la fin du XV° siècle comme l'époque de leur construction (1).

Elles étaient défendues par des éperons et cavaliers qui ont été détruits de 1680 à 1777.

Le dernier cavalier fut démoli en 1763.

L'Eperon, afféagé en 1767, fut aplani par la communauté les années suivantes.

§ 2. — *Des églises paroissiales de la ville de Fougères.*

La ville de Fougères, qui, avant la révolution, comptait trois paroisses, Saint-Léonard, Saint-Sulpice et Saint-Pierre-de-Rillé, n'en compte plus que deux aujourd'hui, celle de Rillé ayant été réunie à Saint-Sulpice.

---

vert comme un perroquet, que les Espagnols nomment *papagayo*. Cet oiseau était destiné à servir de blanc aux tireurs de l'arc, de l'arbalète et de l'arquebuse.

Le duc François II avait accordé de grands priviléges à celui qui était proclamé Roi du Papegault. Les rois François Ier et Henri II les confirmèrent, et y ajoutèrent même une exemption de tous devoirs d'impôts et billots pour trente à cinquante tonneaux de vin.

Il n'y avait que trente-trois villes en Bretagne qui eussent le droit de papegault.

Cet exercice fut supprimé, sur la demande des Etats, par arrêt du Conseil du 7 mai 1770.

(1) D. Morice, t. V, col. 322 et 323.

I.

ÉGLISE SAINT-LÉONARD (1).

Dès la fin du XIe siècle, avant que la paroisse de Saint-Léonard fût érigée, la ville de Fougères possédait un édifice religieux sur la plate-forme que couronne aujourd'hui notre principale église.

Cet édifice, qui était dans des proportions bien moindres que l'église actuelle, n'occupait pas non plus exactement la même place : le mur de son enceinte méridionale était un peu plus avancé vers le sud, et son axe, légèrement incliné vers le nord-est, tendait à former, avec le plan de la nouvelle église, un angle aigu dont le sommet se trouverait dans la direction de l'est. Du reste, les travaux entrepris en 1777, pour l'abaissement et le nivellement du cimetière, ont mis à découvert toute la partie des fondations qui n'a pas été comprise dans la nouvelle enceinte, et il suffit de jeter un coup-d'œil sur cette muraille, que l'on remarque à fleur du sol, à quelques pas du mur méridional de l'église, pour se faire une idée de la position et des dimensions de cet édifice, que nous croyons avoir été achevé l'an 1100 (2).

---

(1) Nous sommes redevables à M. l'abbé Troprée d'une grande partie des recherches que nous publions sur les églises et les chapelles de Fougères.

(2) Notre opinion repose sur une date grossièrement exprimée en chiffres romains, et que nous avons trouvée gravée sur une pierre placée en œuvre, dans la construction de l'église actuelle.

Les matériaux provenant de la démolition du premier édifice ayant été employés à la construction des deux autres qui l'ont remplacé, nous ne pensons pas que l'on puisse attribuer un autre sens à cette date que la commémoration de l'achèvement de ce premier édifice.

Plus tard, on le remplaça par une autre église, élevée à la place qu'occupe aujourd'hui la nef principale. C'était, comme la première, une simple nef sans chapelles ni bas-côtés, et dont le prolongement vers l'ouest était bien moins considérable que ne l'est celui de l'église actuelle. Quelques pans des murs latéraux du chœur, qui appartiennent à cette seconde construction, nous permettent, à défaut de date précise, de déterminer la fin du XIIIe ou le commencement du XIVe siècle comme l'époque de sa fondation.

Enfin, en 1404, la ville ayant pris un accroissement considérable, et l'église étant devenue insuffisante pour contenir les nombreux habitants de la paroisse, on songea une troisième fois à en bâtir une nouvelle qui fût plus en rapport avec la population de la ville.

Les travaux, commencés en 1405, furent poussés avec tant d'activité, qu'en 1407 l'on put bénir la chapelle des Agonisants, qui fut consacrée sous l'invocation de saint Jacques, apôtre. La cérémonie eut lieu au mois de mai, et le consécrateur fut Monseigneur Anselme de Cantemerle, évêque de Rennes.

Cependant l'église ne fut totalement achevée qu'en 1444. Elle avait, dès cette époque, la disposition que nous lui voyons aujourd'hui, sauf deux petits autels consacrés, l'un à Notre-Dame-de-Bon-Secours, l'autre aux saints Anges, qui étaient appuyés aux deux premiers piliers qui séparent la nef principale des nefs latérales, et un troisième autel, consacré à saint Michel, qui se trouvait un peu au dessous de la porte mortuaire actuelle.

Ces autels, et l'église même tout entière, étaient dus

à la munificence de quelques habitants de la paroisse, et ses registres nous ont transmis, avec le témoignage de la reconnaissance des contemporains, les noms d'Adrien Paël, fondateur de la chapelle des Agonisants (1407); de Michel Lasne, fondateur de la chapelle de la Sainte-Vierge (1429); de Julien-Marc Girault; Michel le Limonnier de la Marche; Henri Champion de la Chesnardière; Henri Corvaisier de la Cour-Gelée, et enfin de Rolland Lasne, sieur de Lasnerie, en Saint-Ouen-des-Alleux, qui est regardé comme le principal fondateur. L'église, telle qu'elle était à cette époque, s'avançait jusqu'au parapet du mur qui borde la rue, et se réunissait à l'hôtel-de-ville par un autre mur, au milieu duquel on avait pratiqué une porte dont on voit encore les culées de la voûte attenant au pignon de l'hôtel-de-ville. Mais cette disposition ne permettant pas aux processions de faire le tour de l'église, on prit le parti de détruire ce mur et de reculer le chœur de manière à laisser un passage, ce qui fut exécuté en 1586.

La tour restait encore à bâtir. Plusieurs générations passèrent avec le désir de voir mettre la dernière main à l'œuvre de nos pères; mais nous ignorons quel concours de circonstances en suspendit la réalisation jusqu'au XVIIe siècle. Les travaux, interrompus pendant la peste, ne furent terminés qu'en 1637. — L'église de Saint-Léonard n'était, dans le principe, qu'une collégiale bâtie sur le territoire de la paroisse de Saint-Pierre ou de Saint-Jean d'Iné, dont elle dépendait. Mais ces deux petites églises, éloignées du centre de la population qui s'agglomérait dans l'enceinte de la ville naissante, ne devaient pas conserver long-temps une juridiction qui ne reposait que sur une priorité de fondation, et qui pouvait leur être ravie par un simple acte de l'autorité compétente. Aussi, dès l'an 1144, vit-on le pape Lucius, à la sollicitation des seigneurs de Fougères, supprimer les deux petites paroisses de Saint-Jean et de Saint-Pierre d'Iné, et les réunir à celle de Saint-Léonard, qu'il venait d'ériger, en la substituant à tous les droits et à toutes les charges de ses deux devancières.

L'abbé de Pontlevoy, au diocèse de Blois, à qui Auffroy, seigneur de Fougères, avait donné, vers 1030, les dîmes de ces deux paroisses, avec le droit de présentation à la cure, devint par là le présentateur de la cure et le décimateur de la nouvelle paroisse.

En 1243, il abandonna une partie de ses droits, tous ceux qu'exerçait le prieur d'Iné, tels que la présentation à la cure et le revenu des oblations, à l'Aumônerie (hospice Saint-Nicolas), *pour le soulagement des pauvres et la subsistance des clercs qui y étaient attachés.*

Les seigneurs de Fougères ne tardèrent pas, en leur qualité de fondateurs et d'administrateurs de l'Aumônerie, à s'emparer de la concession de l'abbé de Pontlevoy ; et, soit qu'ils aient racheté ce droit ou qu'ils prétendissent l'exercer de leur propre autorité, nous voyons, vers 1260, Hugues de Lusignan s'arroger la présentation du curé ; et depuis, tous ses successeurs, ducs de Bretagne ou rois de France, jusqu'en 1790, n'ont pas manqué de suivre son exemple. C'est en raison de cette présentation par le roi que l'église de Saint-Léonard prenait le titre pompeux de *la Royale*.

Cependant l'abbé de Pontlevoy s'était réservé pour lui-même les dîmes de la paroisse, et la quotité qu'il abandonna au curé étant indéterminée, varia selon les temps.

En 1562, le curé de Saint-Léonard, informé que l'abbaye de Pontlevoy avait été brûlée par les huguenots, et supposant que les archives avaient été détruites dans l'incendie, voulut s'affranchir d'une dépendance qui lui était aussi pénible qu'onéreuse. Il s'attribua en conséquence les dîmes de la paroisse, et refusa d'en tenir compte à l'abbé; mais, dans la prévision d'une guerre, celui-ci avait fait transporter les archives de son abbaye au château d'Amboise, et il lui fut facile de justifier de ses droits. Néanmoins l'affaire fut portée au Parlement, et soutenue par quatre curés successifs jusqu'en 1575, qu'une sentence les débouta de leur demande.

Deux ans après, en 1577, un accord entre les religieux et le recteur régla le partage des dîmes moitié par moitié. Avant cette époque, le recteur ne recevait que le tiers. En 1611, les religieux concédèrent encore au recteur les dîmes de Lécousse, qu'Henri Ier avait données en 1140 à Pontlevoy. Enfin, en 1619, ils lui confirmèrent tous les droits qu'avaient exercés ses prédécesseurs, et moyennant une somme qu'ils s'engagèrent à lui payer chaque année, ils obtinrent de lui qu'il ne percevrait aucune redevance en nature. Cette somme fut d'abord fixée à 400 livres (1625); mais la déclaration du roi, du mois de mai 1768, ayant porté à 500 livres les portions congrues des recteurs, les religieux accordèrent cette somme à celui de Saint-Léonard, qui l'a touchée jusqu'à l'époque de la révolution.

L'église de Saint-Léonard, érigée en paroisse, conserva néanmoins sa collégiale; et la qualité de recteur ne donnait pas nécessairement celle de chapelain, ou membre de cette collégiale : il s'est même présenté deux cas, l'un en 1626, l'autre en 1642, où les recteurs n'ont pu parvenir à cette dignité qu'après de longs débats, dans lesquels l'autorité ecclésiastique fut obligée d'intervenir.

Le nombre des chapelains était de sept. Leur présentation appartenait au collége et aux prévôts, leur nomination au roi : d'où ils prenaient le titre de *chapelains royaux*.

Une condition essentielle pour obtenir cette dignité était d'être natif de la paroisse, et l'on ne cite qu'une seule exception à cette règle.

Chaque chapelain avait pour titre et provision de sa dignité une des chapelles de la paroisse, au service de laquelle il était plus spécialement attaché.

Leurs revenus consistaient dans la perception des droits appartenant à ces différentes chapellenies, et dans des rentes en argent et en denrées (1).

Pour leur éviter les nombreuses distractions dans lesquelles les aurait nécessairement entraînés la gestion de leurs affaires temporelles, l'administration en était confiée à trois prévôts laïques, qui étaient d'abord nommés par le seigneur de Fougères, puis, en dernier lieu, par le conseil général de la paroisse : ils devaient être choisis parmi les principaux bourgeois de la ville.

Ces chapelains formaient un clergé tout-à-fait différent de celui de la paroisse, à peu près comme les chanoines dans les églises cathédrales, qui sont en même temps églises paroissiales ; ainsi, ils avaient pour leur service

---

(1) A la fin du XVIIe siècle, ils pouvaient s'élever à 3,000 livres.

un personnel particulier de gens à gages, tels que bedeaux, sacristains, chantres, choristes, etc., qui ne dépendaient en rien du recteur.

En 1642, M. de la Motte Houdancourt, évêque de Rennes, leur accorda la préséance sur le clergé de la paroisse, moins le recteur.

Les principales obligations des chapelains consistaient dans l'assistance à la grand'messe, aux vêpres et matines, qui se chantaient chaque jour dans l'église de Saint-Léonard. Ils portaient, pour marque distinctive, le chaperon ou domino à queue pendant l'hiver, et un petit bourrelet noir par dessus le surplis pendant l'été.

A la suite de longues et nombreuses discussions avec le clergé de la paroisse, M. de Breteuil, évêque de Rennes, supprima, en 1731, les chapelains royaux de Saint-Léonard; mais son ordonnance ne fut point exécutée, et la révolution seule mit fin à leur existence. Ils habitaient une maison voisine de l'église, que l'on désigne encore aujourd'hui sous le nom de maison des chapelains.

L'église de Saint-Léonard renfermait autrefois un grand nombre de tombeaux, dont les pierres ont été détruites ou effacées en 1783, lorsqu'on refit le pavé. Les seuls qui subsistent aujourd'hui sont :

1° Devant la chapelle des Agonisants, ceux de Colin Paël, de Michel Pelet et de leurs épouses;

2° Devant l'autel de la Sainte Vierge, celui de Roland Lasne, sans épitaphe, et avec l'effigie d'un chevalier;

3° Dans la troisième travée de la nef septentrionale, cinq tombeaux de la famille Le Limonnier.

Cet enfeu lui avait été accordé par lettres-patentes du mois de mars 1571.

4° Enfin, dans l'estrade des fonts, on voit une pierre tombale qui recouvrait le corps d'Henri Corvaisier (1).

La place qui environne l'église servit à la sépulture des habitants de la paroisse jusqu'en 1777. Elle était alors élevée d'environ 1 mètre au dessus de son niveau actuel, et bornée, du côté de la place, par le mur de ville. En 1776, le général de la paroisse ayant afféagé cette partie du rempart, on songea à le faire disparaître. On baissa la place de deux ou trois pieds ; on reprit les fondations de l'église en sous-œuvre, et l'on remplaça le mur de ville par le mur de banquette qui subsiste aujourd'hui. On détruisit également un ossuaire imposant qui s'élevait devant la grande porte de l'église, et dans lequel on recueillait tous les ossements que l'on découvrait en creusant les sépultures, et l'on donna dès lors à la place l'aspect qu'elle présente encore aujourd'hui.

II.

ÉGLISE SAINT-SULPICE.

En même temps que le seigneur de Fougères travaillait à l'établissement de sa première demeure, il consacrait à Dieu, sous le vocable de saint Sulpice, l'église qui devait servir aux exercices religieux de la petite so-

---

(1) Deux familles, celles de la Villegontier et de Marigny, avaient chacune leur enfeu dans le chœur de Saint-Léonard, la première à gauche, la seconde à droite de l'autel.

Ce droit d'enfeu avait été accordé à la maison de Marigny par lettres-patentes du roi Henri IV, en 1605, en récompense des services rendus à l'Etat par M. Harpin, seigneur de Marigny, conseiller du roi en tous ses conseils.

ciété dont il était le chef, à cet endroit même où s'élève encore aujourd'hui la nouvelle église, à laquelle on a conservé le vocable de celle qu'elle a remplacée.

Cet édifice, qui n'était, à proprement parler, qu'une chapelle ou un oratoire, dans le sens que nous attribuons à ces mots, ne tarda pas à devenir insuffisant pour contenir la population toujours croissante de la ville de Fougères. C'est pourquoi, en 1160, Etienne de la Rochefoucauld, évêque de Rennes, se crut en droit de lui enlever son titre d'église paroissiale et de le transférer, avec toutes ses prérogatives, à l'église conventuelle des religieux de la Trinité, qui était beaucoup plus spacieuse(1).

Les habitants de Saint-Sulpice refusèrent opiniâtrement de se soumettre à la décision de l'évêque, et, malgré les efforts constants des religieux, ils persistèrent toujours à regarder l'église de Saint-Sulpice comme leur église paroissiale, et à la fréquenter au préjudice de celle de la Trinité. Il s'ensuivit une longue contestation, qui dura près de trois siècles, entre les paroissiens d'un côté et les religieux de l'autre.

Enfin, reconnaissant la puissance des motifs que leur opposait l'autorité diocésaine, motifs auxquels la population, chaque jour croissante, de la ville de Fougères, venait ajouter une nouvelle force, et afin d'ôter à leurs adversaires le seul prétexte qu'ils alléguassent pour les troubler dans la possession de leur église, les habitants de Saint-Sulpice résolurent de la reconstruire dans des proportions qui la mettraient en rapport avec le nombre des habitants de la paroisse.

---

(1) D. Morice, t. III, col. 423, 424 et 658.

Cette grande entreprise fut commencée en 1410, et continuée les années suivantes ; mais on ne s'occupa que de la partie inférieure de l'édifice, et le défaut d'homogénéité dans les différentes travées prouve assez que le travail fut exécuté sans plan, par intervalles et à plusieurs reprises.

En effet, ici on remarque un pilier cannelé et brodé à sa base ; plus loin un autre pilier à faces prismatiques. Là l'arceau de la travée est hardi et élancé ; ailleurs il est tout-à-fait écrasé. Ici la voûte est en pierres ; là elle est en bois, etc. (1)

---

(1) Malgré ces défauts, l'église de Saint-Sulpice offre à la curiosité de l'archéologue quelques pièces dignes de fixer son attention.

Nous citerons particulièrement les deux chapelles de la première travée, avec leurs belles fenêtres ogivales, malheureusement dégarnies de leurs meneaux, et leur piliers cannelés, d'une ténuité remarquable.

Les deux autels sont surmontés chacun d'un retable en granit, élégamment sculpté.

Celui de droite, entièrement découvert et nouvellement restauré, porte en relief les instruments de la Passion, et au dessous, un encadrement formé par une très-belle vigne, dans lequel on a placé un tableau représentant Notre-Dame-de-Douleur.

Cet autel a été érigé par la confrérie des tanneurs. Celui de gauche a été horriblement mutilé à la fin du XVIIIe siècle, pour recevoir l'application d'un autel en bois du plus mauvais goût. Il était composé de trois niches, fouillées dans le granit et destinées à recevoir chacune une statue. L'ornementation de ces niches, les torsades qui les bordaient rendaient cet autel supérieur par son élégance à celui des tanneurs.

La statue de la Sainte-Vierge, qui se trouvait dans la principale de ces niches, a seule été conservée et replacée dans la partie supérieure du retable de cet autel. Elle est en granit et d'un assez beau travail ; mais son mérite disparaît entièrement sous la peinture et les dorures dont on l'a chargée.

La nef, telle qu'elle se présente aujourd'hui, ne fut terminée qu'en 1490, par l'achèvement du clocher.

A cette époque, il ne restait donc plus de l'ancienne église que le chœur, la sacristie et une petite chapelle qui en était voisine (1).

Les paroissiens songèrent dès lors à mettre cette partie de leur église en harmonie avec celle qu'ils venaient de reconstruire, et l'on jeta les fondations des murailles du chœur actuel.— Leur dessein était de le construire tel qu'il répondit à la grandeur de la nef, avec une ceinture de chapelles tout autour; mais les ressources leur manquèrent pour l'exécution.

Les travaux, interrompus et repris vers la fin du XVIe siècle, furent une seconde fois suspendus par les guerres civiles, et près de deux siècles s'écoulèrent avant qu'on songeât à les reprendre. Enfin, en 1734, M. Vallée, pour lors recteur de Saint-Sulpice, se mit en devoir de conduire à fin l'œuvre de ses prédécesseurs. Les travaux furent repris, mais sur un plan qui diffère essentiellement du premier, et dans lequel on a supprimé toutes les ornementations qui pouvaient entrainer dans une dépense trop considérable.

Cette partie de l'église, presqu'aussi vaste que la première, est, ainsi qu'elle, à trois nefs, et se termine par une abside assez grâcieuse à l'extérieur; mais l'œil voudrait abattre ces lourds et énormes murs de refend qui partagent chaque travée des nefs latérales, lesquelles ne communiquent entre elles que par des portes carrées.

---

(1) On en chercherait inutilement aujourd'hui le moindre vestige.

Cet édifice ne fut achevé qu'en 1763.

Placée dans la partie la plus basse de la ville, l'église de Saint-Sulpice a eu à souffrir plusieurs fois des inondations occasionées par la rupture de la chaussée de l'étang de la Couarde.

Après l'inondation de 1720, et pour prévenir le retour des accidents, les paroissiens firent exhausser le sol de leur église de trois pieds, et construisirent devant, et autour du cimetière, deux digues de cinq à six pieds d'élévation; mais ces précautions ne purent arrêter les effets de la grande inondation de 1768.

L'eau entra dans l'église à la hauteur de près de trois pieds, culbuta les bancs et les confessionnaux, dégrada les autels, détruisit un grand nombre d'ornements, de livres, etc., et quand elle se retira, après plusieurs jours, elle laissa sur le pavé une vase infecte qui ne permit de célébrer les saints mystères que lorsqu'elle fut entièrement nettoyée.

Quoique l'église de Saint-Sulpice fût en état de satisfaire aux besoins de la paroisse, le prieur de la Trinité n'en continua pas moins à jouir des avantages que lui avait assurés la donation de l'évêque de Rennes, se regardant toujours comme le recteur primitif de la paroisse. Le recteur, par conséquent, était réduit au titre de *recteur-vicaire perpétuel*. Cependant, par transaction du 1er février 1686, M. du Hardas d'Hauteville, alors prieur, s'était déchargé, lui et ses successeurs, du soin des âmes, et avait consenti à abandonner au recteur une somme de 350 livres pour son traitement, et une autre de 150 pour le traitement de son vicaire.

Outre le clergé ordinaire, il y avait dans l'église de

Saint-Sulpice, comme dans celle de Saint-Léonard, un collége de chapelains dont le nombre était fixé à sept. Ils avaient été institués, ou plutôt rétablis en 1514, car ils paraissent avoir existé précédemment à cette époque; mais les guerres du XVIe siècle avaient apporté du trouble dans leur existence, et avaient fini par amener leur dissolution. Leurs fonctions consistaient à dire tous les jours, à tour et à rang, une messe pour les frères et sœurs trépassés de la frairie de Notre-Dame de la Mi-Août, au service de laquelle ils étaient spécialement affectés.

A la suite de longs débats, provoqués par des scènes scandaleuses auxquelles avait donné lieu la prétention des chapelains à la prééminence sur le clergé de la paroisse, M. de Breteuil prononça leur suppression en 1731.

A la façade septentrionale de l'église de Saint-Sulpice est accolée une construction massive et sans grâce qui nuit singulièrement à l'élégance de l'édifice. C'est là qu'est exposée une statue de la Sainte Vierge, en grande vénération dans nos contrées, sous le nom de Notre-Dame-du-Marais.

S'il faut en croire une ancienne tradition, généralement accréditée dans le pays, cette sainte image aurait été retirée du marais où se trouve aujourd'hui l'église de Saint-Sulpice, à l'époque où le seigneur de Fougères jetait les fondements de sa ville, et sa découverte aurait déterminé le choix de cet endroit pour y consacrer un édifice à Dieu.

Quoi qu'il en soit de cette tradition, on ne saurait méconnaître les caractères d'antiquité qui recommandent cette statue vénérée, malgré la restauration qu'un artiste du dernier siècle (1) lui a fait subir et les dorures dont elle est chargée. Certains antiquaires en ont été tellement frappés, qu'ils ont pensé qu'elle avait pu être une ancienne idole de Cybèle qu'auraient adorée nos pères, encore païens, et qui aurait été appropriée aux desseins du nouveau culte par les premiers missionnaires qui apportèrent l'Evangile dans nos contrées; mais la nature même de la statue, qui est tout en granit, et qui nous présente en un seul bloc la Sainte Vierge et l'Enfant Jésus sur ses bras, faisant corps avec elle, repousse entièrement cette supposition.

§ 3. — *Des hospices de la ville de Fougères.*

En compulsant les archives de notre ville, nous retrouvons la trace de cinq établissements hospitaliers, dont trois seulement subsistent aujourd'hui : ce sont, 1° l'Hôtel-Dieu, ou hôpital Saint-Nicolas ; 2° l'hospice Saint-Louis ; 3° l'hospice de la Providence. Les deux autres, qui ont disparu, étaient la maladrerie de la Madelaine et le lazaret de la Santé.

I.

HOSPICE SAINT-NICOLAS.

La fondation de l'Hôtel-Dieu, ou hospice Saint-Nicolas, remonte à l'année 1160.

---

(1) M. Violard, auteur des statues des apôtres qui se voient dans le chœur de Saint-Sulpice.

Ce fut Raoul II, seigneur de Fougères, qui dota la ville de Fougères de ce premier établissement charitable. Nous ignorons quels en furent les premiers administrateurs; nous savons seulement qu'au commencement du XVe siècle, il était sous la direction d'un prêtre qui en était en même temps l'aumônier.

Pendant long-temps le choix de cet administrateur fut un sujet de contestation entre les bourgeois et le sénéchal des seigneurs de Fougères, les uns et les autres prétendant avoir exclusivement le droit de le nommer. Il arriva même plus d'une fois que les bourgeois, mécontents du choix fait par le sénéchal, nommèrent, soit un aumônier, soit un administrateur, et divisèrent ainsi deux fonctions qui devaient être réunies; d'autres fois le sénéchal s'arrogea le même droit à l'encontre des bourgeois. Enfin, Marie d'Espagne, comtesse d'Alençon, au nom de son fils, encore mineur, prit une décision qui mit fin aux prétentions des uns et des autres.

Par lettres-patentes, données à Paris le 31 août 1347, et confirmées par le roi, cette dame réunit à tout jamais la chapelle à l'Hôtel-Dieu, et arrêta que celui qui aurait l'une aurait également l'autre, sans aucune division; de plus, pour prévenir toute discussion dans la nomination de l'administrateur, elle régla que ce droit serait exercé alternativement par le seigneur et par les bourgeois.

Cet administrateur, qui ne pouvait être qu'un habitant originaire de la ville, prêtait serment devant le sénéchal et trois ou quatre bourgeois délégués par la communauté.

Ce réglement, dont l'original existe encore dans les archives de l'hospice Saint-Nicolas, confirmé par deux chartes, de François Ier, duc de Bretagne, en 1444, et de

François Ier, roi de France, en 1532, fut observé jusqu'en 1560 : cette année-là, François II, par son édit de Fontainebleau, ayant enjoint à tous les juges de son royaume de faire saisir, dans le délai d'un mois, toutes les terres et revenus des hôpitaux situés dans le ressort de leur juridiction, pour être régis par les communautés des villes ou leurs délégués, celle de Fougères nomma trois de ses membres pour administrer l'hospice Saint-Nicolas.

Enfin, à l'époque de la révolution, on institua un bureau de cinq membres qui fut chargé de l'administration de tous les hospices de la ville.

Quant au service des pauvres, il paraît qu'il fut longtemps abandonné à des mains mercenaires.

Enfin, en 1672, la communauté s'adressa à Monseigneur de la Vieuxville, évêque de Rennes, et réclama de sa sollicitude pastorale l'envoi de quelques religieuses de la Miséricorde de Jésus, connues sous le nom d'Augustines, pour desservir son hôpital. Le prélat s'empressa d'acquiescer à la demande de la communauté, et mit à sa disposition quatre religieuses, qu'il tira de l'hôpital Saint-Yves de Rennes.

Ces quatre sœurs, arrivées à Fougères dans le courant de l'année 1674, furent établies dans l'hôtel du Châtelier, qui occupait la place de la maison conventuelle, et qui leur fut abandonné par la communauté. Elles s'engagèrent néanmoins à payer les lods et ventes, plus une rente annuelle et perpétuelle de 50 livres, pour la propriété et la jouissance d'une partie du jardin de l'hôpital.

La première supérieure de la nouvelle communauté fut

dame Julienne Duguesclin, en religion sœur Sainte-Placide.

Les Augustines, chassées de leur maison par la révolution, furent rétablies dans le service de l'Hôtel-Dieu par décret impérial du 15 novembre 1810.

Les bâtiments de l'hospice Saint-Nicolas, sans aucun caractère d'architecture, appartiennent tous à des époques différentes; cependant la plus grande partie doit remonter aux dernières années du XVe ou aux premières du XVIe siècle.

La pièce la plus remarquable est, sans contredit, la cuisine, dans laquelle quatre énormes piliers romans supportent un comble qui repose sur les retombées d'une voûte, et qui est terminé par un tuyau en briques, en forme de cheminée. Cet âtre étrange, qui comprend à peu près la pièce tout entière, accuse une époque antérieure à celle où l'on commença à fixer les cheminées dans les murs, et par conséquent au XIIIe siècle. Il serait donc fort possible qu'il remontât à la fondation même de l'Hôtel-Dieu. Du reste, la cuisine et la pièce qui en est voisine reposent l'une et l'autre sur un assemblage de piliers massifs et grossièrement travaillés, qui sont des caractères certains de leur antiquité.

Quant à la maison conventuelle, elle fut bâtie, en 1740, aux frais des religieuses, et les bâtiments qui sont situés sur la tour le furent en 1770.

Enfin, le bâtiment neuf ne date que de 1825.

La chapelle nous présente, dans sa façade, le monument d'architecture religieuse le plus ancien que possède la ville de Fougères.

Si l'on excepte le tympan de la porte et la croisée, qui

ont été refaits à neuf au XIVe siècle, on ne peut s'empêcher de rapporter au XIIe le reste de cette façade. Les deux arcades en plein-cintre qui sont aux deux côtés de la porte et qui servent d'encadrement à deux autres arcades géminées; les chapiteaux à crochets dont sont ornées les colonnettes sur lesquelles ceux-ci viennent reposer; les voussures en retraite de la porte; en un mot, tous les caractères qui la distinguent se réunissent pour la faire classer parmi les monuments de l'époque à laquelle florissait le style roman de transition, que l'on retrouve dans toutes les parties que nous avons détaillées.

Le reste de l'édifice appartient à diverses époques. La petite chapelle, qui y est annexée, et dans laquelle se trouve l'autel du Sacré-Cœur, fut bâtie, en 1434, par messire Alain Couasnon, seigneur du Bois-Garnier, qui y fonda trois messes, et la fit consacrer sous le nom de Notre-Dame-du-Bois-Garnier.

Elle passa ensuite dans la famille des Vaux par le mariage d'Orfraise Couasnon avec Jean des Vaux, seigneur de Lévaré. Celui-ci la céda à Jean du Châtellier, sieur des Flégés, avec droit d'y placer l'écusson de ses armes.

Ce dernier la fit passer dans la famille Reste. Jean de Salles en étant devenu possesseur par une alliance avec l'héritière de cette famille, son fils la vendit à Pierre Patard, dont les descendants l'abandonnèrent aux religieuses en 1736.

Les revenus les dépenses de l'Hôtel-Dieu s'élèvent annuellement à la somme de 40,000 fr.

II.

HOSPICE SAINT-LOUIS.

L'hospice Saint-Louis, fondé sous le titre d'Hospice-Général par lettres-patentes données à Versailles, au mois de juillet 1683, devait, dans sa destination primitive, servir à l'établissement d'un dépôt de mendicité.

Le titre de sa création lui attribue un grand nombre de priviléges, tels que le droit exclusif de vendre de la viande pendant le carême, de prendre chaque année cinquante cordes de bois dans la forêt, de confectionner et de vendre tous les cercueils des personnes qui décèdent dans la ville de Fougères (1), et beaucoup d'autres qui sont abolis, ou du moins singulièrement diminués.

L'administration de l'hospice fut confiée, dans l'origine, à seize directeurs, y compris un receveur et un greffier. Sept d'entre eux étaient, sous le nom de visiteurs, spécialement chargés des détails journaliers du service intérieur. Chacun d'eux était à son tour en exercice de ses fonctions un des jours de la semaine.

On ne saurait dire combien de temps a duré ce régime, créé par les lettres-patentes de fondation. Ce qu'il y a de certain, c'est qu'avant que l'hospice Saint-Louis fût desservi par des religieuses, l'administration en avait été confiée à des dames charitables et bienfaisantes de la ville.

Citer ici les noms de Mlle Frontin des Buffards, de Mme de la Martinière, sa sœur, de Mlles Le Mercier de

---

(1) Ces deux derniers priviléges subsistent encore aujourd'hui.

Cures et de Bigaglia, c'est rappeler aux habitants de Fougères, qui ont connu ces dames, le dévoûment le plus absolu, le zèle le plus ardent, l'activité la plus infatigable consacrés au soulagement de l'infortune.

Du reste, l'hospice était loin d'offrir, à cette époque, l'aspect grandiose et les avantages qu'il présente aujourd'hui. Quelques bâtiments incommodes, peu appropriés à leur destination, sans clôture extérieure, formaient le premier établissement, dont le terrain avait été acheté par la ville pour la somme de 5,870 livres. Ceux qui les ont remplacés sont dus à la munificence des dames administratrices dont nous avons parlé, et principalement à Mlle des Buffards (1). Ils furent complètement achevés en 1777, et le 2 juillet de l'anné suivante, un traité fut passé entre les administrateurs et les dames de la Congrégation de la charité de Montoire, pour qu'elles fournissent à l'hospice quatre sœurs qui devaient être chargées de tout le service; mais deux d'entre elles étant venues à mourir, et la Congrégation se trouvant hors d'état de les remplacer, les deux autres prirent le parti de se retirer. Ce fut alors que l'on appela les sœurs de la Sagesse de Saint-Laurent-sur-Sèvre, qui sont encore aujourd'hui à la tête de l'établissement.

Dans le courant de l'année 1806, l'hospice reçut un accroissement considérable par l'acquisition d'un terrain sur lequel on construisit plus tard (de 1812 à 1814) le grand bâtiment que l'on désigne sous le nom de bâtiment neuf.

---

(1) Il faut pourtant en excepter la chapelle, qui était achevée en 1680.

Au moyen de cette adjonction, l'hospice Saint-Louis a été mis en état de remplir en partie le charitable but de sa création. On y compte aujourd'hui cent vingt lits, dont cinquante pour les hommes et soixante-dix pour les femmes.

Ses revenus annuels s'élèvent à la somme de 15,000 fr.
Ses dépenses à la même somme.

III.

HOSPICE DE LA PROVIDENCE.

Au mois de mars 1776, Mlle Anne-Pauline de la Belinaye, dame de Vandel, acquit, à titre d'afféagement, les bâtiments tombant en ruines, avec les cours et jardins de l'ancien prieuré de la Trinité, que M. l'abbé de Gouyon, dernier prieur titulaire, avait été autorisé à lui vendre.

Mlle de Vandel, dont le but, en faisant l'acquisition de ce local, était d'y fonder une maison d'éducation gratuite pour un certain nombre de filles pauvres, et un bureau de secours à domicile pour les malades indigents de la ville, se mit aussitôt en devoir de l'approprier à sa nouvelle destination. Elle fit élever le grand corps de bâtiment qui existe aujourd'hui, répara la chapelle des Bénédictins (1), et y attacha quelques constructions nouvelles. Enfin, le 14 avril 1778, elle passa, avec le supérieur des filles de la Sagesse, un traité d'après lequel

---

(1) Cette chapelle a été détruite par un incendie, au mois de janvier 1824.

il s'engageait à fournir trois sœurs de son ordre pour le service du nouvel établissement (1).

Mlle de la Belinaye fut particulièrement secondée dans son œuvre par MM. les abbés Fournier, Foucault et Larticle, Mme Leziart de la Léziardière, Mlles de la Chesnaye Drouet et Bertin de la Hautière. Non contentes d'avoir fait les fonds pour l'acquisition du local et la construction des bâtiments, ces personnes charitables voulurent assurer l'avenir de leur fondation, et au moyen de dons succesifs qui s'élevèrent à une somme de 27,000 liv., elles parvinrent à créer, au profit de la maison, qui prit la nom de *la Providence*, diverses rentes qui montèrent à 1,350 liv.

Ces rentes furent supprimées ou réduites pendant la révolution, de sorte qu'en 1800 il ne restait plus à la maison qu'une inscription de 362 fr. sur le grand-livre de la dette publique. Malgré cette diminution dans ses ressources, l'hospice de la Providence n'a pas cessé de remplir le but de son institution. Il est desservi aujourd'hui par cinq sœurs des filles de la Sagesse, sous la direction de la commission des hospices, qui y entretient trente deux orphelines.

Deux salles d'asile pour les enfants des deux sexes y sont annexées, ainsi qu'une école pour les filles. Ses revenus, en y comprenant le travail des orphelines, s'élèvent à 7,000 fr.; ses dépenses à la même somme.

---

(1) Il fut autorisé par lettres-patentes du roi, données à la Muette en 1782, et enregistrées au Parlement de Bretagne le 24 janvier 1783.

IV.

MALADRERIE DE LA MADELAINE.

L'introduction de la lèpre en Europe, à la suite des Croisades, nécessita l'établissement de ces asiles, que l'on désigna sous le nom de Maladreries, Ladreries ou Léproseries, et dans lesquelles les personnes atteintes de cette cruelle maladie purent recevoir les soins que réclamait leur état, sans craindre de la communiquer à leurs proches.

La Maladrerie de Fougères fut fondée par Raoul II, vers la fin du XIIe siècle, à une petite distance de la ville, sur le chemin d'Iné, au lieu qui porte encore aujourd'hui le nom de Madelaine, la patronne de tous les établissements de ce genre.

Elle fut d'abord desservie par les chevaliers de Saint-Lazare de Jérusalem; mais ceux-ci l'abandonnèrent de bonne heure, et en 1347 elle n'était déjà plus qu'une chapellenie, dépendante de l'hospice Saint-Nicolas.

Cependant, en 1674, les chevaliers de l'ordre de Notre-Dame-du-Mont-Carmel et de Saint-Lazare la réclamèrent comme leur appartenant à titre de léproserie. L'affaire fut portée devant la Cour de l'Arsenal, à Paris, et soutenue par les administrateurs de l'hospice. La Cour prononça en faveur des chevaliers; mais l'administration obtint leur désistement, moyennant une rente de 150 liv. qu'elle les autorisa à prendre sur la terre de la Bayette ou Aumônerie, et l'affranchissement qu'elle leur accorda de toutes les fondations qui étaient attachées à la possession de la Madelaine.

La révolution, en détruisant en France l'ordre des chevaliers du Mont-Carmel, a affranchi l'hospice Saint-Nicolas de cette redevance, en sorte qu'il est aujourd'hui seul et incontestable propriétaire de la terre de la Madelaine.

La chapelle, qui sert aujourd'hui de cellier, a été bâtie, en 1541, sur les ruines de l'ancienne chapelle de la Maladrerie, par les soins de Marc Guérault, chapelain et administrateur de la Madelaine.

V.

LE LAZARET DE LA SANTÉ.

L'asile que nous désignons sous ce nom ne nous est connu que par la mention qui en est faite dans quelques actes des XVIe et XVIIe siècles.

Il était situé dans un champ qui porte encore aujourd'hui le nom de *Champ de la Santé*, à environ 600 mètres de la ville, sur la route de Laval. Il servit à recueillir les malheureuses victimes de la peste, en 1562 et en 1635.

Nous ignorons complètement l'époque de sa destruction. Quelques ruines, que l'on voyait encore en 1777, ont entièrement disparu, et le sol ne présente aucun indice qui puisse servir à faire reconnaître la place qu'il occupait.

§ 4. — *Des Établissements religieux avant la Révolution.*

La ville de Fougères possédait autrefois une abbaye de Génovéfains, un prieuré de Bénédictins, un couvent de Récollets, une communauté d'Ursulines, une autre d'Urbanistes, une maison d'éducation pour la jeunesse, et enfin une maison de Retraite.

I.

ABBAYE DE RILLÉ.

Au commencement du XIe siècle, Auffroy, le second des seigneurs de Fougères, éleva, sur le sommet de la colline que domine aujourd'hui l'ancienne abbaye de Rillé, une église qu'il dédia à la Sainte Vierge, sous le nom de Sainte-Marie-de-Fougères, ou plutôt Sainte-Marie-lès-Fougères, comme on l'a dit depuis, *Sanctæ Mariæ Fulgeriensis* (1).

Après la mort d'Auffroy, Méen II, son fils, établit dans cette église un collége de chanoines séculiers; et voulant en cette occasion donner à Marmoutiers un témoignage de ses bienveillantes dispositions, il prit l'engagement que si jamais il venait à substituer des religieux aux chanoines, il n'en appellerait pas d'autres que ceux de ce monastère.

Méen étant mort, Raoul, son fils, renvoya les chanoines, et, nonobstant la promesse de son père, il donna l'église de Sainte-Marie aux religieux de Saint-Florent.

Marmoutiers réclama et fit valoir ses droits. Raoul, pour se tirer d'embarras, renvoya les religieux de Saint-Florent, déclara ne vouloir ni chanoines, ni religieux, et conserva la garde de son église.

---

(1) C'est de là qu'est venu le nom de Marie que l'on donne encore aujourd'hui à la porte qui fermait l'entrée du faubourg, et au groupe de maisons qui l'avoisine.

Cependant, le besoin d'argent le fit changer de résolution ; et moyennant 225 livres des anciens Popelicans, qu'ils consentirent à lui prêter à cette condition, les religieux de Marmoutiers furent rétablis dans la possession de l'ancienne collégiale.

Mais, sur ces entrefaites, le pape Urbain ayant frappé d'excommunication tous les simoniaques, Raoul craignit d'encourir cette peine ; et, d'après l'avis de son conseil, il s'empressa de remettre son église aux mains de l'évêque de Rennes. Celui-ci la rendit à son tour aux religieux dépossédés, et Raoul, rivalisant de zèle, leur en abandonna le temporel (1096).

Il ne tarda pas à se repentir de cette générosité, et peu de temps après il retira aux religieux la concession qu'il leur avait faite. Ceux-ci lui adressèrent inutilement représentations sur représentations ; il fut inébranlable dans sa résolution.

Voyant cela, les religieux s'adressèrent au pape Pascal (1104), qui jeta l'interdit sur les terres de Raoul, et renvoya la connaissance de l'affaire à Girard, évêque d'Angoulême, son légat au concile de Troyes.

Condamné à rendre aux religieux l'argent qu'ils lui avaient prêté, et l'église elle-même, à moins qu'il ne justifiât du droit qu'il avait de la garder, Raoul refusa d'abord de se soumettre à la sentence du légat ; mais, craignant les effets d'une excommunication que le même légat fulmina contre lui, dans le concile de Nantes (1120), si, dans le délai de quinze jours, il n'avait pas obéi, il finit par consentir à remettre encore une fois l'église Sainte-

Marie entre les mains de l'évêque de Rennes, qui lui-même y rétablit les religieux (1).

Nous ignorons combien de temps ils la possédèrent, et de quelle manière ils en sortirent. Ce qu'il y a de certain, c'est que, vers l'an 1050, cette église avait été ramenée à sa destination primitive et était occupée par des chanoines séculiers. L'histoire nous apprend, en effet, que, vers cette époque, Henri, seigneur de Fougères, leur substitua des chanoines réguliers de l'ordre de Saint-Augustin, et qu'à cette occasion il changea le vocable de Sainte-Marie en celui de Saint-Pierre, que l'abbaye a conservé jusqu'à l'époque de la Révolution (2).

C'est donc ce seigneur que l'on considère avec raison comme le véritable fondateur de l'abbaye de Saint-Pierre-de-Rillé, puisque c'est lui qui y établit un ordre et une règle qui n'existaient pas avant lui.

Henri, en fondant l'abbaye de Rillé, voulut assurer la subsistance des religieux qui viendraient y chercher un asyle. La première donation qu'il fit en sa faveur comprit le bourg de Rillé, avec ses dépendances, qu'il affranchit de tous les droits auxquels il pouvait prétendre en sa qualité de seigneur, l'étang et le moulin du Gué-Landry, la pelleterie de Fougères, la moitié du moulin d'Ory, la dime des moulins, des fours du Tonlieu, des marchés et du cens de la ville d'Antrain et du manoir de Bérington, en Angleterre.

Cette donation fut faite solennellement, en présence de toute la cour du seigneur de Fougères, le jour Saint-

---

(1) D. Morice, t. III, col. 488, 489
(2) D. Morice, t. III, col. 606 et 607.

Pierre, le jour même où Gautier d'Alion, premier abbé de Rillé, prit possession de son abbaye. Après l'évangile, Raoul et Frangal, fils d'Henri, vinrent déposer sur l'autel les actes qui constataient la donation de leur père et le consentement qu'ils y donnaient.

Quelque temps après, Henri, se sentant attaqué de la maladie qui l'emporta, réunit autour de lui, dans son château de la Foretterie, auprès de Landéan, tous les clercs de ses terres, ses enfants, ses barons, et la plus grande partie des bourgeois et des paysans; et là, en présence de Ruellon, archidiacre de Rennes, et de Gautier d'Alion, abbé de Rillé, il recommanda sur toutes choses à son fils Raoul l'abbaye qu'il avait fondée.

Raoul, les mains placées dans celles de son père, qui était attendri jusqu'aux larmes, lui promit de prendre à tout jamais l'abbaye de Rillé sous sa garde et sa protection, et de veiller toujours à la conservation de ses droits.

Cet engagement, auquel la mort du père vint peu de temps après mettre le dernier sceau, fut toujours sacré pour son fils; et au milieu des grands événements qui occupèrent sa vie presque tout entière, il saisit avec empressement les courts loisirs que lui laissèrent les guerres auxquelles il prit part, pour s'occuper des intérêts que son père lui avait recommandés avec tant d'instance (1).

L'abbaye de Rillé conserva la règle de saint Augustin jusqu'en 1628. Cette année-là, elle reçut la visite du père Faure, qui y introduisit la réforme qu'il avait déjà portée dans un grand nombre de maisons. La nouvelle congrégation fut érigée canoniquement, en 1634, sous le nom

---

(1) D. Morice, t. III, col. 634, 650, 651, 652, 653, 657, etc.

de Sainte-Géneviève, d'où les religieux prirent celui de *Génovefains.*

Sous l'une et l'autre règle, leur nombre ne fut jamais au-delà de dix.

Une charte du duc François II, de 1473, avait reconnu à l'abbé de Rillé le droit de nommer tous les maîtres d'école de la baronie de Fougères, et nous avons eu sous les yeux deux institutions de maîtres d'école, à Saint-Georges-de-Reintembault et à Poilley, l'une du 2 septembre 1588, l'autre du 13 mai 1504, dans lesquelles l'abbé prend la qualité de *maître universel de tout le territoire de Fougères, Bàzouges et Antrain.* Il avait par conséquent, dans tout le ressort de la baronie, les attributions d'un recteur d'académie de nos jours.

Un collége, dans lequel il y avait une quarantaine de jeunes gens appartenant aux meilleures familles de Bretagne, était aussi annexé à l'abbaye. Pour procurer aux élèves un lieu de récréation convenable, le roi avait autorisé (1640) les religieux à enclore le champ des Archers, qui dépendait de son parc; mais, en 1680, l'abbé de Rillé ayant été débouté de ses prétentions à la direction de l'enseignement, et le collége ayant été transféré à Saint-Yves, cette clôture ne fut point exécutée.

En 1790, l'abbaye n'était plus occupée que par quatre religieux, MM. de Launay, recteur-prieur, Marie, du Fayel et Beaulieu.

La mense abbatiale avait été réunie, en 1724, à la cure de Lorient, mais elle n'y était pas essentiellement attachée; car M. Lolivier de Tronjolly, ayant été transféré (1763) de cette cure à l'église cathédrale de Saint-

Brieuc, en qualité de chanoine, conserva les droits et le bénéfice de l'abbaye jusqu'en 1790.

Elle rapportait par abonnement, à son titulaire, 3,400 livres par an.

Les revenus de l'abbaye, consistant en dîmes établies principalement sur les paroisses de Lécousse, Saint-Germain, Saint-Marc-sur-Coësnon, Saint-Marc-le-Blanc, Saint-Hilaire-des-Landes, Bâzouges-la-Pérouse, Rimou, Vieuxvy, Laignelet, Heudi-Mesnil et le chapitre d'Avranches, se montaient à environ 7,470 livres.

En ajoutant à cette somme diverses rentes sur le domaine et certaines redevances en denrées, le revenu total de l'abbaye pouvait s'élever à 12,000 livres, dont il y avait à défalquer 926 livres dues aux hôpitaux et à des particuliers.

A l'époque de la révolution, l'abbaye de Rillé subit le sort de presque toutes les maisons religieuses, et fut vendue nationalement. L'acquéreur fit alors démolir une partie des bâtiments, et vendit les matériaux. Elle fut rachetée, sous la Restauration, par M. Coëdro, supérieur des missionnaires de Rennes, qui se proposait d'y fixer son principal établissement ; mais les événements de 1830 ayant changé ses dispositions, il revendit Rillé à M. l'abbé Taillandier, qui y a établi une congrégation de femmes, dont il est le fondateur et le directeur, et qui doivent se consacrer au soin des incurables dans la maison-mère, et à l'éducation de la jeunesse dans les campagnes (1).

---

(1) Elles sont établies, comme institutrices, à Javené, Romagné et Mézières.

Aucun des bâtiments de Rillé ne remonte à la fondation de l'abbaye.

Une partie avait été brûlée en 1558, et ceux qui avaient échappé à l'incendie étaient, en 1603, dans un tel état de délabrement, que l'on fut obligé d'y faire, à cette époque, des réparations considérables. Nonobstant ces réparations, l'abbaye, menaçant ruine, fut entièrement reconstruite dans le courant du XVIIIe siècle.

L'église, qui a été démolie au commencement du siècle, et la tour, qui en indique encore la place, furent achevées en 1734. Les autres bâtiments ne le furent que vers 1750.

La bibliothèque de Rillé, qui se composait d'environ trois mille volumes, a été entièrement dispersée pendant la révolution.

Déjà les archives de cette abbaye avaient été pillées et brûlées, en 1589, par les gens du prince de Dombes (1). On ne saurait trop regretter cette double perte, dans laquelle ont été sans doute compris des documents précieux, qui auraient jeté un grand jour sur l'histoire de notre ville et de notre pays. — Un cartulaire, comprenant soixante-deux actes, est le seul monument manuscrit que nous connaissions et qui ait échappé à ce double désastre. Il fait partie de la collection des manuscrits de la bibliothèque de la ville de Rennes, et est porté au n° 166 du catalogue.

La paroisse de Rillé, aujourd'hui réunie à celle de

---

(1) Les religieux avaient pris le parti des rebelles. Ils furent momentanément expulsés de leur maison, et leurs biens furent saisis et confisqués.

Saint-Sulpice, ne fut jamais plus étendue que le faubourg qui porte encore aujourd'hui le nom de Rillé (1).

La porte *Marie*, qui en défendait l'entrée à sa partie supérieure, a été démolie en 1767 (2).

II.

PRIEURÉ DE LA TRINITÉ.

Le prieuré de la Trinité avait été fondé, à la fin du XIe siècle, par Adélaïde, femme de Méen II, seigneur de Fougères, à l'occasion d'une grave maladie qui avait mis en danger les jours de son fils Raoul. Cette dame, désespérant d'obtenir des hommes la guérison de son fils, tourna ses regards vers le ciel, et promit, s'il venait à recouvrer la santé, d'ajouter de nouvelles aumônes à celles que son mari avait déjà faites durant sa vie à l'abbaye de Marmoutiers. Ses prières ayant été exaucées, pour accomplir son vœu elle fit bâtir, nous dit le cartulaire, sur la place de son marché, une vaste église, qu'elle consacra à la très-sainte et indivisible Trinité, et qu'elle donna à l'abbaye de Marmoutiers, avant même qu'elle fût entièrement achevée. Non contente de cette libéralité, elle y ajouta l'église et la paroisse de Saint-Sulpice, sauf le château, dont les habitants continuèrent

---

(1) Le faubourg l'Echange faisait partie de Lécousse.

(2) L'abbé de Rillé avait une haute juridiction dans sa paroisse. Il n'avait pas cependant le droit d'infliger une punition corporelle. Le condamné devait être amené aux officiers de la Cour de Fougères, sur le pont du château, et ceux-ci étaient tenus de faire exécuter la sentence et d'en dénoncer l'exécution à l'abbé.

d'assister à la célébration des saints mystères dans la chapelle, mais qui furent soumis aux droits de la paroisse pour la perception des sacrements et la sépulture ecclésiastique (1).

Dans le siècle suivant, les religieux, voulant accroître leur importance, représentèrent à l'évêque de Rennes que l'église de Saint-Sulpice, resserrée dans une île, était devenue insuffisante pour le nombre des fidèles qui la fréquentaient, et n'était susceptible d'aucun agrandissement. Ils demandèrent, en conséquence, au prélat qu'il autorisât les paroissiens à se réunir dans leur église, qui présentait un local beaucoup plus spacieux. Celui-ci se prêta à leurs vues intéressées, et leur accorda ce qu'ils demandaient (1150), réservant toutefois les droits de l'ordinaire et ceux du curé; mais les religieux eurent beau se prévaloir de l'autorité de l'évêque de Rennes, ils ne purent jamais obtenir des paroissiens de Saint-Sulpice qu'ils abandonnassent leur église (2).

Le prieur de la Trinité avait une haute juridiction dans tous les lieux qui étaient de la mouvance de son prieuré; mais, comme l'abbé de Rillé, il n'avait pas le droit de faire exécuter lui-même la sentence. Le condamné devait être conduit sur le pont Champion, près la porte Saint-Sulpice, et remis là entre les mains des officiers du roi, qui étaient chargés de l'exécution.

En marque de sa juridiction, le prieur avait un cep et un collier dans le bourg de la Trinité.

---

(1) D. Morice, t. III, col. 423, 424.
(2) Voir église de Saint-Sulpice.

Les marchés de la ville de Fougères se tenaient autrefois dans le territoire du prieuré (1); mais le roi en ayant ordonné la translation dans la partie haute de la ville, le domaine s'engagea à payer au prieur une rente annuelle de 60 livres à titre d'indemnité.

Nous ignorons complètement à quelle époque les moines abandonnèrent leur maison, dont il ne reste pas le moindre vestige.

III.

COUVENT DES RÉCOLLETS.

Les Récollets furent établis à Fougères, en 1607, par Henri de Volvire de Ruffec, seigneur de Saint-Brice, qui leur concéda le terrain nécessaire pour leur enclos.

Les habitants de Fougères virent cet établissement avec assez d'indifférence, et, par conséquent, ne mirent aucun empressement à seconder les religieux. Il en résulta que, leurs ressources étant fort restreintes, il ne put se former que lentement. Les bâtiments, commencés en 1607, furent interrompus à différentes reprises, et ne furent achevés qu'en 1622.

Le nombre des religieux, à l'époque de la révolution, était de sept.

Leur principale occupation était de prêcher les stations du carême et de l'avent à Fougères et dans les paroisses voisines.

Leur maison, vendue nationalement, a été rachetée,

---

(1) Sur la place que l'on nomme encore aujourd'hui place du *Marchix.*

ainsi que l'enclos qui en dépendait, par M. Gautier, curé de Saint-Léonard, qui y a établi une maison de retraite.

La chapelle est aujourd'hui sous l'invocation de Notre-Dame-de-la-Miséricorde.

IV.

MAISON DES URSULINES.

En 1609, la communauté, sentant le besoin d'avoir une maison d'éducation pour les jeunes personnes, s'adressa aux Ursulines de Paris, qui envoyèrent à Fougères deux religieuses de leur ordre pour y fonder une maison.

La communauté acheta à cet effet l'hôtel Porcon et l'hôtel de la Bretèche, sur l'emplacement desquels furent élevés les bâtiments destinés à les recevoir.

Ces bâtiments, dont une grande partie a été démolie pour l'ouverture de la rue Rallier et l'appropriation à d'autres usages, sont aujourd'hui affectés au collége et à une maison d'éducation pour les demoiselles, tenue par les Sœurs de la congrégation d'Evron.

La chapelle, sous l'invocation de saint Joseph, construite également en 1609, fut dévastée en 1792, et servit de magasin jusqu'en 1817, qu'elle fut rendue au culte.

V.

MAISON DES URBANISTES.

La communauté des Urbanistes fut fondée à la fin du XVIIe siècle, par les seigneur et dame de la Tendraye, qui donnèrent trois champs pour son établissement, et firent venir d'Argentan et de Laval des religieuses de l'ordre de Sainte-Claire, approuvé par le pape Urbain IV.

Pendant tout le temps qu'exigea la construction des bâtiments, ces religieuses furent logées à Bonabri, puis dans les maisons du faubourg Roger, où l'on établit ensuite la Maison de Retraite. Enfin, le couvent et la chapelle étant achevés, elles en prirent possession et s'y renfermèrent en 1689.

Jeanne Le Royer, connue sous le nom de Sœur Nativité, appartenait à cette communauté.

Le couvent est aujourd'hui converti en caserne.

VII.

MAISON DES GIGONNES.

En l'année 1697, Marie Gigon, née dans le Perche, de parents pauvres, forma, avec quelques autres pieuses filles qu'elle s'associa, une petite communauté, dont les membres, libres de tous vœux et autres engagements, devaient se consacrer à l'instruction chrétienne de la jeunesse.

Marie Gigon mourut le 24 juillet 1745; et, avant de mourir, elle eut la satisfaction de voir la maison qu'elle avait fondée devenir maison-mère, par l'établissement que fit à Louvigné Mlle Colibeaux de Limières, l'une de ses sœurs.

La maison des Gigonnes, que l'on appelait aussi Jugonnes, a subsisté jusqu'à l'époque de la Révolution.

Les bâtiments sont occupés aujourd'hui par la gendarmerie départementale.

VII.

MAISON DE RETRAITE.

L'ancienne Maison de Retraite avait été fondée, en 1716, par M. le marquis de La Chesnelaye-Romilley et Mlle de La Corbinais, de Pleine-Fougères. Le premier donna le terrain et la seconde fit la plus grande partie des frais, pour la construction des bâtiments, qui furent successivement augmentés de 1745 à 1747, et de 1778 à 1783.

Les retraites étaient prêchées par les Cordeliers, dont le couvent était voisin.

En 1788, on songea à transférer le collége dans cette maison ; mais on ne donna pas de suite à ce projet. Confisquée au moment de la Révolution, elle fut convertie en caserne.

En 1794, un incendie, occasioné par l'imprudence des soldats, détruisit la partie des bâtiments qui avaient été le plus récemment construits, ainsi que la chapelle, qui était sous l'invocation de Notre-Dame-de-la-Miséricorde.

§ 5. — *Anciennes chapelles de la ville de Fougères.*

La chapelle de Saint-Pierre-d'Iné, enlevée au culte en 1792, sert aujourd'hui de lieu de dépôt pour la ferme dont elle dépend.

Il paraît qu'antérieurement à la fondation de la ville de Fougères, il existait à Iné une église paroissiale, de laquelle dépendait le territoire sur lequel la ville fut ensuite bâtie. La paroisse d'Iné ayant été supprimée et réunie à celle de Saint-Léonard, l'église fut conservée comme sub-curiale.

On continua ainsi d'y conserver le Saint-Sacrement et les Saintes-Huiles, et on y administra même le baptême jusqu'à l'époque du concile de Trente.

La messe y était célébrée tous les dimanches, par l'un des deux curés de Saint-Léonard, qui y faisait également une instruction.

Il y avait, en outre, une fondation de trois messes par semaine, faite par les religieux de Pontlevoy, anciens décimateurs de cette paroisse.

Cette chapelle avait le titre de prieuré. Dans le principe, le titulaire était tenu de payer une rente de 25 sous, chaque année, aux religieux de Pontlevoy; mais (en 1292), l'abbé en fit remise au seigneur de Fougères.

Les habitants d'Iné jouissaient du droit de bourgeoisie et ne contribuaient ni aux fouages ni aux tailles.

La chapelle de Saint-Jean-d'Iné, située dans un champ connu aujourd'hui sous le nom de la Santé, était église paroissiale avant le XIIe siècle. Sa destinée paraît avoir été la même que celle de Saint-Pierre : donnée comme elle, aux religieux de Pontlevoy, vers 1030, elle cessa d'être église paroissiale, quand la paroisse de Saint-Léonard fut érigée. Il ne paraît pas cependant qu'elle ait jamais été subcuriale.

On ignore l'époque à laquelle elle a été détruite; mais tout porte à croire qu'elle n'existait déjà plus au commencement du XVIIIe siècle. Ce qu'il y a de certain, c'est qu'elle servait encore au culte en 1635, et était affectée aux exercices religieux du Lazaret, établi dans le voisinage.

La chapelle du Petit-Saint-Nicolas était située dans le cul-de-sac qui se trouve au bas de la rue de l'Aumaillerie. Elle devait son existence aux chevaliers du Temple, qui possédaient auprès une espèce de prieuré dépendant de la maison qu'ils occupaient à la Templerie, dans la paroisse de la Chapelle-Janson.

Après la destruction de cet ordre célèbre, en 1315, cette chapelle fut annexée à l'hôpital Saint-Nicolas, qui la posséda jusqu'en 1770, époque à laquelle elle fut entièrement ruinée par un incendie.

Un grand nombre d'ossements humains, que l'on a trouvés, en 1835, en creusant les fondations d'une maison voisine, prouvent qu'il y avait un cimetière autour de cette chapelle.

Elle avait été dotée, en 1672, par André Morel, sieur de la Poupardais, d'une somme de 500 livres, avec cette clause qu'il y serait dit une messe tous les vendredis par un chapelain, dont les héritiers du testateur avaient la présentation, et auquel ils payaient une rente de 25 liv.

La chapelle Saint-Yves, dans la Pinterie, fut bâtie, en 1429, pour servir à cette partie de la paroisse de Saint-Sulpice qui était dans l'intérieur des murailles, et dont les habitants ne pouvaient se rendre à leur église, ni dans les temps de siége, ni pendant la nuit, les portes de la ville étant fermées chaque soir au coucher du soleil.

A la fin du XVI° siècle (1678), la communauté de Fougères ayant afféagé cette chapelle avec toutes ses dépendances, moyennant 16 deniers de rente censive et féodale et 4 deniers de fermage, elle y établit son collége.

La chapelle Saint-Gorgon, située à l'entrée de la rue de la Caserne, avait été bâtie, vers l'an 1500, par messire

Henri Fauvel, seigneur de la Fontaine, qui y avait fondé deux messes par semaine.

On croit que la foire l'Angevine, qui a lieu le jour même de la fête de saint Gorgon, et l'assemblée qui la précède, doivent leur origine aux nombreux pélerins qui venaient ce jour-là visiter la chapelle du saint.

Elle a été démolie en 1842.

La chapelle Saint-Roch avait été élevée, en 1574, par Guillaume Echard, sieur de la Salle, à l'embranchement des deux routes de Vitré et de Laval, là où se trouve aujourd'hui la prison. On ignore si elle fut bâtie à cause du cimetière que l'on ouvrit à cette époque, ou si elle fut la cause déterminante du choix que l'on fit du terrain qui l'environnait pour le consacrer aux sépultures.

Cette chapellenie, la plus richement dotée et la plus lucrative de la ville de Fougères, était à la nomination du général de la paroisse de Saint-Léonard.

La chapelle a été démolie en 1806.

APPENDICE.

De la Communauté, ou de l'Hôtel-de-Ville de Fougères.

Nous n'avons point à rechercher l'origine de la commune de Fougères. La Bretagne, comme l'a judicieusement fait observer M. de Courson, *n'offre point d'exemples de communes révoltées venant imposer des lois à une aristocratie tyrannique.*

Nos anciennes administrations étaient entièrement calquées sur le gouvernement des paroisses : le seigneur, dans ses terres, ne se croyait autorisé à faire aucune innovation importante sans le consentement formel de ses vassaux nobles, prêtres et bourgeois, véritables États au petit pied dont il manquait rarement d'appeler le concours.

Nous trouvons, dès le XII⁰ siècle, une preuve incontestable de l'intervention de ces trois classes dans l'administration des affaires publiques de la baronie de Fougères : en 1150, Henri Ier, qui venait de fonder l'abbaye de Rillé, se sentant près de mourir, et voulant assurer la perpétuité de son œuvre, appela auprès de lui, dit l'acte de fondation (1), tous les clercs de sa terre, ses fils, la plus grande partie des barons, des bourgeois et des paysans, et, en leur présence, il recommanda à son fils Raoul de protéger et de soutenir l'abbaye qu'il avait fondée.

Deux siècles plus tard, en 1347, un conflit d'attributions s'éleva entre Marie d'Espagne, comtesse d'Alençon, administrant la baronie de Fougères pour son fils, encore mineur, et les bourgeois de Fougères, relativement à la présentation du chapelain de l'Hôtel-Dieu et de la Maladrerie, prétendant les uns et les autres au droit exclusif à cette présentation. Après de longs démêlés, on finit par reconnaître le droit alternatif du seigneur et des bourgeois, et il fut arrêté que le chapelain nommé prêterait le serment en présence du sénéchal et de trois ou quatre délégués des bourgeois.

Nous pourrions rapporter un grand nombre d'autres pièces qui prouveraient jusqu'à l'évidence l'intervention des bourgeois dans les affaires publiques de la ville et de

---

(1) D. Morice, t. III, col. 607.

la baronie, à toutes les époques de notre histoire; mais les deux exemples que nous avons cités sont bien suffisants pour établir cette preuve.

A l'époque de la révolution, l'hôtel-de-ville se composait du gouverneur, de deux maires, l'un électif, l'autre en titre d'office, et alternatifs quant à l'exercice de leurs fonctions; du sénéchal, du procureur du roi de la sénéchaussée, de deux lieutenants de maire, de quatre échevins, du lieutenant du roi, du connétable, du miseur, du greffier et de plusieurs conseillers.

Du reste, n'ayant point de réglement qui fixât sa composition, le nombre de ses membres était tout-à-fait arbitraire.

Des gentilshommes avaient même voix délibérative dans ses assemblées. L'hôtel de Fougères avait droit de députer aux Etats de Bretagne; mais nous ignorons à quelle époque ce droit lui fut concédé.

La perte des registres des Etats antérieurs à 1567 ne nous permet pas d'établir une opinion positive sur ce point; cependant, si nous considérons l'importance de la ville de Fougères, si nous observons que ses représentants figurent dans toutes les tenues d'Etats postérieures à cette époque, et même dans celle des Etats de 1462, nous serons portés à croire qu'elle fut du nombre des premières villes auxquelles fut accordé le droit de représentation, et que si elle ne fut pas représentée aux Etats du XIVe siècle, elle le fut du moins en 1408, époque à laquelle les députés des villes commencèrent à être regardés comme membres nécessaires du Parlement (1).

---

(1) C'est en 1309 que les députés du Tiers furent admis pour la première fois aux Etats de Bretagne.

Nous croyons être agréables aux habitants de Fougères, en mettant sous leurs yeux les noms des hommes honorables qui furent choisis par leurs pères pour les représenter aux États de la province depuis l'an 1567 :

1567 René Tiollaye.
1569 Thomas Reste.
1570 Gilles Guérin et Michel Le Limonnier.
1571 Vincent Bregel.
1572 Adrien Le Corre.
1573 Guillaume Coconnier.
1574 Macé Clerot.
1575
1576 1577 1578 Gilles James.
1579 (États extraordinaires.) Jean Meneust, sieur des Bois Guyons.
1580 Auguste Bregel.
1581 1582 (États ordinaires et extraordinaires.) Jean Baston.
1583 Jean Le Lièvre.
1584 Jean Le Lièvre, Jean Meneust et Robert Laurens.
1585 Jean Meneust.
1586 1587 (Extra.) Gilles Braindel, sieur de la Trouzenays.
1587 Gilles Braindel et Perrin.
1588 (Extraordinaires.) Jean Rousseau.
1588 Jean Corvaisier.

La ville de Fougères ayant suivi le parti des rebelles, ne fut point représentée aux États de 1590, 1592, 1593, 1595, 1596 et 1597.

1598 Jean Bregel de la Gambretière, Gilles Ruellan, sieur du Portal, et du Rocher, sénéchal.
1599 Mathurin Perronnelle.
1600 René Le Douillet, sieur de Plaisance, et Michel Reste, sieur de Bourboulié.
1601 Denis Reste, sieur de la Riboisière.

1602 Alphonse Le Corvaisier, sieur des Echelles.
1603 Alphonse Lecorvaisier et Jean Loysel, sieur de la Mitterie, sénéchal.
1604 René Reste, sieur des Roches.
1605 Jean Loysel, sénéchal, et Bertrand Le Meignan, sieur de Pérouzel.
1606
1607 Jean Loysel et Guillaume Echard, sieur de la Salle.
1608 Guillaume Echard, Guillaume Saucet, sieur de la Bondonnais, et Julien Le Lièvre, sieur du Val.
1609 René Le Marchand, sieur de la Rebourcière.
1610 Jean Loysel et René Le Marchand.
1611 Eusèbe Chevalier, sieur de la Loriais, de La Motte et Julien Le Lièvre.
1612 Jean Bregel et Julien Le Lièvre.
1613 Jean Liays, sieur de Launay, et Vincent Langlais, sieur de la Lantière.
1614 Les mêmes, et Jean Loysel.
1615
1616 Jean Bregel, Jean Louichon, sieur des Hauts-Champs, et François Pelet, sieur de Bretelon.
1617 Jean Louichon et François Le Marchant, sieur de Paron.
1618 Jean Le Marchant, sieur de la Pouardière, et N., sieur de la Riboisière.
1619 René Le Marchant, sieur de la Rebourcière, et Guillaume Echard.
1620 Vincent Le Marchant, sieur du Teilleul.
1621 Gilles Lasne, sieur de la Battardière, et Vincent Le Marchant.
1622 Jean de Bregel, sieur des Guyonnières, et André Reste, sieur des Rochers.
1623 André Reste et Pierre Le Marchant, sieur de la Daviais.
1624 Guillaume Menard, sieur de Vauxcelles, et François Le Bigot, sieur du Breil.

1625 1626 Jacques d'Huisseau, sieur des Arons, et François Le Bigot.

1628 Gilles Lasne et François Pelet.

1629 François Pelet et Vincent Le Marchant.

1630 Jean de Bregel et Jacques d'Huisseau.

1632 François Langlais, sieur de la Lantière, et Jacques d'Huisseau.

1634 Martial Corbeau, sieur de la Rousselais, et Marc Pelet, sieur de Bretelon.

1636 François Menard, sieur de la Hellouère, et Jean Louichon.

1638 Julien Tréhu, sieur de la Jardière, et Jean Louichon.

1640 François Groult, sieur de la Ville-Nouveaux, et Pierre Le Marchant.

1643 Jean de Bregel, écuyer, et Michel Gledel, sieur de Mont-Aubert.

1645 François Groult et Michel Reste, sieur des Orières.

1647 Gilles Lasne et René Reste, sieur des Hunchères.

1649 Jean de Bregel et Eusèbe de Bregel, sieur de Meguérin.

1651 François Groult et François du Bois, sieur des Landelles.

1653 François Groult, Gilles Lasne, Eusèbe de Bregel, Michel Reste, Gilles Reste, sieur de Bulot, et Guy Reste, sieur du Loroux.

1655 Gilles Lasne et Paul du Guay, sieur de la Faucherie.

1657 Julien Le Goméricl, sieur des Brétayes, et Michel Gledel.

1659 François Pelet, connétable et maire, et Jean Menard, sieur de Loisil.

1661 Sébastien Frain, seigneur de la Villegontier, conseiller du Roi, sénéchal de Fougères, et Michel Reste.

1663 Vincent Le Mercier, sieur du Temple, et Julien Le Goméricl.

1665 Sébastien Frain et Julien Préheu, sieur de Bregel.

1667 Tristan Courtays, sieur de Racinoux.

1669 Pierre Le Meignan, sieur de la Cholpinais, et Jean Le Mercier, sieur de la Pichardais.

1671 Sébastien Frain, Tristan Courtoys et Jean de Bregel, sieur de Vaugarny.

1673 Alphonse Le Corvaisier, sieur de la Massonnais.

1675 Sébastien Frain et Alphonse Le Corvaisier.

1677   *Id.*   et Guillaume Le Tanneur, sieur de la Prévotière.

1679   *Id.*   et Jean Couttard, sieur du Hallay.

1681   *Id.*   et Jean Morel, sieur de la Martinière.

1683   *Id.*   et François Le Coulanges.

1685 1687 et 1689 Sébastien Frain et Jean Des Boys, sieur du Brulis.

1691 Eusèbe de Bregel, sieur du Bois Henry.

1693—95—97—99—1701—03—05 Michel Menard, sieur des Bourlières, maire de Fougères.

1707 Vivien des Renadières, maire alternatif.

1709—11—13—15 Michel Menard.

1717 Sébastien Frain, Menard, agrégé.

1720 Le Tanneur, syndic de la communauté.

1722 Frain de la Villegontier.

1724 Le Tanneur.

1726 Lefebvre, procureur du Roi.

1728 Le Beschu de la Raslais, procureur syndic.

1730 Baston de la Riboisière, alloué.

1732 De L'Espinay Vivier, syndic.

1734 Baston de la Riboisière.

1736 Du Chesnay.

1738 Baston de la Riboisière.

1740 Le Mercier de Montigny.

1742 Pommereul de la Gasnerais.

1744—46—48—50—52—54 et 56 Le Mercier de Montigny, maire.

1758 Blanchouin de Villecourte, procureur du Roi de la maîtrise des eaux et forêts.

1760—62 et 64 Le Mercier de Montigny, maire.

1766—68 et 70 Blanchouin de Villecourte, maire alternatif.

1772—74—76—78—80—82—84 et 86 Le Mercier, maire en titre.

1788 M. Le Mercier, maire, d'abord nommé, fut révoqué de ses fonctions, et on nomma à sa place MM. Lemoine de La Giraudais, Bochin et Biard de la Gilaudais.

1789 États généraux. MM. Fournier de la Pommerais et Lemoine de la Giraudais. (1)

---

(1) Les députés du Tiers-Etat étaient payés par les villes et les communautés qu'ils représentaient. Ils recevaient, pour les frais de leur voyage et de leur séjour, les uns 350, d'autres 300, d'autres, enfin, 200 livres seulement.

Les députés de Fougères étaient dans cette dernière catégorie.

Lorsque l'Assemblée durait au-delà de quarante jours, il était d'usage que l'intendant autorisât les trésoriers des communautés à payer aux députés une augmentation proportionnée à la durée de leur absence.

LIVRE SECOND.

Histoire des communes de l'arrondissement de Fougères.

L'histoire garde le plus profond silence sur l'origine des paroisses qui se trouvent aujourd'hui comprises dans l'arrondissement de Fougères; mais nous ne pouvons pas douter qu'elles ne doivent leur naissance à une cause identique à celle que nous avons assignée à la formation des villes du moyen-âge.

Lorsqu'au Xe siècle, la société, ébranlée par la chute de l'empire de Charlemagne, commença à se rasseoir sur de nouvelles bases, les populations, que la crainte et le besoin de se soustraire aux brigandages des gens de guerre avaient tenues renfermées dans les villes et les châteaux, rassurées par le calme et la tranquillité qu'elles voyaient renaître, se répandirent çà et là dans les campagnes, et s'y groupèrent, sous les ordres d'un chef, de manière à pouvoir se livrer avec sécurité aux travaux de l'agriculture, et être en état de résister aux agressions dont la colonie pourrait être l'objet.

Chaque agglomération un peu considérable reçut un prêtre, qui devint le chef spirituel de la colonie, et le territoire, dépendant d'un même chef civil ou militaire, forma l'étendue de sa juridiction, ou la paroisse dans laquelle il devait exercer son saint ministère.

La paroisse tout entière prit le nom de l'église. Or, comme celle-ci était assez ordinairement construite auprès de l'habitation du chef militaire, lorsqu'elle ne l'était pas dans son enceinte, on la confondit avec cette demeure elle-même, et on lui donna le nom du seigneur qui l'avait fondée et la soutenait avec sa puissance et ses richesses. C'est à ce principe de formation que nous devons rattacher l'origine de plusieurs paroisses de notre arrondissement, dans les éléments des noms desquelles nous retrouvons un nom d'homme pour radical avec une terminaison qui n'est peut-être qu'une paragoge, mais qui cependant nous semble être l'expression d'un fait. Tels sont les noms de *Chauvigné*, *Fleurigné*, *Louvigné*, *Parigné*, etc., dans lesquels nous croyons reconnaître le mot *ignis* employé dans le sens de *focus* ou *domus*, et ajouté au nom d'homme radical pour désigner la demeure de *Chauvin*, de *Fleury*, de *Loup*, de *Paris*, etc.

Nous devons encore rattacher au même principe de formation l'origine des paroisses qui nous offrent des noms dont l'étymologie est insaisissable pour nous, et qui se rapportent soit à la topographie, comme *Montours*, *Montault*, etc., soit à des circonstances que l'histoire nous laisse ignorer, et qui sont sans aucun sens pour nous, tels que Billé, Combourtillé, etc. — Tout porte à croire que, dans la formation de ces paroisses, l'élément féodal ou civil a précédé l'élément religieux, qui seul cependant leur a donné l'organisation et la forme qu'elles ont conservées jusqu'à nos jours.

Dans le même temps, des hommes dégoûtés du monde

s'en allaient loin des villes chercher la solitude et le silence, pour s'y livrer en paix à l'étude et à la contemplation des vérités éternelles. Leur réputation de science et de sainteté ne tardait pas à les faire découvrir, et bientôt elle attirait sur leurs pas de nombreux disciples, qui venaient s'instruire de leurs paroles et s'édifier de leurs exemples. Un village s'élevait alors autour de la cellule du pieux cénobite, et son oratoire, transformé en une église, dont il était le prêtre, recevait le nom du saint à l'imitation duquel il avait principalement consacré sa vie.

Mais comme la sainteté n'était qu'une défense impuissante contre les emportements et les exactions des gens de guerre à cette époque, la paroisse, une fois constituée, se choisissait un protecteur parmi les hommes les plus braves et les plus puissants du voisinage. Elle lui accordait quelques-uns des priviléges dont jouissaient les fondateurs dans les églises qu'ils avaient fondées, lui donnait la propriété et la jouissance de quelques domaines, et parvenait ainsi à se procurer l'appui dont elle avait besoin.

Or, les priviléges du fondateur, dans l'église qui lui devait l'existence, étaient considérables et nombreux. C'était à lui qu'était attribué le plus ordinairement le droit de choisir le prêtre qui devait la desservir. Il se réservait quelquefois une part de ses revenus, et il allait même jusqu'à stipuler le partage des offrandes et des biens qui pourraient lui échoir. Outre cela, il avait le droit de se faire inhumer avec sa famille dans l'endroit le plus honorable, de faire graver son nom et ses armoiries sur une litre ou ceinture, peinte sur les murailles, tant à l'intérieur qu'à l'extérieur, etc.

Mais cette organisation des paroisses reçut bientôt une grave modification; et à la fin du Xe siècle, nous voyons un grand nombre de nos paroisses données aux monastères par les fondateurs eux-mêmes ou les protecteurs des églises, toujours avec le consentement des évêques, qui semblent prendre à tâche de se décharger d'un fardeau qu'ils sont impuissants à soutenir.

Deux causes agirent principalement dans cette ciconstance, et amenèrent les modifications que nous allons constater. La première fut le relâchement des mœurs du clergé séculier, qui, se montrant indigne de la haute et sainte mission qu'il avait à remplir, força les évêques de tirer des asiles où la pureté évangélique s'était conservée, les hommes qui devaient arrêter la société sur le bord de l'abime où elle semblait près de s'engloutir.

La seconde, et celle-ci fut sans doute la plus puissante, fut la croyance, généralement répandue à cette époque, que le monde allait finir. La plupart des seigneurs, dont la vie tout entière avait été une longue suite d'exactions et de scandales, se persuadèrent qu'ils ne pouvaient trouver un moyen plus sûr d'obtenir leur grâce du souverain juge, qu'en donnant à Dieu, représenté par les abbayes ou les monastères, les biens dont ils avaient fait souvent un déplorable usage, et dont ils se dépouillaient avec d'autant moins de difficulté, qu'ils étaient bien convaincus qu'ils allaient leur devenir inutiles. Ils se montrèrent, en conséquence, d'une générosité excessive envers les monastères, et leur abandonnèrent le patronage et les revenus des églises dont leurs pères avaient été les fondateurs.

Le plus grand nombre des paroisses de notre arrondissement devint ainsi, du X⁰ au XII⁰ siècle, le patrimoine de quelques abbayes, qui se substituèrent en partie aux droits des fondateurs. Les églises, desservies par des religieux, auxquels l'abbé en confiait l'administration tant spirituelle que temporelle, reçurent le nom de *prieurés*, et l'ecclésiastique chargé de la desservir reçut celui de *prieur*.

Les guerres des XIV⁰, XV⁰ et XVI⁰ siècles apportèrent de nouvelles modifications dans le gouvernement des paroisses. Les monastères, ayant vu à plus d'une reprise leurs religieux expulsés, leurs cloitres brûlés, leurs archives détruites, ne furent plus en mesure de pourvoir aux *prieurés* de leur dépendance, et l'ordinaire s'empressa de ressaisir ses droits, en nommant lui-même à la place devenue vacante. En d'autres circonstances, n'étant plus en état, par suite de la destruction de leurs archives, de justifier de leurs droits, l'ordinaire les leur contesta, et comme il était de droit naturel le supérieur de la communauté religieuse, à défaut de titres contraires, il ne lui fut pas difficile de faire prévaloir ses prétentions.

Cependant, l'ordinaire disposa encore quelquefois des églises ainsi rentrées dans son pouvoir, et nous voyons qu'à l'époque de la révolution, plusieurs paroisses de notre arrondissement étaient en la possession soit d'un archidiacre, soit d'un chanoine, ou de tout autre dignitaire de l'église cathédrale, dont elles formaient une partie du bénéfice. Il nous est impossible de constater l'époque à laquelle eurent lieu ces divers changements pour chacune de nos paroisses. Nous indiquerons seulement, quand l'occasion s'en présentera, quels étaient les bénéficiaires au moyen-âge et à l'époque de la révolution.

§ 1. — CANTON SUD DE FOUGÈRES.

Billé (*Ecclesia de Billeio*, en 1157 (1)); sous l'invocation de saint Médard; ancien doyenné à la nomination de l'ordinaire.

Le doyen de Billé, dont la juridiction s'étendait sur tout le Vendelais, recevait directement les mandements et les autres actes émanés de l'autorité épiscopale, et les transmettait aux curés de sa juridiction. Quelques années avant la révolution, les curés de Fougères étaient encore tenus d'aller chercher les saintes-huiles à Billé, où ils les recevaient de ses mains.

La maison seigneuriale de cette paroisse était la Ronce. Elle donnait à son possesseur le droit de prééminence dans l'église. Au commencement du XVe siècle, elle appartenait à Jeanne Croc, dame de la Ronce, qui la fit passer dans la famille de Malnoë, par son mariage avec Michel de Malnoë, chevalier (2).

Les autres maisons nobles étaient Mésaubouin et Maintibœuf. — Anciennes chapelles à Mésaubouin et à Maintibœuf.

L'étang de Billé, l'un des plus considérables de l'arrondissement, est aujourd'hui en voie de dessiccation.

On conservait, avant la révolution, dans les archives de la fabrique, un acte constatant que Monsieur, frère du roi Louis XIII, avait couché au presbytère de cette paroisse, lors de son voyage en Bretagne.

---

(1) D. Morice, t. III, col. 630.
(2) Dupaz, Histoire généalogique, p. 490.

Cette pièce curieuse, à laquelle les paroissiens attachaient la plus grande importance, puisque chaque trésorier, en entrant en fonctions, était tenu d'en donner décharge à son prédécesseur, n'a pas été retrouvée.

M. Hunault, recteur-doyen de Billé, fut un des députés de la communauté de Rennes aux Etats généraux de 1789 et à l'Assemblée constituante.

Cette commune est traversée par la voie romaine dite *chemin Chasles*.

Combourtillé (*Ecclesia de Combortillcio*); sous l'invocation de saint Cyr. La cure était à l'alternative (1).

Les actes de Bretagne font mention des seigneurs de Combourtillé, dès le XIe siècle (2).

Dompierre-du-Chemin (*Ecclesia de Domno Petro*); sous l'invocation de saint Pierre. La cure était en la présentation de l'archidiacre de Rennes.

Maisons nobles : Les Haris, la Maison-Neuve et la Jalesne.

Chapelle sous l'invocation de saint Blaize.

On voit sur le territoire de cette commune un groupe de rochers assez remarquables, et connus dans tout le

---

(1) On appelait alternative l'indult ou la grâce que le pape accordait aux évêques en faveur de la résidence. Lorsqu'ils avaient obtenu l'indult de l'alternative, ils étaient fondés à conférer les bénéfices vacants alternativement avec le pape, de mois en mois, le pape commençant par janvier; tandis que sans cette grâce ils n'avaient, par le comput des mois, que le droit de conférer les bénéfices qui venaient à vaquer dans les quatre derniers mois de chaque quartier, c'est-à-dire en mars, juin, septembre et décembre.

(2) D. Morice, t. III, col. 585, 623, 644, 646, 676, etc.

pays sous le nom de *Saut-Rolland*. Ils consistent en deux énormes masses de quartzite, séparées par une profonde et large vallée, au milieu de laquelle coule *la Cantache*, à l'état de faible ruisseau.

S'il faut en croire la tradition du pays, le héros de la chevalerie fabuleuse, le fameux Rolland, aurait un jour franchi, avec son cheval, l'intervalle de cent mètres qui sépare les deux rochers, et cela même à plusieurs reprises. Une première fois, ce fut pour *le bon Dieu*, et un bond de son coursier le lança sur le rocher opposé. Une seconde fois, ce fut pour *la bonne Vierge*, et un effort du généreux palefroi le rendit au point d'où il était parti. Enfin, il essaya de sauter une troisième fois pour *sa dame;* mais elle lui porta malheur : l'infortuné Rolland et son coursier tombèrent au fond du précipice et périrent dans leur chûte.

On voit encore aujourd'hui gravées sur la pierre les traces d'un fer à cheval, qui viennent à l'appui de cette histoire. Comme elles ne représentent que la moitié de sa forme, l'on observe judicieusement que c'est là que le pied du cheval de Rolland glissa, lorsqu'il sauta pour sa fatale maîtresse.

Non loin du *Saut-Rolland*, et dans la même chaîne de rochers, l'on rencontre *la Pierre dégouttante,* ainsi nommée parce qu'elle distille continuellement des gouttes d'une eau transparente qui tombent dans un bassin creusé profondément dans le flanc du rocher.

Cette pierre, jetée sur la limite d'une roche qu'elle dépasse de près de la moitié de son volume, a été longtemps et est encore, de la part de quelques habitants du pays, l'objet d'une croyance superstitieuse, que résume un dicton populaire auquel elle a donné lieu : *Quand la pierre dégouttante tombera, le jugement viendra.*

Heureusement, ces superstitions surannées, qui tenaient nos campagnes asservies sous le joug de la crainte, disparaissent peu à peu, à mesure que les intelligences s'éclairent ; et si nous étions tentés de les regretter sous le rapport de la poésie qu'elles répandaient sur nos mœurs, nous devrions nous consoler de leur perte, par la considération des avantages qu'en retire la dignité de l'homme, dont elles rabaissaient la destinée au point de la faire dépendre d'un caprice ou d'une bizarrerie de la nature (1).

JAVENÉ; sous l'invocation de saint Martin. La cure était présentée par un des chanoines de l'église de Rennes.

Cette commune est traversée dans sa partie centrale, de l'est à l'ouest, par la voie romaine dite *chemin Chasles.*

LECOUSSE (*Ecclesia de Excussâ*) (2); sous l'invocation de saint Martin. La cure était à la présentation de l'abbé de Saint-Florent de Saumur.

Maisons nobles : Le Manoir de la Forêt, la Martinais et Mont-Aubert.

Chapelles à la Garenne, au Manoir et à Saint-Julien.

PARCÉ, sous l'invocation de saint Pierre. La cure était à l'ordinaire.

Maisons nobles : Vaux-Houdin, le Plessix et la Pierre.

---

(1) MM. Ducrest-de-Villeneuve et l'abbé Bucheron ont publié chacun leur légende sur le Saut-Rolland. — Annuaire de l'arrondissement de Fougères, pour l'année 1838, p. 59. — Magasin universel, année 1836-1837, p. 105.

(2) Grande Charte pour Rillé. D. Morice, t. III, col. 652.

ROMAGNÉ (*Ecclesia de Romaniaco* ou *de Romaneio*) (1); sous l'invocation de saint Martin.

XIe siècle.—Méen II, seigneur de Fougères, avait concédé aux religieux de Marmoutiers la moitié de l'église de Romagné, en présence et du consentement des comtes Eudes et Conan, et d'un grand nombre de gentilshommes bretons. Peu d'années après, quelques chevaliers, parmi lesquels l'histoire cite Pinel, fils de Kermeniol, revendiquèrent l'autre moitié de l'église, et prétendirent que le droit de choisir le curé appartenait à eux, et non aux bénédictins. Méen assembla une partie des seigneurs de sa terre, et, en leur présence, il prouva que le droit de présenter le curé avait toujours été exercé par lui et ses prédécesseurs.

Les opposants renoncèrent alors à leurs prétentions, et le choix du curé demeura aux bénédictins. Du reste, quel qu'ait été le mode de nomination dans les siècles qui suivirent, il paraît que celui-ci tomba en désuétude; car, à l'époque de la révolution, la cure était à l'ordinaire.

Nous trouvons dans le catalogue des curés de Romagné deux hommes qui ont fait profession de cultiver les belles-lettres : M. L. G. de la Devison, auteur de deux ouvrages intitulés, le premier : *Vie et Miracles de saint Brieuc et de saint Guillaume;* le second : *Histoire de la Chapelle de Sainte-Anne de la Bosserie, en la paroisse de Romagné, près la ville de Fougères, au diocèse de Rennes, en la Haute-Bretagne, et ce qui s'y est passé de plus remarquable depuis l'an 1636;* vol. in-12; Avranches, 1655 (2); et

---

(1) D. Morice, t. III, col. 394, 967.

(2) M. l'abbé Badiche a donné une nouvelle histoire de la chapelle

M. Habert, auteur d'une *Introduction à l'Ecriture sainte.*

Avant la révolution, il existait trois chapelles assez importantes sur le territoire de cette commune : à la Dauphinais, au Bourg et à Sainte-Anne-de-la-Bosserie. Cette dernière seule subsiste aujourd'hui.

L'an 1257, un chevalier breton, nommé Guillaume Soubric, fonda, au lieu de la Dauphinais, un prieuré qu'il donna à Notre-Dame-la-Royale-de-Poitiers.

Mais, comme Marmoutiers avait le patronage de l'église de Romagné, et que l'établissement d'un ordre étranger sur le territoire de la paroisse pouvait être préjudiciable aux intérêts de cette abbaye, il lui fit don d'une rente perpétuelle de 40 sous, monnaie courante, que le prieur de la Dauphinais fut chargé de payer chaque année au prieur de Saint-Sauveur-des-Landes, membre de Marmoutiers.

Moyennant cette concession, il obtint l'autorisation d'élever une église avec cloche, et d'avoir un cimetière autour.

Les religieux de Marmoutiers réservèrent néanmoins, au prieur de Saint-Sauveur-des-Landes et au recteur de Romagné, les dîmes et les prémices de tous les biens situés dans la paroisse. Il en fut de même des défrichements faits par les religieux de la Dauphinais ou par leurs soins, et il fut même stipulé que ceux-ci ne pourraient, en aucun cas, demander au pape l'autorisation de se les approprier ; pas plus qu'ils ne pourraient acheter

---

de Sainte-Anne de la Bosserie, qu'il a fait suivre des statuts de la confrérie de Sainte-Anne et de Saint-Roch ; et de diverses prières à l'usage des Pèlerins. — 1813.

ou recevoir, soit en don ou en legs, aucun des biens situés sous les fiefs du prieur de Saint-Sauveur-des-Landes (1).

L'ancienne église de ce monastère avait été remplacée, vers 1760, par une chapelle dont les ruines subsistent encore aujourd'hui et portent le nom de *l'Abbaye.*

Quant aux moines, ils avaient depuis long-temps abandonné le prieuré, et le bénéfice, qui pouvait rapporter environ 1,500 livres, avait été réuni à la terre de Larchapt, ce qui donnait au propriétaire de cette terre le droit d'y nommer.

La chapelle du Bourg, située à l'endroit même où se trouve aujourd'hui la maison des Sœurs, qui a été bâtie avec les décombres provenant de sa démolition, était sous l'invocation de sainte Anne.

S'il faut en croire une tradition du pays, cette chapelle, qui portait tous les caractères de l'architecture du XVe siècle, aurait été élevée par les soins d'Anne de Bretagne. Cette princesse, dans un de ses voyages, ayant couru un grand danger auquel elle dut échapper comme par miracle, aurait fait construire un oratoire, en l'honneur de sa glorieuse patronne, dans le lieu même où elle avait ressenti les effets de sa puissante protection.

Cette chapelle a été démolie, il y a vingt ans.

La chapelle de Sainte-Anne de la Bosserie a été fondée en 1602 par Pierre Le Maignan, sieur de la Jallonnière, et de la Bosserie, et Marie Echard, son épouse.

---

(1) D. Morice, t. III, col. 966.

Elle est en grande vénération dans tous les environs de Fougères, et le rendez-vous, chaque année, d'une foule nombreuse de pèlerins.

M. de La Devison, curé de Romagné, et M. l'abbé Badiche, ayant donné l'histoire de cette chapelle et des miracles qui s'y sont opérés, nous renvoyons pour plus de détails à leurs ouvrages.

La terre de Larchapt donnait à son possesseur la prééminence dans la paroisse et l'église de Romagné. Elle appartenait, à la fin du XIVe siècle, à la famille Le Parc.

Saint-Sauveur-des-Landes (*Ecclesia sancti Salvatoris de Landis* (1).

L'histoire nous apprend que l'église de Saint-Sauveur-des-Landes n'était, dans le principe, qu'un petit oratoire desservi par un prêtre nommé Hermeniot, qui payait une rente de 2 sous à l'évêque de Rennes, pour droit de repas. Méen II, seigneur de Fougères, l'augmenta d'une manière convenable, et la donna, vers 1040, aux religieux de Marmoutiers, qui s'y établirent et y fondèrent un prieuré.

Hermeniot joignit aussi ses libéralités à celles du seigneur de Fougères, et abandonna aux religieux la moitié de la terre dont il avait jouissance. Sur ces entrefaites, Méen, évêque de Rennes, voyant l'état prospère de la nouvelle église, état dont elle était surtout redevable aux soins des religieux, prétendit y exercer le droit de repas comme sur les autres églises du diocèse; mais les moines

---

(1) D. Morice, t. III, col. 394, 405, 771, 784, 1070.

refusèrent de se soumettre à cette exigence et invoquèrent l'usage de l'ancien possesseur, qui n'avait jamais payé qu'une rente de 2 sous, qu'ils offraient eux-mêmes. L'évêque s'irrita de cette résistance, fit fermer l'église, dans laquelle le service divin fut suspendu durant trois années. Enfin, le P. Albert, abbé de Marmoutiers, porta l'affaire devant le cardinal Romain, au concile de Tours, auquel assistait l'évêque de Rennes, et, sur les observations du cardinal, jointes à celles des autres prélats, Méen consentit à décharger l'église de Saint-Sauveur du droit de repas, moyennant une rente annuelle de 3 sous qu'elle paierait à l'église cathédrale de Rennes.

Après la mort de Méen, les religieux devinrent seuls possesseurs de tous les revenus de l'église, par l'acquisition qu'ils firent de la portion de terre qu'Hermeniot s'était réservée, et qu'ils achetèrent de Rainier et d'Herbert, ses fils, pour une somme de 47 sous.

Mais l'évêque de Rennes n'était pas seul à prétendre des droits sur le prieuré de Saint-Sauveur. En 1199, le P. Thomas, qui en était alors titulaire, après de longs débats, fut obligé de transiger avec Hamelin Pinel, et de lui accorder à perpétuité deux procurations, par chaque année, pour sept hommes et cinq chevaux, et l'exemption des droits de coutume pour tous les hommes qui dépendaient de son fief de Chaudebœuf, et qui habitaient dans le bourg de Saint-Sauveur-des-Landes (1).

Le seigneur de Fougères avait également droit de repas

---

(1) En 1214, Hamelin Pinel fit remise aux religieux de l'une de ces deux procurations. — D. Morice, t. III, col. 825.

au prieuré de Saint-Sauveur-des-Landes. Nous voyons dans les Preuves de l'Histoire de Bretagne qu'Hugues de Lusignan ayant eu besoin d'argent, emprunta, en 1284, 150 livres du prieur, et s'engagea, pour lui et ses successeurs, à ne pas exiger ce droit jusqu'au parfait remboursement de la somme qu'il avait empruntée.

L'église de Saint-Sauveur fut le lieu de la sépulture ordinaire des premiers seigneurs de Fougères, jusqu'à Henri Ier, qui fut inhumé dans l'église de Savigny. Il reste encore quelques vestiges de cette ancienne église, surtout dans la nef méridionale, dont les arcades et les piliers qui les soutiennent appartiennent à cette époque.

Les seigneurs de Fougères paraissent avoir toujours distingué Saint-Sauveur entre toutes les autres communes de la baronie. Ainsi, dans une pancarte de 1559, faite et réformée sur les anciennes pancartes et chartes des devoirs dus de toute antiquité à la provosté de Fougères, les bourgeois de Saint-Sauveur-des-Landes sont assimilés aux bourgeois de Fougères.

En 1630, un moine desservait encore la cure. Elle a été depuis remise à l'ordinaire.

Le château de Chaudebœuf, dans cette paroisse, est une des habitations les plus importantes des environs de Fougères. La terre qui en dépend fut érigée en châtellenie, au mois de janvier 1596, par Henri IV. Elle appartenait autrefois à la famille Du Parc Porée, et a passé ensuite dans celle de La Haye Saint-Hilaire.

§ 2. — CANTON NORD DE FOUGÈRES.

BEAUCÉ (*Ecclesia de Beluio*). La cure était à l'ordinaire.

Maisons nobles au XVe siècle : La Motte, la Belottière, la Quenoisière, la Salle, Launay, la Haye et la Chaudronnerays.

La Motte était le manoir seigneurial de la paroisse. Les seigneurs de Beaucé figurent dans l'histoire dès le XIIe siècle; plusieurs d'entre eux occupèrent des postes importants à la cour des ducs de Bretagne : tels furent Hugues de Beaucé, qui, en 1226, fut choisi par saint Louis pour être l'arbitre de toutes les contestations qui pourraient survenir entre lui et Jeanne de Craon; Jean de Beaucé, qui, en 1364, fut l'un des signataires du traité de Guérande; Robert, qui, en 1462, était chambellan de la duchesse Françoise, etc.

FLEURIGNÉ, sous l'invocation de saint Martin, était autrefois un prieuré dont la présentation appartenait à l'abbé de Rillé; il était jadis desservi par un chanoine de saint Augustin, qui y faisait les fonctions de curé.

Le château du Bois-Février est à quelques cents mètres du bourg. Il appartenait, dès le XIIe siècle, à la famille de Langan, dont l'héritière l'a porté à M. Le Bouteiller, propriétaire actuel. — Les terres du Bois-Février et de Monbraud furent érigées en baronie par lettres-patentes du roi, du 16 octobre 1658, en faveur de Gabriel de Langan, seigneur du Bois-Février.

Anciennes chapelles à Monbraud et à Patrion.

Cette dernière, sous l'invocation de saint Abraham,

était un lieu de pélerinage célèbre dans les environs de Fougères, et donnait lieu à une brillante assemblée qui se tenait le lundi de la Pentecôte, sur le terre-plein qui environne la chapelle; mais, depuis quelques années, les promeneurs, effrayés de la longueur de la route et de la difficulté des chemins, ont pris l'habitude de s'arrêter au moulin de Groslay, et l'assemblée se tient maintenant dans le vallon qui borde l'étang.

La Chapelle-Janson (*Capella Jançon*) (1); sous l'invocation de saint Lézin, évêque d'Angers.

Adèle, sœur d'Alain, duc de Bretagne, en fondant à Rennes le monastère de Saint-Georges (1031), dans lequel elle prit elle-même le voile, lui donna la Chapelle-Janson avec toutes ses dépendances : c'est en vertu de cette donation que, jusqu'à l'époque de la révolution, les abbesses de Saint-Georges ont joui de grands privilèges dans cette paroisse, tels que le droit de présentation à la cure, et l'exercice d'une haute juridiction qui s'étendait même dans la paroisse de Fleurigné.

Les templiers possédaient sur le territoire de cette paroisse une maison qui a donné naissance au village dont le nom *des Temples* ou *de la Templerie* rappelle l'origine. La chapelle qui en dépendait existait encore à l'époque de la révolution, mais dans un état de vétusté tel, qu'il y avait danger à s'en approcher : elle était au nord de la route actuelle de Fougères à Paris, et même l'élargissement de cette route fut une occasion dont on profita pour

---

(1) D. Morice, t. III, col. 371.

la démolir en 1793. Sa longueur était de quarante-huit pieds, sur une largeur de dix-huit.

Jeanne Royer, plus connue sous le nom de *sœur Nativité*, religieuse urbaniste de Fougères, dont les Mémoires et les Révélations, publiés par M. l'abbé Genest, ont eu tant de retentissement dans notre pays, était née dans la paroisse de la Chapelle-Janson. Son père s'appelait René Royer, et sa mère Marie Sénéchal. — Elle est inhumée dans le cimetière de Laignelet, où son tombeau fut, au commencement de ce siècle, l'objet d'un grand nombre de pélerinages.

La voie romaine appelée *chemin Chasles* forme la limite sud de cette commune.

Maisons nobles : Montframmery, les Noës, Gambert et la Crévure.

LAIGNELET; sous l'invocation de saint Martin.

La cure était présentée par l'abbé d'Evron, au diocèse du Mans.

La forêt de Fougères occupe 588 hectares du territoire de cette commune.

La paroisse s'étendait autrefois jusque dans la ville de Fougères, et comprenait toute la partie septentrionale du faubourg Roger. Une ordonnance du roi, de 1834, rendue sur la demande du conseil municipal de la ville de Fougères, modifia sa circonscription, et rendit à la ville une portion assez considérable de territoire que lui assignaient sa position et la convenance, ainsi que les habitudes des personnes qui y avaient leur demeure (1).

---

(1) La même ordonnance du roi attribua à la ville de Fougères les

Maisons nobles : La Fontaine de la Chèze, érigée en châtellenie le 27 octobre 1573, sous le nom de *la Fontaine;* Malhaire, le Bray, les Bretonnières, la Tuchenerie et les Beaujardières.

Chapelles à la Fontaine de la Chèze, à la Cour-Gelée et à la Fourairie.

LANDÉAN (*Ecclesia de Landeanio* (1)); sous l'invocation de saint Pierre.

La cure était présentée par l'abbé de Rillé et desservie par un moine de cette abbaye.

Maisons nobles : Le Hallay, le Pontpéan et les Renardières.

La forêt de Fougères occupe 1,072 hectares du territoire de cette commune. On y rencontre plusieurs monuments dont les uns appartiennent à l'époque celtique, et un autre au moyen-âge.

Les premiers sont deux dolmens connus, dans le pays, l'un sous le nom du *Monument*, l'autre sous celui de *Pierre du Trésor*.

Le *Monument* est situé dans la partie occidentale de la forêt, à 12 mètres seulement à l'est de l'allée dite de Clairdouet, laquelle communique des Celliers de Landéan au carrefour de la *Croix du Poulailler*, et à environ 300 mètres au nord de ce carrefour. Il consiste en une pierre qui avait au moins 4 mètres 87 centimètres de longueur, sur 2 mètres 60 centimètres dans sa plus

---

faubourgs de l'Echange et de Savigny, ainsi que plusieurs villages qui faisaient partie de la commune de *Lécousse*.

(1) D. Morice, t. III, col. 653.

grande largeur, et environ 1 mètre 13 centimètres d'épaisseur.

Elle était soutenue, à environ 73 centimètres au dessus du sol actuel, qui paraît s'être affaissé, par dix autres pierres de moindres dimensions, qui, posées sur deux rangs, formaient une espèce de rue dont l'intérieur est aujourd'hui un peu plus bas que le sol environnant. Cette rue, dirigée à peu près du nord-est au sud-ouest, avait 1 mètre de largeur.

Plusieurs pierres, que l'on remarque au sud-ouest de cette rue, et qui conservent encore sa direction, semblent annoncer qu'elle se prolongeait autrefois un peu plus loin de ce côté.

Quelques-uns des supports ayant été dérangés par le temps ou par les efforts des hommes, et la pierre de recouvrement ayant par suite porté à faux d'un côté, elle s'est séparée en deux parties, qui se sont un peu écartées l'une de l'autre, mais de manière cependant à ce qu'on ne puisse douter qu'elles ne fissent originairement une seule et même pierre.

Toutes ces pierres sont de l'espèce de granit qui se rencontre communément, et quelquefois en grande masse, dans cette partie de la forêt de Fougères et dans les contrées voisines.

La *Pierre du Trésor* se voit dans la partie orientale de la forêt, entre la grande route de Caen et l'allée dite des *Hauts-Vents*, à environ 120 mètres de l'une et de l'autre, et à 1,500 mètres au sud des Celliers de Landéan. Cette pierre a 3 mètres 79 centimètres de longueur, sur 2 mètres 27 centimètres de largeur et 8 centimètres d'épaisseur. Elle était supportée par plusieurs autres pierres moins grosses; mais quelques-unes de celles-ci ayant été déchaussées et renversées, la supérieure a glissé d'un côté jusqu'à terre, de sorte qu'elle ne porte plus que par son extrémité sud sur les supports, qui, rangés sur deux lignes, formaient une rue de 1 mètre 62 centimètres de largeur, dont la direction était du nord au sud.

La *Pierre du Trésor*, ainsi que ses supports, est d'une pierre siliceuse, commune dans la partie nord-est de la forêt. Son nom lui a porté malheur : on a cru qu'elle recouvrait un trésor, et l'espoir de le découvrir a porté à faire des fouilles qui ont dégradé le monument, sans enrichir les auteurs de ces dégradations.

Un monument du moyen-âge assez remarquable, et désigné dans le pays sous le nom de *Celliers de Landéan*, se trouve également dans la forêt de Fougères, à environ 850 mètres au sud-ouest de l'église de la paroisse, et à 45 mètres à l'ouest de la grande route de Fougères à Caen.

Il s'annonce à l'extérieur par les vestiges de deux rampes à moitié comblées, qui formaient entre elles un angle droit, et se réunissaient à un pallier commun, voûté comme elles, d'où l'on descendait dans un souterrain, lequel consistait en un berceau en plein-cintre dont les dimensions étaient celles-ci : longueur, 8 mètres 15 centimètres; largeur, 6 mètres 31 centimères; hauteur, 4 mètres 22 centimètres, mesurés de la voûte au dessus du plancher.

Ce plancher, de 54 millimètres d'épaisseur, et qui avait été sans doute construit dans le but de garantir de l'humidité les objets qui pourraient y être déposés, régnait de niveau au dessus du fond et un peu en pente du souterrain. Il était porté par des sommiers d'inégale épaisseur, posés transversalement de distance en distance sur le sol. Les madriers qui formaient ce plancher étaient de bois de chêne ou de châtaignier; les poutres étaient en bois de hêtre; quelques sommiers seulement en bois de chêne.

Une autre précaution que l'on avait prise contre l'humidité consistait en un puisard pratiqué à l'angle sud-ouest du souterrain, et creusé dans le roc sur lequel les fondations sont établies. Ce puisard était de 1 mètre 30 centimètres plus bas que le fond du souterrain, à l'endroit où il est le plus bas lui-même. Les eaux y affluaient de toutes parts; mais il fallait les extraire à bras d'hommes, soit au moyen d'une pompe, soit par quelque autre procédé. La voûte est construite avec des pierres de moëllon et des briques; elle est soutenue par des contreforts qui, se continuant en saillie tout autour, forment des espèces d'arcades qui lui semblent adhérentes, sans être pourtant liées avec elle.

Ces arcades ou contreforts sont en pierres de taille. Dans les intervalles qu'ils laissent entre eux, la voûte a été revêtue d'un enduit qui s'est parfaitement conservé; et, chose assez remarquable, les racines des arbres, si puissamment attirées par l'eau, ne se font jour nulle part au travers de la maçonnerie, quoique de vieilles souches, que l'on voit immédiatement au dessus de la voûte, attestent que les arbres n'ont jamais cessé d'y croître.

Un soupirail, pratiqué verticalement dans la partie supérieure de la voûte, était destiné à procurer de l'air plutôt que de la lumière aux personnes qui étaient renfermées dans l'intérieur du souterrain.

Les *Celliers* de Landéan subsistent encore aujourd'hui, à peu près tels que nous venons de les décrire, sauf les rampes qui y conduisaient, le pallier et les voûtes, qui sont détruits depuis long-temps, mais qui laissent facilement apercevoir la position qu'ils affectaient. De vieilles traditions, que d'Argentré lui-même avait accueillies dans son histoire de Bretagne, faisaient communiquer les *Celliers* de Landéan avec le château de Fougères. L'eau dont ils étaient remplis jusqu'à la voûte, et qui ne permettait pas de vérifier l'exactitude de ces traditions, était invoquée comme un témoignage à l'appui, et l'on allait même jusqu'à dire qu'un canard lancé dans les *Celliers* avait reparu quelques heures après sur l'étang de la *Couarde*.

M. Rallier, désirant s'assurer par lui-même de ce qu'il y avait de vrai ou de faux dans ces assertions populaires, obtint en 1808, de l'administration forestière, l'autorisation de faire tous les travaux nécessaires pour déblayer le souterrain, et épuiser les eaux dont il était rempli. Les recherches scrupuleuses auxquelles il se livra, en présence d'un grand nombre de personnes qui purent descendre avec lui dans le souterrain, ne laissent plus aucune incertitude à cet égard, et il est bien constant qu'aucune communication n'a jamais existé des *Celliers*, soit avec le château de Fougères, soit avec quelque autre point moins éloigné (1).

Quant à la construction de ce souterrain, on ne peut

---

(1) M. Rallier a publié dans le temps un mémoire sur les Celliers, auquel nous avons emprunté une partie de ces détails.

On le trouve dans le n° XIII des Mémoires de l'Académie celtique, avec un plan fort exact des Celliers.

pas douter qu'il n'existât en 1173, lorsque Henri II, roi d'Angleterre, fit attaquer Raoul II par une troupe de Brabançons. L'histoire nous apprend en effet que ce seigneur, dont le château avait été déjà détruit en 1166, avait, dans la crainte d'une nouvelle guerre, fait creuser un souterrain dans la forêt pour suppléer à son château, et y renfermer ses effets les plus précieux; mais que cette prévoyance lui avait été complètement inutile, les trésors qu'il voulait faire renfermer ayant été surpris, dans le trajet du château à la forêt, par les Anglais, qui les pillèrent. C'est donc dans l'intervalle de 1166 à 1173 que nous devons placer la construction de ce singulier monument.

Enfin, on rencontre encore dans la forêt de Fougères les restes d'un couvent de cordeliers, détruit à l'époque de la révolution. Il avait été fondé en 1443 par le moine Vauromillon, à qui François Ier, duc de Bretagne, avait accordé un terrain désigné sous le nom de *Pas au Meûnier*. — Plus tard, en 1613, le roi Louis XIII avait donné aux religieux sept arpents de bois et de marais.

La commune de Landéan se recommande à nous par d'autres souvenirs historiques. Tout près du bourg, là où est aujourd'hui le village du Châtel, les seigneurs de Fougères avaient une maison de plaisance nommée la Foresterie, où ils aimaient à faire leur résidence. C'est là qu'Henri Ier, en 1148, réunit une partie de ses vassaux pour les rendre témoins de la remise qu'il allait faire à son fils Raoul de l'abbaye de Rillé, dont il était le fondateur.

Deux châteaux à motte, connus, l'un sous le nom de *Butte Maheu*, l'autre sous celui de *la Butte aux Renards*, se trouvent sur les bords de la rivière du Nançon, à

1,170 mètres environ l'un de l'autre. — Le premier a 6 mètres 50 centimètres d'élévation et 31 mètres de diamètre à sa base ; — le second est dans des dimensions moins grandes.

La Selle-en-Luitré ; sous l'invocation de saint Jean, ancienne trêve de Luitré, aujourd'hui succursale (1).

Cette commune est traversée par une voie romaine, connue dans le pays sous le nom de *chemin Chasles*, évidemment corrompu du mot Charles.

Quelques antiquaires ont voulu rattacher cette dénomination au souvenir du voyage de Charles VIII en Bretagne, en 1491 ; mais nous sommes portés à croire qu'elle a une origine plus ancienne, et qu'on doit l'attribuer ou à Charlemagne, ou à Charles-le-Chauve, qui, sans doute, firent réparer cette voie pour le service de leurs armées, lors de leurs nombreuses expéditions contre les Bretons.

Quoi qu'il en soit, nous ne doutons pas que cette voie n'ait servi à faire communiquer les deux cités des Rhedones et des Diablintes (Rennes et Jublains). Quoique nous ne l'ayons pas reconnue dans tout son parcours sur notre arrondissement, les lignes assez étendues qu'il nous a été permis de suivre ne nous laissent aucun doute à cet égard.

Du reste, cette voie ne paraît pas avoir appartenu à la classe des voies militaires proprement dites, mais bien à celles auxquelles on donnait le nom de voies vicinales.

---

(1) Le mot *Selle*, que l'on devrait écrire *Celle*, vient du latin *cellula*, que l'on trouve assez fréquemment employé dans les noms de paroisses, avec la signification de *cellule*, *petite église*, *hermitage*, etc.

On ne rencontre que deux couches dans sa confection : le *statumen* et le *ruderatio* ou le *glarea*. Le *nucleus* manque toujours. Quant à sa largeur, elle a été singulièrement augmentée par l'annotateur du Dictionnaire de Bretagne, qui lui donne 15 mètres, tandis qu'elle n'en a que de 6 à 7.

Le Loroux (*Ecclesia de Loratorio*) (1); sous l'invocation de saint Martin.

En 1150, Henri, seigneur de Fougères, donna l'église du Loroux à Savigny, dont l'abbé, depuis cette époque, a toujours eu le droit de présentation à la cure.

Maisons nobles : La Motte-Auger, avec chapelle, Bourgboulié, la Huardière, la Sionnière, la Haute-Bourgère et la Hubaudière.

Luitré; sous l'invocation de saint Martin. — La cure était en la présentation d'un chanoine de l'église cathédrale de Rennes.

La voie romaine, appelée *chemin Chasles*, fait la limite nord de cette commune.

Maisons nobles : *Le Bois* le Houx, avec chapelle, la Sanguinière, la Mussellière et la Maison-Neuve.

Parigné; sous l'invocation de la Sainte-Vierge.

Maisons nobles : Le Solier, les Acres, la Chesnaye, le Bois-Guy et la Tendrais : ces deux dernières avaient chacune leurs chapelles, aujourd'hui restaurées, ainsi qu'une

---

(1) D. Morice, t. III, col. 605.

autre, dans la même paroisse, sous l'invocation de saint Roch, qui se trouve près du village de la Perchaie.

Jean de la Motte était, en 1340, seigneur de Parigné. Guillaume, son fils, prit le nom de La Boëssière.

Perrine de La Boëssière, arrière-petite-fille de celui-ci, porta la seigneurie de Parigné à Michel de Parthenay, qu'elle épousa en 1551.

Jean de Parthenay ayant été tué à la bataille de Saint-Aubin, sa veuve, Marie Guibé, nièce du trésorier Landais, eut la terre de Parigné pour douaire, et la porta à Briand de Châteaubriand, seigneur d'Orange, qu'elle épousa, et qui prit le titre de seigneur de Parigné (1).

A l'époque de la révolution, la seigneurie de cette paroisse appartenait à la famille de Saint-Brice.

C'est dans cette commune que se trouve l'étang de Landemarel, remarquable par les croûtes de tourbe qui recouvrent en grande partie sa surface, et qui, se détachant parfois de la masse, forment des îles flottantes.

§ 3. — CANTON D'ANTRAIN.

ANTRAIN *(Ecclesia de Intramno.)* (2)

Vers le milieu du XIe siècle, un nommé Turulle, fils de Réginald-le-Gros, donna l'église d'Antrain aux moines de Saint-Florent; mais en 1197, Herbert, évêque de Rennes, en obtint de l'abbé le patronage et les oblations. A

---

(1) Marie Guibé fut inhumée dans le chanceau de l'église de Parigné.
(2) D. Morice, t. III, col. 389. — Le nom d'Antrain vient évidemment de la position de cette ville entre deux rivières, *inter amnes*.

l'époque de la Révolution, la cure était à la présentation d'un chanoine de la cathédrale de Rennes.

Il est assez probable que la fondation d'Antrain remonte à une époque fort reculée : son église, dont quelques parties conservent les caractères de l'architecture byzantine, en est une preuve bien convaincante; mais l'accroissement de cette ville ne date que des premières années du XVe siècle. Elle en fut redevable, comme la ville de Fougères, aux migrations des familles normandes qui, pour se soustraire au fléau de la guerre dont leur pays était le théâtre, vinrent s'établir sur les confins de la Bretagne, et particulièrement à Antrain et à Fougères.

La ville d'Antrain occupe peu de place dans l'histoire, quoique sous les ducs de Bretagne elle possédât une forteresse considérable, qui fut assiégée plusieurs fois, sans être prise. Ce fut sous ses murailles que vint se rallier, en 1426, l'armée du connétable de Richemont, lorsque, saisie d'une terreur panique, elle abandonna pendant la nuit le siége de Saint-James de Beuvron, et se retira dans le plus grand désordre.

En 1449, Jean de Porcon était gouverneur d'Antrain. Avec sa compagnie de quarante hommes d'armes, qui composait toute la garnison, il sut protéger le pays et le défendre des ravages des Anglais, qui occupaient Saint-James et le Mont-Saint-Michel.

En 1793, les Girondins proscrits passèrent à Antrain, sous la protection du bataillon du Finistère.

La même année, l'armée vendéenne s'empara de cette ville, lors de sa marche sur Granville, puis elle l'abandonna pour se diriger sur Dol. Kléber la fit alors fortifier, dans le dessein de couper la retraite à l'ennemi; mais les Vendéens, à leur retour, battirent les républicains, et les forcèrent de se retirer à Rennes. L'armée royale, en quittant Antrain, y laissa le germe de l'épidémie qui la décimait.

Henri II établit, en 1558, une juridiction royale à Antrain et une autre à Bâzouges; mais Charles IX, par édits donnés à Troyes en Champagne, le 29 mars 1564, et à Châteaubriand, au mois d'octobre 1565, supprima ces deux juridictions, et les réunit au siége royal de Fougères.

Les habitants d'Antrain et de Bâzouges, qui souffraient beaucoup de la suppression de leur juridiction, adressèrent une requête au roi, et lui exposèrent les inconvénients qui résultaient pour eux de l'obligation où ils étaient d'aller plaider au siége royal de Fougères. Le roi, après avoir fait examiner leur requête par son Conseil privé, reconnaissant la justesse et la validité des raisons apportées par les habitants d'Antrain et de Bâzouges, donna à Saint-Germain-en-Laye, au mois de février 1574, un édit par lequel il rétablissait ces deux juridictions, pour être tenues une fois la semaine, à jour de marché, par un juge qui avait le titre et la qualité de lieutenant du sénéchal de Fougères, un procureur et un greffier. Ce lieutenant connaissait de toutes les causes et matières civiles et criminelles, et l'appel de ses sentences était porté directement au Présidial et au Parlement. Cependant, les causes relatives au domaine du roi, les tutelles et curatelles, ainsi que le bail et le gouvernement des nobles, les confections d'inventaires des biens des mineurs également nobles, étaient réservés au seul sénéchal de Fougères.

La juridiction d'Antrain ne comprenait que cinq paroisses :

Antrain,	Romazy,
Chauvigné,	Le Tiercent.
Saint-Marc-le-Blanc,	

Les juridictions seigneuriales qui en dépendaient étaient :

Bonne-Fontaine, haute-justice, M. de la Motte de Lesnaye ;

La Chattière, haute-justice, M. le marquis de Saint-Brice ;

Les Portes, haute-justice, M. le marquis de la Rouërie ;

Le Tiercent, haute-justice, M. le marquis du Tiercent ;

La Belinaye, haute-justice, M. le comte de la Belinaye ;

Le Pontavice, haute-justice, M. le marquis du Hallay ;

La Vairie, moyenne-justice.

Antrain était également une subdélégation de l'intendance, dont l'étendue était beaucoup plus considérable que celle de sa juridiction.

Elle comprenait les dix-neuf paroisses suivantes :

Antrain,	Saint-Remy,
Chauvigné,	Sens,
Saint-Marc-le-Blanc,	Sougéal,
Romazy,	Vieuxviel,
Tremblay,	Vieuxvy,
Saint-Ouen-de-la-Rouërie,	Noyal,
Trans,	Feins,
Bâzouges,	La Fontenelle,
Marcillé,	Cuguen.
Rimou,	

Cependant l'étendue de cette subdélégation n'avait pas toujours été la même : dans le principe, Bâzouges avait aussi sa subdélégation, qui comprenait les douze dernières paroisses énoncées dans le tableau ci-dessus; en sorte que Antrain n'en avait que sept. Nous ignorons à quelle époque eut lieu cette modification dans l'administration; ce qu'il y a de certain, c'est qu'en 1736 les deux subdélégations étaient encore séparées.

Malgré son importance, la ville d'Antrain n'eut jamais les avantages d'une communauté; cependant elle députa aux États extraordinaires tenus à Rennes en 1571 (1). Son droit fut même reconnu aux États de 1614, et elle se trouva comprise, ainsi que la ville de Bâzouges, dans la liste des villes qui auraient droit de se faire représenter aux États de Bretagne; mais l'usage prévalut bientôt de n'admettre à cette représentation que les villes qui avaient droit de *communauté*, et Antrain et Bâzouges furent déchus de leur privilége.

Quoique les châtellenies d'Antrain et de Bâzouges puissent être considérées comme une annexe de la terre de Fougères, elles en furent néanmoins séparées plusieurs fois. Ainsi nous voyons qu'en 1498 la reine Anne donna Saint-Aubin-du-Cormier, Bâzouges, Marcillé et Rimou au chancelier de Montauban, pour les grands services qu'il lui avait rendus, surtout en empêchant son mariage avec le sire d'Albret. Ce don n'eut pas, il est vrai, son effet; mais il n'en exista pas moins (2).

---

(1) Son député se nommait Jean Gerard.
(2) D. Morice, t. V, col. 791 et 792.

Plus tard, Henri IV aliéna, au mois de mars 1600, les deux châtellenies d'Antrain et de Bâzouges en faveur du maréchal de Brissac; mais, à la mort de celui-ci, elles firent encore retour au domaine et furent réunies à la terre de Fougères.

Maisons nobles : Bonne-Fontaine, la Chattière, les Portes, Langle, le Vivier et la Barbays.

La terre de Bonne-Fontaine appartenait anciennement à la maison de Porcon, ainsi que les manoirs du Vivier, de Langle et de Tolleville; elle passa ensuite, vers le milieu du XVIe siècle, aux seigneurs de Bain, par le mariage de Françoise de Porcon, dame de Bonne-Fontaine et du Vivier, avec Pierre de la Marzelière, à qui elle l'apporta en dot.

La marquise de Coëtquen en étant ensuite devenue héritière, faute d'hoirs mâles, la porta au duc de Duras, son époux, qui devint par là seigneur de Bonne-Fontaine. Celui-ci la vendit, moyennant 350,000 livres, à M. de la Motte-Lesnage, qui l'a lui-même revendue à M. Aubert de Trégomain, ancien député d'Ille-et-Vilaine.

Henri II, pour reconnaître les services que Pierre de la Marzelière avait rendus à la monarchie, l'autorisa, par lettres-patentes du mois de juillet 1547, à construire, à sa terre de Bonne-Fortune, le château et la forteresse qui existent encore aujourd'hui.

Non content de cette faveur, il lui permit d'y établir un marché tous les mardis, et quatre foires franches chaque année.

Enfin, Henri III érigea la terre de Bonne-Fontaine en baronie, en faveur de Renaud de la Marzelière, son fils. Les lettres-patentes furent entérinées au Parlement de

Bretagne, le 13 octobre 1578. — En 1590, MM. de Saint-Quentin et de Villebasse tinrent garnison, avec leurs troupes, au château de Bonne-Fontaine.

BAZOUGES-LA-PÉROUSE (1) (*Ecclesia de Bazogiis* ou *Basilica*) (2). La cure était en la présentation de l'abbé de Rillé, et desservie par un chanoine de cette abbaye.

Par suite de la donation faite en 1163, par Raoul II, seigneur de Fougères, les religieux de Rillé avaient droit à la moitié de la coutume des denrées et marchandises sujettes au devoir, qui étaient vendues ou échangées dans toute l'étendue de cette paroisse. A cet effet, leur fermier, receveur ou commis, était autorisé à accompagner le coutumier, fermier ou prévôt de Bâzouges, avec une gaule qui était terminée par une boite ou une bourse, dans laquelle on déposait le devoir de coutume, pour le partager ensuite moitié par moitié.

Il paraît que Bâzouges, au XVIe siècle, avait une importance beaucoup plus considérable que celle qu'elle conserve de nos jours ; c'est du moins ce que nous autorisent à croire de vieux documents, dont quelques passages ont été publiés par les nouveaux éditeurs du Dictionnaire d'Ogée, et dont nous reproduisons ici la substance. Ils ont pour titre : *Liste des trésoriers de Bâzouges, depuis l'an 1561, avec quelques remarques curieuses au sujet de l'église et de la paroisse*, et ont été copiés, il y a soixante

---

(1) Il paraît que ce nom de Pérouse est une corruption du mot *pierreuse*, et qu'il vient de la situation de cette petite ville, qui est bâtie sur un rocher.

(2) D. Morice, t. III, col. 651.

ans, par le procureur du roi de Bâzouges, sur les vieux registres de la paroisse, dont on a à regretter la perte.

En 1588, les habitants de Bâzouges députèrent deux de leurs concitoyens, les nommés De Launay et La Vallée, vers le duc de Mercœur, qui était alors gouverneur de Bretagne, pour obtenir de lui l'autorisation de fortifier leur ville. Les trésoriers versèrent une somme de 300 livres, pour être employée aux fortifications.

Le 12 mai 1590, de Montbarrot partit de Rennes, dont il était gouverneur, avec deux cent cinquante hommes de troupe, la plupart Anglais, et se présenta le lendemain devant Bâzouges, où il espérait surprendre et enlever La Villeblanche, qui y commandait pour le duc de Mercœur; mais ce capitaine, informé du projet qui se tramait contre lui, le fit échouer en se retirant. Montbarrot, fâché de n'avoir pu réussir, permit à ses soldats de piller la paroisse. Ceux-ci profitèrent largement de la permission qui leur était donnée, et se livrèrent à toutes sortes d'excès envers les personnes et les propriétés : l'église elle-même ne fut pas respectée; ils en enfoncèrent les portes, brisèrent les coffres de la trésorerie, et enlevèrent les ornements (1). Une grande partie des habitants, pour se soustraire à leur fureur, se retira au château de la Balue, où l'on transféra également le siége royal.

L'année suivante, le général anglais qui commandait à Bâzouges rançonna de nouveau les habitants, et se fit compter 180 livres pour faire respecter les vitres de l'église, que ses soldats voulaient briser.

---

(1) Les soldats vendirent les échelles de l'église au seigneur du Pontavice, qui, plus tard, consentit à les rendre pour 15 livres.

En 1592, la ville fut menacée par les troupes de Pontorson ; mais, sur les représentations des députés que les habitants envoyèrent au devant de celui qui les commandait, elles se retirèrent sans commettre aucun acte d'hostilité.

Il paraît que, dans le courant de l'année 1593, le duc de Mercœur parvint à rentrer dans Bâzouges ; car, d'après le mémoire que nous avons cité, nous voyons que Saint-Luc fit, en 1594, une démonstration contre cette ville ; mais elle ne fut pas sérieuse. Il revint l'année suivante, 1595, et parut vouloir agir vigoureusement. Les habitants consternés abandonnèrent encore leur ville, et se retirèrent une seconde fois au château de la Balue ; mais les Anglais ne tardèrent pas à reparaître, et ayant chassé les ligueurs, ils commirent toutes sortes de dégâts dans la ville. L'indignation releva le courage des habitants, et, ayant appelé les habitants de Marcillé à leur secours, ils parvinrent à délivrer leur ville du fléau qui la ravageait.

Bâzouges fut ensuite menacée par les troupes de Trémérenc, qui était à Sens ; par celles de la Pommeraye, qui était à Saint-Ouen-de-la-Rouërie, et par un autre corps qui stationnait à Tremblay ; mais on réussit à détourner Trémérenc, au moyen d'un présent de deux brochets et de 69 livres en argent, qui lui furent portés par MM. de la Bigottière et Arthur de Romillé ; on parvint également à appaiser de la Pommeraye avec un présent de dix pots de vin et de cinq aunes de Damas, que la ville lui envoya : quant aux troupes de Tremblay, les habitants de Bâzouges marchèrent contre elles, et les forcèrent de déloger.

Toutes ces mesures ne furent pas encore suffisantes

pour garantir la paroisse de Bâzouges des incursions dont elle était menacée. Montgommery, qui occupait Pontorson, semblait toujours prêt à faire une promenade militaire sur son territoire, et les habitants ne purent obtenir une sécurité parfaite qu'en transigeant avec lui, et en lui accordant une contribution de 30 livres par mois.

En 1597, l'armée des Suisses vint loger à Bâzouges, et il fallut lui donner *six vingts écus* pour la faire sortir. Les habitants avaient été tellement maltraités, qu'ils ne purent fournir eux-mêmes cette somme. Ils l'empruntèrent de M. de Montgommery, par l'entremise du maréchal de Brissac.

Cette même année, l'excès de leurs maux les engagea à demander une sauve-garde à M. le maréchal. Elle leur fut accordée; mais ils durent la faire entériner, et il leur en coûta 303 livres.

Des barricades furent élevées depuis Bâzouges jusqu'à Marcillé, et on conduisit, par ces barricades, un corps-de-garde au devant de l'armée.

Lorsque le maréchal de Brissac vint à Rimou avec son armée, il parut vouloir se diriger sur Bâzouges; mais M. de Coëtquen lui envoya M. de Foligné, qui le détourna de son projet.

Avec la Ligue, finit l'histoire militaire de Bâzouges. Il est du reste à remarquer que, pendant les dix ans de troubles qui agitèrent la Bretagne à cette époque, la plupart des habitants de Bâzouges purent soustraire leurs personnes et leurs effets les plus précieux au pillage des soldats des deux partis, en se tenant renfermés dans le château de la Balue; ce qui suppose que ce château ne fut pas attaqué.

Il s'exerçait, avant la révolution, trois juridictions à Bazouges : celle du roi, celle de la maîtrise des eaux et forêts, et celle de la Balue.

Le ressort du siége royal, dont l'historique a été donné avec celui d'Antrain, était formé par les paroisses suivantes :

Bazouges,
Marcillé-Raoul,
Rimou,
Saint-Remy-du-Plain,
Sens,
Sougéal,
Vieuxviel,
Vieuxvy,
Noyal-sous-Bazouges,

Feins,
La Fontenelle,
Cuguen,
Saint-Léger,
Saints,
Tréméheuc,
Pleine-Fougères,
La Boussac.

Les juridictions seigneuriales qui en dépendaient étaient fort nombreuses. Voici les principales :

HAUTES JUSTICES.

NOMS DES JURIDICTIONS.	PROPRIÉTAIRES EN 1780.
La Balue	M. Ruellan du Tiercent.
La Massue	M. Hubert de la Massue.
Sens	M. le marquis de Saint-Brice.
Le Bouessay	M. de Montbourcher.
La Haye-d'Iré, le Plessis-Guet et Tréhit.	Idem.
Langevinière	M. Huc de Montaigu.
Le Boisbaudry	Mlle de la Villethéart.
Montmoron	M. du Hallay.
Brehand	M. Menard de Touchepret.
Orange	M. de la Belinaye.
Pleine-Fougères	M. du Plessis.
Beauvais-Moullenne	Mlle Beauvais.
Le Cartier	M. de la Prévalais.

MOYENNES JUSTICES.

NOMS DES JURIDICTIONS.	PROPRIÉTAIRES EN 1780.
La Claye et la Motte......	M. Dubreil de Chalonge.
La Villarmois......	M. Arthur de la Villarmois.
Sougéal......	Le prieur de S.-Malo de Dinan.
Sennedavy......	M. Huc de Montaigu.
La Plandière......	M. de la Reignerale Thomas.
Montlouet......	M. Brunes de Montlouet.
Le Plessis-Chosnel......	M. Ruellan du Tiercent.

(Voir, pour ce qui regarde le ressort, la subdélégation et le droit de députer aux Etats, l'article Antrain.)

On ne connaissait qu'une seule maison noble dans cette paroisse : c'était celle de la Balue.

La forêt de Ville-Cartier se trouve dans la commune de Bâzouges ; elle a 989 hectares 68 ares de superficie.

CHAUVIGNÉ ; sous l'invocation de la Sainte Vierge. La cure était à l'ordinaire.

Maisons nobles en 1399 : Bruiblen et Mézandré.

LA FONTENELLE ; sous l'invocation de saint Samson, évêque de Dol. La cure était à l'ordinaire.

MARCILLÉ-RAOUL ; sous l'invocation de saint Pierre. La cure était à la présentation de l'abbé de Saint-Melaine.

Marcillé-Raoul paraît avoir été un point militaire d'une certaine importance au moyen-âge : outre une motte féodale fort remarquable, et connue dans le pays sous le nom du Châtel, on rencontre sur les confins de Marcillé, Feins et Saint-Remy, les vestiges d'anciennes fortifications qui viennent à l'appui de ce que nous avançons. Voici, du reste, ce que l'histoire nous apprend sur les événements dont cette commune a été le théâtre, et les faits qui la concernent.

En 1136, Conan-le-Gros, duc de Bretagne, livra bataille, auprès de Marcillé, à Olivier de Pont-Château et autres seigneurs, ses sujets rebelles. Le duc fut vaincu. Les restes de fortifications dont nous avons parlé seraient, suivant Ogée, les retranchements qu'auraient occupés les deux armées (1).

En 1204, Geoffroy de Fougères donna Marcillé à son oncle Guillaume; mais quatre ans plus tard, par suite d'un nouvel arrangement, il le fit rentrer dans sa possession, ayant concédé à son oncle une valeur équivalente sur les fiefs de Louvigné (2).

Enfin, en 1239, le duc Jean Ier permit à Raoul de fortifier Marcillé comme bon lui semblerait; permission dont profita sans doute le seigneur de Fougères, qui semble avoir eu une prédilection particulière pour ce pays, auquel, par cette raison, on a donné son nom (3).

NOYAL-SOUS-BAZOUGES (*Ecclesia de Nulliaco*). La cure était présentée par le prieur de Saint-Denis de Rennes.

Maisons nobles : Beauvais, Moulienne et le Cartier.

SAINT-OUEN-DE-LA-ROUERIE (*Ecclesia in honorem beati Andoëni de revocariâ*) (4).

Vers l'an 1065, Rivallon de Combourg donna à Marmoutiers l'église de Saint-Ouen-de-la-Rouërie, avec toutes ses dépendances, pour fonder le prieuré de Combourg,

---

(1) Chronicum Britannicum, anno 1136. — D. Morice, t. III, p, 103.
(2) D. Morice, t. III, col. 798 et 810.
(3) D. Morice, t. III, col. 911.
(4) D. Morice, t. III, col. 428.

membre de cette abbaye. Cependant, à l'époque de la révolution, la cure était retombée entre les mains de l'ordinaire, et le prieur de Combourg ne possédait plus que la chapelle Saint-Nicolas dans cette église.

Roger de la Rouërie épousa Raenteline, fille de Rivallon de Combourg et d'Aremberge, son épouse. De ce mariage naquit Berthe de la Rouërie, qui porta cette seigneurie à Robert Tuffin, qu'elle épousa en 1146. Depuis cette époque, lui et ses successeurs ont eu leur sépulture dans le chanceau de cette paroisse, avec leurs armes en lisière autour de l'église, excepté dans la chapelle Saint-Nicolas.

La paroisse de Saint-Ouen devait à la cour de Fougères une rente de 60 sous par an, laquelle rente se payait au receveur de ladite cour en la châtellenie d'Antrain. On donnait le nom de *garde* à cette rente, ainsi qu'à une autre rente de 40 sous par an que devait la même paroisse au seigneur de Sacey, *pour le devoir de la sûre-garde et sauf-conduit que de tout temps devait le seigneur de Sacey, tant des personnes de ceux et celles de ladite paroisse de Saint-Ouen, que de la conservation de leurs ornements, allant et venant une fois l'année en procession au Mont-Saint-Michel.* (Rentier de 1605.) Il est à présumer que c'était aussi pour la garde, pour la conservation de la paroisse, c'est-à-dire pour la garantir des incursions des Normands, qu'elle devait une rente à la baronie de Fougères.

Maisons nobles : La Rouërie et la Bretonnière.

SAINT-REMY-DU-PLEIN. La cure, qui était dans un temps plus reculé à la présentation de l'abbé de Rillé, était, à l'époque de la révolution, tombée en commande.

Maisons nobles : La Haie-d'Iré, le Plessis et Treait.

Rimoux. Cette paroisse faisait partie du diocèse de Dol. La cure était à l'ordinaire.

Maisons nobles : Le Boisbaudry et Montmoron.

La terre de Montmoron fut érigée en comté au mois de février 1657.

Tremblay (*Ecclesia sancti Martini Trembliacensis*) (1); sous l'invocation de saint Martin. Vers le milieu du XIe siècle, un nommé Moyse donna à Saint-Florent-de-Saumur la moitié des revenus de l'église de Tremblay. Ayant ensuite encouru plusieurs excommunications pour détention du cimetière, il consentit à le rendre aux religieux, ce qu'il accomplit en plaçant un couteau sur l'autel. Après cela, ayant représenté à ceux-ci qu'il était pauvre et manquant du nécessaire, il obtint une gratification de 30 sous, moyennant laquelle il s'engagea à les protéger et à les soutenir contre tous ceux qui voudraient revendiquer la propriété qu'il venait de leur abandonner. Depuis cette époque jusqu'en 1630, les moines de Saint-Florent ont desservi la cure à titre de prieuré, et depuis qu'ils l'ont abandonnée, l'abbé de cette maison n'a pas cessé d'exercer son droit de présentation (2).

Maison noble : Le Pontavice.

---

(1) D. Morice, t. III, col. 389.
(2) Ogée a commis une erreur en appliquant à cette paroisse la donation d'Hervé de Cesson.

§ 4. — CANTON DE SAINT-BRICE.

Saint-Brice. La cure était présentée par l'abbé de Saint-Florent de Saumur, également possesseur, dans la même paroisse, du prieuré de Saint-Brice, lequel était encore occupé par des moines, en 1636.

Les seigneurs de Saint-Brice, qu'on voit figurer dès le XIIe siècle, avaient la prétention d'être issus de la maison de Fougères, et de tenir leur terre et seigneurie à titre de partage; mais nous n'avons trouvé aucun document qui pût servir à l'appui d'une pareille prétention.

La seigneurie de Saint-Brice, après avoir été possédée jusqu'à la fin du XIIIe siècle par la maison de Saint-Brice, passa, par le mariage de l'héritière de cette maison, à Philippe de Landevy, seigneur des Scepeaux, de Mausson, etc.

En 1513, François des Scepeaux la vendit à Philippe de Montauban, seigneur de Bâzouges-la-Pérouze, de Sens et de Saint-Aubin-du-Cormier. — Catherine de Montauban la porta, quelques années après, à M. de Volvire de Ruffec, seigneur du Bois de la Roche.

En 1650, elle fut érigée en marquisat, en faveur d'Amice de Volvire, baron de Ruffec, seigneur de Saint-Brice.

En 1674, Henriette de Volvire ayant épousé Jean Guérin, seigneur de la Grasserie et de Parigné, elle porta la seigneurie de Saint-Brice dans cette famille.

Enfin l'héritière de cette maison, n'ayant pas eu d'enfants de son mariage avec le comte de Sesmaisons, l'a vendue, après la mort de son mari, au propriétaire actuel.

Maison noble : La Villette, avec chapelle.

Baillé ; sous l'invocation de saint Thomas. La cure était à l'ordinaire.

Maisons nobles, en 1400 : La Rocherie, Monteval et les Flégés.

Cogles ; sous l'invocation de saint Jean. La cure était en la présentation de l'abbé de Saint-Melaine de Rennes.

Cogles était autrefois le chef-lieu d'une grande division territoriale, à laquelle il avait donné son nom, et que nous retrouvons dès le commencement de notre histoire ; elle comprenait les paroisses de Cogles, de La Selle, de Saint-Brice, de Saint-Etienne, de Saint-Germain, du Châtellier et de Montours.

Tout nous porte à croire que cette division est antérieure aux institutions féodales, et qu'elle formait un *pagus* de la cité des Rhedons, sous l'administration romaine.

Du reste, le Coglais était possédé à titre de fief, dès le XIe siècle.

En 1204, Geoffroy de Fougères le donna en apanage à son oncle Guillaume, qui avait administré la baronie pendant sa minorité (1).

La Selle-en-Cogles ; sous l'invocation de saint Pierre. — La dîme se levait, en cette paroisse, à la onzième

---

(1) D. Morice, t. III, col. 798.

gerbe. Elle était partagée à peu près par moitié entre le recteur et les religieux de Saint-Florent.

Le Chatellier (*Ecclesia de Chasteler ou de Castellario*); sous l'invocation de la Sainte-Vierge. — La cure était à l'alternative.

Au commencement du XIIe siècle, Hervelin de Trémigon et Guérin Chaorcin, son frère, donnèrent les dimes de cette paroisse au prieuré de Combourg. Après la mort d'Hervelin, Hervé, son fils, rentra de vive force dans la portion de son père; et son oncle, suivant son exemple, voulut annuler la donation qu'il avait lui-même consentie. Mais, vers 1166, ces deux seigneurs, conduits par le repentir, se rendirent à Combourg, et, en présence du sénéchal du roi d'Angleterre, ils restituèrent aux religieux tout ce qu'ils leur avaient enlevé et jurèrent de ne plus les inquiéter dans leur jouissance.

Cette restitution fut accompagnée d'une particularité assez extraordinaire : Guérin, en expiation de sa faute, se laissa fouetter par le prieur devant l'autel de Saint-Martin, et reçut ensuite de lui 12 deniers, en signe de réconciliation (1).

L'église du Châtellier fut brûlée, à la fin du XVIe siècle, par les huguenots, qui s'avancèrent jusqu'en Normandie. Un prêche fut alors aussi établi par eux au château de la Vieuxville, dont le seigneur partageait leurs erreurs. C'est le seul qui ait existé dans l'arrondissement de Fougères.

---

(1) D. Morice, t. III, col. 612 et 613.

Le village de *la Bataillère*, où Raoul II battit les Brabançons du roi d'Angleterre, en 1172, se trouve dans cette paroisse, à 8 kilomètres de Fougères, sur la route de Saint-James.

Maisons nobles : La Vieuxville (1), la Sionnais, la Bensays, le Bas-Châtellier, la Theftelais et Fretay.

Le Tiercent ; sous l'invocation de saint Martin.

La seigneurie du Tiercent fut érigée en baronie, l'an 1615, en faveur de Gilles Ruellan, chevalier, seigneur du Tiercent et conseiller au Parlement de Bretagne.

Montours ; sous l'invocation de saint Martin. La cure était présentée par l'abbé de Rillé et desservie par un chanoine de cette abbaye. Elle pouvait rapporter environ 1,200 livres.

On voit, sur le territoire de cette commune, les ruines du château de Valaines, ancienne forteresse, bâtie sans doute par les seigneurs de Fougères, pour défendre leurs terres des incursions des Normands. Elle existait dès le XIIe siècle, et fut peut-être la résidence des seigneurs du Coglais.

Maison noble : Bonteville.

Saint-Etienne-en-Coglais. Il est fait mention de cette paroisse dans un acte antérieur à 1093.

A la suite d'une contestation survenue entre les moines de Saint-Serge (diocèse d'Angers) et ceux de Saint-

---

(1) Cette terre donnait à son possesseur la prééminence dans l'église du Châtellier.

Jouin (diocèse de Poitiers), relativement à la possession de l'église de Brielles, les seigneurs de cette paroisse, qui l'étaient en même temps de celle de Saint-Etienne, s'engagèrent, dans le cas où ils demanderaient des moines pour le service de cette dernière église, à ne pas les prendre ailleurs qu'à Saint-Serge (1). Ils tinrent leur promesse ; et, à l'époque de la révolution, la cure était encore présentée par l'abbé et desservie par un moine de Saint-Serge.

La seigneurie de Saint-Etienne, après avoir été possédée, avec Racinoux, Villavran et la Gretaye, par la famille Le Bret, passa dans celle des Le Bouteiller ; puis, vers le milieu du XVe siècle, dans celle de Parthenay, par le mariage de Bonne Le Bouteiller avec Jehan de Parthenay.

Elle passa ensuite successivement dans la famille de Lorgeril, dans celle des comtes de Maure, puis dans celle des Rochechouart, seigneurs de Mortemart, et enfin elle se confondit avec Saint-Brice dans la maison de Volvire.

Elle était, au XVe siècle, une sergenterie féodée de la terre de Fougères. Jehan de Parthenay, qui en était le seigneur, comparut, en cette qualité, au Parlement tenu à Vannes, par le duc François II, au mois de juin 1462.

Maisons nobles : Le Bois-Henry et Vau-Guérin.

Une chapelle, dédiée à saint Eustache, se trouve, sur le territoire de cette paroisse, sur le bord de la route de

---

(1) D. Morice, t. III, col. 477.

Fougères à Antrain. On y va en pélerinage le Vendredi-Saint.

C'est un dicton, généralement accrédité dans le pays, que *saint Eustache de tous maux détache*.

SAINT-GERMAIN-EN-COGLAIS. La cure était présentée par un chanoine de l'église cathédrale.

La terre et seigneurie de Marigny fut érigée en châtellenie, sous le nom de La Chesnaye-Marigny, au mois d'octobre 1572, en faveur de M. Michel Harpin, président au Parlement de Bretagne.

Elle passa ensuite successivement aux de Malnoë, aux Geffelot, et enfin à la famille de Pommereul, qui la possède actuellement.

SAINT-HILAIRE-DES-LANDES. La cure était à l'alternative.

Maisons nobles : La Haye-Saint-Hilaire, avec prééminence dans la paroisse, Le Feu-Saint-Hilaire, Linières, Leurmond et Le Fail.

SAINT-MARC-LE-BLANC. La cure était à l'alternative.
Maisons nobles : La Ville-Guérin, le Bois-Geffray, le Haut-Brin et la Vairie.

§ 5. — CANTON DE LOUVIGNÉ-DU-DÉSERT.

LOUVIGNÉ-DU-DÉSERT (*Ecclesia de Lupigniaco, de Luviniaco* ou *de Lupigneio*); sous l'invocation de saint Martin.

On donna, au moyen-âge, le nom de Désert (1) à un

---

(1) On le nommait aussi Loupviguer, du nom de la principale paroisse.

archidiaconé du diocèse de Rennes qui comprenait les neuf paroisses suivantes : Louvigné, la Bazouges, le Loroux, Landéan, Parigné, Villamée, Poilley, Mellé et Montault.

Ce nom de *Désert* fut sans doute appliqué à la contrée, en mémoire des saints ermites qui étaient venus s'y établir aux Xe et XIe siècles, et y donnèrent naissance aux paroisses qui subsistent encore aujourd'hui (1).

L'histoire nous apprend qu'au commencement du XIe siècle, Méen Ier, seigneur de Fougères, donna à Marmoutiers, dans le bourg de Louvigné, une maison qui servit à l'établissement d'un prieuré de cet ordre.

En 1060, Méen II, non content de confirmer la donation de son aïeul, annula toutes les réserves que celui-ci avait faites à l'avantage des seigneurs de Fougères, donna en franche-aumône, aux religieux, tout le bourg de Louvigné, et affranchit leurs hommes des droits de coutume et de tonlieu dans toutes les foires et marchés des neuf paroisses du Désert.

Enfin en 1166, Étienne, évêque de Rennes, réunit l'église paroissiale au prieuré et abandonna à l'abbé de Marmoutiers le droit de présenter à la cure, avec deux parts dans les oblations, les dîmes et la plus grande partie des autres revenus (2).

---

(1) Sur les confins du Maine et de la Bretagne, dit Geoffroy-le-Gros, auteur ecclésiastique du XIIe siècle, il y avait de vastes solitudes qui, comme une autre Egypte, étaient florissantes par le grand nombre de saints ermites, etc.

Le désert s'étendait aussi sur les terres du Maine.

(2) D. Morice, t. III, col. 394, 410, 658.

Tant d'avantages ne purent fixer les Bénédictins, et, moins d'un siècle après, ils avaient déjà abandonné l'église de Louvigné, sans renoncer toutefois au bénéfice, qu'ils réunirent au prieuré de la Trinité, membre de leur maison à Fougères.

Le souvenir de l'existence d'une communauté religieuse dans le bourg de Louvigné s'est conservé jusqu'à nos jours; mais il a été altéré par la tradition, qui a substitué le nom des Templiers à celui des Bénédictins (1). Il est vrai que cette substitution venait assez à propos en aide à ceux qui prétendent tout expliquer, et qui se trouvaient fort embarrassé pour donner la raison de l'existence des anneaux de fer qui sont disposés çà et là tout autour de l'église paroissiale. La difficulté, en effet, n'était-elle pas résolue, si l'on pouvait les faire servir à attacher les chevaux des chevaliers pendant qu'ils étaient à l'office? Mais l'histoire ne saurait s'accommoder de pareilles suppositions, lorsque surtout, comme dans le cas dont il s'agit, elles sont en contradiction manifeste avec tous les documents.

A l'époque de la révolution la cure de Louvigné était à l'alternative.

Le curé était décimateur pour un tiers, et le prieur de la Trinité pour les deux autres tiers, toujours en vertu de la concession de 1466. Louvigné possédait, avant la révolution, la seule colonie qui fût sortie de la maison d'instruction dite des Gigonnes de Fougères. Elle y avait été établie en 1731, par Mlle Collibeaux de Limières, qui y est morte en odeur de sainteté.

---

(1) De La Porte, Recherches sur la Bretagne.

Louvigné avait ses seigneurs particuliers dès le XIIe siècle. La terre seigneuriale paraît avoir été, dans le principe, Villavran ou Bois-Garnier ; mais Monthorin étant devenu la résidence du seigneur, propriétaire des deux autres terres, emporta la prééminence.

Le seigneur de Monthorin n'était pas cependant incontestablement seigneur du bourg de Louvigné, quoiqu'il y eût une haute-justice ; le domaine avait des prétentions sur la mouvance de ce bourg, qui était un démembrement du prieuré de la Trinité, dont il n'avait été distrait qu'en 1563. C'est en raison de cette mouvance que le seigneur de Monthorin devait au prieur une rente annuelle et foncière de 500 livres, qui, d'abord assise sur la terre de Monthorin, le fut plus tard, avec l'assentiment du prieur, sur celle de la Basse-Rouillais.

La commune de Louvigné possède plusieurs monuments assez remarquables. Les principaux sont : *la Pierre branlante*, au rocher de Mont-Louvier ; *la Chaise au Diable*, au rocher de Pierre-Lé, et le château à motte de Villavran, le plus considérable des monuments de ce genre, et le mieux conservé que nous connaissions dans tout notre arrondissement.

Son histoire fournit aussi des découvertes intéressantes pour l'archéologie. Au commencement de ce siècle, on rencontra, auprès du village de Lozier, des cercueils d'une pierre blanche et poreuse, assez semblables à ceux de Vandel (1). Quelques-uns renfermaient, nous a-t-on assuré, des objets en or d'une valeur assez considérable.

---

(1) Voir ce mot.

Dans plusieurs l'on a trouvé des globes de cristal d'un pouce et demi de diamètre, dans le genre, à ce qu'il paraît, de celui qui était déposé dans le sépulcre de Childéric, à Tournay. Des personnes dignes de foi nous ont certifié les avoir vus pendant long-temps entre les mains d'enfants auxquels ils servaient de jouet; mais tous les efforts que nous avons faits pour nous en procurer ont été inutiles.

Dans d'autres endroits, l'on a découvert des urnes cinéraires en terre grise, des haches celtiques en jade et en silex, quelquefois réunies en très-grand nombre, des coins gaulois et beaucoup de pièces d'or et d'argent du XVe siècle, à l'effigie des rois d'Angleterre.

CHAPELLES.

Aucune paroisse de l'arrondissement de Fougères n'offre un aussi grand nombre de chapelles que la paroisse de Louvigné. La chapelle Saint-Jean, attenant au presbytère, serait, s'il fallait en croire la tradition, l'ancienne église paroissiale du temps où la cure et le prieuré étaient séparés. Sans contester une opinion qui reçoit un nouveau degré de probabilité du voisinage d'un ancien cimetière, nous ferons seulement observer que la tradition peut être conforme à la vérité, en plaçant l'ancienne église paroissiale dans l'endroit où s'élève aujourd'hui la chapelle Saint-Jean ; mais qu'elle est évidemment erronée, en attribuant à cette chapelle une prérogative qui ne lui a jamais appartenu.

La chapelle Saint-Jean, qui subsiste encore de nos jours, a été bâtie en 1680, par Thomas du Châtellier, seigneur de Villavran, sur les ruines d'une autre chapelle qui avait été également bâtie par ses prédécesseurs. Les seigneurs de Villavran, en qualité de fondateurs, y avaient droit d'enfeu, de pierres tombales, de ceintures à l'entour, au dedans et au dehors, avec écussons de leurs armes, marquées en pierres de taille et sur les vitraux.

Une autre chapelle, dans le bourg, est celle des religieuses du tiers-ordre de Notre-Dame de la Trappe, établies à Louvigné depuis environ vingt ans. Elle a été construite à peu près dans le même emplacement où se trouvait autrefois une ancienne chapelle, démolie à la fin du dernier siècle, qui avait donné son nom à toute cette partie du bourg.

Les chapelles de Villavran, de Bois-Garnier, de la Haussière et des Alleux sont ruinées ou abandonnées depuis long-temps. Celle de la Grasserie, sous l'invocation de sainte Anne, est nouvellement restaurée.

Mme la comtesse de la Riboisière a fait construire, il y a environ trente ans, à son château de Monthorin, une riche chapelle dans laquelle sont déposés le cœur du général, comte de la Riboisière, premier inspecteur-général de l'artillerie, son mari, mort à Kœnisberg, le 21 décembre 1812, et celui de M. Ferdinand de la Riboisière, son fils, tué à la bataille de la Moskowa.

Entre autres curiosités archéologiques conservées au château de Monthorin, on remarque les pierres qui recouvraient les tombeaux de Raoul II, seigneur de Fougères, et de Françoise de Foix, épouse de Jean de Laval, seigneur de Châteaubriand. La première de ces pierres a été acquise par M. le comte de la Riboisière, à l'époque de la démolition de l'abbaye de Savigny, dans laquelle avait été inhumé Raoul. La seconde lui a été offerte par un habitant de Châteaubriand.

Deux autres oratoires se voient encore sur le bord de la route de Fougères à Caen, l'un au village du Plantis, l'autre *au Tertre-Alix*. Le premier a été élevé au siècle dernier, par M. Riban, missionnaire; le second doit remonter à une très-haute antiquité, si l'on peut en juger par le vieux chêne qui l'abrite et au tronc duquel il est adossé.

S'il faut en croire la tradition, un seigneur du pays, nommé Alix, qui se livrait avec passion au plaisir de la chasse, aurait eu un jour le malheur de tuer un de ses amis. Dans son désespoir, il se serait adressé à un saint ermite qui habitait la forêt de Fougères, et qui lui aurait donné le conseil de se retirer du monde et de passer le reste de ses jours dans la retraite.

Conformément à ce conseil, Alix aurait fait bâtir le petit oratoire dont il est question, au pied du dernier chêne de la forêt, et aurait passé là le reste de sa vie dans les exercices de la pénitence et de la prière.

L'écorce de ce chêne est réputée, dans les campagnes, avoir la propriété de guérir les fièvres, et c'est à cette croyance que cet arbre séculaire est redevable des nombreuses mutilations dont il est l'objet.

Maisons nobles: Villavran, Bois-Garnier, Monthorin, la Grasserie, les Alleux et la Haussière.

Le Petit-Maine. — A la fin du XIIe siècle, la Bretagne et le Maine étaient séparés, comme le sont aujourd'hui les départements d'Ille-et-Vilaine et de la Mayenne, sur les confins de Louvigné et de la Bâzouges, par la rivière de Léron ; mais Juhel de Mayenne ayant réclamé de Geoffroy de Fougères la propriété de sa baronie (1), celui-ci (1209) consentit à transiger avec lui, et Juhel se désista de ses prétentions, moyennant 50 livres de rente en monnaie de Tours, que le seigneur de Fougères lui assigna sur le moulin de la Bignette et le fief du Loroux, et la cession de tous les droits qu'il avait sur la forêt de Glaine, dans les paroisses de Louvigné et de la Bâzouges (2). C'est de là qu'est venue à cette contrée le nom de Petit-Maine, sous lequel on la désigne encore aujourd'hui (3).

Les habitants devenus vassaux du seigneur de Mayenne, et soumis à la juridiction civile de ses officiers, n'en de-

---

(1) Nous ignorons sur quels titres le seigneur de Mayenne appuyait ses prétentions ; mais tout nous porte à croire qu'il invoquait une donation faite à ses ancêtres par les anciens rois bretons, à la fin du IXe siècle.

Un vieux manuscrit, composé par un religieux de Saint-Mars-sur-la-Futaie, nous apprend en effet que les seigneurs de Mayenne étaient d'origine bretonne et qu'ils avaient été autrefois seigneurs de Saint-Méen, de Gaël et de Fougères (c'est-à-dire du pays où fut bâtie plus tard la ville de Fougères et qui forma la terre de ce nom).

Il est donc bien probable que le seigneur de Mayenne aura été institué gouverneur des Marches armoricaines de ce côté de la France, soit par Nominoë, soit par Erispoë, son fils, lorsque la Mayenne servait de limites aux états de ces princes, et que ce fut cette priorité de possession qui suggéra à Juhel la pensée de réclamer, comme un héritage de ses ancêtres, un fief qui avait cessé de leur appartenir depuis long-temps, et auquel ils semblaient avoir renoncé en passant sous la suzeraineté immédiate du roi de France.

(2) La forêt de Glaine a été défrichée en 1759. Elle appartenait à M. d'Alba de Mauçon.

(3) D. Morice, t. III, col. 813.

meurèrent pas moins attachés aux paroisses dont ils faisaient partie avant leur séparation, et ne cessèrent point de regarder l'évêque de Rennes comme leur légitime pasteur. Et c'est sans doute à cette circonstance, à cette position toute exceptionnelle au moyen-âge, d'une dépendance autre pour le spirituel que pour le temporel, qu'ils ont été redevables des priviléges dont ils ont joui jusqu'à la révolution, d'être exempts de payer les tailles, les gabelles et autres droits du roi; et tout porte à croire que la prétendue cotisation offerte par eux pour la rançon du roi Jean, et dont ce privilége aurait été la récompense, n'est qu'une fable inventée à dessein, pour couvrir et colorer un affranchissement qui aura été favorisé par les désordres survenus dans l'administration, à la suite des guerres des XIV° et XV° siècles.

Quoi qu'il en soit, nous voyons qu'en 1642, le procureur du roi de l'élection de Mayenne réclama des habitants du Petit-Maine les titres en vertu desquels ils s'exemptaient de payer les droits du roi, comme paroissiens de Saint-Ellier. Mais les principaux habitants de Louvigné, s'étant présentés devant les notaires royaux de la baronie de Fougères, démontrèrent que le Petit-Maine avait toujours appartenu à leur paroisse; que ses habitants n'avaient jamais cessé de reconnaître la juridiction de l'évêque de Rennes; qu'ils avaient toujours été dans l'usage de fréquenter l'église de Louvigné, d'y recevoir les sacrements, etc., et le résultat de l'enquête ordonnée par le roi fut la confirmation des libertés et priviléges du Petit-Maine.

Le principal village de cette contrée est le Pont Dom Guérin, dans une situation fort pittoresque, sur les bords de la rivière de la Bignette, en face des ruines du vieux château de Mauçon. Il y avait, dans ce village, un bureau pour le sel et les boissons, et une brigade de gableurs.

On y voit plusieurs maisons de campagne et deux chapelles, dont l'une, sous l'invocation de saint Joseph, ne sert plus au culte; l'autre est sous l'invocation de saint Clair.

Ce village se trouve, ainsi que le moulin de la Bignette, sur le territoire de la Bâzouges.

Geoffroy, en cédant ce moulin et l'étang qui est au dessus à Juhel de Mayenne, y attacha des droits considérables, que nous trouvons énumérés dans l'acte qui nous a été conservé par D. Morice, Hist. de Bretagne, t. III, col. 813 et 814.

Il y avait d'abord obligation pour un très-grand nombre de fiefs des paroisses de Landéan, de la Bâzouges et de Louvigné d'apporter leur grain à ce moulin, dont le produit était pour le seigneur de Mayenne. La corruption des noms, et la désignation des fiefs par le nom de leur possesseur, ne nous permettent pas d'en donner la liste complète : celle que nous présentons ici est plus que suffisante pour faire connaître quel devait être le produit d'une usine qui devait seule fournir à la subsistance d'une étendue de pays aussi considérable.

Ces fiefs étaient la Cointrie, la Richefolais, la Geslandais, la Langottière, le Bourg de l'Epine, Hagan, l'Angevinerie, la Pointelais, la Fresnais, Pierre-Lé, la Vallée, Lozier, Roche-Gaudin, la Melleraie, la Foretterie, la Hamelinière, la Chareluère, la Raslais, la Jariais, le prieuré de Louvigné (1), la Sachetière, la Jalandais, la Colimonnière, le Latay, le fief des chanoines de Landéan, la Bodinière, la Crochunais, les Mats, Launay, la Cervelière, etc. etc.

De grandes précautions avaient été prises pour prévenir la fraude. Le meunier, qui était à la nomination du seigneur de Mayenne, avait le droit, s'il rencontrait quelqu'un des vassaux de son moulin emportant des farines qu'il soupçonnait provenir d'une autre usine, de les saisir, et de traduire le contrevenant, le jour même ou le lendemain, devant le sergent du seigneur de Fougères, établi à la Bazouges.

Si le prévenu prouvait que les farines saisies provenaient réellement du moulin de la Bignette, elles lui étaient restituées sans aucuns frais; dans le cas contraire, elles étaient confisquées, et le contrevenant condamné à une amende au profit du seigneur de Fougères.

Le meunier avait les mêmes droits pour le pain, le jour même qu'il avait été cuit.

Dans le cas où la farine n'était pas saisie dans le transport du moulin au domicile du contrevenant, ou bien le pain le jour même qu'il avait été cuit, le sergent devait, sur la plainte du meunier, assigner les deux parties à sa barre, afin que le meunier pût prouver son accusation, avec l'assistance d'un témoin. .

---

(1) Il est dit expressément que les hommes du Prieuré ne pourront pas moudre à leur moulin; mais, en 1264, Alain d'Avaugour, seigneur de Mayenne, fit remise au prieur de la Trinité de tous les droits qu'il pouvait prétendre sur son prieuré, à raison du moulin de la Bignette. (D. Morice, t. III, col 990.)

L'accusateur et l'accusé prêtaient également serment, et si celui-ci ne parvenait pas à se justifier, il était condamné à rendre la quantité et la qualité de farine qu'il avait soustraite, et à payer une amende au seigneur de Fougères.

Le sergent devait tenir, à cet effet, une audience tous les deux mois. Le meunier prêtait le serment, qu'il renouvelait tous les ans, de ne jamais poursuivre aucune affaire contre sa conscience.

Si le sergent refusait de poursuivre sur la dénonciation du meunier, et que celui-ci fournit la preuve de la contravention, la farine ou le pain lui étaient adjugés.

Du reste, dans aucun cas, le meunier ne pouvait saisir ni pain, ni farine, dans les maisons, sans l'assistance du sergent.

La Bazouges-du-Désert (*Basilisca*); sous l'invocation de saint Martin.

Méen Ier, seigneur de Fougères, donna à Marmoutiers, dans le bourg de la Bâzouges, une maison qui servit à l'établissement d'un prieuré, auquel fut réunie la cure; mais l'abbé de Marmoutiers, ayant négligé d'y pourvoir dans le temps voulu, l'ordinaire s'en empara et la donna à l'archidiacre de Rennes.

Le curé était décimateur pour les cinq sixièmes; l'autre sixième appartenait aux religieux de Rillé.

La cure de la Bâzouges était une des plus lucratives du diocèse de Rennes. Aussi voyons-nous qu'elle n'était pas dédaignée, même par les hommes de la naissance la plus illustre. Parmi ceux qui l'occupèrent, nous citerons M. d'Argentré, en 1681; M. du Bouëxic de Guichen, en

1710; M. Pioger de Chantradeuc, qui fit bâtir le presbytère, en 1750; M. de Forzanz du Houx, en 1764; M. de Châteaubriand, qui passa de la Bâzouges à Saint-Etienne de Rennes, en 1767, etc.

Suivant la tradition du pays, saint Guillaume Firmat a séjourné quelque temps à la Bâzouges. L'église possède des reliques de saint Judicaël, duc de Bretagne.

En 1741, la paroisse de la Bâzouges fut décimée par une épidémie dissentérique, qui sévit d'une manière effrayante : du 18 septembre au 1er novembre, il y eut 194 décès. Le nombre des décès s'éleva, dans l'année, à 343. Le 30 octobre, il y en eut 17.

Ce fut sur le territoire de la Bâzouges, dans une maison nommée Malagra, non loin du Pont Dom Guérin, que fut arrêté, au mois d'octobre 1795, le prince de Talmont, qui avait abandonné l'armée vendéenne après la déroute de Granville.

On rencontre, sur le territoire de la Bâzouges, plusieurs châteaux à motte : celui qui est connu sous le nom de *la Butte-des-Châteaux*, sur la Bignette, et ceux des Fossés, de la Fresnais et du Bas-Plessis, sont les plus remarquables.

La chapelle de la Raslais était le titre clérical d'un prêtre. Le dernier titulaire a été M. Delaunay, aujourd'hui curé de Romagné.

La seigneurie de cette paroisse appartenait à la famille de la Chesnelaye-Romillé. Le marquis du Hallay l'acheta, en 1771, du comte de l'Hôpital, héritier du marquis de la Chesnelaye.

Maisons nobles : Le Domaine et le Plessix.

Mellé; sous l'invocation de saint Martin.

A la fin du XVIᵉ siècle, une association de protestants s'établit au village de la Godelinais. La maison où ils tenaient leur prêche a été démolie en 1833.

Maison noble : Les Domaines.

Montaut; sous l'invocation de saint Pierre.

Cette paroisse reçut d'abord le nom de *Saint-Pierre-des-Bois;* plus tard, on lui donna celui de Saint-Pierre-de-Monthault, d'un rocher assez élevé qui se trouve à un kilomètre du bourg, et enfin, l'usage a prévalu de la désigner sous ce dernier nom de Montaut, qu'on devrait écrire Mont-Hault, conformément à l'orthographe usuelle.

La cure était présentée par l'abbé de Saint-Melaine, de Rennes, et jusqu'en 1698, le titulaire prenait le titre de doyen du Désert. Il avait, en cette qualité, une certaine juridiction sur les paroisses de cet archidiaconé.

La chapelle que l'on voit sur le sommet du rocher de Montaut, d'où l'on jouit d'une admirable perspective, a été bâtie aux frais des paroissiens, sur les ruines d'une ancienne chapelle qui avait été détruite à l'époque de la révolution. Elle est en grande dévotion dans le pays et l'objet de nombreux pélerinages.

Sur le bord de l'étang des Châteaux, on remarque deux mottes énormes, restes de deux anciennes forteresses féodales. La plus grande, élevée de dix mètres au dessus du sol, présente une superficie d'environ un hectare; elle est entourée de fossés profonds, et des arbres ont cru sur ses glacis escarpés.

La seconde, qui n'est séparée de la première que par

un large fossé, est un peu moins élevée et présente une surface bien moins grande. On la désigne dans le pays sous le nom de *la Redoute.*

Maisons nobles : La Chalopais, le Bois-Viel et la Bruyère (489).

Poilley-le-Lionnais (*Ecclesia de Poilley*) (1).

L'Histoire nous apprend qu'à la fin du Xe siècle, un seigneur du nom de Gradloc emprunta 4 livres deniers des religieux du Mont-Saint-Michel, et que, pour sûreté de sa créance, il leur donna en gage l'église de Poilley.

Quelques années après, s'étant rendu lui-même au Mont Saint-Michel, il convertit ce contrat en donation, et abandonna aux religieux la possession pleine et entière de cette église, à la condition que chaque fois que lui ou ses fils iraient à la guerre, il leur serait fourni, aux frais de l'abbaye, deux chevaux bien équipés, qu'ils seraient tenus de rendre en bon état à la fin de la campagne, et qu'en cas de nécessité, il leur serait ouvert un asile dans tous les lieux de la dépendance de l'abbaye.

De leur côté, les religieux firent remise à Gradloc de sa dette, et pour lui témoigner leur reconnaissance, ils offrirent à sa femme un fort bon vêtement de drap.

Ils possédèrent l'église de Poilley jusqu'à ce que, n'ayant pu remplir la condition relative à la fourniture des chevaux, les fils de Gradloc, Anger et Hervé, en réclamèrent la restitution ; mais bientôt après, dans l'in-

---

(1) D. Morice, t. III, col. 367, 398.

térêt du salut de l'âme de leur père, ils la remirent entre les mains des religieux, auxquels ils n'imposèrent, cette fois, d'autre charge qu'un présent de 8 livres deniers et l'obligation de les recevoir au Mont, si la guerre les forçait d'y chercher un asile.

Enfin, l'an 1050, Méen, évêque de Rennes, céda lui-même aux religieux ses droits sur les églises et les paroisses de Poilley et de Villamée, moyennant 20 sous du Mans et le don d'un cheval bai, marchant bien, *benè ambulantis;* en sorte que, depuis cette époque, les moines ont toujours été les recteurs de cette paroisse, ou les présentateurs, depuis que les cures ont été gérées par des prêtres séculiers.

Les seigneurs de Poilley paraissent avoir joui d'une grande importance à la cour des seigneurs de Fougères. Méen de Poilley est en tête des quatre barons qui figurent, en 1096, dans la remise de la collégiale de Fougères à Marmoutiers.

Cette seigneurie passa dans la famille des *Leones* ou *Liones*, très-ancienne et très-puissante dans la baronie de Fougères, qui ajouta son nom à celui de Poilley : d'où vient que cette paroisse s'appelle encore aujourd'hui Poilley-le-Lionnais.

La terre et seigneurie de Poilley fut érigée en comté, l'an 1636, en faveur de Julien de Poilley.

SAINT-GEORGES-DE-REINTEMBAULT. La cure était à l'alternative.

Ardennes était la terre seigneuriale de la paroisse. Elle fut d'abord possédée par des seigneurs particuliers, dont il est fait mention dès le XIIe siècle (1) : donnée ensuite par les barons de Fougères à l'officier qui faisait la recette de leurs rentes et revenus dans le bailliage de Saint-Georges, et qui mettait leurs mandements et ordonnances à exécution, elle devint ainsi une sergenterie féodée, et était connue sous ce nom, au XVIe siècle.

Enfin, en 1684, elle fut érigée en marquisat, sous le nom de Romilley, en faveur de François, chevalier, seigneur de Romilley et de la Chesnelaye (2).

Villamée (*Ecclesia de Villamois*) (3).

L'an 990, Conan II, duc de Bretagne, donna au Mont-Saint-Michel le fief d'Amois (Villam-*Amois*, Villamée) en franche-aumône, pour le tenir de lui et de son comté de Rennes. Il y ajouta le fief du Haut-Pays, qui comprenait les Bayettes et Passillé, en Parigné, lequel y resta annexé jusqu'en 1574, qu'il fut acheté par M. Harpin, conseiller au Parlement de Bretagne, qui le réunit à sa seigneurie de la Chesnaye-Marigny. En 1050, Méen, évêque de Rennes, céda lui-même, aux religieux du Mont-Saint-Michel, ses droits sur l'église de Villamée. (Voir Poilley.) En sorte que, depuis cette époque, les moines ont toujours été les recteurs ou les présentateurs à la cure de cette paroisse.

Le prieuré de Villamée devait une rente de 40 livres à l'abbaye du Mont-Saint-Michel.

---

(1) D. Morice, col. 606, 652, 653.
(2) Il y avait autrefois une forêt assez vaste dépendant d'Ardennes. Elle donna lieu, en 1210, à une enquête sur les droits respectifs des seigneurs de Fougères et d'Ardennes. (D. Morice, t. I, p. 818 et 819.)
(3) D. Morice, t. III, col. 350 et 398.

§ 6. — CANTON DE SAINT-AUBIN-DU-CORMIER.

SAINT-AUBIN-DU-CORMIER. L'acte de donation du monastère de Gahard aux religieux de Marmoutiers nous apprend que cette paroisse existait déjà au commencement du XIe siècle (1); mais la fondation de la ville et du château ne remonte qu'à 1223. C'est à Pierre de Dreux, duc de Bretagne, que nous en sommes redevables.

Ce prince, qui, pendant toute la durée de son gouvernement, parut préoccupé de la pensée d'affranchir son autorité du despotisme de ses barons et ses Etats du vasselage de la France, ne négligea aucun des moyens qui pouvaient assurer l'exécution de cette vaste entreprise.

La ligne de ses frontières présentait, entre Fougères et Vitré, une large ouverture, que ses prédécesseurs avaient laissée sans aucune défense, et par laquelle une armée française pouvait, en moins d'un jour, pénétrer au cœur de ses Etats et menacer sa capitale, sans être arrêtée par aucun obstacle. Le chemin connu sous le nom de *Chemin Chasles* (2) avait déjà, dans les siècles précédents, versé plus d'une fois les soldats des rois mérovingiens dans les plaines de la Bretagne, et il pouvait encore servir aux projets ambitieux du premier souverain qui tenterait d'envahir cette province. Ce fut donc

---

(1) D. Morice, t. III, col. 360.
(2) Voir à la Statistique, anciennes voies de communication.

pour opposer un boulevart à l'invasion que, dans sa prévision, il n'ignorait pas devoir être provoquée par ses projets d'indépendance, que le duc Pierre songea à bâtir une forteresse sur le rocher qui domine au sud tout le bassin de la rivière du Couesnon, et auquel on donnait, dès ce temps-là, le nom de Bécherel. Ce rocher offre un aspect très-remarquable dans la partie la plus voisine du château.

Cette entreprise une fois commencée, il la poursuivit avec toute l'ardeur qu'on pouvait attendre d'un caractère tel que le sien; et les historiens, en nous rendant compte de plusieurs solennités qui eurent lieu à cette époque, ont toujours soin de nous faire remarquer l'absence du duc, motivée par la grande occupation que lui donnait la surveillance des travaux de sa nouvelle ville.

Dès qu'elle fut en état de recevoir des habitants, son premier soin fut d'en rassembler le plus grand nombre possible; et pour engager ceux des contrées voisines à venir s'y établir, il fit briller à leurs yeux la perspective des avantages considérables qu'il leur accordait. C'est ainsi que, par une charte donnée à Nantes, au mois de mai 1225, il les exempta de la plus grande partie des charges qui pesaient sur le reste de ses sujets, telles que les tailles, la chevauchée, la coutume et le péage. Il leur permit de trafiquer dans toute la Bretagne, moyennant une redevance de 5 sous, payable à la fête de Noël de chaque année, et à la charge de l'accompagner en son ost, à chaque fois que la défense du pays l'exigerait. Il leur accorda en outre le droit d'envoyer paître leurs bestiaux dans la forêt de Rennes, pour lors voisine de la ville, et d'y prendre le bois mort pour leur chauffage. Enfin, voulant donner à ces priviléges toutes les garanti[es] que comportait la constitution de ses Etats, il réunit à Nantes, dans une assemblée générale, les principaux seigneurs de la province, et leur fit ratifier toutes les concessions qu'il avait faites aux habitants de Saint-Aubin.

Les membres de l'assemblée allèrent au-delà de ses désirs, et, pour lui complaire, ils accordèrent aux habitants, sur leurs propres terres, les mêmes priviléges que le duc leur avait accordés sur les siennes (1). Ils ne tardèrent pas cependant à regretter une libéralité qui portait une sorte d'atteinte à leurs droits de propriété, et ils ressaisirent peu à peu les concessions qu'ils avaient faites par un simple motif de complaisance. Les ducs de Bretagne eux-mêmes ne craignirent pas d'enfreindre plus d'une fois la charte de leur auteur; mais les priviléges qu'elle consacrait furent de nouveau confirmés par le duc Jean IV, en 1382, et le duc Jean V, en 1408, 1422, 1425 et 1430 (2).

---

(1) D. Morice, t. III, col. 854.
(2) Il y a eu bien d'autres confirmations des priviléges des habitants de Saint-Aubin. Nous mentionnons seulement les principales, par :
François Ier, en 1442 et 1448;
Pierre II, en 1450;
Arthur III, en 1457;
François II, en 1458;
Charles VIII, en 1495;
Anne, en 1507;
Louis XII, en 1507;
Henri II, en 1545 et 1547;
François II, en 1560;
Henri III, en 1575;
Et enfin Louis XIV, en 1691.

Au château et à la ville de Saint-Aubin se rattachent de grands événements qui occupent une place importante dans l'histoire de Bretagne.

En 1231, saint Louis étant entré en Bretagne à la tête d'une armée, s'avança jusque sous les murs de Saint-Aubin-du-Cormier, et là il conclut avec le duc une trêve qui devait durer jusqu'à la Saint-Jean-Baptiste 1234.

Pour garantie de ses engagements, le duc livra au roi le château de Saint-Aubin, dont la garde fut confiée à Philippe, comte de Boulogne, oncle du monarque. Il ne dut consentir qu'avec peine à cette clause, qui le privait d'une de ses résidences de prédilection ; car, comme il aimait beaucoup la chasse, et que le voisinage de la forêt, abondamment pourvue de gibier, lui permettait de se livrer à cet exercice d'une manière aussi facile qu'agréable, il avait une affection toute particulière pour cette résidence, et il y passait tout le temps qu'il pouvait dérober aux soins de son gouvernement. Aussi éprouva-t-il une véritable satisfaction lorsque la mort du comte de Boulogne, arrivée deux ans après, le remit en possession de son château ; mais cette jouissance ne devait pas être de longue durée : forcé, l'année suivante (1234), de traiter une seconde fois avec le roi, il lui fallut encore consentir au sacrifice de Saint-Aubin pendant trois années.

Lorsqu'il fut rentré dans sa possession (1237), il y établit un marché pour y être tenu le mardi de chaque semaine ; mais cette disposition déplut à André de Vitré, qui avait aussi un marché à Chevré le jour du mardi ; il fit des représentations au duc, et se plaignit du préjudice qu'il en éprouvait. Celui-ci, pour concilier leurs intérêts, consentit à fixer son marché au jeudi.

Malgré toute l'activité que mit le duc à presser les travaux, il ne put voir son château terminé. A l'époque de sa mort, le donjon seul était achevé. Ce monument remarquable, dont nous admirons encore aujourd'hui les ruines, fut entièrement son ouvrage. Les autres parties du château furent celui de ses successeurs, particulièrement de Jean V et de François II, qui y firent faire de grands travaux en 1449 et en 1486.

En 1341, Charles de Blois, après avoir fait reconnaitre son autorité à Rennes, vint mettre le siège devant Saint-Aubin-du-Cormier, qui tenait pour le comte de Montfort. Les habitants, instruits de son approche, sortirent en foule au devant de lui et essayèrent en vain de l'arrêter. Il les défit complètement et les poursuivit avec tant de vigueur, qu'il entra à leur suite dans la ville; mais là se bornèrent ses succès. Papillon de Saint-Gilles, qui était gouverneur du château, refusa d'écouter les propositions qui lui furent faites, et Charles, désespérant de vaincre sa résistance, prit le parti de se retirer; mais auparavant, il mit le feu dans la ville et la réduisit en cendres.

Plus d'un siècle s'écoule ensuite, sans que l'histoire nous rappelle même l'existence de Saint-Aubin-du-Cormier; mais nous arrivons bientôt à l'époque où un fatal souvenir a rendu à jamais célèbre le nom de cette ville. Guillaume de Rosnyvinen en ayant été nommé gouverneur vers 1465, ce capitaine, qui joignait à la plus haute valeur une expérience consommée dans l'art de la guerre, songea à mettre la dernière main à l'œuvre qu'avait ébauchée le duc Pierre. Dans la prévision des événements qui éclatèrent peu de temps après, il ne prit point de repos qu'il ne l'eût mise en état de soutenir un siége.

Non content de réparer les anciennes fortifications, il compléta le système de défense, en ouvrant tout autour de profonds retranchements, protégés à l'intérieur par une galerie en bois, et à l'extérieur, par une muraille de douze pieds d'épaisseur; il fit exécuter des travaux considérables, pour mettre les hommes à l'abri des projectiles, et creusa l'étang qui, en raison de son peu de profondeur, pouvait livrer un passage facile aux ennemis. Enfin, après avoir satisfait à tout ce qu'exigeait la défense extérieure, il pourvut abondamment aux besoins de la garnison, en approvisionnant la place de vivres et de munitions.

Il semblait donc bien préparé à recevoir l'armée française, lorsqu'en 1487 elle entra en Bretagne; mais l'incurie des ministres du duc paralysa toutes les mesures qu'il avait prises.

D'abord, on avait retiré de la place la plus grande partie des troupes, lors du siége de Nantes, et depuis, la garnison avait encore été affaiblie, par la retraite du seigneur de Beaufort, que l'on avait appelé à Rennes avec les hommes qu'il commandait, pour faire partie de l'armée du chancelier de la Villéon et de Philippe de Montauban. Le duc d'Orléans y avait, il est vrai, envoyé quelques gens de guerre, après la prise de Redon; mais, ayant été instruits de l'arrivée des Français, ils sortirent, sous prétexte d'aller chercher du secours à Rennes, et ne revinrent pas. Rosnyvinen, qui, du haut des murailles, observait avec inquiétude tous les mouvements de l'armée ennemie, et sentait tout le danger de sa position, dépêcha courriers sur courriers aux ministres du duc, qui, craignant de se voir attaqués dans la capitale même, se gardèrent bien de lui accorder les secours qu'il demandait.

Le découragement et la terreur s'emparèrent bientôt des habitants, lorsqu'ils virent l'armée française faire ses approches. Un grand nombre d'entre eux se précipitèrent vers les portes, comme s'ils eussent été sérieusement résolus à les défendre; mais la plupart prirent honteusement la fuite et allèrent se cacher dans la forêt : quelques-uns seulement entrèrent dans le château, et prêtèrent une honorable assistance à la garnison. Celle-ci se trouvait encore réduite, par la lâcheté des francs archers qui étaient restés avec le gouverneur. Plusieurs d'entre eux avaient trouvé moyen de sortir, en se laissant glisser dans les fossés avec des cordes; en sorte qu'il ne restait pas beaucoup plus d'une quarantaine d'hommes dans le château.

Les assiégeants l'attaquèrent de trois côtés : du côté de la ville, dont ils se rendirent maîtres sans coup férir; du côté de la Célinaie ou de Fougères, et du côté de Bécherel. Ils perdirent soixante ou quatre-vingts hommes, qui furent tués par l'artillerie de la place, au moment où ils faisaient leurs approches; mais leurs dispositions furent si bien prises, leurs pièces tirèrent avec tant de justesse et foudroyèrent les murs avec tant de violence, qu'une brèche, qui pouvait laisser passer quatre à cinq hommes de front, fut bientôt ouverte. Rosnyvinen voulait s'ensevelir sous les ruines de la citadelle; mais la garnison, qui refusait de lui obéir, le força de capituler. Les Français, pleins d'estime et d'admiration pour sa belle conduite, se montrèrent favorables à écouter ses propositions, et lui accordèrent de se retirer à Rennes, avec le peu d'hom-

.nes qui étaient restés auprès de lui, vies et bagues sauves (1).

L'année suivante (1488), l'armée française, qui venait de prendre Fougères, s'avançait vers Rennes, sous les ordres du duc de La Trémouille. Arrivée au village d'Orange, près de Vieuxvy, à deux lieues de Saint-Aubin-du-Cormier, elle rencontra l'armée bretonne qui marchait au devant d'elle. Un combat à outrance, une lutte acharnée s'engagea entre les soldats des deux peuples, dont l'un se battait pour son indépendance ; mais enfin le moment fixé par la providence pour la réunion sous un même sceptre de toutes les provinces qui devaient former la grande monarchie française, était arrivé; la Bretagne seule avait survécu à ses sœurs, et son heure avait sonné. Malgré les prodiges de valeur de ses soldats, la victoire resta à la France.

Les prisonniers faits dans cette fatale journée, et parmi lesquels se trouvaient le duc d'Orléans et le prince d'Orange, furent conduits à Saint-Aubin-du-Cormier. On y montre encore aujourd'hui la cave qui, suivant la tradition, servit de prison au prince, qui, devenu roi de France, ne songea point *à venger les injures du duc d'Orléans.* Des soldats mutinés vinrent l'assiéger dans sa prison et demandèrent, avec menaces, qu'on le leur livrât ; ce ne fut qu'avec beaucoup de peine qu'on parvint à les appaiser.

Le général victorieux ne tarda pas lui-même d'arriver à Saint-Aubin, et ce fut de là, sans doute, qu'il adressa

---

(1) D. Morice, t. II, p. 171 et 172; t. V, col. 558 et suiv.

au roi, son maître, les bulletins de sa victoire; circonstance qui a fait donner à la bataille le nom de Saint-Aubin-du-Cormier, quoiqu'elle ait eu lieu, comme nous l'avons dit, à deux lieues de cette ville (1). Il traita le duc d'Orléans et le prince d'Orange avec beaucoup d'égards, et les fit souper avec lui. Plusieurs autres prisonniers français se tenaient debout autour de la table. Vers la fin du repas entrèrent deux cordeliers que La Trémouille avait mandés. Leur présence inquiéta vivement les princes, qui crurent toucher à leur dernière heure et ne doutèrent pas que ces religieux ne fussent venus pour les confesser. Mais La Trémouille, qui s'aperçut de leur trouble, s'empressa de les rassurer, en leur disant qu'il n'appartenait qu'au roi de disposer de leur sort. Quant aux autres soldats : « Pour vous, leur dit-il, qui avez » quitté le service du roi et suivi le parti de ses ennemis, » confessez-vous et disposez-vous à la mort. » Les deux princes intercédèrent inutilement en leur faveur. La Trémouille les fit tous exécuter.

Le traité de Coiron ou du Verger confirma à Charles VIII la possession provisoire de Saint-Aubin-du-Cormier, avec le droit d'y tenir garnison et de jouir des revenus de la ville. Cette possession devait même devenir définitive, si les filles du duc venaient à se marier sans son consentement. D'un autre côté, le roi consentait à perdre tous ses droits sur cette place, s'il négligeait de

---

(1) Le village d'Orange est situé à quelques cents mètres du bourg de Vieuxvy, sur la rive gauche du Couesnon. On voit encore des restes de fossés et de retranchements qui furent l'ouvrage des Bretons, dans la plaine où se donna la bataille.

rendre immédiatement les conquêtes que ses troupes pourraient faire en Bretagne.

La destinée du château de Saint-Aubin était accomplie : élevé pour servir de rempart à la Bretagne, et de boulevart à son indépendance, il devait tomber le jour où succomberait cette indépendance. Charles VIII, vainqueur, usa largement des droits de la victoire. Il fit raser le château de Saint-Aubin-du-Cormier, et, pour perpétuer le souvenir de son triomphe, il fit couper en deux, du sommet à la base, le magnifique donjon que Pierre-de-Dreux avait placé là, comme une sentinelle avancée, qui devait veiller à la garde de ses États, et laissa debout la partie des murailles qui faisait face à la France. Le temps a respecté cette ruine, étrange monument de la conquête. Deux siècles se sont bientôt écoulés, et ce témoin muet de la grandeur et de la ruine d'un peuple, dont la nationalité s'éteignit à ses pieds, domine encore de toute sa hauteur la belle vallée qu'il protégea long-temps, et raconte à notre imagination étonnée les grands événements auxquels se rattachent sa construction et sa ruine.

Avec le château finit l'importance de la ville de Saint-Aubin, qui, depuis cette époque, a toujours été en décroissant. On retrouve encore néanmoins deux ou trois fois le nom de cette ville dans l'histoire de la Ligue en Bretagne ; mais les événements qui provoquent cette mention ne sont que fort secondaires. Ainsi, l'histoire nous apprend que le duc de Mercœur était à Saint-Aubin lorsqu'il apprit que la ville de Rennes était rentrée sous l'obéissance du roi. Plus tard, le duc de Montpensier y rassembla une petite troupe, qu'il mena du côté de Bécherel. Ce fut encore à Saint-Aubin que le prince de

Dombes se retira, après la prise de Châtillon, avec ce qu'il avait de Français et de Lansquenets. Il paraît même qu'il s'y fortifia et qu'il tint quelque temps la campagne, pendant que le général Norris et ses Anglais étaient à se rafraîchir dans le Maine.

La ville de Saint-Aubin et ses dépendances furent plusieurs fois détachées du domaine du duché, et données en apanage à des princes ou à des seigneurs, qui en perçurent les revenus pendant leur vie.

En 1312, cette ville fut donnée pour résidence à Yolande de Dreux, veuve du duc Arthur II, avec un douaire sur les terres qui en dépendaient.

En 1457, elle fit encore partie du douaire de la duchesse Françoise d'Amboise, veuve du duc Pierre II.

En 1498, la duchesse Anne confirma la donation qu'elle en avait faite au chancelier de Montauban.

Enfin, le 22 décembre 1516, elle fut donnée, par le roi François Ier, à Jehan d'Acigné et à Gillette de Coëtmen, son épouse.

Saint-Aubin possédait, avant la révolution, un siége royal et une subdélégation de l'intendance.

Le siége royal de Saint-Aubin, supprimé en 1564 par Charles IX, et réuni au siége royal de Rennes, avait été rétabli dans la suite par ses successeurs.

Son ressort comprenait les dix-neuf paroisses suivantes :

Saint-Aubin-du-Cormier,	La Chapelle-Saint-Aubert,
La Bouexière et Chevré,	Dourdain,
Saint-Christophe-de-Valains	Ercé-en-Gosné,
Baillé,	Gahard,
Chienné,	Gosné,

Izé,
Saint-Jean-sur-Couesnon,
Saint-Marc-sur-Couesnon,
Liffré,

Livré,
Mecé,
Mézières,
Saint-Ouen-des-Alleux,

Les principales juridictions seigneuriales qui en dépendaient étaient les suivantes :

HAUTES-JUSTICES.

La Dobiais....................	à M. de la Belinaye.
Le Bordage....................	à M. le duc de Coigny.
Le Bois-Cornillé................	à M. de Goyon des Hurlières.
Le Bertry.....................	à M. de la Teillaye.
Livré........................	aux échevins de Rennes.
La Belinaye...................	à M. de la Belinaye.
La Bouexière..................	à M. de la Teillaye.
Gahard.......................	à M. le Prieur de Gahard.

MOYENNES-JUSTICES.

L'Aubouclère..................	à M. le Mintier.
Saint-Etienne-de-la-Belinaye......	à M. de la Belinaye.
La Hersoye....................	à Mme des Glétains.
La Giraudais...................	Idem.
Saint-Georges-de-Chienné........	à M. de la Choltais-Bois-le-Bon.
Izé...........................	au prieur d'Izé.
La Teillaye....................	à M. de la Teillaye.
La Normandais.................	Idem.
Le Plessis-Pillet................	à M. de Châteaubourg.
Villepice......................	à Mme de la Chambre.

JUSTICE SIMPLE.

Saint-Marc....................	à M. Dufeu Placé.

La subdélégation de Saint-Aubin comprenait, outre les paroisses du ressort, celles de Saint-Sulpice-l'Abbaye, Chasné et le Tiercent.

La cure de Saint-Aubin était présentée par le roi.

C'est dans la commune de Saint-Aubin que se trouve la forêt de Haute-Sève, dont la contenance est de sept cents hectares, et dans la partie ouest de cette forêt que sont les carrières de pierre calcaire qui alimentent les fours à chaux des environs.

Elle renferme cinq menhirs assez remarquables : leur hauteur est d'environ 3 mètres 25 centimètres au dessus du sol. Ils sont de la même roche siliceuse dont est formée la crête du rocher assez élevé qui s'étend le long de la forêt, dans la direction de l'est à l'ouest.

CHIENNÉ; sous l'invocation de saint Georges. L'ancien nom de cette paroisse paraît avoir été *Saint-Georges-de-Chainé*; mais l'usage a prévalu de la désigner sous celui de Chienné. La cure était à l'ordinaire.

L'église de cette paroisse a été bâtie par les Bénédictins, qui, en la cédant au culte régulier, se réservèrent un trait de dîmes, qui a été payé, jusqu'en 1790, aux abbayes de Vitré et de Saint-Sulpice-des-Bois. Il y avait en outre une redevance de quatre mines de froment à un moulin situé près du bourg, et qui aujourd'hui n'existe plus (1).

Sous l'Empire, Chienné a été pendant quelque temps réuni à Vandel.

Maisons nobles : Le Molan, les Noës, les Bouillons et la Leziardière.

Le 24 février 1593, de Montbarrot, capitaine de Rennes, craignant que le duc de Mercœur ne s'emparât du château du Molan, y envoya une garnison pour le conserver au roi Henri IV.

---

(1) Ogée, Dictionnaire de Bretagne.

Gosné; sous l'invocation de la Sainte-Vierge (2 juillet). La cure était à l'ordinaire.

Maisons nobles : L'Aubouclère, le Dezerceul et les Forgettes.

C'est dans cette commune qu'est l'étang d'Ouée, le plus grand de l'arrondissement; il contient 70 hectares.

La Chapelle-Saint-Aubert. La cure était à l'ordinaire.

Mézières (*Ecclesia de Maceriis*) (1); sous l'invocation de saint Martin. La cure était à la présentation de l'abbé de Saint-Florent. Le curé avait deux sixièmes des dîmes, et la fabrique un autre sixième.

Mézières était une châtellenie dépendante de la baronie de Vitré.

Maisons nobles : La Scardais, la Ville-Olivier, la Giraudais, la Hervoye, la Touche-Huet et Sévigné.

Saint-Christophe-de-Valains. La cure était présentée par l'abbé de Rillé.

Saint-Jean-sur-Couesnon. La cure était un prieuré dépendant de l'abbaye de Saint-Florent de Saumur, qui possédait également, dans ce prieuré, la chapelle de Saint-Aubin, laquelle était encore desservie par des moines en 1636. — Ce prieuré avait été sécularisé; mais les moines s'en étaient réservé la présentation.

La maison seigneuriale de cette paroisse était la Dobiais.

---

(1) D. Morice, t. III, col. 360 et 425.

Cette terre fut érigée en marquisat, l'an 1645, en faveur de René Gédouin, sieur de la Dobiais, président au Parlement de Bretagne. Elle passa ensuite à la maison des Nétumières, et puis en dernier lieu à celle de la Belinaye.

La chapellenie des Guibés, dans la cathédrale de Rennes, dépendait de cette terre, et le marquis de la Dobiais en avait la présentation. Elle avait été fondée, en 1498, par Michel Guibé, évêque de Rennes et seigneur d'une partie de la paroisse de Saint-Jean.

SAINT-MARC-SUR-COUESNON. La cure était à l'alternative.

La terre seigneuriale était la terre de Saint-Marc. Elle était passée, en 1330, de la maison de Saint-Marc dans celle des le Provots, par le mariage de l'héritière de cette ancienne maison, et elle passa ensuite, en 1640, encore par un mariage, aux du Feu Placé Saint-Marc, dont l'héritière l'a portée à M. de la Villette.

SAINT-OUEN-DES-ALLEUX. La cure était présentée par l'abbé de Rillé.

Maison noble : Le château de la Belinaye.

VANDEL (*Ecclesia quæ vocatur Vendels*) (1). Vers le milieu du XIe siècle, un chevalier breton, du nom de Hamon, donna à l'abbaye de Saint-Florent de Saumur le quart des revenus de l'église de Vandel, avec toutes les dîmes de Mésaubouin (2). Nous ne savons à quelle épo-

---

(1) D. Morice, t. III, col. 416.
(2) D. Morice, t. III, col. 416.

que les religieux renoncèrent à cet avantage; lors de la révolution, la cure était à l'alternative.

Vandel parait avoir eu dans l'antiquité une importance qu'il est loin d'avoir aujourd'hui : il était, en effet, le chef-lieu d'un *pagus* de la cité des *Rhedones*, et sans doute la résidence d'un vicaire du comte de Rennes.

Ce *pagus*, auquel il avait donné son nom (*pagus vendellensis*, aujourd'hui le *Vandelais*) (1), comprenait les paroisses suivantes : Vandel, Saint-Sauveur-des-Landes, Romagné, Javené, Chienné, Billé, Combourtillé, Parcé, Luitré, Beaucé, Fleurigné, La Chapelle-Janson, Dom-Pierre-du-Chemin, Princé, Châtillon, Montautour, Montreuil-des-Landes, Saint-Christophe, Izé et Mecé.

A ces paroisses nous devons ajouter la Chapelle Saint-Aubert, la Selle-en-Luitré, Lécousse, qui n'étaient probablement pas encore érigées, ou seulement avec le titre de *trèves*, et la ville de Fougères elle-même; car, un traité passé en 1244, entre Raoul III, seigneur de Fougères, et André de Vitré, par lequel ces deux seigneurs s'interdisent réciproquement d'élever dans le Vandelais aucune autre forteresse que celles de Fougères et de Châtillon, ne permet pas de mettre en doute que le territoire sur lequel est assise notre ville ne fût compris dans cette division.

Dans le principe, le Vandelais tout entier faisait partie de la seigneurie de Fougères; mais Auffroy Ier en déta-

---

(1) L'orthographe administrative est aujourd'hui Vandel, mais, dans les anciens titres, on ne trouve que Vendel. (D. Morice, t. III, col. 391.)

cha toutes les paroisses qui étaient au-delà du Couësnon, et les donna à Ynoguen, sa fille, qui les porta en dot à son mari, Tristan de Vitré (1).

Par une faveur toute spéciale de Conan II, duc de Bretagne, les religieux de Marmoutiers avaient, dans tout le Vandelais, le privilége de percevoir eux-mêmes les droits dus au duc de tous les hommes qui dépendaient de leur abbaye, et qui cultivaient des terres à elle appartenant.

Ce privilége leur avait été concédé, moyennant 20 sous qu'ils avaient comptés au duc, et pareille somme à la comtesse Berthe, sa mère (2).

On découvre assez fréquemment, dans les environs de Vandel, des cercueils dont la description pourra offrir quelque intérêt à nos lecteurs.

Ils sont composés de deux pièces bien distinctes, savoir : 1° un coffre d'une longueur proportionnée à celle du corps qu'il devait renfermer, et moins large aux pieds qu'à la tête; 2° un couvercle plat, dont les dimensions sont les mêmes que celles du coffre. Ce couvercle, ainsi que les parois latéraux, a rarement plus de neuf centimètres d'épaisseur.

Quelquefois le coffre est en pierre de granit, et alors il est de plusieurs pièces; d'autres fois il est en briques. Dans l'un comme dans l'autre cas, le couvercle est en pierre d'ardoise assez épaisse et grossièrement taillée; mais le plus ordinairement le cercueil tout entier est formé

---

(1) Au commencement du XVIIe siècle, elles faisaient encore partie de la baronie de Vitré, et dépendaient toutes du siége royal de cette ville.

(2) D. Morice, t. III, col. 403.

d'une pierre blanche et poreuse, qui, au premier abord, semble n'être qu'un mélange de chaux et de sable, mais qui, à en juger par le grand nombre de coquilles marines qu'elle renferme, est évidemment un calcaire coquillier.

Ces cercueils affectent, sous la terre, une position constante : les pieds à l'est et la tête à l'ouest.

Ceux que l'on a découverts jusqu'ici, et dont le plus grand nombre se trouvait dans les pièces de terre voisines d'un petit sentier auquel la tradition a conservé le nom de *Rue des Tombeaux*, ne renfermaient que des ossements presque entièrement réduits. Du reste, aucune gravure, aucune inscription qui pût mettre sur la voie de découvrir à quelle époque ils ont été déposés dans la terre. On prétend cependant que, dans l'un de ces cercueils, l'on a trouvé cinq ou six médailles oblongues de la grandeur d'une ancienne pièce de 3 livres, que l'on brisa en voulant les éclaircir; mais rien n'est moins certain que cette prétendue découverte, sur laquelle nous n'avons pu obtenir aucun renseignement.

Nous ignorons entièrement à quelle époque remontent ces cercueils. La comparaison que nous avons faite de quelques-uns de leurs fragments avec des fragments d'autres cercueils découverts dans les ruines de Jublains, et que nous avons reconnus être parfaitement identiques, nous porterait à croire qu'ils sont antérieurs à la fin du IXe siècle, l'ancienne cité des Diablintes ayant été détruite à cette époque.

Les maisons nobles de Vandel étaient : Le Moulin-Blot, le Chantier, la Barberie, le Manoir, la Villaye, Saint-Nicolas et le Pont-Notre-Dame.

NOTICE

STATISTIQUE.

INTRODUCTION.

La guerre, et tout ce qui en est la cause ou l'effet, ayant été pendant long-temps un des actes les plus importants de la vie des sociétés, les chroniqueurs et les anciens historiens n'ont guère rempli leurs récits que de la chronologie plus ou moins détaillée des guerres que les chefs des nations ou des peuplades se faisaient entre eux; aussi, pour écrire l'histoire politique ou guerrière des moindres localités, trouve-t-on toujours de nombreux éléments. Il n'en est plus de même, si l'on cherche à savoir quel a été le développement des industries agricoles, manufacturières et commerciales de ces localités. En recueillant quelques faits échappés aux chroniqueurs et aux poètes, en étudiant les fragments d'objets d'art que les temps et les guerres ont épargnés, on a pu arriver à rétablir l'histoire générale de la vie industrielle des peuples; mais on manque presque entièrement de documents qui puissent faire connaître les différentes phases des progrès de l'industrie dans les petits centres de populations, comme Fougères. Au reste, le mouvement de la vie, sous toutes ses faces, est si récent pour ces faibles individualités sociales, qu'il ne faut pas remonter bien haut le cours de leur existence pour arriver aux temps où, commençant pour ainsi dire à marcher, elles ont accompli quelques-uns des actes importants de leur vie industrielle. Malgré cela, on ignore le plus souvent les causes de l'origine des industries qui existent dans chaque pays, et celles de leur décadence.

Lors de la révolution de 1793, les archives des communes et celles des plus anciens établissements religieux ayant été détruites ou dispersées, comme nous l'avons déjà dit, la ville de Fougères, centre industriel de l'arrondissement, ne possède pas d'archives. Nous n'avons donc pu recueillir et rapprocher, même pour des temps voisins de nous, qu'un très-petit nombre de faits qui soient propres à donner une idée de l'état industriel de l'arrondissement de Fougères à plusieurs époques, qui permettent de constater les progrès que le pays a réalisés dans l'industrie, qui fassent connaître les circonstances qui ont eu de l'influence sur la décadence ou la prospérité des différentes industries qui s'y sont successivement établies.

Envisagée sous ce point de vue, cette notice statistique serait bien réellement un chapitre de l'histoire de la baronie, de la ville et de l'arrondissement de Fougères, s'il n'y existait pas de nombreuses lacunes, qui probablement ne pourront jamais être comblées. Nous avons du moins réuni, ou plutôt analysé, tous les faits qui nous ont paru propres à faire voir indirectement ce qu'était autrefois l'arrondissement de Fougères; car, à défaut d'anciens documents, on ne peut juger le passé que par le présent.

TROISIÈME PARTIE.

LIVRE PREMIER.

Topographie générale.

§ 1. — *Position astronomique.* — *Dimensions.* — *Confins.* — *Pays.*

L'arrondissement territorial qui a pour chef-lieu la ville de Fougères, et qui fait partie du département d'Ille-et-Vilaine, est compris entre le 3° 55' et le 4° de longitude occidentale du méridien de Paris, et pour la latitude entre 48° 15' et 48° 30' 30".

Sa plus grande longueur, dans la direction de l'est à l'ouest, depuis les limites est de la commune de la Chapelle-Janson jusqu'aux limites ouest de celle de Noyal, est de 46 kilomètres (11 lieues 1/2); sa plus grande largeur, du nord au sud, est de 32 kilomètres (8 lieues.)

La carte itinéraire indique les limites de l'arrondissement, celles de chaque canton et de chaque commune.

L'arrondissement de Fougères se compose de toute l'ancienne subdélégation de Fougères, de celle de Saint-Aubin, moins dix communes, et de celle d'Antrain, moins huit communes.

Lors de la division du territoire français en districts, le canton d'Antrain, qui fait aujourd'hui partie de l'arrondissement, était compris dans le district de Dol.

§ 2. — *Montagnes.* — *Terrains.* — *Roches.* — *Minéraux.*

L'arrondissement de Fougères est situé sur le versant septentrional de cette chaîne de montagnes, en grande partie granitique et indépendante du système gallo-francique, qui s'étend dans les départements de l'Eure, de l'Orne, de la Manche, de l'Ille-et-Vilaine, des Côtes-du-Nord, du Morbihan, du Finistère. Elle n'est réellement qu'une série de collines, dont le point culminant ne s'élève pas à plus de 200 mètres. Cette chaîne de montagnes, que M. Balbi appelle Chaîne Armorique, est connue en Bretagne sous les noms de Monts d'Arrée, de Monts Menez, de Montagnes Noires ; elle s'étend au sud-est, au sud et au sud-ouest de l'arrondissement ; elle est formée de quartzite, dans l'arrondissement de Fougères.

Deux chaînons ou contreforts, l'un à l'orient, l'autre à l'occident, sortent de la chaîne principale et se rendent à la mer dans la baie de Cancale, où ils se terminent, après avoir traversé l'arrondissement dans la direction du sud-est au sud-ouest, en formant le bassin de la rivière du Couesnon, et un des côtés du bassin des rivières la Sélune et la Rance.

Du versant septentrional de la chaîne principale et des flancs des contreforts partent un grand nombre de rameaux plus ou moins prononcés, dont cinq principaux sortent des flancs du contrefort oriental, pour former à l'est les vallées des rivières de l'Eron, de l'Air et du Beuvron, qui se jettent dans la Sélune, et à l'ouest, les vallées du Nançon, de Minette et de Loisance, rivières qui affluent dans le Couesnon.

De ces nombreux rameaux naît un nombre plus grand encore de collines, entre lesquelles se trouvent les sources des ruisseaux qui arrosent le territoire de l'arrondissement de Fougères.

Les points culminants des collines de l'arrondissement s'élèvent au plus à 100 mètres, et leur élévation au dessus du niveau de la mer n'est pas à plus de 180 à 200 mètres. Les rochers ou éminences les plus remarquables sont les rochers quartzeux de Bécherel, près du château de Saint-Aubin; ceux du Saut-Rolland, près de Dompierre, et les rochers granitiques du Mont-Louvier, près de Louvigné.

Les parties sud de l'arrondissement, dont les collines sont quartzeuses, se rattachent au système silurien; les autres parties, au sud et au nord de Fougères, appartiennent au système cambrien, aux terrains de transition inférieure, et aux terrains granitiques de première formation.

Voici les différentes matières minérales que l'on trouve dans la partie de l'écorce du globe sur laquelle est assis l'arrondissement de Fougères :

De la tourbe en dépôts peu puissants dans quelques marais. L'étang de Lande-Marel, en Parigné, où l'on voit des îles flottantes de tourbe, et qui est le reste d'un ancien amas d'eau beaucoup plus considérable, doit présenter les plus forts dépôts de tourbe. Dans les vallons, on trouve des dépôts peu puissants de cailloux roulés, souvent placés bien au dessus du lit actuel de nos rivières; des dépôts assez puissants de sable, surtout à la lisière des terrains granitiques; des dépôts d'argile jaunâtre et d'argile figuline assez puissants.

Du calcaire argileux, en dépôts peu puissants, aux Mats,

en Landéan, et probablement dans tout le bassin où est l'étang de Lande-Marel.

Le silex pyromaque et meulière, dans la même localité.

Le calcaire de transition et le schiste fossilifère, à l'extrémité de la forêt de Haute-Sève, en Saint-Aubin.

Le quartzite, dans toute l'extrémité sud de l'arrondissement : à Gosné, Saint-Aubin, Saint-Jean, Chienné, Combourtillé, Parcé, Dompierre, Luitré, la Chapelle-Janson.

Le schiste argileux, le psammite schistoïde dans la partie basse du bassin du Couesnon; le schiste ardoise, le phtanite, dans le bassin du Couesnon; le trappite pétro-siliceux dans le même bassin, en se rapprochant des granites. Ces mêmes roches se trouvent au nord-ouest de Fougères, de Saint-Brice à Antrain, et d'Antrain vers Bâzouges et Marcillé.

Le phyllade mâclifère, à Antrain et Tremblay, voisin du granite.

Le silex corné en contact avec le granite.

Le quartz, le kaolin, le pegmatite granulaire, le leptynite çà et là, au milieu du terrain granitique.

Le granite en petits dépôts au sud de l'arrondissement, à Dompierre, à Luitré, au milieu du schiste et du quartzite; puis partout au nord et à l'ouest de Fougères.

Le porphyre quartzifère, au bois de Montbelleux, en Luitré; le porphyre noir à Bâzouges-la-Pérouse. On trouve aussi dans cette commune une terre alumineuse, dite *terre pourrie*.

Le diorite, à Louvigné, au Loroux, à Saint-Etienne, ordinairement en blocs épars à la surface du sol.

Les sols granitiques occupent un peu plus des six dixièmes de l'arrondissement; les sols schisteux un peu moins des trois dixièmes, et les sols quartzeux un dixième seulement.

Le granite commun, gris et bleu, est la roche la plus répandue, et la seule que le commerce et l'industrie exploitent sur tous les points de l'arrondissement. Il n'y a pas moins de cent à cent cinquante ouvriers, gagnant, en moyenne, 1 fr. 50 c. à 2 fr. par jour, employés à l'extraction et à la taille des granites, que l'on exporte dans les départements d'Ille-et-Vilaine, de la Mayenne et de la Manche, et que l'on emploie pour les constructions et pour le pavage des rues. On exporte jusqu'en Belgique des tables d'un granite gris très-tendre, que l'on extrait dans les environs de Louvigné. On exploite aussi, comme moëllons, et pour l'usage du pays, les granites gris et tendres, et les granites en décomposition comme sable pour les mortiers. Avec le prix des charrois, la valeur de l'exploitation des granites taillés doit bien approcher de 100,000 fr.

Le pegmatite granulaire, appelé granite compacte, plus rare que le granite, est exploité pour l'empierrement des chemins vicinaux ; le quartzite et le quartz sont aussi exploités pour les mêmes chemins et pour les routes royales. Les schistes argileux sont employés pour pierre à bâtir, et comme matériaux d'empierrement des chemins vicinaux, à défaut d'autres roches.

On fait avec le phyllade ou le schiste maclifère de Tremblay des pierres pour dalles et pavés d'églises d'un assez joli effet : il existe dans la commune de Tremblay une exploitation de cette pierre pour cet usage.

Le calcaire de transition est exploité pour plusieurs fours à chaux qui existent dans les environs de la forêt de Haute-Sève, en Mézières et Gahard.

Toutes les autres roches sont en faibles dépôts, et ne sont pas exploitées.

Parmi les minéraux, voici ceux que l'on trouve en petite quantité : le feldspath lamellaire dans le granite, dans la forêt de Fougères ; la tourmaline dans le pegmatite et le leptynite ; le wolfram dans le quartz, dans le bois de Montbelleux ; le mispikel, près de Dompierre ; le fer hydraté çà et là ;

des traces de cuivre dans le porphyre quartzifère du bois de Montbelleux.

Les faits faciles à reconnaître par tout le monde, et qui accusent les différentes révolutions de la surface du globe, sont assez rares dans les terrains qui, comme presque tous ceux de l'arrondissement de Fougères, appartiennent aux premières périodes géologiques, aux premières formations ignées du globe. Dans ces terrains, nous n'avons à citer qu'un seul fait remarquable.

Les fragments du rocher de Bécherel, près le château de Saint-Aubin, et que l'on aperçoit à la surface du sol, sont disposés de telle sorte que l'œil le moins exercé peut y voir la preuve de la formation des montagnes qui sont le résultat des soulèvements de l'écorce du globe. Ici le soulèvement a été porté jusqu'à la rupture de cette écorce, et les produits de la rupture, jetés de tous côtés, sont là gisants, éternels témoins d'une violente agitation de notre globe et du sens dans lequel la vague pierreuse est venue se briser, en faisant rejaillir au nord le plus grand nombre de ses débris

Au dessous du moulin de l'Artoire, en Parigné, on reconnaît les traces évidentes de l'éboulement, de la rupture de la chaussée naturelle d'un petit lac qui existait dans ce bassin, où il ne reste plus que l'étang de Lande-Marel et la rivière du Nançon. Dans des fouilles faites aux environs de la butte Maheu, on a trouvé des rognons de calcaire d'eau douce, qui prouvent le séjour prolongé des eaux sur ces points.

Dans les terrains de schiste argileux de Fougères et d'Antrain, terrains de transition inférieure, nous connaissons des traces de deux anciens cours d'eau accusés par des bancs de galets ou cailloux roulés, des sables lavés, des débris de roches granitiques. L'un de ces dépôts se voit, à Fougères, sur le chemin du faubourg de Savigny à Gibary, à gauche en descendant, à moitié de la côte de Gibary; le cours d'eau était perpendiculaire au cours actuel du Nançon. L'autre dépôt existe sur le chemin de Saint-Ouen-la-Rouërie à Antrain, à moitié de la côte qui descend à la route de Pontorson ; ce cours d'eau était parallèle au cours actuel de Loisance.

§ 3. — *Bassins, vallées, rivières.* — *Bassin de la Vilaine, —de la Sélune, —du Couesnon.*—*Rivière du Couesnon.*

Le territoire de l'arrondissement de Fougères est partagé en cinquante-sept circonscriptions communales, qui s'étendent dans les trois bassins de la Vilaine, de la Sélune et du Couesnon.

BASSIN DE LA VILAINE. — Vallée de Cantache. — Une très-petite partie des communes de Luitré, de Parcé, de Combourtillé, et les trois quarts de Dompierre sont dans la vallée de la rivière de Cantache, qui fait partie de ce bassin. Cette rivière, qui se jette dans la Vilaine, au dessous de Vitré, après avoir traversé l'étang de Châtillon, prend sa source auprès des sources du Couesnon (1).

Vallée de l'Ille. — *Vallon de l'Illette.* — Gosné, presque tout Saint-Aubin, le tiers de Mézières, communes situées au sud-ouest de Fougères, font partie de la vallée de l'Ille, rivière qui se jette dans la Vilaine, au dessous de Rennes.

---

(1) Pour le parcours et la longueur des rivières et de leurs affluents, il faut consulter la carte itinéraire et le tableau n° 8, dont voici la clef. Pour chaque bassin, les rivières dont les noms sont en grandes capitales reçoivent les rivières dont les noms sont inscrits en petites capitales ; celles-ci reçoivent les rivières dont les noms sont en caractères ordinaires, lesquelles reçoivent enfin les rivières dont les noms sont écrits en caractères italiques.

BASSIN DE LA SÉLUNE.—Un plus grand nombre de communes, situées au nord et au nord-est de Fougères, font partie de ce bassin, qui contient dans l'arrondissement les trois petites vallées suivantes :

La vallée de l'Eron, qui comprend le Loroux, une très-petite partie de Laignelet et de Landéan, la Bâzouges et les trois quarts de Louvigné ;

La vallée de l'Air, qui comprend un quart de Louvigné, de Mellé et de Saint-Georges, et tout Monthaut ;

La vallée du Beuvron, où sont compris les trois quarts de Saint-Georges, de Mellé et de Poilley, une petite partie de Parigné, et tout Villamée.

L'Eron, et son affluent la Bignette, prennent leur source dans le département de la Mayenne et dans la Chaîne-Armorique.

BASSIN DU COUESNON.—Les quarante-cinq autres communes de l'arrondissement sont situées, en totalité ou en partie, dans le bassin où coule la rivière du Couesnon. Ce petit bassin, bien limité, est entièrement séparé des grands bassins de la Loire et de la Seine, quoiqu'il se rattache à ce dernier.

Quelques communes des arrondissements de Vitré, de Rennes, de Saint-Malo et du département de la Manche, sont comprises dans ce bassin.

Telles sont pour Vitré, Montreuil ; pour Rennes, Romazy, Vieuvy et Sens ; pour Saint-Malo, Saint-Léger, Cuguen, Trans, Vieuxviel, Sougéal, Pleine-Fougères, Sains, Saint-Georges-de-Gréhaigne, Roz-sur-Couesnon ; pour la Manche, Carnet, Argouges, Montanel, Sacey, Vessey, la Croix, Villiers, Ancey, Boucey, Corneray, Macey, Curey, Pontorson, Moidray.

Les limites du bassin du Couesnon sont, à l'est, au sud et

au sud-ouest, le faîte de la Chaîne-Armorique, pendant une longueur de 70 kilomètres (15 lieues). Cette partie de la chaîne principale commence aux limites est de l'arrondissement et des communes du Loroux et de Fleurigné; elle fait la limite de la Chapelle-Janson à l'est; elle passe au bourg de la Pélerine, entre un peu sur la commune de Saint-Pierre, se dirige vers le bourg de Luitré, passe entre ce bourg et le château des Harys, puis entre Dompierre et Parcé, se dirigeant vers le sud du bourg de Montreuil; elle passe au château de Malnoë, suit les limites de Combourtillé et de Chienné, passe au dessus du bois de Rumignon, traverse Saint-Aubin, se dirige vers Sens, en suivant la route départementale n° 18, de Vitré à Saint-Malo, et va se terminer entre Lanrigan et Saint-Léger.

Au nord-est, ce bassin est limité par un contrefort de 50 kilomètres, qui part de la chaîne principale et du point est désigné ci-dessus; il suit la direction du sud-est au nord-ouest, passe sur les limites sud du Loroux, au château de la Motte-Anger, par le Mont-Romain, puis à Château-Jaune, dans la forêt de Fougères, à la Rallais, au rocher de la Plochais, au château de la Grasserie, à Roche-Gaudin; de là il se dirige du nord-est au sud-ouest, vers les châteaux du Bois-Guy et de la Vieuxville; de ce dernier point il reprend sa première direction, et suit la route départementale n° 11, de Fougères à Avranches, jusqu'à Saint-James, puis celle de Saint-James à la Croix; il se dirige vers Macey, Curey, Moidray et les grèves du mont Saint-Michel, où il finit.

A l'ouest, un autre contrefort, qui n'a que 25 kilomètres, fait la limite de ce bassin : il commence entre Lanrigan et Saint-Léger, passe à l'est du bourg de Trémeheuc, à l'ouest de celui de Cuguen, gagne l'extrémité nord des limites de Noyal, suit les limites ouest de Bàzouges, passe à l'ouest du bourg de Trans, à l'est de celui de Saint-Marc, et se termine à la mer.

La surface de ce bassin est d'environ 1,060 kilomètres carrés.

Le *Couesnon*, anciennement Lerra, prend sa source dans la commune de Saint-Pierre-des-Landes, arrondissement de Mayenne, dans la Chaîne-Armorique, à la fontaine de Couesnette, située environ à 200 mètres au dessus du niveau de la mer.

Le Couesnon coule de l'est à l'ouest, en traversant ou côtoyant dix-neuf communes de l'arrondissement. A partir de Saint-Ouen-des-Alleux, il suit jusqu'à la mer la direction du sud au nord; il passe sur l'arrondissement de Rennes, et quitte celui de Fougères, après un parcours de 80,000 mètres. A 15,000 mètres au-delà de l'arrondissement, il se jette dans la baie de Cancale, à travers les grèves du Mont Saint-Michel, à l'ouest de ce rocher, en s'approchant toujours de plus en plus des digues des marais de Dol.

Le Couesnon, dont le cours est assez rapide, en a souvent changé au dessous de Pontorson, dans les grèves qu'il traverse pour se rendre à la mer, et quelquefois en causant de grands ravages.

D'après une tradition formulée dans ce dicton populaire :

Notre Couesnon par sa folie
Mit Saint-Michel en Normandie,

cette rivière passait autrefois à l'ouest du Mont Saint-Michel; le changement de son cours remonte sans doute à l'année 709, l'année du grand cataclysme qui ensevelit la forêt de Scicy, où sont aujourd'hui les marais de Dol, et qui forma la baie du Mont Saint-Michel. C'est aussi à ce temps que l'on rapporte l'apparition de l'archange qui a rendu ce lieu célèbre.

L'instabilité du Couesnon dans le trajet qu'il parcourt à travers les grèves du Mont-Saint-Michel pour se rendre à la mer, ce qui contribue à rendre ces grèves dangereuses ; la nécessité de protéger les digues des marais de Dol contre les irruptions capricieuses de cette rivière ; le désir de dessécher, pour les livrer à l'agriculture, de vastes grèves d'une fertilité certaine et très-grande, ont depuis long-temps fait penser à détourner et à fixer le lit du Couesnon.

Déjà Vauban avait proposé de lui ouvrir un lit à travers les marais de Dol, et de le jeter dans la Rance, au dessous de Châteauneuf.

Le Couesnon ayant de nouveau changé son cours, de manière à détruire une partie assez considérable des digues des marais de Dol, et les menaçant toujours d'une nouvelle irruption, on reprit, en 1793, le projet de le dériver. On s'arrêta à celui de le diriger à l'est du Mont-Saint-Michel, en l'encaissant entre deux digues au dessous de Pontorson. Ce projet fut adopté par arrêté des consuls du 25 thermidor an VIII, et par une loi du 18 floréal an X.

En 1804, la compagnie Combes et Quinette fit avec le gouvernement un traité pour l'exécution de cette entreprise, moyennant la somme de 400,000 fr., la moitié payable par l'Etat, l'autre moitié par les propriétaires des marais de Dol.

L'Etat concédait aussi à cette compagnie tous les terrains, *lais et relais* de la mer, qu'elle pourrait conquérir. Les dépenses nécessaires pour creuser le canal de dérivation et pour construire les digues d'encaissement, étaient évaluées un million ; évaluation que l'on regardait alors comme étant beaucoup au dessous de la vérité. Toujours est-il que l'entreprise ne réussit pas. On parvint cependant à enlever à la mer quelques terrains qui sont aujourd'hui en culture, et qui sont devenus la propriété de l'Etat, représentant la compagnie Combes et Quinette.

Le projet de dériver le Couesnon et de dessécher les grèves du Mont Saint-Michel est de temps en temps remis à l'étude, sans que jusqu'ici ces études aient abouti à rien.

Avant 1789, le Couesnon était navigable jusqu'à Antrain. Les denrées coloniales, les vins, les fers, les résines, et toutes les productions étrangères au pays, étaient débarqués au port de l'Angle, où l'on embarquait en retour les grains, les bois, et autres productions du pays. Cette navigation, qui existait de temps immémorial, était entretenue par quelques travaux annuels faits par le gouvernement. Les nécessités de l'Etat ayant interrompu ces travaux d'entretien, le Couesnon cessa bientôt d'être navigable.

Depuis 1818 surtout, des réclamations nombreuses, des études, des tentatives, ont été faites sans succès pour arriver à rétablir la navigation du Couesnon. Enfin, en 1836, on a, on peut le dire, jeté 16,000 fr. dans cette rivière pour le même objet, ce qui n'a eu et ne pouvait avoir aucun résultat avantageux; car le seul moyen de rétablir la nivigation du Couesnon est de redreser son lit, beaucoup trop sinueux. On a employé les 16,000 fr. à enlever du lit de cette rivière les sables qui l'encombraient, et qui, en raison de la grande sinuosité de son cours, se sont de nouveau promptement accumulés.

Au reste, le degré d'importance de ces deux questions, la dérivation et la canalisation du Couesnon, a dû beaucoup changer avec le temps, avec les progrès de la viabilité terrestre, de la théorie, de la pratique agricole, et avec le développement de l'industrie commerciale.

Dans les temps où le Couesnon était navigable jusqu'à Antrain, les routes royales et vicinales étaient très-mauvaises, presque en toutes saisons; la faculté de profiter de quelques lieues de rivière navigable était alors un avantage inappréciable. Aujourd'hui, les circonstances ont entièrement changé:

la viabilité du sol s'améliore et tend de plus en plus à s'améliorer ; le transport par eau n'offre plus d'avantages marqués sur le transport par terre, que dans certaines circonstances et certaines limites de longueur qui ne se trouvent pas dans la canalisation du Couesnon jusqu'à Antrain seulement, et cette navigation, fût-elle rétablie dans son ancien état, il est probable que les objets qui, avant 1789, se transportaient par cette voie, ne prendraient plus la même direction.

Dans ces mêmes temps, les progrès de la science agricole n'avaient encore appris ni qu'elle était la nature des sables qui forment les grèves du Mont-Saint-Michel, ni qu'il pouvait être avantageux de transporter ces sables à de grandes distances pour fertiliser les terres. D'ailleurs, le mauvais état de tous les chemins qui conduisaient à la mer eût rendu ces connaissances inutiles. Les progrès de la culture ont donc introduit un fait nouveau dans cette question de la dérivation et de la canalisation du Couesnon ; car les grèves du Mont-Saint-Michel sont déjà devenues une source inépuisable de richesses pour un terrain deux cents fois plus grand que celui qu'elles occupent, et ce terrain s'étendra beaucoup, à mesure que la culture et les voies publiques s'amélioreront. Il est donc aujourd'hui indispensable que tout projet de dérivation et de canalisation du Couesnon, ou de desséchement des grèves du Mont-Saint-Michel, soit subordonné à cette clause, de laisser libre un espace suffisant pour permettre l'enlèvement facile et abondant des sables de mer.

Pendant long-temps encore l'enlèvement des sables de mer doit augmenter suivant une progression très-rapide, qui peut même dans l'avenir dépasser toutes les prévisions. Lorsque le progrès nécessaire des idées de solidarité et d'association permettra de mettre plus d'ordre et plus d'ensemble dans la culture des terres, alors les rivières seront rendues à leur destination providentielle, qui n'est certainement pas celle d'être presque uniquement employées à faire marcher des moulins à farine. Tous les cours d'eau seront encaissés, leurs pentes seront réglées, leurs eaux aménagées pour l'irrigation du sol; les cours d'eau les plus importants seront en outre convertis en canaux de navigation, ces chemins qui marchent, ces voies de communication les plus simples, les plus naturelles, les plus économiques, surtout grâce aux écluses à double porte, cette ingénieuse idée de Léonard de Vinci, qui a centuplé la puissance de ce grand instrument de viabilité, que rien ne saurait remplacer, même les chemins de fer les plus perfectionnés. Le Couesnon deviendra la grande artère du territoire qu'il traverse, fertilisant le sol par des irrigations bien ménagées, apportant fort avant dans le pays, à notre terre argilo-siliceuse, déjà très-fertile, les riches sablons de la mer, qui contiennent un peu de sel, et, de plus, l'élément calcaire, le seul qui manque au sol de l'arrondissement pour qu'il ait toutes les conditions d'une grande fécondité.

Si le dessèchement des grèves du Mont-Saint-Michel devait entraver l'enlèvement du sable de ces grèves, il faudrait abandonner cette opération; car peut-on comparer l'amélioration certaine et peu coûteuse d'immenses terrains déjà en valeur et d'une grande étendue de landes, avec la conquête très-onéreuse et toujours très-précaire de quelques hectares de grèves, que la mer tendra sans cesse à envahir de nouveau?

On croit encore généralement que les bons effets que le sable de mer, ou *langue*, produit dans la culture, viennent du sel marin qu'il contient. C'est une erreur que l'analyse chimique nous a depuis long-temps fait connaître, et qui a été constatée, en quelque sorte officiellement, par l'ingénieur des ponts-et-chaussées chargé, en 1840, de continuer les études du dessèchement des grèves du Mont-Saint-Michel. Voici le résumé de l'analyse qui a été faite de ces sables, pris dans différents points de la grève où on les exploite :

Sur cent parties il y a :

	SEL marin.	Autres SELS.	Carbonate de chaux	Pyrite alumine oxide de fer.
A 3 kilomètres au-dessus du Pontaubault...	» 14	2 72	29 47	59 68
Au Pontaubault........................	» 15	3 42	38 37	53 02
Au Pont-Gilbert	» 20	2 90	41 44	51 71
A l'anse de Moidrey...................	» 55	3 15	30 81	57 32
A Roche-Torin........................	4 25	4 45	32 77	48 32
A 7 kilomètres au-delà du Mont-Saint-Michel...............................	» 25	2 87	26 58	65 52
A la pointe de Cancale.................	» 41	3 18	23 57	68 90
A l'embouchure de la Rance............	» 94	2 31	22 14	70 81

Ainsi, ce sont les sables du Pontaubault et du Pont-Gilbert qui sont les meilleurs, puisqu'ils contiennent une plus forte proportion de calcaire.

Comme on le voit, excepté la tangue de Roche-Torin, qui a été prise sur les *mondrins*, monticules de tangue havelée amassés par les saulniers pour faire le sel ignifère, et qui n'est pas celle que les cultivateurs emportent, tous ces sables de mer que l'on prend pour l'agriculture, en les enlevant sur toute la hauteur d'un fer de bêche, ne contiennent pas plus d'un demi pour cent de sel marin.

Par suite de la croyance où l'on était que la tangue contenait beaucoup de sel, il y a quelques années, les cultivateurs qui allaient en chercher la lavaient pour en retirer le sel, et l'importance que les agents de la douane mettaient à rechercher ces nouveaux fabricants de sel les entretenait dans leur croyance erronée. Mais, tout en persistant à penser que la tangue n'agit que par le sel qu'elle contient, nos cultivateurs ont promptement reconnu que c'était une duperie de chercher à en retirer du sel. Il n'y a plus aujourd'hui que l'administration des douanes à se préoccuper de cette fabrication frauduleuse.

L'administration devant maintenant savoir que c'est bien plus pour la matière calcaire contenue dans la tangue, que pour le sel, que l'on recherche cette substance, elle pourrait bien supprimer toutes les inquiétudes et toutes les formalités dont l'enlèvement de ce sable de mer est l'occasion, et cela d'autant mieux, que l'on applique à tort à la tangue l'ordonnance du 19 juin 1816, qui n'a défendu que l'enlèvement des sables dits *sablons* propres à la fabrication du sel ignifère, c'est-à-dire les sables havelés par les sauniers dans les hâvres désignés par l'ordonnance.

Mais toutes les entraves à l'enlèvement des sables de mer et des matières salines disparaîtraient, si l'administration, s'élevant à des considérations d'hygiène publique, humaine et zoologique, s'éclairant de la pratique des agricultures étrangères, des vues nosologiques très-remarquables de M. Raspail, demandait les voies et moyens nécessaires pour supprimer entièrement l'impôt du sel, et non pour le réduire, comme on le propose; demi-mesure qui ne satisfera ni les besoins du trésor, ni ceux de l'agriculture et de la santé publique. D'ailleurs, une réduction de l'impôt du sel, quelque forte qu'elle soit, ne donnera jamais *le libre usage des sources salées*, et surtout celui des *eaux de la mer*, qui contiennent 3 1/2 pour 100 de divers sels, dont 2 1/2 pour 100 de sel marin, et qui pourraient être utilisées par les deux ou trois millions d'habitants qui occupent, sur six cents lieues de littoral, une zône de dix lieues, deux à trois millions d'hectares, le vingtième du territoire français.

§ 4. — *Climat.* — *Aspect général.* — *Flore de l'arrondissement.*

L'arrondissement de Fougères est encore un des fleurons de cette couronne d'or, de ce pays riche et fécond qui s'étend sur tout le littoral nord de la péninsule de Bretagne. Comme le territoire de cette ancienne province, le sien est aussi une terre de granite recouverte de chênes, et c'est dans cette partie de la Bretagne que commence la forêt normande, une de celles qui fermaient l'Armorique.

Son climat est, comme celui de la Bretagne, humide, pluvieux et très-venteux ; les vents qui y dominent sont ceux de l'ouest, du nord-ouest et du sud-ouest ; ils y soufflent fréquemment avec une grande violence. Excepté les vents d'est et ceux du sud-est, qui encore y amènent des nuages orageux, tous les vents y poussent continuellement des nuages chargés d'humidité qui, sous l'influence attractive des arbres qui couvrent tout son territoire, se résolvent en pluie, en brouillards, en rosées très-abondantes.

L'arrondissement de Fougères est déjà trop éloigné des bords de la mer, pour jouir de cette douce température que les vents de mer saturés d'humidité apportent à presque toute la Bretagne ; au contraire, la température y est froide et très-brusquement variable : le soir et le matin surtout, on y éprouve fréquemment un vent vif, humide, tellement froid que, dans les mois les plus chauds de l'année, il n'est pas rare de voir la gelée y faire de grands ravages, en grillant la fleur des blés, celle des pommiers, des sarrasins, des châtaigniers. Ce climat, que l'on peut appeler rigoureux, si on le compare à celui des arrondissements qui entourent l'arrondissement de Fougères, sévit avec moins de force dans le canton d'Antrain, qui est déjà plus voisin de la mer, et dont le sol est aussi moins couvert d'arbres.

C'est surtout lorsque l'on quitte la campagne de Rennes pour entrer dans celle de Fougères, que l'aspect de cette dernière paraît plus remarquable.

Aux seules maisons construites en pierres, qui ont remplacé les maisons en terre, on reconnaît que l'on est dans l'arrondissement de Fougères ; les collines deviennent plus nombreuses, plus escarpées, les champs plus divisés, plus plantés, les clôtures qui entourent chaque champ sont plus élevées, mieux garnies de vigoureux arbres de haute futaie, ayant pour ainsi dire tous leurs membres ; ce ne sont plus ces arbres sans têtes ni bras, mutilés et maladifs, ces piquets, véritables usines à fagot, que l'on trouve dans les campagnes de Rennes ; usines qui donnent probablement plus de produit que nos grands arbres, mais dont la vue est assurément fort peu gracieuse.

A mesure que l'on approche de la ville de Fougères, un des points les plus pittoresques du sol accidenté qui forme l'arrondissement, les paysages sont encore plus variés, plus étagés, toute la campagne devient un épais bocage, une véritable forêt, sous laquelle se perdent en partie les accidents du sol : et ce pays, si frais et si vert, ne tarde pas à faire sentir son influence, par l'impression souvent très-vive d'un froid humide.

Tel est l'aspect de cet arrondissement, vu à vol d'oiseau ; mais si on pénètre dans l'intérieur du pays, si on descend dans le détail de tous les accidents du sol, son aspect devient encore plus pittoresque ; aux accidents naturels du terrain viennent se joindre ceux qui sont la conséquence des usages du pays, de la forme et de la nature du sol.

Tout l'arrondissement est partagé en champs d'une grandeur moyenne de 45 arcs, entourés de tous côtés par des clôtures en terre, ayant 1 mètre 50 centimètres de base, et 1 mètre 30 centimètres à 1 mètre 50 centimètres de hauteur. Sur ces clôtures, presque toujours couvertes et surmontées de plantes épineuses, très-serrées, existent des arbres de haute futaie, qui sont parfois si rapprochés les uns des autres, que l'on peut bien compter un arbre par 2 mètres linéaires de clôture. Comme les clôtures des champs de l'arrondissement forment bien seize mille lieues de longueur, on peut évaluer à trente-deux millions de pieds les arbres de ces clôtures. En outre, environ 500,000 pommiers et poiriers sont plantés dans les jardins et au milieu des champs. En raison de l'activité de la végétation qui existe dans l'arrondissement, tous ces arbres y deviennent très-grands ; les poiriers même y acquièrent des proportions qui en font des arbres de haute futaie. D'après cela, il est facile de se rendre compte de cet aspect d'une vaste forêt que prend le pays, surtout lorsque tous les arbres sont couverts de feuilles.

Tous les champs appartenant à différents propriétaires et formant rarement un ensemble, étant au contraire presque toujours mêlés aux champs des autres propriétaires, pour arriver à chacun de ces casiers, sans passer sur les casiers des autres, il a fallu laisser un grand nombre de petits chemins pour le service des champs. Ces chemins, qui n'ont pas ordinairement plus de 3 mètres de largeur, étant compris entre les clôtures plantées de grands arbres des champs riverains, sont couverts entièrement par leurs branches. Étroits et souvent en pente assez forte, ils sont sans cesse dégradés par les eaux pluviales, qui les parcourent avec rapidité.

Par suite de ces dégradations, leur sol devient partout inférieur au sol des champs voisins, dont ils reçoivent tous les égouts, ce qui les rend presque toute l'année difficiles à pratiquer. Ceux qui ont une pente rapide deviennent tellement creux, étroits et cavés, que l'on finit par être obligé de les abandonner. Ces chemins ont parfois de 5 à 8 mètres de profondeur.

Avec de pareils chemins, avec des champs qui sont autant de forteresses faciles à défendre, avec des clôtures et des arbres qui ne permettent pas de voir à dix pas devant soi, on comprend facilement comment l'arrondissement de Fougères a pu être un théâtre convenable pour la guerre civile, qui a désolé ce pays de 1792 à 1800, et de nouveau en 1815.

Tout l'arrondissement étant assis sur un sol formé de roches feldspathiques, quartzeuses et schisteuses, son sol arable est nécessairement argilo-siliceux, et son sous-sol est plus ou moins argileux. Ces conditions réunies à un ciel brumeux, à un sol accidenté, couvert d'arbres, doivent donner naissance à de nombreuses sources d'eaux vives, pures, et tarissant rarement, qui surgissent en effet de tous côtés, et forment des ruisseaux d'un cours rapide et long, que les inégalités du terrain permettent encore d'allonger, au grand avantage de l'agriculture, en profitant de la rapidité de ces ruisseaux, dont on peut ménager la pente de manière à les relever à plusieurs mètres au dessus de leur cours naturel.

Ce sol argilo-siliceux, ce sous-sol argileux, ces nombreux ruisseaux, ces nuages chargés d'humidité, cette grande quantité d'arbres qui soutirent sans cesse l'humidité de l'atmosphère, et empêchent l'évaporation de celle qui est à la surface du sol, ces terrains accidentés qui excitent les mouvements rapides de l'air, toutes ces conditions rendent bien compte du climat venteux, froid et humide de l'arrondissement de Fougères.

Quoique cet arrondissement ait un climat un peu âpre, un ciel souvent sombre, néanmoins l'aspect général d'un pays accidenté, si vert et si frais, presque toujours couvert d'une végétation si vigoureuse, annonce trop la présence d'un sol riche pour inspirer de la tristesse. A différentes époques de l'année, tout le pays prend même un véritable air de fête, lorsque les fleurs d'or des genets et de l'ajonc épineux, les roses blanches de tous les arbres à fruit, les fleurs blanches du sarrasin, les chatons jaunâtres du châtaignier, viennent tour à tour émailler cet éternel fond de verdure qui recouvre tout le sol, et qui, en passant lui-même par les nuances infinies que prend la couleur verte des feuilles de nos différents arbres, varie à chaque saison l'aspect du pays.

Avec nos souvenirs et les notes que M. Sacher nous a communiquées sur les espèces minérales et végétales de l'arrondissement, nous croyons pouvoir, comme nous l'avons fait pour les minéraux, faire connaître la nomenclature assez exacte des plantes du pays. Ne pouvant donner rien de complet sur les végétaux acotyledones nous n'en parlerons pas. Ce catalogue de plantes est classé d'après le Botanicon Gallicum. Les lettres qui suivent chaque nom sont des abréviations dont voici la clef :

Très-rare. . . .	1
Rare	2
Assez rare . . .	3
Assez commun.	4
Commun	5
Très-commun .	6
Cultivé	C
Sud.	S au sud de l'arrondissement.
Ouest.	O à l'ouest de l'arrondissement.
Nord	N au nord de l'arrondissement.
Forêt.	F plantes que l'on trouve dans les forêts.
Douteuses . . .	D plantes qui, trouvées dans des décombres ou près des jardins, peuvent être étrangères à l'arrondissement.

RENONCULACÉES.

Clématite vigne blanche (D).	1
Anémone Sylvie.	6
Renoncule à feuilles de lierre.	6
tripartite.	3
aquatique.	6
langue.	3
flamette.	6
scélérate	3
âcre.	6
rampante.	6
bulbeuse.	6
à petites fleurs.	4
Ficaire renoncule.	5
Hellébore fétide (D).	1
Ancolie vulgaire.	1

NYMPHÉACÉES.

Nénuphar blanc.	5
jaune.	5

PAPAVÉRACÉES.

Pavot coquelicot.	3
Chélidoine majeure.	5

FUMARIÉES.

Corydale à vrilles.	4
Fumeterre officinale.	6

CRUCIFÈRES.

Giroflée des murailles.	6
Cresson officinal.	6
sauvage.	3
des marais.	5
amphibie.	5
Barbarée intermédiaire.	5
Conringie de Thalius.	5
Cardamine amère.	2
des prés.	6
velue.	6
Erophile vulgaire.	6
Téesdalie ibéride.	5
Sisymbre officinal.	6
Alliaire officinale.	5
Sénébière corne de cerf.	5
Capselle bourse à pasteur.	5
Passerage de Smith.	5
Chou giroflée.	4
Moutarde noire.	1
Radis Ravenelle.	6

CISTINÉES.

Hélianthème maculé.	4

VIOLARIÉES.

Violette odorante.	3
de chien.	6
tricolore.	6

RÉSÉDACÉES.

Réséda gaude.	4

DROSÉRACÉES.

Rossolis à feuilles rondes.	5
à longues feuilles.	3

POLYGALÉES.

Polygala commun.	5
amer.	6

CARYOPHYLLÉES.

OEillet prolifère.	5
velu.	5
Silené penché.	5
à bouquets (D).	2
Lychnide sauvage.	5
dioïque.	5
fleur de coucou.	5
nielle.	5
Sagine couchée.	5
dressée.	5
Spargoute des champs.	5
Larbrée aquatique.	5
Stellaire moyenne.	6
holostée.	6
graminée.	6
Sabline rouge.	5
à feuille de serpolet.	4
à trois nervures.	5
Céraiste commun.	6
visqueux.	6
aquatique.	2
des champs (D).	1

LINÉES.

Lin cultivé.	6
purgatif.	4
Radiole faux lin.	5

MALVACÉES.
Mauve musquée. 5
   sauvage. 5
   à feuilles rondes. 5

TILLIACÉES.
Tilleul à petites feuilles. C
   à feuilles larges. C

HYPERICINÉES.
Androsème officinal. 3
Millepertuis à tige ailée. 3
   quadrangulaire. 4
   couché. 6
   officinal. 6
   élégant. 6
Élode des marais. 5

ACÉRINÉES.
Érable champêtre. 5
   à feuilles de platane. C
   faux platane. C

HIPPOCASTANÉES.
Marronnier d'Inde. C

AMPÉLIDÉES.
Vigne vinifère. C

GÉRANIÉES.
Géranion à feuilles molles. 0
   pied de pigeon. 5
   découpé. 5
   herbe à Robert. 0
Érodion à feuille de ciguë. 0
   à feuille de pimprenelle. 3
   musqué. 3
   malacholde. 2

OXALIDÉES.
Oxalide oseille. 0

CÉLASTRINÉES.
Fusain d'Europe. 5

ILICINÉES.
Houx épineux. 6

RHAMNÉES.
Nerprun bourdaine. 5

LÉGUMINEUSES.
Ajonc d'Europe. 0
   nain. 0

Genêt anglais. 6
Sarothamne à balais. 0
Luzerne houblon. 5
   tachée. 5
Trèfle des prés. 0
   incarnat. 2
   strié. 4
   aggloméré. 4
   rampant. 0
   des champs. 3
   semeur. 4
   couché. 5
   filiforme. 5
Lotier corniculé. 0
Ornithope nain. 5
Vesce bleue. 5
   cultivée. 5
   des haies. 3
Ers velu. 0
   tétrasperme. 0
Gesse des prés. 4
Orobe tubéreux. 5
Robinier faux acacia. C

ROSACÉES.
Pêcher commun. C
Abricotier commun. C
Prunier épineux. 6
   domestique. C
Cerisier commun. C
   laurier-cerise. C
Spirée à feuilles de millepertuis (D). 1
   ulmaire. 0
Bénoîte officinale. 0
Ronce framboisier. 5
   frutescente. 0
Fraisier commun. 0
Potentille fraisier. 5
   tormentille. 0
   rampante. 3
   argentée. 3
   ansérine. 5
Comaret des marais. 5
Aigremoine eupatoire. 4
Alchemille des champs. 0
Pimprenelle sanguisorbe. 3

Rosier des champs.	6	Joubarbe des toits.	5
de chien.	6	**GROSSULARIÉES.**	
Aubépine épineuse.	6	Groseiller rouge.	C
Néflier d'Allemagne.	6	noir.	C
Poirier commun.	6	épineux.	C
pommier.	6	**SAXIFRAGÉES.**	
Sorbier des oiseleurs.	6	Dorine à feuilles opposées.	6
Coignassier commun.	C	Adoxe musquée.	5
CUCURBITACÉES.		**OMBELLIFÈRES.**	
Bryone dioïque.	5	Carotte commune.	6
ONAGRARIÉES.		Torilis des haies.	5
Épilobe en épi.	5	des champs.	5
des montagnes.	5	Berce branc-ursine.	5
des marais.	3	Angélique sauvage.	5
velu.	2	Conopode sans involucre.	5
tétragone.	5	Boucage élevée.	5
Isnardie des marais.	5	Berle à feuilles étroites.	5
Circée parisienne.	5	Egopode podagraire.	3
Macre nageante.	4	Carvi verticillé.	5
HALORAGÉES.		Persil cultivé.	5
Myriophylle en épi.	3	Ache commune.	2
verticillé.	3	Ethuse, ache de chien.	5
Callitriche printanier.	6	Heloscladie inondée.	4
d'automne.		nodiflore.	5
CÉRATOPHYLLÉES.		Fenouil officinal.	2
Cornifle nageant.	3	OEnanthe fistuleuse.	3
submergé.	3	pimprenelle.	4
LITHRARIÉES.		safranée.	6
Salicaire commune.	5	Cerfeuil penché.	5
Péplide pourpier.	5	Anthrisque cerfeuil.	C
PORTULACÉES.		commune.	4
Pourpier cultivé (D).	2	Myrrhis odorante (D).	1
Montie des fontaines.	6	Ciguë maculée.	5
PARONYCHIÉES.		Panicaut champêtre.	5
Corrigiole des rivages.	2	Hydrocotyle commun.	6
Illecèbre verticillé.	4	**CAPRIFOLIACÉES.**	
Gnavelle annuelle.	6	Lierre grimpant.	6
CRASSULACÉES.		Cornouiller sanguin.	5
Ombiliciné penchée.	5	Sureau yèble (N. O).	4
Orpin pourpre.	4	noir.	6
rougeâtre.		Viorne obier.	5
anglais.	4	Chèvrefeuille des haies.	6
âcre.	6	**LORANTHÉES.**	
réfléchi.	2	Gui blanc.	6

RUBIACÉES.

Gallet croisette.	6
d'Angleterre.	2
sauvage.	6
mollugine.	6
des marais.	6
grateron.	6
Aspérule odorante.	5
Shérardie des champs.	6

VALÉRIANÉES.

Valérianelle potagère.	6
carénée.	6
Centranthe à feuilles larges (D).	3
Valériane officinale.	5

DIPSACÉES.

Scabieuse à racine tronquée.	6
Knautie des champs.	6
Cardère sauvage.	3

CORYMBIFÈRES.

Eupatoire à feuilles de chanvre.	6
Pétasite commun.	3
Séneçon jacobée.	6
des bois.	5
commun.	6
Erigeron tardif (O).	2
Solidage verge d'or.	6
Paquerette vivace.	6
Conyze rude.	4
Inule dysenterique (S).	5
Gnaphale jaunâtre.	2
des bois.	6
des marais.	6
Cotonnière d'Allemagne.	6
de France (O).	
des montagnes (S.-O).	4
Chrysanthème grande marguerite.	6
matricaire.	5
inodore.	5
des moissons (S.-O).	4
Camomille romaine.	6
Achillée sternutatoire.	5
millefeuille.	6
Armoise commune.	5
Bident tripartite.	5
penché.	5

CYNAROCÉPHALES.

Bardane à petites têtes.	5
à grosses têtes.	2
Silybe Marie (O).	2
Chardon penché (O).	5
à petites fleurs.	5
Sarrète des teinturiers.	3
Cirse des marais.	5
lancéolé.	5
des champs.	5
d'Angleterre.	5
Centaurée noire.	6
bluet (S).	3
Carline commune.	5

CHICORACÉES.

Laitron des lieux cultivés.	6
rude.	6
des champs.	3
Laitue sauvage.	3
Chondrille des murs.	4
Lampsane commune.	6
fluette.	3
Crépide verdâtre.	6
Picride épervière (S.-O).	4
Pissenlit officinal.	6
Epervière piloselle.	6
auricule.	6
des murailles.	6
en ombelle.	6
Porcelle à longue racine.	6
Thrincie hérissée.	6
hispide.	2
Lion-dent d'automne.	6
Scorzonère humble.	6
Chicorée sauvage (D).	2

LOBÉLIACÉES.

Lobélie brûlante.	6

CAMPANULACÉES.

Jasione des montagnes.	6
Raponcule en épi.	2
Campanule gantelée.	4
raiponce.	6
à feuilles de lierre.	6

VACCINÉES.

Airelle myrtille (F).	6
canneberge (Landemarel).	5

ÉRICINÉES.

Bruyère cendrée.	6
ciliée.	6
quaternée.	6
Callune commune.	6

JASMINÉES.

Troëne commun (S).	5
Jasmin officinal.	6
Lilas commun.	6
Frêne élevé.	5

APOCYGNÉES.

Pervenche à petites fleurs.	6

GENTIANÉES.

Menyanthe trèfle d'eau.	5
Gentiane pneumonanthé.	5
Érythrée centaurée.	1
Cicendie filiforme.	3

CONVOLVULACÉES.

Liseron des haies.	5
des champs.	5
Cuscute à petites fleurs.	6

BORRAGINÉES.

Vipérine commune.	5
Consoude officinale.	5
Buglose toujours verte.	3
Bourrache officinale.	5
Myosote des champs.	6
des marais.	6

SOLANÉES.

Morelle noire.	5
douce amère.	5
tubéreuse.	6
Datura stramoin (D).	2
Molène bouillon blanc.	5
poudreuse.	5
noire.	5

ANTHIRRINÉES.

Digitale pourprée.	6
Muflier rubicond.	4
à grandes fleurs.	5
Linaire elatine (D).	2
striée.	6
commune (S) (O).	3
Scrophulaire voyageuse.	3
aquatique.	5
noueuse.	5

OROBANCHÉES.

Orobanche rameuse.	5
majeure.	5
Lathrée clandestine.	5

RHINANTACÉES.

Mélampyre des prés.	6
Pédiculaire des marais.	6
des bois.	6
Cocrète glabre.	6
Bartsie visqueuse.	5
Euphraise officinale.	6
odontalgique.	5
Sibthorpie d'Europe.	5
Véronique à feuilles de lierre.	6
agreste.	5
des champs.	6
à feuilles de serpolet.	5
officinale.	5
petit chêne.	6
à écussons.	4
beccabunga.	6

LABIÉES.

Lycope d'Europe.	5
Sauge verveine.	2
Bugle rampante.	6
Germandrée fétide.	6
Galéobdolone jaune.	4
Agripaume cardiaque.	1
Ballote fétide.	6
Bétoine officinale.	6
Galéopside tétrahit.	6
à grandes fleurs.	5
ladanum.	4
Lamier blanc.	3
pourpre.	6
Gléchome lierre terrestre.	6
Épiaire des champs.	6
des bois.	6
des marais.	6

LIVRE I.   303

Népéta cataire.	2	POLYGONÉES.	
Menthe sauvage.	2	Patience violon.	5
à feuilles rondes.	6	à feuilles obtuses.	6
aquatique.	6	agglomérée.	5
cultivée.	6	rougeâtre (D).	3
des champs.	6	crépue.	6
pouliot.	5	oseille.	6
Thym serpolet.	6	petite oseille.	6
Calament officinal.	4	Renouée sarrasin.	6
Mélisse officinale.	1	de Tartarie.	6
Mélitte à feuilles de mélisse.	1	liseron.	5
Clinopode commun.	4	amphibie.	5
Origan commun.	4	poivre d'eau.	6
Brunelle commune.	6	persicaire.	6
Scutellaire toque.	5	fluette.	5
naine.	5	des oiseaux.	6
VERBÉNACÉES.		LAURINÉES.	
Verveine officinale.	6	Laurier d'Apollon.	6
LENTIBULARIÉES.		EUPHORBIACÉES.	
Grassette de Portugal.	5	Buis commun.	5
PRIMULACÉES.		Euphorbe réveil-matin.	6
		fluette (S-O).	4
Hottonie des marais.	8	peplis.	6
Lysimachie commune.	5	des bois.	6
des bois.	5	Mercuriale vivace.	6
Centenille naine.	3	annuelle.	3
Mouron des champs.	5	URTICÉES.	
délicat.	5	Mûrier cultivé).	6
Primevère à grandes fleurs.	6	Figuier de Carie.	6
PLOMBAGINÉES.		Chanvre cultivé.	6
Statice gazon d'Olympe (D).	1	Pariétaire officinale.	6
PLANTAGINÉES.		Ortie dioïque.	6
		brûlante.	5
Littorelle des lacs.	3	Houblon grimpant.	5
Plantain corne de cerf.	5	JUGLANDÉES.	
lancéolé.	6	Noyer commun.	5
à larges feuilles.	6		
CHÉNOPODÉES.		AMENTACÉES.	
Ansérine polysperme.	6	Orme champêtre.	5
blanchâtre.	6	Bouleau blanc.	5
des murs.	5	Aulne glutineux.	5
bon Henri.	4	Saule marceau.	6
Arroche hastée.	6	à oreillettes.	5
à feuilles étroites.	6	cendré.	5
Bette commune.	6	rampant.	6

Saule des vanniers.		IRIDÉES.	
blanc.	5	Iris faux acore.	6
osier.	5	d'Allemagne (O).	4
fragile.	5	AMARYLLIDÉES.	
pleureur.	C	Narcisse faux narcisse.	5
Peuplier tremble.	6	Galanthine perce neige (D).	1
blanc.	C	ASPARAGÉES.	
pyramidal.	C	Sceau de Salomon multiflore.	5
Hêtre des forêts.	5	Muguet de mai (D).	1
Châtaignier commun.	6	Fragon piquant.	3
Chêne pédonculé.	6	DIOSCORÉES.	
à fruits sessiles.	6	Taminier commun.	4
Charme commun.	4	LILIACÉES.	
Noisetier commun.	6	Agraphide penchée.	6
CONIFÈRES.		Ornithogale en ombelles.	3
If à baies.	C	Ail des vignes.	2
Pin sauvage.	C	JONCÉES.	
maritime.	C	Narthécie des marais.	2
Sapin élevé.	C	Jonc aggloméré.	6
pectiné.	C	épars.	6
Mélèze d'Europe.	C	des marais.	6
PLATANÉES.		des crapauds.	6
Platane d'Orient.	C	à fleurs aiguës.	6
ALISMACÉES.		Luzule poilue.	5
Fluteau fausse renoncule.	4	champêtre.	6
nageant.	6	AROIDÉES.	
plantain.	6	Gouet commun.	3
Sagittaire flèche d'eau.	5	TYPHACÉES.	
POTAMÉES.		Massette à larges feuilles.	4
Potamot nageant.	6	à feuilles étroites.	4
flottant.	4	Rubanier rameux.	5
luisant.	5	simple.	5
perfolié.	3	CYPÉRACÉES.	
crépu.	3	Choin blanc.	2
serré.	4	Scirpe des marais.	5
ORCHIDÉES.		à tiges nombreuses.	5
Orchis verdâtre.	1	flottant.	6
moucheron.	4	sole.	5
maculé.	6	des lacs.	5
à larges feuilles.	4	des bois.	5
à fleurs lâches.	6	Linaigrette à larges feuilles.	6
bouffon.	6	à feuilles étroites.	3
brûlé.	1	Laiche pucière.	5
à deux feuilles.	5	rude.	2
Epipactis à feuilles ovales.	3		

Laiche paradoxale.	1	Canche précoce.	5
paniculée.	6	Houlque laineuse.	6
des lièvres.	6	molle.	6
blanchâtre.	6	Arrhénathère élevé.	6
étoilée.	6	Avoine cultivée.	C
espacée.	6	Danthonie couchée.	5
gazonnante.	5	Brôme seigle.	5
raide.	3	mollet.	5
aiguë.	3	stérile.	5
précoce.	6	âpre.	3
pilulifère.	4	Fétuque queue d'écureuil.	5
glauque.	2	fausse queue de rat.	6
hérissée.	2	des brebis.	5
jaune.	6	rougeâtre.	6
lisse.	6	Molinie bleuâtre.	5
à deux nervures.	2	Roseau à balais.	3
distante.	2	Dactyle agglomérée.	6
panic.	5	Paturin commun.	6
pâle.	3	des prés.	6
faux Souchet (S.-O).	1	des bois.	6
vésiculeuse.	5	annuel.	6
ampoulée.	5	comprimé.	5
		raide.	3
GRAMINÉES.		Glycérie élevée.	5
Digitaire filiforme.	3	flottante.	5
Calamagrostis terrestre (S).	3	aquatique.	5
Agrostis couchée.	5	Brize moyenne.	4
blanche.	5	Cynosure en crête.	6
commune.	5	Nard raide.	5
rouge.	5	Froment cultivé.	C
des chiens.	6	rampant.	4
Millet étalé (F).	5	Brachypode des bois (S).	5
Panic pied de coq.	4	Seigle cultivé.	C
Sétaire verte.	3	Ivraie vivace.	6
glauque.	3	enivrante.	5
verticillée.	3	multiflore.	4
Alpiste roseau.	5	Orge à deux rangs.	C
Fléole des prés.	5	à six rangs.	C
Vulpin des prés.	3	commune.	C
genouillé.	4	queue de souris.	5
Flouve odorante.	6	**LEMNACÉES.**	
Mélique uniflore.	5		
Airopside agrostis.	4	Lenticule trilobée.	6
Canche gazonnante.	5	naine.	6
flexueuse.	5	gibbeuse.	4
caryophyllée.	6	à plusieurs radicules.	4

EQUISÉTACÉES.		Doradille capillaire noir.	4
Prêle des champs.	5	rue de muraille.	4
des bourbiers.	5	polytric.	5
des marais.	5	septentrionale.	1
FOUGÈRES.		Scolopendre officinale.	4
Osmonde royale.	3	Blechne en épi.	0
Céterach officinal.	4	Ptéride grande fougère.	0
Polypode commun.	6	MARSILEACÉES.	
Polystic oréoptère.	4	Pilulaire à globules.	3
fougère mâle.	5	LYCOPODIACÉES.	
à aiguillons.	3		
Athyrion fougère femelle.	3	Lycopode en massue.	3

D'après ce catalogue, la flore de l'arrondissement de Fougères contient 354 genres et 726 espèces.

Ne pouvant rien donner de complet sur les différents animaux de l'arrondissement, nous nous bornerons à indiquer les faits suivants :

On trouve dans les ruisseaux et dans les petites rivières du pays des écrévisses et des truites de très-bonne qualité, mais en petite quantité.

Le saumon remonte la rivière du Couesnon jusqu'à Romazy ; on y pêche aussi des truites saumonées.

L'arrondissement de Fougères est très-giboyeux en perdrix et en lièvres ; les autres animaux de chasse n'y sont pas très-communs.

Il n'y a plus de sangliers dans nos forêts ; les chevreuils, les loups et les renards y sont aussi très-rares.

§ 5. — *Habitations. — Eglises. — Châteaux. — Villes.*

Les maisons d'habitation des campagnes de l'arrondissement, sans être construites dans les meilleures conditions hygiéniques, ne sont cependant pas insalubres. Elles sont toutes solidement bâties en pierre, et généralement en pierres assez bien appareillées; elles n'ont qu'un rez-de-chaussée, dont le sol est en terre, mais vu son élévation au dessus des terrains voisins, il est toujours sec. Pour les habitants des villes, ces maisons paraissent manquer d'air et de lumière; le plafond en est, en effet, peu élevé, et la lumière n'y pénètre souvent que par les portes, lorsqu'elles sont ouvertes. Mais ce sont des défauts qui n'ont pas autant d'importance qu'on le croit, et qui surtout ne nuisent en rien à la santé des habitants de nos campagnes. Dans cette question, on se laisse beaucoup trop influencer par les résultats de l'insalubrité des habitations urbaines. On oublie que la vie de l'agriculteur est toute extérieure; qu'il ne manque jamais ni d'air, ni de lumière; que sa maison est un lieu où il passe à peine le tiers de son existence; qu'ainsi, son habitation fût-elle aussi insalubre que le sont beaucoup de demeures des ouvriers de nos villes, elle ne saurait avoir sur sa constitution l'influence qu'a nécessairement sur celle des artisans une habitation où ils passent toute leur vie.

Si les demeures de nos laboureurs ne sont pas très-belles, elles sont du moins généralement propres; on y trouve même souvent des meubles en mérisier, bien veinés, bien raccordés, presque élégants, et on peut sans dégoût entrer dans la plupart des maisons de nos fermiers. On n'en doit pas moins désirer voir ces habitations s'agrandir et être mieux distribuées, ce qui a déjà lieu pour toutes les constructions nouvelles, qui ne diffèrent en rien des maisons construites dans les bourgs.

Si l'intérieur des maisons de nos agriculteurs est assez propre, il n'en est pas toujours de même des abords de ces maisons, surtout dans les temps de pluie, grâce à l'habitude qu'ils ont de mettre à pourrir, dans la cour de la ferme, dans les chemins qui l'avoisinent, des genêts, des ajoncs, des feuilles et autres débris de végétaux.

On pourrait sans doute, avec un peu plus de peine et de dépense, en faisant des fosses à fumier, éviter ces inconvénients de malpropreté et d'insalubrité; mais ces foyers de putréfaction végétale n'existant que pendant la saison la plus froide de l'année, il ne faut pas s'en exagérer l'insalubrité.

Les maisons des bourgs et des villes de l'arrondissement sont bien bâties, en pierres très-bien appareillées; elles sont même construites avec assez d'élégance, leurs ouvertures étant toutes limitées par des pierres de granite bien piquées et de haut appareil.

Toutes les habitations rurales sont couvertes en chaume de seigle ou de froment, ou bien en planchettes de bois de châtaignier, dites *essanves* ou *essantes*. Les maisons des populations agglomérées, et même les habitations agricoles, commencent à être couvertes en ardoises, depuis que l'amélioration des voies publiques permet de faire venir ces pierres de Vitré et d'Angers.

On voit encore, sur tous les points de l'arrondissement, des traces de couvertures en tuiles, qui prouvent qu'autrefois il existait dans le pays un grand nombre de tuileries, qui y sont aujourd'hui inconnues.

Les habitations rurales et celles des populations agglomérées n'annoncent pas, en général, une grande ancienneté. Les bourgs les plus importants de l'arrondissement n'ont acquis un certain accroissement que depuis peu d'années. Dans presque tous les bourgs, et même dans le fond des campagnes, on trouve quelques maisons dont la porte d'entrée est ornée d'un arc Tudor plus ou moins travaillé, taillé dans le granite, qui forme l'encadrement de la porte.

Les habitations rurales du canton d'Antrain paraissent, en général, plus anciennes que celles des autres parties de l'arrondissement; plusieurs portent la date de la fin du XV° et du commencement du XVI° siècles; elles sont grandes, agglomérées en plus grand nombre, très-bien bâties en pierres de granite de haut et de moyen appareil; les portes d'entrée et diverses autres parties de ces habitations sont ornées de sculptures grossières. Tout annonce que ceux qui firent construire ces maisons avaient alors plus de richesses et plus de lumières que les autres habitants du pays. C'est aussi dans la ville d'Antrain que l'on trouve le plus grand nombre de maisons ornées de quelques sculptures, et dans le canton du même nom que l'on rencontre les églises les plus anciennes.

Les églises et quelques châteaux sont les seuls monuments un peu anciens qui existent dans les communes rurales; ils n'offrent rien de très-remarquable.

Presque toutes les églises présentent encore quelques pans de muraille qui ont fait partie de la chapelle primitive, construite au lieu où est aujourd'hui l'église; ils sont en moëllons non appareillés. On y retrouve les traces de fenêtres romanes très-étroites, en forme de meurtrières, et qui font remonter l'origine de ces constructions au IXe ou au Xe siècle, au plus.

L'ensemble architectonique des églises nouvelles ajoutées à la chapelle primitive est un peu de tous les siècles; il est en général des XIIIe, XIVe, XVe et XVIe siècles, mais principalement du XVe. La plupart des constructions qui remontent à ces temps sont en pierres de granite de haut et de moyen appareil.

Les églises qui conservent quelques traces un peu notables d'architecture romane sont les suivantes :

TREMBLAY. — Elle offre, dans sa partie orientale, l'ensemble le plus considérable et le plus ancien d'architecture romane que l'on rencontre dans l'arrondissement.

ANTRAIN. — Cette église présente des traces de l'architecture roman de transition, dans le côté occidental, le côté sud, la voûte de l'intertransept.

BAZOUGES-LA-PÉROUSE. — Cette église, que l'on restaure aujourd'hui en partie et très-convenablement, offre aussi, dans la voûte qui supporte la tour, les traces de l'architecture romane de transition.

SAINT-SAUVEUR. — Les chapiteaux romans des colonnes engagées dans les pilastres des cinq arcades en plein-cintre, qui séparent les deux nefs dont l'église est composée.

SAINT-ETIENNE. — Une tour romane, la porte du nord.

SAINT-GEORGES. — Le côté occidental.

MARCILLÉ. — La porte du sud.

POILLEY. — Le côté oriental.

ROMAGNÉ. — La porte occidentale.

Les églises des siècles suivants, qui offrent quelque chose d'un peu remarquable, sont :

LOUVIGNÉ. — L'ensemble de l'église, des XVIe et XVIIe siècles.

JAVENÉ. — La tour, du XVIe siècle.

Parmi les châteaux qui présentent quelques faibles traces d'art architectural, on ne peut citer que :

Bonne-Fontaine, à Antrain; le Rocher-Portail, à la Selle-en-Coglais; Poilley, à Poilley; un reste du château des Acres, à Parigné.

Nous mentionnerons ici que, sur les bords de la voie romaine appelée chemin Chasles, en Javené, au village de la Lande, au sud du chemin; à Vandel, dans le bourg, au nord du chemin; à Saint-Aubin, sur le rocher de Bécherel, au sud du chemin; dans la ville de Saint-Aubin, rue de la Garenne, à l'est; et au bourg de Romagné, sur le bord de la route, au nord et au sud, et ailleurs probablement, on remarque des portes et un portail dont la partie supérieure est cintrée; les cintres sont faits en pierres plates, bien symétriquement disposées, avec beaucoup de soin, et liées entre elles par une couche d'un demi-centimètre d'épaisseur, d'un ciment de chaux vive mêlée de sable et de quelques traces de brique pilée. Plusieurs de ces portes, dont les pieds-droits sont appareillés avec soin, paraissent avoir appartenu à des constructions très-anciennes, qui ont disparu, et n'ont laissé d'autres vestiges que ces portes voûtées, si solides qu'elles ont résisté à toutes les causes de destruction qui les ont attaquées depuis peut-être huit à quinze siècles. Elles annoncent même devoir vivre encore plus long-temps que les secondes ou troisièmes maisons que l'on y a accolées. La présence de ces portes sur les bords d'une voie romaine leur donne un nouveau caractère d'ancienneté, et fait penser que leur origine doit remonter au moins aux derniers temps de l'ère gallo-romaine. A la seule inspection de ces différentes portes, il est évident qu'elles ne sont pas toutes de la même époque, mais elles doivent avoir appartenu aux anciennes constructions domestiques établies dans le pays dans les mêmes temps que nos chapelles romanes.

Les quatre communes qui portent le nom de ville (1), Antrain, Bâzouges-la-Pérouse, Saint-Aubin-du-Cormier, Fougères, conservent, dans ce qui reste de leur architecture domestique, les traces de l'architecture du XVe siècle. C'est aussi à cette époque que l'histoire fait remonter le temps où ces villes ont acquis plus d'importance. Excepté Fougères, l'ensemble de ces villes n'offre rien de très-remarquable, si ce n'est que, toutes nées sous l'influence protectrice des for-

---

(1) Autrefois on donnait le nom de ville aux gros bourgs et même aux gros villages murés et fortifiés.

teresses féodales qui défendaient l'entrée de la Bretagne, elles ont dû nécessairement s'élever sur des terrains d'un difficile accès.

§ 6. — Costume. — Caractère. — Religion. — Langage. — Alimentation.

Le costume des habitants cultivateurs de l'arrondissement n'a rien de gracieux, surtout celui des hommes. Comme partout, la blouse bleue du palefrenier et le chapeau ciré font dans l'arrondissement de rapides envahissements. Nous devons moins nous en plaindre que d'autres, puisque la blouse cache un vilain costume. On trouve encore quelques souvenirs dégénérés du costume de la Bretagne dans les communes voisines de Fougères ; mais on y chercherait en vain aujourd'hui quelques traces des guêtres longues et des culottes ; c'est à peine si on y trouve quelques hommes portant les cheveux longs. Les bonnets de laine rouge, qui, au commencement du siècle, étaient encore la coiffure générale des laboureurs du pays, ont presque entièrement disparu.

La Basse-Bretagne est le pays de la variété pour tout, surtout pour le costume. L'arrondissement de Fougères est encore de la Basse-Bretagne sous ce rapport; mais on n'y voit que la variété du laid. Le costume des hommes des environs de Saint-Brice et d'Antrain est encore plus vilain, plus étriqué que celui des habitants des environs de Fougères; au contraire, celui des femmes, qui est mesquin dans le pays fougerais, prend quelque chose de plus ample et de moins commun du côté de Saint-Brice, Antrain et Saint-Aubin.

Si le costume de nos agriculteurs n'est pas beau, il est du moins assez confortable et différent pour chaque saison; ce qui est toujours un signe d'aisance générale. Les hommes en haillons sont très-rares dans l'arrondissement ; les habits de toile et de coton n'y sont pas le vêtement de toute l'année. Dans la saison rigoureuse, les tissus de laine les remplacent sur toutes les parties du corps, et pour se garantir des plus fortes intempéries, les hommes ont la veste ou le manteau de peau de chèvre, vêtement qui n'a de barbare que l'aspect ; car il est pour les laboureurs de notre climat froid et pluvieux un costume éminemment hygiénique.

Les habitants de l'arrondissement ont de la lenteur dans leurs allures, dans leur caractère et dans leur intelligence ; ils sont cependant plus intelligents et bien plus disposés qu'on ne le pense, et que leur aspect ne l'annonce, à modifier leurs idées, à changer leurs habitudes. Ils sont, en général, bienveillants, conciliants, faciles à diriger, religieux sans fanatisme. Il existe sans doute dans le pays des superstitions auxquelles croient encore quelques habitants, mais on peut dire que généralement ils ne sont pas superstitieux.

La religion catholique romaine est la religion dominante ; mais il existe, surtout dans les communes qui touchent le Maine, un certain nombre de familles qui appartiennent à la petite église, ou aux hérétiques dits louisets, ou non concordataires. Cette hérésie fait peu de bruit dans l'arrondissement, et elle est loin d'y faire des progrès.

Le développement de l'industrie agricole du pays tend à faire des marchands et des charretiers de tous les habitants. Le contact des grandes routes et des marchés paraît avoir déjà altéré un peu leur loyauté naturelle et leur moralité. Malgré leurs allures lentes, ils sont laborieux, et le goût de quelques-uns pour la boisson n'empêche pas la sobriété et la frugalité d'être généralement répandues dans l'arrondissement. S'il n'y avait ni jours de marchés, ni jours de repos, les exceptions à l'habitude générale seraient encore plus rares : ce qui serait d'autant plus à désirer, que, dans leur état d'ébriété, nos paysans commettent trop souvent des actes d'une grande violence, qui les conduisent devant les tribunaux.

Il y a peu d'années encore, il existait, de communes à communes, des rivalités qui occasionnaient souvent des rixes sanglantes dans les foires et dans les assemblées ; elles sont aujourd'hui devenues très-rares. Les rivalités politiques qui existent aussi entre quelques communes, et qui sont la suite de nos guerres civiles, se manifestaient surtout lors des opérations du tirage au sort pour le recrutement de l'armée. Ces rivalités ont à peu près disparu ; les réunions des jeunes gens au chef-lieu de canton ressemblent quelquefois à une fête des plus bruyantes. Dans le canton de Louvigné, les jeunes gens de chaque commune viennent au tirage avec leur drapeau, au son des tambours et des violons, en ordre et en chantant, ayant tous leurs chapeaux ornés de rubans tricolores. Les jeunes gens du chef-lieu font les honneurs de chez eux aux jeunes gens de toutes les autres communes, en allant leur faire l'arrivée et la conduite. Le canton de Louvigné était cependant un de ceux où les rixes étaient les plus fréquentes ; ainsi les mœurs se sont adoucies : il y a donc encore un progrès marqué sous ce rapport.

On parle dans tout l'arrondissement un français assez intelligible, et quoique plusieurs mots soient défigurés par une mauvaise prononciation, ces altérations ne peuvent pas constituer ce que l'on appelle un patois, encore moins un idiôme. Le parler des habitants est lent, mais sans accent bien prononcé ; cependant l'arrondissement de Fougères touche le Maine et la Basse-Normandie, dont les habitants ont un accent très-marqué.

Il n'y a pas encore très-long-temps, le lait, la galette de sarrasin, un pain grossier de seigle, formaient pour ainsi dire toute la nourriture des habitants de l'arrondissement. Cette nourriture s'est beaucoup améliorée en quantité, en qualité et en variété, surtout depuis dix ans. Aujourd'hui elle se compose d'un pain formé de deux tiers de froment et d'un tiers de seigle. Dans les deux tiers de l'arrondissement, principalement dans les cantons d'Antrain, de Saint-Brice et de Louvigné, le pain est formé de pur froment : on extrait des farines dix à quinze pour cent de son. Ce pain, la galette fraîche de sarrasin, les pommes de terre, les châtaignes, qui font aussi partie de l'alimentation des habitants, sont ordinairement trempés de bouillon de lard, de bouillon de beurre et de légumes ou de lait baratté, de cidre; ou bien le pain et la galette sont graissés avec du beurre ou des confitures de cerises.

Depuis quelques années, l'usage d'élever beaucoup de bêtes à viande, et surtout un grand nombre de porcs, a permis de faire entrer bien plus souvent la viande de porc dans l'alimentation. Cependant, dans les villes de l'arrondissement, la consommation de la viande, dite de boucherie, paraît plutôt diminuer qu'augmenter, ce qui tient au prix élevé de cette viande, et au prix modéré auquel on peut se procurer la viande de porc, et surtout la grande quantité d'abattis de ces animaux, que l'industrie des viandes fumées et salées laisse à la consommation des habitants. Le débit de la viande de boucherie n'a pas autant diminué dans les centres de population que la consommation par les habitants, parce que les marchés qui se tiennent dans ces localités sont de plus en plus fréquentés par les populations rurales, qui consomment ou emportent cette viande; mais elles en exportent beaucoup moins qu'autrefois. Il y a maintenant des bouchers dans presque toutes les communes : on en compte soixante-trois dans l'arrondissement; il y a quinze ans, il n'y en avait pas trente. Il est impossible de savoir dans quelle proportion la consommation de la viande a augmenté dans les campagnes; on peut seulement dire que, dans les bonnes fermes, la viande de porc est la base de l'alimentation pendant deux à trois jours par semaine, à raison d'un kilogramme, au plus, par semaine et par personne. La viande fraîche n'entre pas dans l'alimentation plus de deux à trois fois par mois. Si la consommation de la viande diminue dans les villes, et augmente dans les campagnes, cela tient à ce que le nombre des ménages pauvres croît chaque année dans nos villes, et que l'aisance n'augmente pas autant dans la classe ouvrière que dans la classe agricole de l'arrondissement.

Le pain que mangent les habitants des campagnes est toujours frais et d'un goût agréable, qu'il doit souvent à la présence d'un peu de seigle. La galette de sarrasin est parfois un peu grossière, et elle n'est pas toujours assez cuite; mais c'est néanmoins une nourriture saine, très-appropriée à un pays froid et humide, où la dysenterie est une maladie assez fréquente et souvent très-grave. Le sarrasin contient un principe amer tonique, et la farine bien bluttée de ce grain peut fournir une alimentation très-utile, dont on devrait faire un plus fréquent usage dans les diarrhées de toute nature.

LIVRE SECOND.

Statistique générale.

A. TABLEAU général, proportionnel et comparatif, des cantons de l'arrondissement de Fougères entre eux ; de la France, du département d'Ille-et-Vilaine, et des arrondissements du département avec l'arrondissement de Fougères.

NOMS des ARRONDISSEMENS et DES CANTONS.	ETENDUE TERRITORIALE EN HECTARES, en				Valeur imposable par hectare.	Grandeur moyenne des parcelles de terre.	Nombre d'hectares par propriétaire.	Nombre sur 100 de propriét. payant le fonc. dont la con n. qu'ils ont.	Population en 1841.	Nombre d'hectares pour un habit. t.	Nombre d'habitants pour un élève des écoles primaires.	Contenance agricole. (Terres, jardins, prés, landes.)	Nombre d'hectares agricoles pour une tête de bétail.	SUR CENT HECTARES, NOMBRE D'HECTARES en						
	granite.	schiste.	quartz.	TOTALITÉ.										terres.	jardins.	prés.	landes.	bois.	étangs.	sol des maisons	sol non imposable.
1.	2.	3.	4.	5.	6.	7.	8.	9.	10.	11.	12.	13.	14.	15.	16.	17.	18.	19.	20.	21.	22.
					f.	h. a.	h. a.														
France.........	»	»	»	52,760,299	30	0 43	4 80	»	34,173,234	1 54	12	39,173,234	2 85	48	1 2	9 »	14 »	14 »	» 3	4 »	5 4
Ille-et-Vilaine.	»	»	»	668,697	30	0 41	4 10	»	589,417	1 21	16	587,605	1 87	59	1 9	10 9	15 »	6 »	» 5	7 »	6 3
Rennes.........	»	»	»	137,585	30	0 50	4 40	»	133,460	1 03	16	120,230	» »	62	2 1	11 »	10 9	7 »	» 43	7 »	6 3
Redon...........	»	»	»	132,957	14	0 23	4 30	»	76,035	1 74	22	120,506	» »	40	1 1	11 »	37 »	5 7	» 39	4 »	3 2
Vitré...........	»	»	»	114,847	27	0 51	6 20	»	80,892	1 41	19	98,713	» »	61	2 2	13 »	9 3	9 »	» 08	6 »	3 2
Fougères.....	60,771	28,854	10,080	99,705	33	0 45	5 »	56	81,676	1 20	15	89,300	1 32	65	2 2	11 »	11 »	6 »	» 30	6 »	6 »
Montfort.....	»	»	»	94,634	23	0 51	4 50	»	57,576	1 64	16	80,229	» »	50	1 2	8 »	15 »	10 4	» 60	7 »	3 7
Saint-Malo...	»	»	»	92,920	46	0 37	2 90	»	119,778	» 77	15	84,117	» »	69	2 2	7 »	11 »	4 8	» 60	7 3	» »
Antrain......	13,366	8,663	»	22,029	29	0 46	4 50	72	15,184	1 40	14	19,149	1 58	60	1 8	9 7	15 »	8 9	» 17	6 7	1 »
Saint-Brice....	16,200	809	»	17,009	33	0 40	3 80	52	14,250	1 20	16	15,598	1 23	71	2 4	10 4	7 5	4 5	» 28	7 2	6 »
Fougères (nord)	7,328	7,588	1,674	16,590	34	0 55	8 »	39	11,003	1 50	25	14,188	1 34	63	2 3	10 5	8 9	11 »	» 32	5 »	12 »
Louvigné......	15,937	»	»	15,937	38	0 37	4 70	55	14,176	2 10	15	14,952	1 12	75	2 7	13 2	5 6	2 1	» 18	6 »	2 8
Saint-Aubin ...	4,040	4,100	6,546	14,686	27	0 44	3 90	54	9,645	1 52	24	12,814	1 53	53	1 8	13 »	18 8	8 »	» 77	4 »	7 8
Fougères (sud)	3,900	7,304	1,800	13,064	31	0 50	6 70	38	8,221	1 57	18	12,275	1 49	69	1 6	13 »	9 6	1 5	» 52	6 »	3 3
Fougères (ville)	»	390	»	390	332	0 12	» 50	82	9,182	» 03	9	324	» 68	54	12 5	13 »	3 3	» »	» »	5 »	33 »

CHAPITRE I.

Statistique dans l'ordre de la population et de l'instruction.

§ 1. — *Population.* — *Mariages.* — *Naissances.* — *Décès.*
Vie moyenne. — *Taille et infirmités.* — *Constitution.*

Les colonnes 2, 3, 4 du tableau n° 1er indiquent la population de l'arrondissement, à trois époques; la population de 1776 est celle donnée par Ogée dans son Dictionnaire de Bretagne. La comparaison de la colonne 2 avec les autres colonnes 3 et 4 fait voir combien les chiffres d'Ogée sont, tantôt au dessus, tantôt au dessous de la vérité, en supposant exacts les recensements de 1801 et de 1841; mais, comme il arrive souvent dans la statistique, telle qu'on peut la faire de nos jours, que des erreurs de détail en plus compensent des erreurs en moins, le chiffre total de la population de 1776 doit approcher de la vérité.

Dans ce tableau n° 1er, les communes et les cantons sont disposés par ordre croissant de population. La ville de Fougères fait partie des deux cantons ruraux de Fougères nord et Fougères sud; nous n'avons pas conservé ce morcellement.

Nous avons réuni dans le tableau n° 4 tout ce qui concerne le mouvement de la population de l'arrondissement, de 1806 à 1843.

De 1807 à 1841 inclusivement, il y a un excédant des naissances sur les décès qui s'élève à 10,709 : en l'ajoutant à la population de 1806, qui était de 78,872, on aurait une population de 89,581, et elle n'est, en 1841, que de 81,676. Cette différence peut être due à des erreurs de recensement, au non recensement des individus absents momentanément de l'arrondissement, et qui, en 1841, ont été recensés à leur domicile réel; soit 2,905 pour ces deux causes. Il reste 5,000 pour l'émigration pendant trente-cinq ans : c'est une moyenne de 143 par an, ce qui n'a rien d'exorbitant, si l'on se rappelle qu'il n'y a pas de grand centre industriel dans l'arrondissement, que c'est dans les campagnes que les villes renouvellent et régénèrent leurs populations, si rapidement décimées et abâtardies par la misère et les excès de toute nature. En 1816 et 1817, années où la cherté des grains fut extrême, un grand nombre de familles de l'arrondissement émigrèrent dans la Vendée. Tous ces motifs paraissent suffire pour rendre compte de ce déficit de 7,905 individus, qui devraient faire partie de la population de l'arrondissement.

Le prix des grains, qui font la base de la nourriture des habitants d'un pays, exerçant sur le nombre et la constitution de la population une influence générale certaine, quoique d'une appréciation de détail très-difficile, nous avons porté aux colonnes 2 et 3 du tableau n° 4 le prix moyen du froment et du sarrasin au marché de Fougères, pendant les années 1806 à 1843.

OBSERVATIONS communes aux colonnes 4, 6, 8, 10, 12, du Tableau n° 4.

Les chiffres placés sur la dernière ligne de chaque période quinquennale indiquent le total de la population, des mariages, des naissances, des décès et des enfants naturels, pendant cinq ans.

Ceux de la quatrième ligne indiquent les moyennes des mariages, etc., pendant cinq ans.

Les chiffres de la troisième ligne donnent le rapport des mariages, etc., à la population générale de l'arrondissement, et se lisent ainsi : 1 mariage sur 113 habitants ; 1 naissance sur 31,4 habitants, etc.

Ceux de la deuxième ligne donnent le même rapport pour la population de la France.

Enfin, ceux de la première ligne de la colonne 6 indiquent le nombre moyen d'enfants par mariage dans la période de cinq années.

L'année 1813 est, dans l'arrondissement comme dans toute la France, celle qui présente le plus grand nombre de mariages, et cela dans une proportion extraordinaire. Les années antérieures offrent aussi un chiffre élevé. On se mariait alors pour ne pas aller à l'armée. Il fallait aussi remplir les vides que faisait la guerre, qui enlevait à la vie, au travail, à la reproduction de l'espèce, l'élite de la population.

L'instinct et la loi de conservation de l'espèce se manifestent dans le mouvement de la population pendant ces temps de guerre. Quoiqu'il ne reste plus que des hommes faibles pour la reproduction de l'espèce, pour le travail de la terre; quoique la misère se fasse sentir sous toutes ses formes, il y a 1 mariage sur 113 habitants, 1 naissance sur 31 ; les conceptions de 1813, l'année des 1168 mariages, donnent, en 1814, 2,810 naissances, le chiffre le plus élevé de trente-huit années.

Triste privilége de la misère ! Les populations faibles, misérables, mal nourries, ont plus de fécondité que celles qui ont la force, la richesse, la nourriture abondante et succulente en partage. Là où les conditions de destruction de l'espèce sont plus nombreuses, là où existent le plus d'obstacles à la reproduction, à la conservation de cette espèce, là aussi le Suprême Créateur a placé les moyens de conservation, a multiplié les causes de reproduction, a établi les admirables combinaisons qui président au mouvement de tous les êtres; combinaisons qui se prêtent aussi bien à toutes les phases du développement normal de ces êtres, qu'aux accidents qui viennent troubler leur évolution régulière.

Après 1813, on entre dans une phase nouvelle qui dure jusqu'en 1828. Pendant ces quatorze années, le nombre des mariages est aussi réduit que possible; le chiffre de 1813, 1,168, tombe en 1817 à 376, et ne dépasse pas la moyenne de 460 pendant ces quatorze années. Quelle est la cause de cette diminution, qui n'a pas été générale, puisque en France, dans les périodes 1817-21 et 1822-26, il y a eu un mariage sur 136 et 128 habitants, tandis que dans l'arrondissement la proportion est de 1 sur 179 et 180? Est-ce l'influence des mauvaises récoltes qui s'est fait sentir aussi long-temps, ou bien le nombre des mariages a-t-il diminué parce que, dans les années précédentes, ce nombre avait dépassé les limites ordinaires?

Cette diminution dans le nombre des mariages n'a point occasioné de diminution dans celui des naissances, qui fut cependant un peu plus faible; aussi le nombre des enfants par mariage, qui avait été de 3, 5 et de 3, 7, s'éleva à 5, 3 et à 6.

A partir de 1828, le chiffre des mariages se relève et se maintient, tout en restant cependant inférieur aux chiffres des premières périodes quinquennales; mais le nombre des naissances suit un mouvement inverse; il va toujours en diminuant.

Ce mouvement de diminution dans le nombre des mariages, qui coïncide avec l'augmentation du nombre des enfants naturels, n'est pas un signe de l'amélioration de la moralité des populations.

La diminution du nombre des naissances peut être attribuée,

1° A l'augmentation du bien-être de quelques classes de la société, ce qui a diminué leur fécondité ;

2° A l'esprit de prévoyance qui se répand parmi tous les membres de la société, et surtout parmi ceux qui, ayant quelques biens à laisser à leurs enfants, veulent que la part de chacun ne soit pas trop faible.

Malgré ces diminutions du nombre des mariages et des naissances, cependant la population augmente ; il y a excédant des naissances sur les décès, parce que ceux-ci diminuent. Ainsi, dans la première période quinquennale, il y a 1 décès sur 35,4 habitants ; et, dans la dernière, il n'y a plus que 1 décès sur 41,8 habitants ; le chiffre des décès ne s'élève, en 1838, qu'à 1,626. Dans la période 1832-36, il y a eu 1 décès sur 35,7 habitants, ce qui tient à la mortalité de 1834, produite par une épidémie de dysenterie : le chiffre des décès fut de 2,482. Ainsi, quoique l'arrondissement de Fougères n'ait pas été visité par le choléra, il n'en a pas moins payé sa dette à l'influence cholérique.

La conséquence nécessaire d'une augmentation de population, qui coïncide avec une diminution des décès et des naissances, est un accroissement de la vie moyenne, comme le démontre l'examen des colonnes 13, 14, 15, 16, du tableau n° 4. Il se trouve par hasard qu'il y a eu le même nombre de décès dans les deux périodes décennales 1806-15 1831-40, ce qui rend très-facile la comparaison du mouvement de la vie dans ces deux périodes. Au commencement du siècle, sur 21,201 décès, 4,296 avaient lieu au dessous de trois mois, et 4 seulement au dessus de quatre-vingt-quinze ans ; maintenant on n'en compte plus que 3,019 au dessous de trois mois, mais on en compte 14 au dessus de quatre-vingt-quinze ans, 10 de plus qu'en 1806-15.

La colonne 16 donne la différence qui existe entre le nombre des décès de la première et de la seconde période aux âges portés à la colonne 13 ; cette différence est toujours en excès et en faveur de la seconde période. Aussi la moitié des décès des deux périodes étant 10,600, on trouve que, dans la première, avant vingt-cinq ans, il y a déjà eu 10,907 décès, et dans la période 1831-40, avant trente-cinq ans, il n'y a encore eu que 10,552 décès. On peut remarquer aussi que, dans la période 1806-15, le chiffre le plus élevé des décès de l'âge avancé répond à l'âge de soixante à soixante-cinq ans ; tandis que, dans la période 1831-40, il répond à l'âge de soixante-dix à soixante-quinze ans.

Cet accroissement de la vie moyenne tient sans doute à la propagation de la vaccine ; au progrès de l'agriculture, qui a permis d'améliorer l'alimentation de l'homme, en quantité, en qualité et en variété ; au progrès de l'industrie manufacturière et commerciale, qui peut produire et livrer à bas prix des vêtements plus variés et plus chauds ; à la viabilité du territoire qui, augmentant le contact des hommes, fait connaître à tous les moyens nouveaux de protéger la vie contre les causes de destruction qui l'environnent ; au développement de l'intelligence, qui fait naître et augmente dans chacun l'esprit de conservation de l'existence. Sous l'influence de toutes ces causes, surgissent nécessairement la sensation, le sentiment du bien-être, le désir du mieux être, l'aspiration vers un avenir meilleur encore. Sous ces mêmes influences, les sens se modifient, se développent, se perfectionnent, acquièrent plus de délicatesse ; l'intelligence est mieux servie, sa sphère s'agrandit ; le clavier de l'âme s'étend, ses modulations deviennent plus libres, plus variées, plus harmonieuses ; l'espèce humaine s'élève sous son triple aspect physique, intellectuel et moral ; et la loi divine de solidarité se trouve ainsi justifiée.

Ce n'est pas à dire pour cela que tout soit au mieux dans l'arrondissement de Fougères ; il n'est pas exempt plus qu'un autre des plaies et des misères sociales. Mais, lors même que nous n'aurions pas les preuves mathématiques de l'accroissement de la vie moyenne, de l'amélioration de la santé publique, de l'élévation de la taille des hommes, une observation attentive suffirait pour faire connaître que, malgré l'existence et le développement de plusieurs maux communs à toute notre société, la somme des biens, sous tous les aspects, n'a pas cessé de s'accroître dans l'arrondissement, surtout depuis une vingtaine d'années.

La taille et les infirmités constatées à diverses époques, chez les jeunes gens soumis à la loi du recrutement de l'armée, fournissent une nouvelle preuve de l'amélioration de la constitution de l'espèce humaine dans l'arrondissement. Le nombre des individus réformés pour défaut de taille et pour infirmités va toujours en diminuant, comme on peut le lire dans les colonnes du tableau n° 5.

Dans la période 1805-14, la taille exigée pour être soldat était tès-faible (1 mètre 542 millimètres.) A cette époque, on ne réformait de suite, pour défaut de taille, que ceux qui avaient moins de 1 mètre 488 millimètres; on ajournait, dans l'espérance de les voir grandir, tous ceux qui avaient plus de 1 mètre 488 millimètres, et moins de 1 mètre 542 millimètres. Il est vrai que les jeunes gens, au lieu d'avoir, comme aujourd'hui, vingt ans faits lors du tirage, avaient à peine dix-neuf ans. Il fallait aussi être tout à fait impotent pour être réformé comme infirme, puisque alors les impotents payaient même leur malheureuse impuissance de servir : des jeunes gens, notoirement paralytiques, d'autres ayant une jambe coupée, étaient taxés à 100 et 50 fr.!! Malgré ces conditions, le nombre des réformés pour la taille et pour les infirmités était encore de 15,4 et de 16,61 pour 100.

Dans la période 1816-29, les chiffres des exemptions s'élèvent à 20,2 et à 21,6; mais il faut remarquer que la taille exigée était alors de 1 mètre 570 millimètres, et que l'on accordait assez facilement la réforme pour infirmités.

Dans la période 1830-31, la taille est abaissée à 1 mètre 560 millimètres. Vu ces différences de taille, les trois périodes ne sont pas très-exactement comparables; mais en tenant compte de ces différences, il est néanmoins évident que, depuis 1805, la taille des hommes tend toujours à s'élever, que le nombre des infirmités diminue; que la constitution des habitants de l'arrondissement s'améliore. Ces résultats s'éloignent beaucoup de ceux que l'on constate sur plusieurs points de la France, et dans toute la France manufacturière en général; mais ils ne doivent pas surprendre, quand on sait que la population de l'arrondissement de Fougères est pour ainsi dire entièrement composée d'agriculteurs; que le sol de cet arrondissement est bon; que son agriculture, qui était arriérée, est en voie d'amélioration, et qu'ainsi chaque année la richesse agricole du pays acquiert un nouvel accroissement.

Quant aux infirmités qui se présentent le plus souvent dans l'arrondissement, les dernières colonnes du tableau n° 5 les font connaître, et indiquent la constitution générale du pays.

Pour compléter le tableau de la constitution physique de la population de l'arrondissement, il faut ajouter que les maladies qui y sont les plus fréquentes sont les fièvres intermittentes, la dysenterie, la phthisie. Depuis quelques années, l'aliénation mentale y est plus commune. La variole s'y montre rarement; cependant la vaccine ne s'étend pas encore à toute la population, puisque sur une moyenne de 2,300 naissances, on ne compte, en moyenne, que 1,500 vaccinations par an. Il est vrai que, par rapport à la vaccine, ce chiffre de 2,300 naissances peut être réduit à 1,900, à cause des enfants qui meurent dans les premiers mois de leur existence, avant d'avoir atteint l'âge auquel on vaccine ordinairement.

Le tableau n° 6 indique la distribution des différents degrés de la taille entre les jeunes gens soumis à la loi du recrutement, ainsi que la distribution de ces différents degrés de taille et des infirmités, en général, entre les cantons de l'arrondissement ; ce qui peut donner des indications sur la constitution physique de la population de chaque canton.

L'inspection du tableau de la taille des jeunes gens de vingt ans des années 1800, 1, 5, 6, 7, 11, 12, 13, 14, fait voir que le canton d'Antrain est celui où l'on trouve les hommes de la taille la plus élevée ; le canton de Saint-Brice vient ensuite, puis ceux de Fougères sud, Louvigné, Fougères nord et Saint-Aubin.

Le tableau du nombre moyen, sur cent, des jeunes gens réformés pour défaut de taille et pour infirmités pendant la période de 1822-44, donne aux cantons presque le même rang : Antrain est toujours au premier ; Saint-Aubin, qui avait le dernier rang, prend le second ; puis viennent Saint-Brice, Fougères sud, Louvigné, Fougères nord.

Il est sans doute assez difficile de se rendre compte des différences qui existent dans la constitution de chaque canton. Voici cependant ce que l'on peut remarquer. Antrain, qui est le canton où l'on trouve les hommes les plus grands et les plus forts, est un de ceux dont le territoire est le moins bon, et qui contient le plus de landes ; mais il est moins couvert d'arbres que les autres (1) ; son sol est plus léger, moins humide ; son climat, à cause du voisinage de la mer, est bien plus doux que celui de tous les autres cantons de l'arrondissement. On y cultive peu le sarrasin, qui y vient mal, encore

---

(1) Comme dans l'arrondissement de Rennes, on y coupe les têtes des arbres pour en faire des usines à fagot.

moins le seigle, mais beaucoup le froment, qui y est de très-
bonne qualité. Le froment est donc la base de la nourriture
des habitants de ce canton, qui habituellement mangent plus
de viande, boivent plus de cidre, et se nourrissent, en général, mieux que les autres habitants de l'arrondissement.
C'est aussi ce canton qui contient le plus grand nombre d'habitants propriétaires. Ce sont là des raisons suffisantes de la
différence très-marquée qui existe entre la population de ce
canton et celle des autres parties de l'arrondissement. Les
femmes du pays d'Antrain sont, comme les hommes, plus
grandes et plus fortes que celles des autres cantons : aussi
toute cette population offre-t-elle un aspect qui annonce le
voisinage de la race grande et vigoureuse qui peuple les bords
de la Manche et la province de Normandie. Ajoutons que l'architecture religieuse, l'état des habitations domestiques, leur
réunion formant de plus grandes agglomérations en villes,
bourgs et villages, tout annonce que le canton d'Antrain est
habité depuis plus long-temps que le reste de l'arrondissement, et que les émigrations des Normands ont influé beaucoup sur les différences qui existent entre ce canton et les
autres.

Le canton de Saint-Brice, dont le sol est généralement bon,
vient après le canton d'Antrain, sous tous les rapports, pour
la taille et la constitution de la population : ce canton est celui où existe la plus grande division de la propriété. Le nombre des propriétaires habitants y est encore considérable ;
mais il l'est beaucoup moins que dans le canton d'Antrain.
(Voir la colonne 9 du tableau A, page 318.)

Les meilleurs cantons pour la valeur du sol, Louvigné et
Fougères nord, sont les plus mauvais pour la constitution de
l'homme : ces deux cantons, surtout Louvigné, où la grandeur moyenne des parcelles de terre est de 37 ares, la plus

faible de l'arrondissement, et dont tout le sol est granitique, sont très-couverts d'arbres, et par suite très-humides.

Le sol de Fougères (nord) est moins granitique; il est le moins morcelé et le moins divisé de tout l'arrondissement ; par suite, il est moins couvert. Mais, malgré le chiffre élevé de la valeur de son sol, la moitié de son territoire est très-médiocre, et la moitié de la ville de Fougères, peuplée de tisserands, fait partie de ce canton ; c'est un de ceux où existe le plus l'absentéisme des propriétaires, et celui où l'on trouve le moins d'instruction. En résumé, les deux tiers de la population de ce canton naissent dans des conditions peu favorables au développement de l'espèce.

Le canton sud de Fougères est à peu près dans les mêmes conditions que le canton nord : un peu moins de la moitié de son territoire est très-médiocre; la moitié de la ville de Fougères entre également dans ce canton, mais c'est la partie la plus riche de la ville ; aussi la constitution de sa population est-elle un peu meilleure que celle du canton nord.

Le canton de Saint-Aubin est celui où l'on trouve le moins grand nombre d'hommes d'une taille élevée ; mais il est, après Antrain, celui où il y a le moins de jeunes gens réformés pour leur défaut de taille et pour leurs infirmités. C'est aussi le moins bon canton de l'arrondissement pour le sol, celui où il y a le plus de landes. L'agriculture de ce canton est également moins avancée que dans le reste de l'arrondissement; le terrain y est moins couvert d'arbres, moins humide; sa position plus méridionale influe aussi d'une manière favorable sur sa température. Nourriture insuffisante, taille faible, climat moins froid, moins humide que dans les autres cantons, ce sont peut-être là les raisons de la constitution de la population de ce canton. L'instruction y est peu répandue, et la propriété y est assez divisée : beaucoup de propriétaires, sur un mauvais sol, ne font pas des propriétaires riches.

D'après ces considérations, les cantons de l'arrondissement, sous le rapport de la constitution de la population, doivent être rangés dans l'ordre décroissant suivant : Antrain, Saint-Brice, Louvigné, Saint-Aubin, Fougères (sud) et Fougères (nord.)

Au premier abord, on peut croire, d'après l'examen des chiffres, que Louvigné ne doit pas occuper le troisième rang; mais si, dans ce canton, les hommes de petite taille et les hommes infirmes sont assez nombreux, néanmoins, en général, la population y est très-robuste.

§ 2. — *Répartition de la population sous divers aspects et sa distribution en différents groupes.*

La seconde accolade du tableau n° 1 indique la répartition de la population à la surface du sol.

La colonne 5 porte le nombre d'hectares qui existent dans chaque commune pour un habitant. En comparant cette colonne avec la colonne 4 du tableau n° 3, qui donne la valeur imposable de l'hectare dans chaque commune, on voit qu'en général le nombre des habitants est en raison directe de la valeur élevée du sol de la commune. Il y a des exceptions qui s'expliquent par l'état de division de la propriété. Les communes dont le territoire est bon, où existent de grandes fermes et peu d'habitants propriétaires, sont souvent moins peuplées.

La colonne 6 de la population agglomérée permet de vérifier que le mouvement d'accroissement des populations se fait toujours vers les centres d'agglomération. Les communes ayant une population agglomérée au dessus de 200 habitants sont :

Fougères	8822	Saint-Brice	466
Antrain	1164	Saint-Ouen-la-Rouërie	307
Saint-Aubin	1119	Tremblay	265
Saint-Georges	740	Montours	251
Bazouges	699	Saint-Sauveur	247
Louvigné	695		

Il n'existe aucun point de comparaison pour apprécier l'augmentation de ces populations agglomérées; on ne peut en juger qu'en comparant la population de toute la commune en 1776, 1801, 1841, et admettant que l'accroissement a porté presque en totalité sur la population agglomérée. On ne peut même pas faire cette comparaison pour la ville de Fougères, la circonscription de cette commune ayant été augmentée en 1832, et les recensements de 1836 et de 1841 ayant été faits sur des bases différentes.

La colonne 7 du tableau n° 1 indique le nombre des ménages ou des chefs de famille qui existent dans chaque bourg ou ville, et par conséquent la mesure de leur étendue.

La colonne 8 porte le nombre de villages qui existent dans chaque commune. On peut se rendre compte de la grandeur moyenne de ces villages en déduisant la population agglomérée de la population totale, et divisant le reste par le nombre de villages. Nous donnerons seulement le tableau du nombre moyen de ménages et d'habitants qui existent, par village, dans chaque canton :

CANTONS.	NOMBRE DE MÉNAGES agglomérés.	NOMBRE MOYEN	
		DE MÉNAGES par village.	D'HABITANTS par village.
Antrain	2,073	5	20
Saint-Brice	3,201	4.4	18
Louvigné	2,925	4.1	17
Saint-Aubin	1,920	4	16
Fougères (nord)	2,115	3.7	15
Fougères (sud)	1,800	3.1	12
Arrondissement	14,816	4	16

En comparant le nombre des villages avec l'étendue de chaque commune (tab. 2, col. 10), on se rend compte de la dissémination de la population.

La colonne 9 du tableau n° 1er indique le nombre total de ménages qui existent dans chaque commune, y compris les ménages agglomérés. C'est un élément fort important, qui n'existe que depuis 1836 dans les recensements de la population de France, et dont on ne paraît pas avoir jusqu'ici apprécié toute la valeur; car il ne figure pas dans les travaux de statistique publiés depuis 1836, et l'administration n'en a pas demandé le chiffre dans les tableaux généraux. Avec ce chiffre des ménages, qui offre de grandes chances d'exactitude, on peut faire la critique de beaucoup de documents statistiques, établir des moyennes qui approchent beaucoup de la vérité, et avec ces moyennes rectifier les données, souvent si erronées, fournies par les collecteurs de faits de statistique. Ce chiffre des ménages donne le moyen de résoudre, on pourrait dire par l'absurde, beaucoup de questions de statistique. Il nous est arrivé plusieurs fois, en divisant certains totaux par le nombre des ménages, et en tenant compte de la classification diverse des ménages, de trouver des chiffres tellement impossibles qu'ils nous faisaient de suite reconnaître la fausseté des documents sur lesquels nous opérions.

La colonne 10 indique le nombre des maisons d'habitation, qui, d'après le dernier recensement, se trouve être de 21,954 pour 20,272 ménages : il est, par conséquent, plus considérable que celui des ménages. Il n'y a que sept communes, dont trois urbaines, où le nombre des ménages soit plus considérable que le nombre des maisons d'habitation; ce sont Fougères, Antrain, Saint-Aubin, Lécousse, Beaucé, Landéan, Montours, la Fontenelle.

La colonne 11, des usines, se rapporte presque uniquement aux moulins à farine, qui font la masse des usines du pays. Parmi ces usines, il y a 10 moulins à papier, 5 à filasse, 3 à tan, 2 à fouler, 3 verreries, 3 filatures de laine et fabrique de tresses de laine, 1 four à chaux.

Il y a dans l'arrondissement de Fougères 20,272 ménages, qui, multipliés par 4,03, donnent 81,696, et la population de l'arrondissement s'élève à 81,676 habitants : c'est donc quatre habitants par ménage. En appliquant à ces 20,272 ménages les différentes catégories comprises aux colonnes 12 à 20 du tableau n° 1, 13 à 17 du tableau n° 2, 18 à 25 du tableau n° 3, et en ayant égard à diverses considérations, on trouve que la population de l'arrondissement peut être distribuée comme l'indique le tableau suivant B.

Tous les chiffres portés dans ce tableau ne sont sans doute que des probabilités, mais des probabilités très-rationnelles, d'après les données sur lesquelles ils ont été établis. Plusieurs de ces chiffres ont été obtenus par le dépouillement de divers documents administratifs rectifiés; d'autres sont le résultat de déductions assez rigoureuses pour inspirer quelque confiance. Dans beaucoup de classifications des statistiques, il est impossible d'avoir rien de tranché; il y a toujours, dans une certaine limite, quelques faits placés dans telle classe, et qui devraient figurer dans les classes supérieures ou inférieures ou dans deux classes à la fois. Ce sont des inexactitudes qui dérivent de la nature des choses dont s'occupe la statistique, mais qui n'affectent pas d'une manière sensible les résultats généraux.

B. TABLEAU de la répartition des Ménages et des Habitants en différents groupes.

CLASSES.	GENRES. CARACTÈRES DES CLASSES ET DES GENRES.	NOMBRE DE MÉNAGES ou de chefs de famille.	HABITANTS.
	1re DISTRIBUTION.		
Pauvre.....	ne payant aucune contribution directe................	6,943 ⎫ 9,855	27,980 ⎫ 39,715
	ne payant que la contribution personnelle............	2,912 ⎭	11,735 ⎭
Gênée......	ne payant que la contribution personnelle et mobilière...	4,506 ⎫	18,160 ⎫
	payant les deux contributions et une cote foncière au dessous de 50 fr.............	5,173 ⎬ 9,679	20,843 ⎬ 39,003
Moyenne....	— et une cote foncière de 50 à 300 fr......	443 ⎫	1,786 ⎫
Aisée.......	— 300 à 500.........	200 ⎬ 738	806 ⎬ 2,975
Riche.......	— 500 fr. au moins.	95 ⎭	383 ⎭
		20,272	81,693
	2e DISTRIBUTION.		
Non agricole	ne payant aucune contribution directe (*journaliers*)........	1,300 ⎫	5,239 ⎫
	payant la contribution des patentes (*artisans et marchands*)	2,234 ⎬ 4,272	9,002 ⎬ 17,216
	propriétaires vivant en grande partie de leurs revenus fonciers................	738 ⎭	2,975 ⎭
Agricole....	ne payant aucune contribution directe (*louagers*)..........	5,643 ⎫	22,741 ⎫
	n'ayant pas de bêtes de trait (*petits cultivateurs*)........	5,062 ⎬ 16,000	20,400 ⎬ 64,480
	n'ayant qu'un cheval sans charrettes (*petits cultivateurs*)..	810 ⎪	3,264 ⎪
	ayant des charrettes (*fermiers laboureurs*)...............	4,485 ⎭	18,075 ⎭
		20,272	81,696
	3e DISTRIBUTION.		
Laboureurs.	ayant 1 à 2 bêtes de trait et en moyenne 8 hectares de terre.	2,532 ⎫ 3,331	10,204 ⎫ 13,416
	— 3 15 — ...	799 ⎭	3,212 ⎭
	— 4 20 — ...	676 ⎫	2,725 ⎫
	— 6 30 — ...	420 ⎬ 1,154	1,689 ⎬ 4,648
	— 8 45 — ...	53 ⎪	214 ⎪
	— 10 60 — ...	5 ⎭	20 ⎭
		4,485	18,075
	4e DISTRIBUTION.		
Propriét....	habitant la commune où ils payent la contribution foncière, personnelle et mob..	5,911 ⎫ 11,254	
	— la cont. fonc. seulem.	5,343 ⎭	18,380
	habitant l'arrondissement, mais non la commune où ils payent le foncier............	7,126	
	habitant hors l'arrondissement et y payant du foncier.....	1,514	
	payant des cotes foncières au dessous de 5 fr.	10,804 ⎫	
	— de 5 à 50 fr.......	6,921 ⎬ 17,345	
	— de 50 à 100........	10,424 ⎭ 1,512 ⎫ 2,549	
	— au dessus de 100..	1,037 ⎭	

PREMIÈRE DISTRIBUTION.

Comme on le voit, il y a 6,943 ménages, représentant 27,980 habitants, ou un tiers des ménages de l'arrondissement, qui ne paient aucune espèce de contributions directes, et 13,329 ménages, donnant 53,715 habitants, qui paient des contributions directes; mais parmi les ménages qui ne paient que la contribution personnelle, le plus grand nombre est considéré par l'administration elle-même comme des ménages pauvres. Sans doute, parmi ces ménages qui ne paient que la contribution personnelle, il y en a peut-être quelques-uns qui ne sont pas tout-à-fait pauvres, de même que parmi ceux qui ne paient aucune contribution; mais, par compensation, parmi les ménages qui paient les deux et même les trois contributions directes, un nombre beaucoup plus considérable que l'on ne pense est dans une position de fortune souvent pire que la pauvreté. Comme, dans les ménages pauvres et gênés, le nombre des habitants est généralement plus considérable que dans les ménages des autres classes, il n'y a pas d'exagération à dire que la moitié des habitants de l'arrondissement fait partie de la classe pauvre.

L'autre moitié se compose des ménages gênés, de fortune moyenne, aisés et riches, qu'il est assez difficile de classer et de dénombrer; cependant on peut voir que, sur les 9,679 ménages qui paient la contribution personnelle et mobilière, 4,506 ménages, représentant 18,160 habitants, ne paient pas de foncier; une grande partie de ces ménages sont dans la classe gênée. Dans ces 4,506 ménages, il y a un grand nombre de ménages de cultivateurs, et beaucoup de petits cultivateurs sont dans un grand état de gêne. Pour s'en convaincre, il suffit de remarquer que sur 10,357 ménages agricoles qui paient des contributions, il y en a seulement 4,485 à avoir des charrettes, et sur ce dernier nombre, il n'y en a que 1,154 qui aient plus de trois bêtes de trait. Sur ces 10,357 ménages agricoles, 5,872 ne sont que des vacheries, des ménages de cultivateurs qui n'ont pas de charrettes, qui font valoir, en moyenne, cinq hectares de terre ; 2,532 ménages occupent des closeries, n'ont qu'une à deux bêtes de trait, n'ont pas de charrue, et font valoir, en moyenne, huit hectares de terre. Ainsi, il y a 8,404 ménages de petits cultivateurs; sur ce nombre, il y en a plus qu'on ne pense qui doivent au propriétaire du sol plusieurs années de fermage, et qui, lorsque vient le temps des semailles, sont obligés d'avoir recours à l'emprunt charitable ou usuraire pour ensemencer leurs terres, soit qu'ils aient été obligés de vendre toute leur récolte de grains pour payer le propriétaire, soit que, propriétaires du sol qu'ils cultivent, ils n'aient pu, même en mangeant le moins possible, jeûner assez pour conserver le grain de semence, leur vie de l'année suivante !

Sur 20,272 ménages, il y en a 14,361 donnant 57,875 habitants qui ne sont pas propriétaires du sol, et 5,911 ménages, donnant 23,820 habitants, qui paient en même temps la contribution foncière, personnelle et mobilière. Assurément, parmi ces 5,911 ménages, un grand nombre peuvent bien encore être classés dans les ménages gênés, si l'on remarque que, sur 19,894 cotes foncières, 17,345 sont au dessous de 50 fr., dont 6,921 au dessous de 5 fr. Or, la cote de 50 fr. représente au plus 350 fr. à 400 fr. de revenu net, qui, divisés par 4 fois 365, donnent 0,27 c. par jour et par chaque habitant du ménage. On peut donc mettre dans la classe gênée ce qui reste, après avoir défalqué des 5,911 ménages de propriétaires les ménages des trois autres classes ; ce nombre s'élève à 5,173, donnant 20,843 habitants : en tout, 39,003 habitants de la classe gênée.

La liste des électeurs parlementaires fournit des éléments

pour la distribution des trois classes, riche, aisée, moyenne. Il y a dans l'arrondissement au moins 400 ménages payant plus de 200 fr. de contribution foncière ; les listes électorales de 1846 portent ce nombre à 389. S'il y a quelques déductions à opérer sur ce chiffre pour les électeurs qui n'habitent pas l'arrondissement, il y a plusieurs additions à faire pour les veuves, les hommes qui n'ont pas vingt-cinq ans, ceux qui ne font pas connaître le montant des contributions qu'ils paient : ce chiffre de 400 doit donc être très-près de la vérité. Sur ces 400 ménages, 95 paient plus de 500 fr., et forment la classe que l'on peut appeler riche dans notre pays; 200 ménages paient 300 fr. à 500 fr., et 443 seulement 50 fr. à 300 fr.

Dans ces trois classes, il y a encore bien des ménages qui pourraient être placés dans la classe gênée ; mais en compensation on trouve, parmi les ménages qui ne paient pas de foncier, des ménages de cultivateurs et d'artisans très-aisés.

DEUXIÈME DISTRIBUTION.

Les cinq classes entre lesquelles la population de l'arrondissement est distribuée, sous le rapport de la richesse, se partagent en deux autres grandes classes, agricole et non agricole. Cette dernière se subdivise en journaliers, industriels et propriétaires ; l'autre comprend les louagers, les petits cultivateurs propriétaires et non propriétaires, les fermiers laboureurs.

Les journaliers des villes, composant 1,300 ménages, et les louagers des campagnes, qui en donnent 5,643, constituent la partie de la population la plus pauvre, ne payant aucune contribution, et formant 6,943 ménages qui donnent 27,980 habitants.

Le nombre des patentés de l'arrondissement est de 2,458; mais il n'a pas dû, dans la classification, être porté à plus de 2,234, pour ne pas faire de doubles emplois, plusieurs patentés étant propriétaires ou cultivateurs. Le plus grand nombre de ces patentés sont des artisans, qui n'ont d'autre propriété que leur travail, ou leur petit commerce de détail.

Le chiffre de 738 ménages de propriétaires, vivant en grande partie de leurs revenus fonciers, comprend les fonctionnaires publics et autres exerçant une profession non patentée, des industriels et quelques cultivateurs Ces 738 ménages ne représentent qu'une population de 2,975 individus : il n'y a donc qu'un bien petit nombre d'habitants à vivre uniquement de leurs revenus fonciers.

Sur 81,696 habitants, 64,480 appartiennent à la classe agricole, 22,741 forment les familles de louagers, et 20,400 celles des très-petits propriétaires-cultivateurs et très-petits locataires-cultivateurs, qui n'ont même pas de bêtes de trait, et qui pour la plupart sont très-près de la classe pauvre. On peut bien encore y ajouter les 3,264 habitants qui font partie des 810 ménages qui n'ont qu'un cheval, mais point de charrettes. Ainsi, sur la population agricole de 64,480 individus, on en trouve 46,405 qui sont ou pauvres, ou très-souvent dans un état voisin de la pauvreté ou de la gêne.

TROISIÈME DISTRIBUTION.

Le tableau indiquant la force en bêtes de trait de chaque ménage agricole ayant des charrettes, fait voir que sur les 18,075 habitants, qui composent 4,485 familles, 13,416 habitants formant 3,331 familles appartiennent à des cultivateurs qui n'ont qu'une à deux et moins de quatre bêtes de trait. Ces 3,331 familles ne constituent pas encore la population généralement aisée des campagnes. Enfin, il ne reste que 1,154 familles, 4,648 individus, composant les exploitations agricoles d'une certaine importance, qui ont plus de trois bêtes de trait, et parmi lesquelles se trouvent encore bien des ménages gênés.

Ainsi, cette seconde distribution de la population de l'arrondissement en deux classes et en sept groupes, d'après des bases toutes différentes de celles qui ont servi à établir la première distribution en cinq classes et en sept groupes, l'explique, la corrige, la complète et la confirme.

La troisième distribution donne la classification des fermiers; on peut en voir le développement à l'article des exploitations agricoles.

QUATRIÈME DISTRIBUTION.

La quatrième distribution classe les propriétaires. De cette distribution il résulte qu'il y a dans l'arrondissement 19,894 cotes foncières, ce qui répond à un moins grand nombre de propriétaires, quelques-uns payant des cotes foncières dans plusieurs communes. D'un autre côté, plusieurs propriétés sont indivises, ce qui ne fait peut-être pas compensation; cependant les riches propriétaires sont ceux qui paient plusieurs cotes foncières, et ils sont en petit nombre. On peut donc, sans s'éloigner beaucoup de la vérité, considérer le nombre des cotes foncières comme représentant celui des propriétaires.

Sur les 19,894 cotes, 1,514 sont payées par des citoyens qui n'habitent pas l'arrondissement : il n'y a donc pas plus de 18,380 habitants de l'arrondissement à en posséder le sol. Sur les 19,894 propriétaires, 17,345 paient moins de 50 fr. de contribution foncière, c'est-à-dire ont moins de 365 fr. de revenu, moins de 1 fr. par jour; 1,512 ont moins de 2 fr., et 1,037 ont seulement plus de 2 fr. de revenu par jour.

Ces 19,894 cotes foncières ne représentant pas autant de chefs de famille, on ne peut pas comparer ce chiffre à ceux des deux premières séries du tableau; ainsi, sur 11,254 cotes foncières payées par des propriétaires habitant la commune où ils possèdent, un grand nombre de cotes appartiennent à des propriétaires qui ne sont pas chefs de famille.

Si nous nous reportons au tableau n° 1er, nous ferons remarquer que la colonne 9 des ménages ou des chefs de famille est le total des colonnes 13, 14, 15, et que la colonne 13 du tableau n° 2, total du nombre des cotes foncières, fait également le total des colonnes 18, 19, 20, du tableau n° 1er.

L'examen des colonnes 12 à 20 de ce tableau fait voir la distribution de la population dans chaque commune : c'est un enseignement assez précis pour les communes rurales.

Dans l'arrondissement, les chiffres des colonnes 13 et 14 sont exacts. Nous faisons cette observation, parce que dans certains pays on met à la contribution personnelle beaucoup de chefs de famille hors d'état de la payer, et qui figurent ensuite aux non-valeurs.

La colonne 16 indique le nombre de ceux qui paient la contribution personnelle sans foncier; elle désigne en général les fermiers et les patentés. La colonne 17 se rapporte aux propriétaires qui habitent la commune, et qui sont en général propriétaires-cultivateurs. En comparant ces deux colonnes, on juge si la commune est habitée par des fermiers ou par des propriétaires-cultivateurs. Ainsi, Beaucé contient 48 fermiers, et n'a que 6 propriétaires habitant la commune ; Javené a 127 fermiers et 13 propriétaires habitants; tandis que Saint-Jean a 29 fermiers et au moins 168 propriétaires habitants ; car dans les communes où il y a beaucoup de propriétaires, plusieurs sont assez pauvres pour n'être mis qu'à la contribution personnelle, et même plusieurs ne sont pas mis à cette contribution.

La colonne 18 est nécessairement toujours en rapport direct avec la colonne 17, comme on peut le vérifier. Si les chiffres de la colonne 18 sont toujours plus forts que ceux de la colonne 17, cela tient, comme nous l'avons dit, à ce que beaucoup de propriétaires ne paient pas la contribution personnelle, soit à cause de leur pauvreté, soit parce qu'ils n'ont pas l'âge voulu ; d'autres propriétaires, ne payant que la contribution personnelle, ne figurent pas dans la colonne 17.

Là où il y a beaucoup de propriétaires-cultivateurs, les champs sont petits ; chaque propriétaire n'a qu'une faible étendue de terrain d'une valeur ordinairement élevée, surtout si le sol de la commune est de bonne qualité. Le contraire a lieu dans les communes où les propriétaires n'habitent pas, et dans celles où le sol est de mauvaise qualité. En rapprochant les colonnes 11 à 17 du tableau n° 2, la colonne 4 du tableau n° 3 des colonnes que nous venons d'examiner, on voit qu'elle est la constitution de la propriété dans chaque commune ; on peut vérifier plusieurs des faits que nous avançons, et reconnaître que le nombre des cotes foncières, la répartition de ces cotes confirment les mêmes faits. Que l'on compare, par exemple, tous les chiffres de Beaucé et de la Chapelle-Saint-Aubert, communes de même grandeur ; on verra quelle disparité existe dans la constitution de ces deux communes.

§ 3. — *Instruction primaire.*

Le nombre des enfants de l'âge de six à douze ans doit s'élever à 9,500 pour l'arrondissement, et on n'en compte que 5,000 allant à l'école.

Le nombre des communes de l'arrondissement est de 57. Il faudrait au moins 100 instituteurs et institutrices pour satisfaire aux besoins de l'instruction. Le nombre des instituteurs est aujourd'hui de 37 : il n'était que de 15 en 1830 ; celui des maisons est ou va être prochainement de 38, dont 22 affectées aux écoles de garçons et 15 aux écoles de filles : il n'y avait que 10 maisons d'école en 1830. Avec les faibles ressources dont on peut disposer, dans une dizaine d'années, 11 autres communes posséderont des maisons d'école, ce qui fera 50, et il en faudrait avoir 100.

Il y a des institutrices dans presque toutes les communes ; mais elles sont en général fort peu capables de remplir leurs fonctions. Il n'y a pas plus de 35 écoles de filles que l'on puisse regarder comme à peu près constituées.

Quoiqu'il y ait eu une grande amélioration depuis 1830, on voit qu'il reste encore beaucoup à faire, et cependant il y a impossibilité de rien faire : la plupart des communes n'ont pas d'autres revenus que les centimes additionnels, auxquels elles ont déjà recours pour la viabilité, pour l'instruction, pour le culte. Il sera très-difficile d'obtenir une augmentation de ces centimes.

A peu près toutes les communes qui avaient quelques parcelles de biens communaux les ont vendues depuis 1830 ; de sorte que si le département et le gouvernement ne créent pas des ressources autres que celles qui existent aujourd'hui, il faudra un très-long temps avant que l'instruction primaire soit réellement constituée dans l'arrondissement.

On voit à la colonne 10 du tableau A, page 318, le nombre d'habitants pour un élève allant à l'école, qui existent dans chaque canton, en France et dans le département. Les colonnes 21, 22, 23, du tableau n° 1, donnent le nombre des enfants qui vont à l'école. Sous le rapport de l'instruction, les cantons de l'arrondissement se rangent dans l'ordre décroissant suivant : Fougères (ville), Antrain, Louvigné, Saint-Brice, Fougères (sud), Saint-Aubin, Fougères (nord).

Non seulement les moyens d'instruction ont augmenté, mais l'instruction s'est un peu élevée.

Il y a à peine quelques écoles de garçons adultes régulièrement organisées. Il faudrait encourager la formation de ces écoles, mais les moyens manquent, et quoique le désir de s'instruire commence à pénétrer dans la population adulte, cependant il n'est pas encore assez prononcé pour qu'elle se décide à **payer l'instruction**.

Au tableau n° 1er, col. 23, nous avons marqué de la lettre F les communes qui ne possèdent que des institutrices pour les enfants des deux sexes.

CHAPITRE II.

Statistique dans l'ordre de la Topographie et des Finances.

Le tableau n° 2 contient les renseignements dans l'ordre de la topographie et des finances.

Les colonnes 2 à 10 donnent en détail et en totalité la contenance de chaque commune, d'après le cadastre. Dans ce tableau, les communes et les cantons sont rangés par ordre croissant de grandeur, sauf une interversion faite à dessein pour le canton de Fougères (nord), afin d'avoir les mêmes cantons sur une même ligne dans les trois tableaux.

Pour pouvoir établir une comparaison plus facile entre les différentes divisions cadastrales des cantons, des arrondissements, du département et de la France, nous avons indiqué au tableau A, page 318; la proportion de ces divisions pour 100 hectares. Il résulte de ce tableau que le canton de Louvigné est celui qui a le plus de terres labourables et de jardins, et le moins de landes; c'est aussi le meilleur de l'arrondissement. Il est à remarquer qu'il est, pour ainsi dire, en entier sur sol granitique.

Le canton de Saint-Aubin est celui qui a le plus de prairies; mais il est celui qui a le plus de landes et le moins de terres labourables; c'est aussi le moins bon canton de l'arrondissement.

On voit que la moyenne de l'arrondissement en terres labourables, jardins, prairies, est supérieure à la moyenne de la France et du département, et qu'elle est inférieure pour les landes. Il n'y a dans le département que l'arrondissement de Saint-Malo qui ait plus de terres labourables que celui de Fougères. L'arrondissement de Redon est le plus mal partagé sous ce rapport; il a presque autant de landes que de terres labourables, et il n'a de ces dernières que 40 hectares sur 100.

Les colonnes 11 et 12 indiquent le morcellement et la division de la propriété. D'après le tableau A, page 318, col. 8, la propriété est moins morcelée et moins divisée dans l'arrondissement de Fougères, qu'en France et que dans le département. Louvigné est le canton où le terrain est le plus morcelé. Fougères nord celui où il l'est le moins. La moyenne du morcellement de Louvigné est la même que celle de l'arrondissement de Saint-Malo, 37 ares : ce morcellement moyen descend jusqu'à 23 ares dans l'arrondissement de Redon. Dans 33 communes de l'arrondissement, la grandeur moyenne des parcelles de terre est de plus de 40 ares, et dans 24 elle est de 40 ares et au dessous; à Saint-Christophe elle est réduite à 30 ares; elle est de 99 ares à Marcillé et de 82 ares à Beaucé.

Saint-Brice et Saint-Aubin sont les cantons où l'on trouve la plus grande division du sol, le plus grand nombre de propriétaires, et Fougères nord celui où l'on en trouve le moins. Cette division de la propriété est également faible dans le canton sud de Fougères, et en général, dans les communes situées dans un rayon de 8 à 10 kilomètres de la ville de Fougères. Les communes plus éloignées, où l'on rencontre une faible division de la propriété, sont des communes qui contiennent ordinairement beaucoup de landes.

L'arrondissement de Saint-Malo est celui qui présente la plus grande division du sol : chaque propriétaire n'a, en moyenne, dans cet arrondissement, que 2 hectares 90 ares, tandis que ce chiffre s'élève à 6 hectares 20 ares dans celui de Vitré.

Dans 25 communes de l'arrondissement de Fougères, qui représentent une surface de 51,733 hectares, chaque propriétaire possède plus de 5 hectares de terrain; dans les 32 autres communes, qui font une surface de 47,972 hectares, chaque propriétaire a moins de 5 hectares, et cette quantité de terrain, qui à Saint-Christophe et à la Selle-en-Coglais se réduit à 2 hectares 40 ares, s'élève à 11 hectares 70 ares à Beaucé.

La présence des grands propriétaires dans la ville de Fougères n'est certainement pas sans influence sur le fait de la moindre division de la propriété dans les communes voisines de la ville. Les propriétaires achètent toujours plus volontiers les propriétés qui sont peu éloignées de leur résidence, et, par cela même, ces propriétés ayant plus de valeur, les petits propriétaires sont aussi plus excités à les vendre. L'amélioration de la viabilité rurale devra étendre beaucoup la sphère d'action des riches propriétaires. Pouvant se rendre facilement, rapidement, en toutes saisons, sur tous les points de l'arrondissement, ils ne craindront plus autant d'acheter des propriétés éloignées de la ville. Ainsi, la viabilité rurale, déjà si favorable à l'agriculture, conduira, sur certains points, à la reconstitution de la grande propriété, par suite à celle de la grande culture, la seule véritablement économique et profitable, la seule qui, jusqu'ici du moins, puisse permettre de se procurer beaucoup d'engrais, en élevant un grand nombre de bestiaux, et par là d'entretenir la fécondité du sol.

Les colonnes 13 à 17 indiquent le nombre des cotes foncières et la répartition de ces cotes en quatre catégories, qui sont nécessairement en rapport avec la division de la propriété. Là où elle est très-divisée, il y a beaucoup de cotes faibles, peu de cotes élevées, beaucoup de petits propriétaires-cultivateurs. Le contraire a lieu dans les communes qui ne sont habitées que par des fermiers.

Les colonnes 18 à 21 indiquent le principal des quatre contributions directes. Il n'y a rien à faire remarquer sur ces chiffres.

La colonne 22 porte le revenu des communes de l'arrondissement; il s'élève à 220,000 fr. pour cinquante-sept communes. Si on retranche de cette somme 65,000 fr. pour la ville de Fougères, 85,000 fr. pour la prestation en nature, il reste 70,000 fr. qui viennent presque en entier du produit des centimes additionnels, savoir : 20,000 fr. pour les chemins vicinaux : 12,000 fr. pour l'instruction primaire; 6,000 fr. pour le culte ; 18,000 fr. qui viennent des centimes attribués aux communes et des attributions sur le produit des patentes. Ces 18,000 fr. sont ainsi presque les seuls revenus sans affectation spéciale de cinquante-six communes. Il reste donc seulement 14,000 fr. pour les revenus particuliers des communes, et dans cette somme Antrain et Saint-Aubin, communes qui ont des octrois, viennent prendre 9,000 fr. Excepté Bâzouges, Saint-Brice, Saint-Georges, qui perçoivent des droits de hallage et de place, il n'y a pas une seule commune de l'arrondissement à posséder 200 fr. de revenus particuliers.

Les communes de l'arrondissement sont donc entièrement dépourvues de ressources et hors d'état de s'en créer autrement que par des impositions extraordinaires. Comme nous l'avons dit, cette fâcheuse position est surtout nuisible aux progrès de l'instruction primaire, et arrêtera long-temps sa généralisation dans l'arrondissement.

La colonne 23 contient le montant des rôles des contributions payées par les habitants, et de plus les autres revenus des communes qui ne figurent pas à ces rôles.

La colonne 24 indique les revenus des bureaux de bienfaisance qui, comme ceux des communes, sont très-peu importants; car, dans le chiffre de 82,000 fr., les hospices de Fougères sont compris pour 65,000 fr., et le bureau de charité de la même ville pour 4,500 fr. : il ne reste donc plus que 12,500 fr. pour les trente-neuf communes rurales qui ont un bureau de bienfaisance. La plupart des revenus de ces établissements sont si faibles, qu'ils ne sont pas susceptibles d'être administrés. Les bureaux de bienfaisance qui ont des revenus plus importants les distribuent en argent, et ils ne feront jamais autrement, si l'administration, qui devrait donner l'exemple de l'organisation de la distribution des secours, ne les force pas à changer leur mode d'administrer le bien des pauvres.

Ne serait-il pas bien plus à propos d'employer chaque année une partie des fonds des bureaux de bienfaisance à créer, pendant l'hiver, des ateliers de charité pour extraire et briser de la pierre pour les chemins vicinaux? Les bureaux de bienfaisance pourraient vendre cette pierre aux communes, ce qui augmenterait les ressources des pauvres. Tout le monde profiterait de cette combinaison : l'aumône serait donnée en travail, ce qui est toujours la meilleure manière de venir au secours des malheureux valides. Les personnes charitables pourraient adopter cette voie pour faire leurs aumônes. Il en résulterait pour l'administration des secours publics et particuliers une organisation simple et facile à généraliser.

Avec l'appui du personnel et de l'outillage des chemins vicinaux, trois communes de l'arrondissement, Montours, Parigné, Tremblay, ont réalisé avec succès cette amélioration.

Nous n'avons pas recherché le nombre des indigents secourus ou non secourus par les établissements de charité ou par les particuliers. Nous regardons ces renseignements comme ayant peu de valeur ; nous pensons avoir fait mieux, en donnant la classification de la population telle qu'elle est établie au tableau B, page 334. Elle fait connaître la population qui, n'ayant pour toute propriété que le travail journalier de ses bras, devient indigente si ce travail lui manque pendant quelques jours, ou si le prix des denrées de première nécessité cesse d'être en rapport avec le prix qu'elle obtient de son travail.

Nous dirons seulement que l'Hôtel-Dieu de Fougères reçoit par an, en moyenne, 780 malades, et l'hospice Saint-Louis 142 vieillards, total, 922 ; ce qui donne 1,13, un peu plus d'un habitant secouru sur cent, par rapport à la population de l'arrondissement ; mais comme il n'y a à peu près que la ville de Fougères à profiter des hospices, on trouve qu'il y a près de dix individus secourus sur cent habitants de Fougères.

CHAPITRE III.

Agriculture.

§ 1. — *Observations sur le tableau n° 3.* — *Chronologie et topographie agricole.*

Le troisième tableau contient les renseignements plus spécialement relatifs à l'agriculture. Les communes et les cantons y sont rangés par ordre croissant de contenance, que nous appelons agricole. Cette contenance, portée à la colonne 2, ne comprend que les terres labourables, les jardins, les prairies et les landes, comme étant les seules parties du sol qui soient réellement destinées à l'agriculture.

La colonne 3 indique la nature du sol et du sous-sol, ce qui est désigné par les initiales des trois mots granitique, schisteux, quartzeux. Le tableau A, page 318, fait connaître la quantité de ces trois sols qui existe dans les cantons de l'arrondissement.

La colonne 4 contient la valeur imposable de l'hectare de terre dans chaque commune, et par là fait connaître si le territoire en est bon ou mauvais. Les extrêmes, à cet égard, sont 16 fr. pour Marcillé, et 63 fr. pour Antrain (1), 17 fr. pour Mézières, 48 fr. pour Lécousse. La moyenne pour l'arrondissement est 33 fr., et celle de la France et du département n'est

---

(1) Ce chiffre si élevé pour Antrain vient surtout de ce qu'il y a beaucoup de prairies dans cette commune.

que de 30 fr. Il n'y a dans le département que l'arrondissement de Saint-Malo qui ait un sol meilleur que celui de Fougères.

Le revenu imposable de chaque commune s'obtient en multipliant la contenance totale de la commune (tabl. 2, col. 10) par la valeur moyenne imposable par hectare dont nous parlons. Le revenu foncier imposable de l'arrondissement se trouve ainsi être de 3,190,560 fr.; mais ce chiffre est au dessous du revenu réel de plusieurs centaines de mille francs; en y ajoutant le chiffre des contributions directes à payer à l'Etat et aux communes, et qui est de 830,552 fr., on doit arriver au moins à 4,500,000 fr. pour la rente que le sol de l'arrondissement paie chaque année aux propriétaires et à l'Etat, et l'on peut évaluer à 12 ou 14 millions sa production annuelle en toute espèce de produits vendus ou consommés.

Ce chiffre de 14 millions peut paraître élevé au premier abord; mais un calcul bien simple fait voir qu'il n'a rien d'exagéré. Ainsi, ces 14 millions de produits, divisés par 365 fois 82,000 habitants, ne donnent que 47 centimes par habitant et par jour, 171 fr. par habitant et par an, ou 680 fr. par an et par ménage, 1 fr. 89 c. par jour et par ménage de quatre habitants.

La colonne 5 fait connaître le nombre d'hectares de la contenance agricole qui existent dans chaque commune pour une tête de bétail, en comptant les élèves des races bovine et chevaline pour une tête, dix bêtes à laine pour une tête de bétail, et six porcs aussi pour une tête de bétail. D'après les mêmes éléments, on voit au tableau A, page 318, qu'il y a pour une tête de bétail, en France, 2 hect. 85 ares; dans le département, 1 hect. 87 ares; dans l'arrondissement, 1 hect. 32 ares, et dans le canton de Louvigné, 1 hect. 12 ares seulement, tandis qu'il y a 1 hect. 58 ares dans celui d'Antrain. Si l'on rapproche la colonne 6 du tableau A de la colonne 11 du même tableau, on voit que les chiffres de ces deux colonnes sont bien en rapport inverse ; c'est-à-dire que plus la valeur de l'hectare est élevée, moins il y a d'hectares par tête de bétail, et les différences que l'on remarque dans ce rapport inverse peuvent s'expliquer. Ainsi, le canton de Saint-Brice a plus de terres labourables et moins de landes que le canton de Fougères nord; celui de Saint-Aubin a plus de landes que celui d'Antrain ; mais, en compensation, il a beaucoup plus de prairies.

Nous n'avons pu indiquer au tableau A, page 318, le nombre d'hectares qui existent par tête de bétail dans chaque arrondissement du département d'Ille-et-Vilaine. Au reste, les chiffres que nous aurions pu donner, d'après les recensements officiels, comme ceux que nous donnons pour le département et pour la France, n'auraient pas été comparables à ceux indiqués pour l'arrondissement de Fougères, qui diffèrent beaucoup des chiffres du recensement officiel.

Toutes les autres colonnes du tableau n° 3 trouvent leur explication générale dans ce que nous allons dire de l'agriculture de l'arrondissement.

C'est seulement depuis la paix que l'agriculture a fait quelques progrès dans l'arrondissement de Fougères : à partir de 1815, le mouvement d'amélioration de son agriculture a toujours été de plus en plus rapide. On peut dire que si, de 1815 à 1825, ce mouvement a été comme 1, il a été comme 3 de 1825 à 1835, et qu'il est comme 6 depuis 1835.

Au commencement du siècle, on cultivait encore très-peu le froment et le trèfle dans l'arrondissement; en 1808, on n'y comptait que 2,230 hectares ensemencés en froment, et 300 hectares occupés par le trèfle. En 1820, on ne portait ces deux chiffres qu'à 2,400 hectares et 800 hectares. En 1808, la pomme de terre n'y était encore connue que de nom; aussi, de 1811 à 1813, l'administration engageaitelle fortement les laboureurs à cultiver cette plante, et dans l'état des récoltes de 1811, on portait seulement à 5 ou 6 le nombre d'hectares ensemencés en pommes de terre; en 1820, on ne l'évaluait encore qu'à 80 hectares.

Quoique dans les premières années du siècle le mouvement d'amélioration fût très-lent, cependant il existait, comme le prouvent les quantités de froment et de seigle vendues à la halle de Fougères à différentes époques. Ainsi, pour 100 hectolitres de seigle, il s'en vendait :

> En 1800 . . . . 56 de froment.
> 1810 . . . . 86.
> 1815 . . . . 92.
> 1820 . . . . 116.

Aujourd'hui, on ne trouve pas toujours du seigle pur au marché de Fougères, quoique cependant ce marché soit celui de l'arrondissement où il en vient le plus. On peut même dire que l'on n'y vend plus de seigle; ce grain y est remplacé par le méteil, mélange de deux tiers de froment et d'un tiers de seigle. Il est à remarquer que les quantités de méteil vendues à Fougères sont aujourd'hui aussi considérables que celles de froment. Cette affluence de méteil à la halle de Fougères vient de ce que la culture de ce mélange des grains est plus répandue dans les environs de Fougères que dans les autres parties de l'arrondissement. Ce grain, d'un prix inférieur à celui du froment, étant plus demandé sur le marché de Fougères que sur les autres marchés du pays, y arrive de toutes les contrées voisines de l'arrondissement (la Mayenne, Vitré), où on le cultive encore beaucoup. Ces faits ne prouvent rien contre le progrès de la culture du froment dans l'arrondissement; culture qui est aujourd'hui pratiquée presque exclusivement dans les cantons d'Antrain, de Saint-Brice et de Louvigné.

Voici quel était, dans les premières années du siècle, le rendement moyen par hectare des différents grains que l'on cultive dans l'arrondissement, et ce qu'il est aujourdhui :

	1811.	1844.
Froment	9 hectolitres.	16 hectolitres.
Seigle	10	15
Avoine	13	26
Sarrasin	14	20

Ce rendement va augmenter beaucoup dans quelques années, à mesure que l'amélioration de la viabilité rurale permettra d'aller en tout temps chercher de la chaux et des sables calcaires salés pour amender les terres. Les grains qui, aujourd'hui, sont aussi d'une bien meilleure qualité qu'en 1811, en acquerront encore sous l'influence de l'amendement calcaire.

C'est ausi seulement depuis la paix que l'on a commencé à donner des encouragements pécuniaires à l'agriculture. En 1817, on distribua quelques primes pour la culture de la pomme de terre. En 1819, plusieurs stations d'étalons des haras furent établies dans le département. La station de Fougères ne fut créée qu'en 1824. Des primes furent fondées pour les taureaux en 1820, et pour les chevaux en 1822. Ainsi, la période 1815-25 a préparé le mouvement d'amélioration, qui s'est fait sentir d'une manière très-prononcée dans la période 1825-35.

Dans cette dernière période, en 1833, des fonds plus considérables furent votés, par le conseil général du département, pour donner des encouragements à l'agriculture ; des comités furent organisés par canton, pour distribuer ces fonds. C'est seulement dans cette période que les bestiaux petits et chétifs du pays, étant mieux nourris, ayant été croisés avec des animaux plus vigoureux, ont pris de la force et de la taille. La culture du trèfle, se propageant de plus en plus, a permis d'élever un plus grand nombre de bestiaux ; la masse des engrais a augmenté, par suite la fertilité du sol. C'est aussi dans cette période, vers 1833, que l'emploi du noir animal est devenu général ; et, quoique le commerce ait usé largement de son esprit frauduleux pour falsifier cet engrais, son introduction dans le pays n'en a pas moins été une amélioration très-importante. Cet engrais, dont on fait un très-grand usage dans l'arrondissement, est presque exclusivement employé à la culture du sarrasin, ce qui permet de réserver la plus grande partie des fumiers d'étable pour les céréales.

Dans la période 1835-45, le chiffre des primes à distribuer a été augmenté avec les fonds donnés par le Gouvernement ; ces primes ont été accordées à toutes les branches de l'agriculture ; quelques élèves de l'Ecole d'agronomie de Rennes, fondée en 1832, se sont répandus dans l'arrondissement ; des instruments d'agriculture perfectionnés et primés ont été distribués par la Société d'agriculture de Rennes. Un plus grand nombre de propriétaires de l'arrondissement ont entrepris des travaux de terrassements et d'irrigation, pour l'amélioration des prairies naturelles. En 1841, par les soins de l'administration de l'arrondissement, des milliers de circulaires sur l'agriculture, et de nombreux ouvrages élémentaires d'agriculture, plus de 3,000, ont été mis entre les mains des laboureurs, ont été introduits dans toutes les écoles primaires ; sur plusieurs points quelques conférences agricoles ont eu lieu ; en 1844, de nombreux propriétaires ont formé une association agricole, et se sont cotisés volontairement pour augmenter le chiffre des primes à distribuer à l'agriculture.

Dans cette même période, à tous ces éléments de progrès est venu s'en joindre un autre bien plus puissant que toutes les primes, que tous les encouragements que l'on peut donner à l'agriculture : l'amélioration de la viabilité des routes royales et vicinales a permis d'aborder plus facilement aux grèves inépuisables où l'on prend les sables calcaires et salés de la mer, aux fours à chaux du canton de Saint-Aubin et à ceux du département de la Mayenne. C'est alors que le chaulage et le tangage des céréales, des trèfles, des prairies naturelles sont devenus une opération vulgaire de la culture du pays ; que la récolte des grains et des fourrages a augmenté en quantité et en qualité ; que le nombre des bestiaux de toute nature s'est accru dans une haute proportion, comme on le voit en comparant la statistique des bestiaux aux deux époques 1813 et 1844.

	1813	1844
Espèces bovine	33,000 individus.	52,000 id.
ovine	6,300	11,000
porcine	9,300	26,100
chevaline	7,400	11,600
Total	56,000	100,700
Total en têtes de bétail	42,000	69,138

Cependant, la véritable viabilité agricole, celle des chemins vicinaux ordinaires, n'est qu'à l'état de germe, puisqu'il n'existe encore que des tronçons de ces chemins, qui forment cependant près de 60 lieues de bonnes voies rurales, dont on peut dire que la valeur agricole croîtra en proportion géométrique, à mesure que les tronçons viendront se joindre. La période 1845-55 commencera donc avec de nombreux éléments d'amélioration, qui se développeront rapidement, surtout si les propriétaires comprennent de plus en plus, comme on doit l'espérer, l'importance sociale des intérêts agricoles.

La surface totale de l'arrondissement est de 99,705 hectares ; mais toute cette étendue de terrain n'est pas consacrée à la culture proprement dite : il faut en déduire 10,405 hectares pour les terrains non imposables, les étangs, les bois, le sol occupé par les bâtiments, et 9,642 hectares pour le terrain occupé par les clôtures de terre en talus qui entourent tous les champs. Il ne reste donc pour la surface réellement agricole que 79,658 hectares. Cette surface du sol, occupée par les clôtures, est surtout utile à connaître par rapport à l'étendue des terres labourables et des jardins, car la surface réellement occupée par ces terres et ces jardins est moins grande que celle indiquée par le cadastre. Mais si on remarque que ces clôtures, ayant 1 mètre 50 centimètres de base et 3 mètres de pourtour, sont souvent couvertes d'herbes abondantes, que les talus de ces clôtures qui bordent nos nombreux chemins ruraux n'ont pas moins de 2 mètres de hauteur, loin de déduire les 9,642 hectares que ces clôtures occupent par leur base, on pourrait, au contraire, doubler cette quantité, et ajouter 19,384 hectares aux terrains qui rapportent de l'herbe. La surface agricole serait ainsi presque égale à la surface totale de l'arrondissement, et le terrain occupé par les clôtures n'est pas du terrain aussi entièrement perdu qu'on pourrait le croire au premier abord.

Il y a dans l'arrondissement, en terres
labourables. . . . . , ...   65,016 hectares.
En jardins.   2,201
                          Total. 67,217

Si on en déduit le terrain occupé par les clôtures, on ne trouve plus que : Terres labourables. . . .   58,515 hectares.
Jardins.   1,981
                          Total. 60,496

Ce total peut encore paraître élevé, si on se rappelle qu'à cause des clôtures et des racines des arbres plantés sur ces clôtures, on ne laboure pas jusqu'au pied des talus.

D'après les divers assolements pratiqués dans l'arrondissement, les 58,515 hectares de terres labourables doivent être occupés comme il suit :

19,505 hectares : un tiers est ensemencé en céréales, savoir :

En froment	10,000 hectares.
Méteil	1,700
Seigle	1,200
Avoine	6,300
Orge	300

39,010 hectares : les deux autres tiers sont occupés ainsi :

Trèfle de un, deux et trois ans	13,000 hectares.
Sarrasin	14,000
Pommes de terre, bettes, carottes, navets	3,000
Pâtures, genêts, ajoncs, vieux trèfle	9,000

L'arrondissement de Fougères contient 99,705 hectares de terrain, et il a 69,000 têtes de bétail, ce qui donne une tête de bétail pour 1 hectare 48 ares. Sa contenance agricole (landes, prés, jardins, terres), donnant 89,300 hectares, il n'y a réellement que 1 hectare 32 ares par tête de bétail; et en réduisant cette contenance à 79,658 hectares, à cause du terrain occupé par les clôtures en terre, on ne trouve plus que 1 hectare 18 ares par tête de bétail; chiffre fort peu élevé. Mais on ne doit pas oublier que la forme des clôtures augmente la surface du sol agricole; que ces clôtures, les fossés des chemins et des champs, les clairières des bois et des champs, sont couverts d'herbes souvent assez abondantes. Si, d'un autre côté, on considère l'état encore assez peu avancé de l'agriculture de l'arrondissement, surtout au point de vue des idées beaucoup trop absolues de la culture alterne, ce chiffre de 69,000 têtes de bétail doit paraître fort élevé. Cependant, en faisant le total des différentes surfaces du sol consacré à la nourriture des bestiaux, on trouve que les six dixièmes de l'arrondissement sont employés à cet usage, savoir :

Prairies naturelles (clôtures déduites). . . .	9,912 hect.
Trèfles.	13,000
Pommes de terre, choux, navets, etc. . . .	3,000
Pailles de pied des céréales, coupées à 30 centimètres du sol.	6,000
Pâtures, genêts, ajoncs, vieux trèfle. . . .	9,000
Landes.	9,967
Talus des clôtures, des chemins, fossés, clairières des champs.	19,384
TOTAL.	70,263

Dans l'arrondissement, dont le sol et le climat sont frais et humides, l'herbe pousse partout avec force ; les pailles de pied des céréales, qui ne portent pas de trèfle, sont souvent remplies d'herbes et forment un fourrage assez bon.

En 1809, on ne comptait dans l'arrondissement que 52,000 hectares de terres labourables, dont 33,000 cultivés et 19,000 en friche. Aujourd'hui il n'y a pas moins de 62,000 hectares de terres labourables, y compris les jardins et les landes défrichées : 53,000 hectares sont en culture chaque année et 9,000 en friche, c'est-à-dire non labourés ; mais ils rapportent toujours quelque chose en herbes, genêts ou ajoncs.

§ 2. — *Assolement des terres. Nature du sol.* — *Instruments d'agriculture.* — *Manière de cultiver.*

Au commencement du siècle, voici quel était l'assolement des terres de l'arrondissement : le champ qui avait été huit à dix ans en friche, était ensemencé la première année en sarrasin, la deuxième année en seigle, la troisième en sarrasin, la quatrième en seigle ou en avoine, la cinquième souvent en avoine, et on le laissait de nouveau en friche pendant huit à dix ans. Dans le canton d'Antrain, l'assolement était différent : à la troisième année, le seigle était suivi d'un second seigle ou d'une avoine, et le champ restait en friche, mais moins long-temps que dans les autres cantons de l'arrondissement. Tant que la culture du trèfle n'a pas été générale, il n'y a pas eu de changement dans les assolements : le froment s'est peu à peu substitué au seigle; les quantités de terres mises chaque année en culture ont augmenté; par suite elles sont restées moins long-temps en friche. Les anciens assolements sont encore suivis lorsque les laboureurs ne font pas entrer le trèfle dans le cours de leurs récoltes; mais ils ne laissent plus le sol en pâture que deux ou trois ans.

On suit maintenant dans l'arrondissement quatre assolements.

ANNÉES	1er ASSOLEMENT.	2e ASSOLEMENT.	3e ASSOLEMENT.	4e ASSOLEMENT.
1.	Sarrasin ou pommes de terre.	Sarrasin ou pommes de terre.	Sarrasin ou pommes de terre.	Sarrasin ou pommes de terre.
2.	Froment d'hiver	Froment d'hiver	Froment d'hiver	Froment d'hiver
3.	Sarrasin.	Avoine d'hiver et trèfle.	Avoine d'hiver.	Sarrasin et trèfle
4.	Froment ou avoine d'hiver avec trèfle.	Trèfle.	Sarrasin.	Trèfle.
5.	Trèfle.	Trèfle ou sarrasin.	Froment d'hiver et trèfle.	Trèfle.
6.	Trèfle.	Pâture ou sarrasin.	Trèfle.	Froment d'hiver
7.	Pâture ou sarrasin.	Idem.	Trèfle ou sarrasin.	Pâture.

Le premier assolement est le plus généralement pratiqué, et quelquefois, sans interruption, le cours de récoltes recommence la sixième, septième ou huitième année. Le deuxième assolement est celui du canton d'Antrain. Il n'y a plus de règle constante pour le nombre d'années qu'on laisse les terrains à repos ou occupés par le trèfle : nous touchons au moment où l'abondance des fourrages va permettre de faire le froment sur trèfle rompu, comme le font déjà les fermiers les plus éclairés du pays.

La fécondité de la terre est entretenue comme nous allons l'indiquer. On met ordinairement par hectare,

La première année, 12 charretées de fumier de 2 mètres cubes, ou 17,520 kilogr. et 320 litres de noir animal ou de charrée;

La deuxième, 1,000 kilogrammes de chaux, et deux fois aussi pesant de fumier;

La troisième, 14 charretées de fumier;

La quatrième, 1,200 kilogr. de chaux et 15 charretées de fumier;

Les cinquième et sixième, rien;

Ce qui fait en tout 84 mèt. cubes de fumier, ou 58,000 kilogrammes, 2,400 kilogram. de chaux, et 320 litres de noir animal. Avec ce système de culture, les bons fermiers ont obtenu, dans les bonnes terres, en 1844, jusqu'à 28 et 30 hectolitres de froment par hectare, 36 d'avoine et 25 de sarrasin.

Dans le canton d'Antrain, quelques laboureurs font aussi du trèfle incarnat, comme seconde récolte. Dans ce canton, on a également un peu cultivé le colza. Cette culture ne s'est pas étendue.

La culture des pommes de terre est générale, et commence à entrer dans la grande culture. Celle des betteraves et des navets se généralise; elle se fait encore peu en grand. La culture des carottes commence aussi à s'introduire dans le pays.

La culture des choux-fourrages, avec ou sans trèfle, est générale; elle prend chaque jour plus d'extension, sans cependant être encore entrée dans la grande culture.

Le seigle, l'avoine, les navets, comme fourrages de printemps, sont cultivés en petit par tous les laboureurs, comme récolte intercalaire : on leur fait succéder du sarrasin, du chanvre, des pommes de terre.

La culture du chanvre et du lin ne se fait qu'en petit; elle va même en diminuant : c'est à peine si elle occupe 500 hectares.

Le sol arable de l'arrondissement est un mélange d'argile et de silice en proportions à peu près égales, proportions qui sont nécessairement modifiées par la nature du sous-sol, quand le sol arable n'est pas profond. Ce sol arable est, en général, très-profond : il a souvent plus d'un mètre d'épaisseur. La qualité du sous-sol est variable : sur les 99,705 hectares qui forment l'arrondissement, 60,771 appartiennent aux terrains granitiques ; 28,854 aux terrains schisteux ; 10,180 aux sols quartzeux. Ainsi, l'on trouve pour sous-sol le sable granitique, le schiste feuilleté un peu compacte, l'argile plus ou moins sablonneuse, l'argile pure assez rarement. Quelle que soit la nature du sous-sol, vu l'épaisseur de la couche arable, il y a dans l'arrondissement peu de sols tout-à-fait imperméables, et l'on en trouverait encore moins, si la terre était labourée plus profondément. Presque partout ces sols se maintiennent toujours dans un état de fraîcheur très-favorable à la végétation ; cette fraîcheur est encore entretenue par le grand nombre d'arbres qui couvrent le sol : aussi les récoltes de l'arrondissement souffrent beaucoup moins dans les années sèches que dans les années humides.

La charrue à avant-train, la herse, la houe à bras, pleine et à deux dents, la pelle, sont les seuls instruments de labourage employés dans l'arrondissement.

Quoique la construction de la charrue du pays laisse à désirer, cependant cette charrue est assez bien établie, et elle ne fait pas un mauvais travail ; son soc tranche bien et assez profondément la bande de terre; le versoir n'est pas très long, il est plat ou courbe, souvent garni de bandes de fer; il est surtout court et contourné dans le canton de Louvigné; il retourne bien la bande de terre. Ce que nous disons de la charrue du pays ne s'applique pas à celle du canton d'Antrain, qui est établie comme les plus mauvaises charrues de Bretagne. La charrue s'attèle de trois, quatre, cinq ou six bêtes; deux bœufs ou quatre bœufs, et un à deux chevaux. On ne doit pas toujours juger de la difficulté du labourage par le nombre de bêtes attelées à la charrue; dans un pays où l'on élève beaucoup de bœufs, où on ménage les juments poulinières, on met souvent plus de bêtes de trait qu'il n'en faudrait pour le tirage.

La herse est quadrangulaire, droite, double, à dents de fer, quelquefois un peu inclinées alternativement à droite et à gauche, généralement placées sur la même ligne; mais on remédie à cet inconvénient, en l'attelant par un de ses angles. Cette herse légère est employée, simple ou double, à enterrer les semences du sarrasin, du trèfle, à herser les céréales. Une herse plus forte, appelée châble, est employée pour briser les mottes rabattues avec la houe à bras, après le labourage.

Il y a encore en France vingt départements où la plupart des voitures rurales n'ont que des essieux en bois et des roues non ferrées; nous n'en sommes plus là: toutes les charrettes dont on se sert dans l'arrondissement sont à deux roues ferrées, et à essieu en fer. Outre les voitures ordinaires, on emploie aussi de petits tombereaux à bascule, et de grands tombereaux qui ne basculent pas, qui sont destinés au transport de la chaux et du sable de mer; beaucoup de charrettes, surtout parmi ces dernières, sont armées de machines à enrayer. La charronnerie de ces véhicules est bonne; elle est un peu moins massive, depuis que la viabilité générale s'améliore.

Lorsque le champ qui doit être pris en labour et ensemencé en sarrasin est un champ en friche, garni de genêts ou d'ajoncs, on coupe ces plantes, et le champ est écobué ou pelé à mottes. Les mottes sont réunies en petits tas sur toute la surface du champ ; lorsqu'elles sont sèches, on y met le feu, la cendre qui en provient est répandue sur le champ, et on donne le premier labour. A mesure que la culture du trèfle s'étendra, l'habitude de l'écobuage disparaîtra nécessairement ; mais la diminution de cet usage est encore peu sensible. Au reste, dans des terres de la nature de celles de l'arrondissement, cette opération n'est pas nuisible ; elle détruit nécessairement un grand nombre de germes d'insectes et de vers.

On laboure, en général, en petits billons de quatre raies, deux petites raies d'abord, et deux grandes par dessus les petites ; on rabat le tout avec la houe à bras, en brisant les bandes de terre ; ensuite on laboure une seconde fois à deux grandes raies, en attaquant les parties du champ qui n'ont pas été levées dans le premier labour ; on rabat de nouveau avec la houe à bras, de manière à avoir presque un labour à plat dans les terrains où le sous-sol est perméable. Dans ceux où le sous-sol est moins perméable, on rabat de manière à laisser des billons généralement trop peu élevés ; on achève de briser les mottes de terre avec la forte herse. C'est surtout dans le canton d'Antrain qu'on laboure en petits billons.

Lorsque le champ à labourer doit être ensemencé en céréales, en retour d'un terrain en friche, on laboure de la même manière. Si c'est en retour de sarrasin, de pommes de terre, ou d'un trèfle qui n'a pas été pâturé, on laboure à deux grandes raies seulement, et on rabat à la houe à bras, ou seulement avec une forte herse.

Le labourage en planches et en billons élevés, surtout dans les terrains à sous-sol humide, commence à se répandre, ainsi que l'habitude de tirer des raies d'écoulement dans les labours.

L'usage du rouleau, qui pourrait remplacer avec tant d'avantages le travail si pénible et si long du brisage des bandes de terre avec la houe à bras, est pour ainsi dire inconnu dans l'arrondissement.

§ 3. — *Culture et récolte.* — *Céréales.* — *Sarrasin.* — *Trèfle.* — *Ajoncs et genêts.* — *Pommes de terre.*

Il est aujourd'hui bien peu de terres préparées pour recevoir des céréales, qui ne soient pas tanguées ou chaulées. Dans un des coins du champ qui sera ensemencé en froment, on mêle la chaux ou la tangue avec la terre du champ et des débris de végétaux : pour la chaux, on remue le mélange jusqu'à ce que la chaux soit réduite en poussière ; on transporte le mélange par petits tas sur le champ, et on le répand sur toute sa surface, en même temps que le fumier.

Dans tout le canton d'Antrain, dans une grande partie des cantons de Saint-Brice et de Louvigné, on cultive les blés fins, ou sans barbes ; dans les autres parties de l'arrondissement, on donne plus généralement la préférence aux blés barbus. On cultive fort peu les céréales de printemps.

A quelques exceptions près, on sème toutes les céréales sous raies. On enterre le sarrasin avec la herse légère

On herse les céréales au printemps, on sarcle peu les récoltes, si ce n'est le sarrasin. Depuis quelques années, les terres sont d'ailleurs plus propres, et les champs de céréales qui auraient besoin d'être sarclés sont assez rares. L'avoine à chapelet, le chiendent, dans le canton d'Antrain, l'yèble, sont presque les seules plantes qui croissent habituellement dans les céréales de manière à leur nuire. La fougère commune et le radis ravenelle sont celles qui gênent le plus le sarrasin. Les céréales de l'arrondissement sont aussi très-rarement attaquées par les plantes parasites internes. On n'y chaule pas ordinairement les semences, mais le chaulage et le tangage des terres doit, jusqu'à un certain point, remplacer le chaulage des semences. Quoique les céréales ne soient pas souvent gênées par les plantes étrangères, leurs pailles sont cependant loin d'être nettes au pied; et les plantes étrangères, qui, dans les années sèches, ne prennent pas de développement, en acquièrent beaucoup dans les années très-humides, et deviennent alors très-nuisibles aux récoltes.

Toutes les céréales sont coupées à la faucille par le pied, ou à une certaine hauteur, qui varie suivant les lieux, comme on le verra dans le résumé des usages locaux; elles sont battues immédiatement au fléau, et nettoyées avec le tarrare, instrument depuis long-temps vulgaire dans le pays.

Ce mode de battage au fléau, très-fatigant pour les batteurs, est aussi très-onéreux pour les cultivateurs. Il a de plus le grave inconvénient de traîner en longueur la récolte des céréales, d'influer ainsi d'une manière fâcheuse sur beaucoup d'opérations de l'agriculture, en les retardant.

Le laboureur est obligé d'attendre, pour scier ses grains, le moment où il va pouvoir jouir des batteurs, dont les journées sont retenues d'avance pour tout le temps de la moisson. Lorsque son jour est arrivé, si le temps ne permet pas de battre les grains, il n'en doit pas moins payer et nourrir les batteurs, qui ne pourront lui revenir qu'après avoir été battre la récolte de ceux qui les ont retenus. Les batteurs font ainsi la loi aux laboureurs. Ils se font payer très-cher, et la sensualité augmentant partout, ils sont de plus en plus exigeants sur la nourriture. Les choses en sont venues au point que les laboureurs ont dû penser à s'affranchir d'un usage qui devenait chaque année plus onéreux.

Dans le canton d'Antrain, où les fermiers ont des granges, on bat une grande partie de la récolte pendant l'hiver. Cette habitude se répand aussi dans le canton de Louvigné. Mais quoique ce soit assurément la meilleure manière de battre les grains, ce mode de battage aura beaucoup de peine à se généraliser, les granges n'étant pas au nombre des bâtiments de nos plus grandes exploitations agricoles, et peu de propriétaires étant disposés à en faire construire.

Dans les environs de Fougères, on a fait avec succès, depuis 1843, l'essai d'une machine à dépiquer, construite en bois, ayant la forme d'un cône tronqué, de deux mètres de longueur, plein, cannelé, à huit pans, et d'un mètre de hauteur dans son plus grand diamètre. On a déjà fait un essai assez général de cet instrument, pour donner à penser qu'il sera adopté par tous les cultivateurs. L'introduction de ce nouveau mode de battage, qui est très-économique, sera une très-grande amélioration pour le pays, où, faute de bras, on fait en général trop tard toutes les opérations agricoles. Ainsi, l'on commence trop tard la récolte des foins : ils ne sont pas encore récoltés que déjà il faudrait abattre les céréales. On attend, pour couper les céréales, que le chaume soit tout-à-fait sec : alors le grain quitte facilement l'épi; il s'en perd beaucoup dans les champs et dans les chemins.

Les céréales ne sont pas ramassées, que les sarrasins devraient être coupés. Les pluies viennent souvent de très-bonne heure dans l'arrondissement; elles compromettent la fin de la récolte des céréales, toute celle des sarrasins, et même les récoltes suivantes, parce que l'usage étant d'ensemencer en céréales les champs qui étaient occupés par le sarrasin, les labours et les semailles se font trop tard. Ajoutons à cela qu'il faut encore trouver le temps de cueillir les pommes et de faire le cidre, de récolter les pommes de terre et la graine de trèfle. On recule ces opérations le plus possible; les gelées arrivent et occasionent de nouvelles pertes.

Une manière de récolter les céréales, qui ferait gagner quinze jours à trois semaines, aurait donc une très-grande valeur pour le pays. Si, dans l'intérêt de l'augmentation de la richesse agricole, on doit désirer voir cesser le battage au fléau, qui est très-onéreux pour les fermiers, très-pernicieux pour la santé des batteurs, qui, à la suite des excès de boisson et de travail qu'ils font pendant la moisson, contractent des graves maladies, on doit cependant convenir que, de tous les travaux de la campagne, c'est celui qui plaît le plus aux laboureurs, celui pour lequel ils montrent une véritable passion. Le secret du charme de ces travaux tient certainement à leur mode d'organisation, à ce que toute la famille, toutes les familles voisines, tous les sexes, tous les âges, y prennent une part commune et très-active. Ce n'est plus le travail isolé, désordonné, où chacun accomplit son œuvre tristement et mollement; c'est le travail combiné en réunions, où tout est réglé, où chacun s'acquitte de sa tâche gaîment et avec une telle ardeur, qu'un travail pénible paraît devenir un plaisir.

C'est qu'ici tout est organisé; les rivalités sont en présence, les batteurs se réunissent en plusieurs groupes, les femmes se mêlent aux hommes, les groupes rivalisent entre eux. Dans les grandes batteries, la rivalité s'établit aussi dans chaque groupe, entre les travailleurs partagés en deux ailes : chaque groupe, et même chaque aile du groupe, obéit à la voix d'un chef toujours le plus vigoureux, le plus intelligent à relever les forces des travailleurs par l'exemple, par les éloges, les reproches qu'il distribue à chacun; toujours le plus habile à diriger la manœuvre des batteurs, à changer les batteries ou le rhythme suivant lequel les fléaux doivent frapper le grain; à saisir le mouvement qu'il convient de donner au battage, pour laisser un peu de relâche aux travailleurs, ou ranimer leur énergie.

Les mouvements réglés des batteries, le bruit retentissant et cadencé que produisent en tombant sur l'aire les fléaux plats, en usage dans presque tout l'arrondissement, diminuent beaucoup la fatigue des batteurs, comme le font tous les mouvements rhythmés. La jalouse émulation qui s'établit entre les travailleurs, l'exaltation que produit et entretient chez eux le cidre et l'eau-de-vie qu'ils boivent en abondance, expliquent comment ils peuvent résister à des travaux si durs qui, lorsque le temps le permet, se prolongent bien avant dans la nuit.

Lorsque les travailleurs sont arrivés à la fin du battage, à la dernière airée, à la parbatte, on met des planches sous les gerbes, pour que les fléaux fassent plus de bruit; on tire des coups de fusil, on vide un plus grand nombre de verres de cidre et d'eau-de-vie, on entonne le chant traditionnel de la gerbe, on pousse des cris de joie, de très-sauvages houras. Si le propriétaire de la ferme, si le maître est sur les lieux et qu'il se prête à la circonstance, on couronne l'œuvre en le hissant sur une chaise que l'on porte en palanquin, et on lui fait ainsi faire une promenade triomphale autour de l'aire, au milieu des cris, des coups de fusil et des libations que l'on multiplie en son honneur. Comme aujourd'hui peu de maîtres se prêtent à cette ovation, il est bien rare de voir ce bouquet de la moisson, qui n'est déjà plus qu'un souvenir.

Ces opérations du battage des grains sont les seules de notre agriculture qui, dans l'arrondissement, se fassent encore avec un peu d'entrain, et qui aient conservé quelque chose de pittoresque et de poétique : poésie, à la vérité, un peu barbare, mais qui cependant n'est pas sans charme, même pour les personnes étrangères aux travaux des champs. Le rouleau-batteur, plus économique, plus humain, et aussi beaucoup plus moral, au dire de nos curés, aura peut-être bientôt remplacé la mécanique humaine qui bat aujourd'hui nos grains; néanmoins, si nous en croyons nos impressions, les enfants du pays se prendront parfois à regretter de ne plus entendre, par une belle soirée d'été, les échos lointains de nos bocages répéter sur tout l'horizon les chants de la moisson, le *tapeti-peti-peta* et toutes les autres voix cadencées des fléaux.

Les céréales, comme toutes les récoltes de l'arrondissement, ne sont pas, en général, d'une qualité supérieure ; la chaleur est l'élément qui leur manque : au climat froid et humide de Fougères viennent se joindre les conséquences des habitudes du pays et du morcellement de la propriété. Avec des champs d'une grandeur moyenne de 45 ares, plantés de nombreux pommiers, entourés de clôtures élevées surmontées d'épais buissons, d'arbres de haute futaie, les cultures sont presque toujours à l'ombre : toutes les parties ligneuses des plantes prennent nécessairement un accroissement qui ne tourne pas au profit des graines et des fruits. En comprenant les arbres des bois, des forêts, des clôtures, et les pommiers, il y a bien, dans l'arrondissement 45,000 hectares de terrain couverts d'arbres, sur lesquels 30,000 hectares appartiennent aux terres labourables et aux jardins ; et les arbres qui couvrent ces 30,000 hectares portent leur ombre sur 67,000 hectares de terres labourables et de jardins divisés en morceaux de 45 ares. Si cet état de choses est très-nuisible à la qualité de certaines récoltes, il est du moins très-favorable aux productions herbacées ; tous ces arbres arrêtent l'humidité, l'aspirent, la transmettent à la terre, et entretiennent toujours la fraîcheur du sol.

Il serait sans doute à désirer que l'on diminuât le nombre de ces clôtures plantées de grands arbres ; le principal obstacle à cette diminution est dans la division, le morcellement et l'enchevêtrement de la propriété. Toutefois, leur destruction entière serait très-préjudiciable aux récoltes, auxquelles cette trop grande quantité de clôtures plantées est aujourd'hui nuisible. Ces arbres grands et nombreux, en cardant les vents violents, rapides et froids, qui s'élèvent fréquemment, et en toute saison sur l'arrondissement, empêchent bien des récoltes de verser, en garantissent beaucoup de la gelée.

Les meilleures céréales de l'arrondissement viennent dans le canton d'Antrain, dont le climat est plus doux ; qui, voisin de la mer, fait depuis plus long-temps usage des sables calcaires ; où il y a moins d'arbres, et où l'habitude d'avoir un grand nombre d'arbres à fagot, sans têtes ni fortes branches, fait qu'il y a moins d'ombre portée sur les champs. Les céréales des cantons de Saint-Brice et de Louvigné, pays plus couverts que le canton d'Antrain, ont aussi plus de qualité que celles des autres parties de l'arrondissement, surtout depuis que l'on chaule et tangue les terres.

Les avoines que produit l'arrondissement sont très-bonnes, quoique la culture de cette céréale s'y fasse avec beaucoup de négligence, et presque toujours sans engrais, après une autre céréale. Cependant quelques laboureurs commencent à reconnaître que l'avoine paie bien les soins qu'on lui donne.

Le sarrasin croît dans l'arrondissement avec une si grande vigueur, que ses tiges ont souvent près de 1 mèt. 50 centim. d'élévation ; elles donnent nécessairement beaucoup de paille, et, dans les années favorables, une grande quantité de grain, qui a le défaut d'avoir une enveloppe ligneuse trop épaisse, comme toutes les productions du pays. Quoique la culture du sarrasin soit avantageuse, qu'elle divise bien le sol, le nettoie parfaitement de toutes les mauvaises herbes, et donne beaucoup de litière pour les bestiaux, la production et la récolte de ce grain est si souvent contrariée par les influences du climat, qu'elle devra disparaître de la culture de l'arrondissement, à mesure que le trèfle, les pommes de terre, les légumes, le froment, entreront pour une plus grande part dans la culture et dans l'alimentation des habitants. C'est déjà ce qui a lieu, surtout dans le canton d'Antrain, où d'ailleurs le sarrasin ne vient pas très-bien. Mais c'est surtout l'extension que prendra la culture du trèfle qui fera diminuer celle du sarrasin. Lorsque nos cultivateurs sèmeront du trèfle dans toutes leurs céréales, ils pourront le laisser occuper la terre moins long-temps, et faire leurs céréales sur des trèfles rompus, au lieu de les faire en retour de sarrasin : la culture de cette dernière plante cessera ainsi d'être une nécessité de l'assolement.

Le trèfle commun est la seule plante que l'on cultive en grand, pour prairie artificielle; on le sème dans les céréales d'hiver, froment ou avoine, quelquefois dans le sarrasin et dans les céréales de printemps, quand on en fait, ce qui est très-rare. Cette plante réussit bien, en général, depuis que l'on emploie la chaux et le sable pour amender les terres. Elle donne souvent une première coupe, ou au moins un pâturage assez abondant dès l'année de la semaille; on ne la conserve pas moins de deux années après l'année de la semaille. Quand on ne prend pas en labour d'hiver le champ de trèfle de deux ans, on le fait pâturer la troisième, et même la quatrième année.

On peut évaluer à 13,000 hectares la quantité de terrain occupée par le trèfle commun ; elle n'était que de 300 hectares en 1808, et encore ce chiffre était peut-être exagéré. Aujourd'hui la quantité de terrain cultivée en trèfle augmente bien, chaque année, de 300 hectares. Ces prairies de trèfle donnent de 4 à 5,000 kil. de foin sec.

Quelques cultivateurs, des cantons d'Antrain surtout et de Louvigné, font du trèfle incarnat; la culture de cette plante ne se propage pas. Notre pays est trop froid, pour que la végétation de ce trèfle y soit rapide ; on peut rarement le récolter à temps, pour le remplacer par le sarrasin ou les pommes de terre ; mais il pourrait être enterré en vert, usage encore presque inconnu dans l'arrondissement.

La culture des ajoncs, comme fourrage artificiel d'hiver,

est générale; elle n'occupe pas moins de 3 à 4,000 hectares. On pile cette plante à bras, dans des auges de granite, pour la donner aux bestiaux, qui en sont très-avides, et s'en trouvent très-bien : c'est une nourriture dont la préparation serait très-onéreuse, si nos laboureurs savaient utiliser leurs bras pendant l'hiver.

Les clôtures des champs étant souvent couvertes de genêts, cela suffit pour que quelques champs laissés à pâture se trouvent garnis de cette plante; mais, en outre, on sème encore beaucoup de champs en genêts; on ne les laisse plus que deux ou trois ans. Cette culture se fait pour augmenter la quantité de litière et de fumier, et pour fournir les moyens de chauffer le four. On voit beaucoup moins de genêts dans le canton d'Antrain. Cela peut tenir à l'usage où l'on est, dans ce canton, de mettre beaucoup plus d'arbres à fagot que dans les autres parties de l'arrondissement.

A mesure que la culture du trèfle se répand, les champs occupés par les genêts diminuent, et ils disparaîtront, comme tous les champs en jachère ou en friche, avec l'augmentation de richesse du cultivateur. Ce n'est plus qu'une question de temps et d'argent; c'est maintenant beaucoup moins par routine que par défaut de capitaux, que les laboureurs ne mettent pas chaque année tous leurs champs en valeur. Il est très-facile à ceux qui ne sont pas laboureurs sans fortune, et à ceux qui ne sont laboureurs qu'en théorie, de déclamer contre l'improductive jachère, comme on dit; mais en agriculture, comme en toute industrie, il faut avoir en argent et en bras un capital proportionné à l'étendue du terrain que l'on exploite; et quand on n'a de capital que pour cultiver médiocrement 10 hectares de terrain, on ne saurait avoir celui qui serait nécessaire pour en exploiter convenablement 20 : voilà toute la question de la jachère pour nos fermiers.

Dans l'arrondissement de Fougères, où l'herbe pousse avec

assez de vigueur, la jachère, qui certainement, pour le produit présent et à venir, ne vaut pas un champ de trèfle bien net, n'est cependant pas entièrement improductive. L'herbe que certains champs produisent, quand on les laisse à repos pendant trois ou quatre ans, peut bien payer la moitié de la rente de la ferme, et cela sans aucune dépense.

Il en est de la culture de la pomme de terre comme de celle du trèfle : elle augmente chaque année dans une grande proportion. Elle était presque inconnue en 1811; aujourd'hui elle doit occuper près de 3,000 hectares. Un grand nombre de fermiers la cultivent en grand, à la charrue, depuis 50 ares jusqu'à 1 et 2 hectares. Il n'est pas un seul cultivateur qui n'en fasse une petite quantité. L'hectare de pomme de terre en donne 250 à 300 hectolitres. Les bestiaux consomment les trois quarts de cette production. Quelques fermiers font cuire les pommes de terre pour les leur donner.

La culture des jardins fait des progrès, mais elle est encore fort peu avancée; et elle n'offre, ainsi que celle des pommes de terre et des autres cultures, rien de particulier à signaler.

§ 4. — *Prairies.* — *Landes.* — *Communs.*

D'après le cadastre, il y a 11,013 hectares de prairies dans l'arrondissement. Cette quantité a dû augmenter et augmente tous les jours. Depuis quelques années, les propriétaires s'occupent beaucoup de l'amélioration de leurs prairies. Sur tous les points de l'arrondissement, on entreprend des travaux de terrassement et de nivellement qui permettent d'arroser une plus grande étendue de terrain, et qui améliorent en même temps les sols qui sont en nature de prairie arrosée. On compte maintenant plus de cent ouvriers constamment employés à ce genre de travaux ; et il n'est pas douteux que ce nombre augmentera à mesure que l'amélioration de la viabilité rurale permettra aux propriétaires d'arriver en toute saison à leurs propriétés.

Le sol accidenté du pays, l'épaisseur de sa couche de terre arable, les sources nombreuses et abondantes qui surgissent à sa surface, tout se prête à ces améliorations des prairies. Ces circonstances naturelles, le morcellement de la propriété, l'enchevêtrement des parcelles de terre, donneraient un intérêt de localité à une bonne loi sur les irrigations. Mais cette loi, pour avoir une véritable valeur générale, devrait être précédée d'une autre loi, qui arrêterait la division et le morcellement de la propriété, qui détruirait et préviendrait son enchevêtrement, en réglant les conditions des réunions territoriales volontaires et forcées, dans toutes les communes où cette réunion serait réclamée par un certain nombre de propriétaires, et dans celles où une loi aurait prononcé l'utilité publique d'une opération *qui suffirait,* dit François de Neufchâteau, *pour tripler les revenus de la France et doubler la surface de la terre.*

Cette attention que les propriétaires apportent à l'amélioration des prairies a réagi favorablement sur les fermiers, qui ne prenaient presque aucun soin de cette partie de la culture. Aujourd'hui ils comprennent la valeur d'un bon système d'irrigation ; ils savent que les engrais, la chaux, la tangue, qu'ils répandent sur leurs prés, paient largement l'augmentation de travail et de dépense qui en résulte.

Les foins de l'arrondissement sont très-abondants ; ils ne sont pas, en général, de première qualité, beaucoup de prairies étant basses et trop mouillées. Les soins que l'on donne maintenant à leur irrigation, à la disposition de leur sol, modifieront promptement la qualité de leur produit. Comme toutes les récoltes du pays, celle des foins se fait un peu trop tard. L'hectare de prairie naturelle donne de 3 à 5,000 kilos de foin, et même 6,000 kilos dans les prairies graissées, chaulées ou tanguées.

Quoique le sol de l'arrondissement soit, sur beaucoup de points, très-propre à faire des herbages, on n'a pas encore essayé à introduire ce mode de culture dans l'assolement des terres. Si l'on ne fait aujourd'hui aucun essai dans ce genre, c'est par ignorance et par insuffisance d'engrais. L'usage de fumer les prairies conduira nécessairement à la création des herbages; mais il est à craindre que l'existence de baux d'une trop courte durée nuise à la propagation d'un mode de culture qui vraisemblablement serait très-avantageux pour le pays.

Il y a, d'après le cadastre, 11,070 hectares de landes, autant que de prairies; mais il est bon de faire observer que, depuis les opérations du cadastre, depuis 1823, beaucoup de défrichements ont eu lieu. Ce chiffre de 11,070 hectares est donc aujourd'hui trop élevé. L'étendue des landes diminue chaque année; elles deviennent des prés, des terres labourables, des jardins, des bois. Cette transmutation a surtout augmenté depuis la vulgarisation de l'emploi de la chaux, du sable de mer; depuis que la viabilité rurale s'améliore, et que le goût des propriétaires pour la confection des prairies se répand.

D'après le cadastre, sur 100 hectares, l'arrondissement en aurait 10 de landes. Ce chiffre ne doit pas maintenant s'élever à plus de 9. L'étendue des landes a surtout diminué dans le canton d'Antrain. C'est aussi un des cantons de l'arrondissement qui en contient le plus, et celui de tous qui peut le plus facilement améliorer ses landes avec les sables calcaires de la mer. Les landes de l'arrondissement sont en général d'une assez bonne nature; elles ont du fond, peu de sol de bruyère, et un sous-sol argilo-siliceux qui n'est pas très-tenace. Les ajoncs, l'herbe fine qui y croissent par places, tout prouve que la plupart de ces landes peuvent être assez facilement améliorées. Plusieurs parties des terrains compris sous le nom de landes sont des rochers granitiques, qui ne peuvent être que plantés par endroits.

Presque toutes les landes de l'arrondissement sont des propriétés privées, un peu plus grandes que les champs des terres labourables, et comme eux entourées de clôtures en terre. Environ 2,000 hectares appartiennent aux grandes landes sans clôtures, et sont livrés à la vaine pâture des bestiaux des riverains, anciens afféagistes, qui en sont propriétaires indivis.

Les communes de l'arrondissement possèdent fort peu de biens communaux ; elles n'ont que 530 hectares de ces grandes landes, qui sont livrées à la vaine pâture, et ces 530 hectares sont la propriété de cinq communes seulement, savoir, Saint-Aubin, pour 175 ; Mézières, pour 165, Saint-Rémy, pour 130 ; Saint-Jean, pour 30.

Depuis déjà assez long-temps, chaque année, le gouvernement demande aux Conseils généraux quel est le meilleur emploi à faire des terrains communaux ; quelles dispositions devraient être prescrites pour favoriser puissamment le reboisement de la France ; et cependant aucune solution n'est donnée à ces questions. C'est sans doute parce qu'on les isole trop, parce que l'on n'en cherche pas la solution dans des vues générales, parce qu'on ne les rattache pas aux questions d'agriculture sociale et d'établissements agricoles administratifs.

On ne paraît connaître que deux moyens de tirer parti des terrains communaux, et cela d'une manière absolue, suivant l'opinion que l'on adopte : c'est de les vendre tous indistinctement, ou de les partager entre les ayant-droit. Ces solutions trop absolues ne sauraient être l'expression de la vérité :

pour rester dans le vrai, il faut établir des catégories, des distinctions.

Les communs au dessous de 25 ares, et ceux de 25 ares à 1 hectare, doivent, en général, être vendus, si le sol en est bon, et s'ils conviennent à plusieurs propriétaires. Si le sol en est médiocre, et qu'il se présente peu d'acheteurs, il vaut mieux les louer à bail de six ans, même pour rien, mais à charge aux locataires de les clore, de les planter et de les cultiver.

Quand il s'agit d'aliéner des communs de 1 à 10 hectares, il importe beaucoup de tenir compte de la concurrence qui peut exister ou ne pas exister pour leur vente. Si de riches propriétaires prétendent à ces communs, et que le sol en soit bon, on peut les vendre avec avantage sans les partager : si l'on n'a affaire qu'à de petits propriétaires, il est indispensable de les vendre par parcelles d'un hectare au plus. Si le sol de ces communs est médiocre, il vaut mieux, en général, les louer pour rien, en entier, et avec bail de neuf ans, ou en les partageant par parcelles d'un hectare, et alors avec bail de six ans, mais toujours à charge de les clore, de les planter et de les cultiver.

En général, les communaux grands, médiocres et mauvais, se vendent mal : les communes, n'en retirant aucun produit, ont toujours plus d'avantages à les louer qu'à les vendre; à la fin du bail de la location, elles trouveront toujours à les louer ou à les revendre avec moins de désavantage.

Les communaux plus grands sont encore plus difficiles à vendre ou à louer avec avantage, même en les partageant en parcelles plus ou moins grandes : cela dépend de leur qualité, de leur position, de leur éloignement des centres de population, de leur accès plus ou moins facile ; le plus souvent même on ne trouverait ni à les louer, ni à les vendre. Dans tous les cas, pour tirer quelque parti de ces communs, il faut qu'ils soient placés dans le voisinage de grands propriétaires ou de capitalistes, surtout si, comme il arrive presque toujours, ces grands communs n'étant pas assez bons pour être mis en culture, ne peuvent être que plantés ; et dans ce cas, on ne trouverait pas toujours des compagnies qui voulussent les acheter. L'Etat seul peut se charger de les acheter, pour les convertir en forêts, et entreprendre ainsi le reboisement de la France, œuvre qui ne peut que bien difficilement être exécutée par des particuliers. Pour favoriser puissamment le reboisement de la France, et surtout celui des grandes landes communes, il est difficile de trouver d'autres dispositions plus efficaces que celles de déclarer ce reboisement œuvre d'utilité publique, et en conséquence, d'autoriser l'Etat, les compagnies, les particuliers, à exproprier les détenteurs de ces communs pour en opérer la plantation, après toutefois avoir mis les propriétaires en demeure de faire eux-mêmes cette plantation, dans un délai déterminé. Si la plantation de ces immenses terrains de landes communes était opérée, ce serait alors que l'Etat pourrait, avec avantage pour lui, pour la société, pour les particuliers, permettre la vente et le défrichement d'un grand nombre de forêts, dont l'excellent sol devrait être rendu à la culture.

Il en est du partage des communs comme de leur vente. Le partage n'est guère applicable avec avantage qu'aux bons terrains communaux, et encore faut-il que ce partage soit tel que chaque feu puisse avoir plusieurs hectares de terre ; mais partager des communs médiocres, ou assez mauvais pour qu'ils ne puissent être que plantés, c'est vouer ces communs à une stérilité perpétuelle, ou pousser à leur ruine les premiers propriétaires qui voudront les défricher.

A moins de rencontrer ou de créer les conditions de reboisement des landes de mauvaise nature, il y a beaucoup de ces grands communaux qu'il faut laisser tels qu'ils sont. Le défrichement des mauvais terrains est le dernier mot de l'agriculture : en principe, on ne doit défricher que lorsque tout le terrain arable que l'on possède est amené à sa plus grande puissance productive. Généralement ceux qui défrichent feraient bien mieux de mettre à améliorer leurs terres en culture le capital qu'ils emploient à faire des défrichements. Et vu l'état de l'agriculture dans l'arrondissement, et dans presque toute la France, c'est une faute d'exciter aux défrichements très-considérables des mauvais terrains.

La question des grands terrains communs se rattache aussi à toutes les questions d'agriculture sociale qui, jusqu'ici fort négligées, tendent cependant à prendre le rang qu'elles auraient toujours dû occuper. Ainsi, on commence à comprendre, même dans les plus hautes régions de la société, que dans l'agriculture est la solution des questions d'économie sociale qui embarrassent le plus les publicistes. Les colonies agricoles de Mettray, de la Camargue, de Gradignan, pour les jeunes détenus; de Petit-Bourg, pour les enfants pauvres de la Seine; de Montbellet, pour les enfants trouvés et abandonnés de Saône-et-Loire; d'Ostwald, pour les mendiants et vagabonds de Strasbourg; les établissements d'aliénés, où ces malheureux peuvent se livrer aux travaux de la culture; la société d'adoption, pour les enfants trouvés, abandonnés et orphelins; les associations agricoles du prince de Monaco, pour supprimer la mendicité, et beaucoup d'autres qui surgissent chaque année, ne sont-ce pas là des indices certains des tendances du siècle?

Ces colonies agricoles, répressives et préventives, ne sont pas seulement de puissants remèdes contre de grandes plaies sociales; elles sont en outre un des meilleurs moyens de hâter les progrès de notre agriculture. Assurément, pour qui sait combien est peu profitable l'éparpillement que l'on fait chaque année des fonds votés pour encourager l'agriculture, il serait bien plus utile, pour la société et pour l'agriculture, de concentrer l'emploi de ces fonds pour encourager et provoquer l'établissement d'institutions agricoles répressives et surtout préventives, comme celles que nous venons de citer.

Il serait nécessaire que la fondation de semblables institutions fût déclarée œuvre d'utilité publique, afin qu'au besoin l'Etat, les départements, les communes, les sociétés autorisées, pussent, dans de certaines limites, user de la loi d'expropriation forcée pour trouver les emplacements convenables à l'établissement de ces institutions. C'est alors que beaucoup de grands terrains communs pourraient être utilisés pour ces fondations, au grand profit des détenteurs et de la société, et que l'on pourrait se repentir de les avoir aliénés ou morcelés.

C'est aussi en se plaçant au point de vue de ces grandes institutions agricoles administratives, que l'on entrevoit mieux de quelle utilité il pourrait être d'organiser au moins une partie de l'armée, pour l'employer aux travaux de toute nature qu'exigeraient le reboisement et les colonies agricoles, et en même temps pour l'appliquer à l'action coercitive que pourraient demander ces opérations, et qu'exigeraient les colonies forcées pour les mendiants, les vagabonds, les condamnés civils et militaires.

Que d'institutions, que d'établissements administratifs, qui tiennent en quelque sorte à l'agriculture, ou qu'on devrait y rattacher; qui sont aujourd'hui peu lucratifs, ou même onéreux, ou dont la création est très-difficile, uniquement parce qu'on veut les créer ou les avoir isolés, et qui deviendraient très-faciles à établir, peu onéreux, et même fructueux, si, en les réunissant, en les combinant avec les travaux de la culture, on les amenait à se porter une mutuelle assistance. Tels sont les haras, les écoles d'agriculture, les fermes-modèles, les hôpitaux et hospices civils, militaires, de vieillards, d'enfants malades, d'enfants trouvés et orphelins, d'aliénés, d'incurables, les dépôts de mendicité, les prisons.

Combien de maladies seraient abrégées, combien de malades seraient plus promptement rappelés à la santé si, au lieu de les nourrir de mauvais air, d'ennui et d'inaction, on pouvait les faire jouir de l'air si pur de la campagne, de l'activité qui règne dans un grand ménage agricole; si on pouvait les distraire en les employant, suivant leurs forces et leurs aptitudes, à quelques-uns des travaux si variés que l'on trouve à exécuter dans un grand établissement d'agriculture et d'administration.

Les mendiants, les condamnés, ces autres membres malades du corps social, n'auraient-ils pas plus de chances de trouver la santé ou des moyens d'existence pour l'avenir, ce qui est la même chose pour eux, si on les forçait à se livrer aux travaux de l'agriculture, dont ils contracteraient ainsi l'habitude, plutôt que de les exercer aux travaux manufacturiers, seuls compatibles avec les prisons cellulaires ou non cellulaires. De cette manière, on éviterait de faire, par le travail des prisonniers, une redoutable concurrence à l'industrie manufacturière; inconvénient auquel l'Etat de New-Yorck, ce berceau des prisons cellulaires, se voit déjà forcé de remédier, en cessant d'employer les prisonniers aux travaux manufacturiers. En France, comme partout, un trop grand nombre de bras se portent vers les industries manufacturières, qui produisent déjà plus que la richesse des populations ne leur permet de consommer, tandis que l'industrie agricole manque de bras, et ne produit jamais assez. N'est-ce pas une indication suffisante de la direction qu'il convient de donner aux travaux des prisonniers?

De plus, nous commençons à balbutier cette vérité, qui contient toute une réforme dans les idées : *prévenir vaut mieux que réprimer.* Comment prévient-on les maladies ? N'est-ce pas par les moyens hygiéniques ou préventifs, en mettant l'être, l'organe, dans les conditions, dans le milieu qui peut le mieux l'empêcher de faillir, de sortir de son état normal ? Et quand l'équilibre est rompu, quand l'être ou l'organe a cessé de fonctionner régulièrement, n'est-ce pas encore par l'emploi des moyens hygiéniques que l'on rétablit l'équilibre et l'ordre dans l'organe, la régularité dans la fonction, beaucoup plus que par toutes ces médications incohérentes, capricieuses, mobiles, comme des objets de mode et de fantaisie ? C'est dans les travaux de l'agriculture, qui se font au grand air, qui sont assez variés pour que l'on puisse y appliquer tous les âges, tous les sexes, tous les caractères, tous les tempéraments, que l'on trouve réunies toutes les conditions d'un bon régime hygiénique, préservatif et répressif ou curatif pour les maladies du corps, pour les souffrances de l'intelligence, pour les peines du cœur, pour tout ce qui entrave la liberté d'action de l'âme.

Aujourd'hui, beaucoup d'institutions se rattachent ou tendront à se rattacher de plus en plus à l'agriculture. Les aliénés, les enfants trouvés, les orphelins, les mendiants, les enfants condamnés, les soldats des compagnies de discipline en Algérie, ne trouvent-ils pas déjà une amélioration à leur sort dans les colonies agricoles ? Et par suite de l'application à l'agriculture de toutes ces maladies du corps social, qui étaient une double charge pour la société, non seulement les charges diminueront et pourront même cesser d'exister, mais encore la société y trouvera les germes de nombreuses améliorations ; ces institutions retenant et rappelant à l'agriculture beaucoup de ceux qui s'en éloignaient, et y appelant un grand nombre d'hommes intelligents et dévoués, qui, sans cela, n'eussent peut-être jamais pensé à diriger leur active bienfaisance du côté de l'agriculture.

§ 5. — *Bois, forêts, arbres des clôtures.* — *Pommier.* — *Châtaignier.* — *Cerisier.* — *Commerce du bois.*

On compte dans l'arrondissement 6,374 hectares en nature de bois et forêts de toute espèce. Les trois forêts de l'État, qui sont des bois de haute futaie, sont comprises dans ce chiffre pour 3,350 hectares.

La forêt de Fougères contient 1,660 hectares; celle de Villecartier, 990 ; celle de Haute-Sève, 700. Ces forêts sont aménagées à 125, 130 et 150 ans; elles peuvent être évaluées en fonds et en superficie à 5,000,000 de francs. Elles produisent à l'État un revenu brut moyen de 114,000 francs par an. Le hêtre domine dans les deux premières, qui sont sur sol granitique; les chênes dominent dans celle de Haute-Sève ; ils y sont fort beaux. Elle est sur sol quartzeux; sa partie ouest est sur sol calcaire.

Les 3,000 autres hectares de bois, qui appartiennent à des particuliers, sont presque tous en bois taillis de peu d'étendue, comme on peut le voir par la répartition de ces bois entre les cinquante-sept communes de l'arrondissement (tab. 2, col. 4.) Les plus grands n'ont pas plus de 200 hectares. Les plus grands bois de haute futaie n'ont que quelques hectares, et sont en essence de hêtre ou de châtaignier.

Mais, comme nous l'avons dit, le terrain occupé par nos 16,000 lieues de clôtures en terre s'élève à 9,642 hectares, et ces clôtures sont presque toutes plantées d'arbres de haute futaie, parfois si pressés les uns contre les autres, que l'on peut bien, en moyenne, compter un pied d'arbre par 2 mètres linéaires de clôture, ce qui fait trente-deux millions de pieds d'arbres. Il faut donc dire que le sol, en bois et forêts de l'arrondissement, s'élève *au moins* à 16,000 hectares;

car ce n'est pas seulement le terrain occupé par les clôtures que l'on devrait compter, mais le sol couvert par les branches des arbres : alors il faudrait au moins tripler le chiffre de 9,642 hectares, ce qui porterait le sol forestier de l'arrondissement à 35,000 hectares.

Les 32 millions de pieds d'arbres qui sont plantés sur les clôtures peuvent approximativement être répartis comme il suit :

Chênes.	24,000,000 de pieds.
Châtaigniers.	3,000,000
Hêtres.	2,000,000
Divers.	3,000,000

Le chêne est, comme on le voit, l'espèce tout-à-fait dominante du pays. Les sols schisteux et quartzeux contiennent peu de hêtres; cet arbre est plus commun dans les sols granitiques; mais, comme il nuit beaucoup aux récoltes, les progrès de l'agriculture portent à la destruction de cette essence, qui finira par être confinée dans les terrains qui ne peuvent produire que du bois, et où le hêtre se plaît.

Les pommiers, les poiriers, les cerisiers sont aussi très-communs dans l'arrondissement; le bouleau, le tremble, l'aulne, le saule, le coudrier, dans les forêts le sorbier des oiseaux, y croissent naturellement.

L'ormeau, l'acacia, le frêne, les peupliers, tous les arbres verts y viennent bien.

Tous les arbres de l'arrondissement, quelle que soit leur essence, y végètent avec une grande force et une grande vigueur, ils y croissent rapidement. Excepté les pommiers et les poiriers, qui sont presque toujours plantés au milieu des champs, tous les autres arbres sont plantés sur les clôtures en terre des champs.

Le nombre des pommiers et des poiriers est d'environ 500,000 ; les fruits de ces arbres sont uniquement employés à fabriquer du cidre, la seule boisson du pays. Tous ces arbres, dont on ne prend aucun soin, que l'on ne taille jamais, sont tellement chargés de branches inutiles, que même, lorsqu'elles ne sont pas couvertes de feuilles, on ne peut apercevoir la lumière à travers la tête de ces arbres, dont les branches portent parfois jusqu'à terre. On comprend que, dans de pareilles conditions, ces arbres ne peuvent que nuire beaucoup à la qualité et à la quantité de la récolte des pommes. En outre, ces pommiers et poiriers étant isolés, sont exposés aux vents froids qui règnent souvent dans le pays; leurs fleurs sont grillées par le vent et la gelée, et l'on peut dire qu'un pommier ne rapporte pas plus de trois années sur dix. Il en résulte une très-grande variation dans le prix du cidre. Dans les années de grande abondance, qui sont très-rares, on perd beaucoup de pommes, et le prix du cidre est si bas, qu'il y a à peine du profit à le fabriquer. Dans les années même ordinaires, une grande partie de la population ne peut user habituellement de la seule boisson fermentée qui soit à sa portée. Si on calculait la perte qu'occasionne notre système de plantation de pommiers, eu égard au peu de produit de ces arbres, on ne devrait pas payer chaque barrique de cidre moins de 60 fr., et elle ne vaut parfois que 6 fr.

Il n'est pas de pays où la nécessité de planter les pommiers en vergers devrait se faire plus sentir que dans l'arrondissement de Fougères : non seulement cet usage régulariserait et augmenterait la production du cidre, mais il augmenterait aussi la quantité et la qualité des autres récoltes, en diminuant cette trop grande abondance d'ombre et d'humidité qui leur est déjà si nuisible.

Les propriétaires et les fermiers, dont ce serait l'intérêt commun, ne se prêtent nullement à faire adopter l'habitude de planter des vergers : au contraire, les propriétaires font toujours remplacer les pommiers qui tombent par accident et par vieillesse. Il y a des pommiers qui n'ont peut-être pas rapporté une seule fois depuis vingt ans, et que l'on n'abat pas. Les propriétaires qui s'occupent de leurs propriétés ne le font ordinairement que pour planter ; ils mettent tous leurs champs à l'ombre, en les couvrant, ainsi que les clôtures, d'arbres de toute espèce.

Le canton d'Antrain, grâce à son climat plus doux, moins humide, grâce aussi aux soins que l'on y donne aux pommiers, est dans de meilleures conditions que tout le reste de l'arrondissement. On y récolte des pommes presque tous les ans ; cependant les pommiers sont aussi plantés au milieu des champs, mais on a soin de ne pas les laisser pousser à bois à volonté ; leurs branches sont plus rares, moins abaissées vers le sol, qu'elles recouvrent beaucoup moins.

La physiologie végétale rend assez bien compte de cette différence qui existe entre les pommiers des vergers, qui sont pressés les uns contre les autres, entre ces pommiers du canton d'Antrain, dont on réprime la production en bois, et les pommiers des autres parties de l'arrondissement, qui sont isolés, et dont on ne prend aucun soin. Il est démontré que les branches des arbres font les racines, et qu'ensuite les racines font les branches. En laissant les branches des arbres à fruit se développer beaucoup, les racines se développent dans la même proportion ; on peut bien enlever les branches, mais on ne peut pas couper les racines ; et une fois que le trop grand accroissement des racines a eu lieu, l'arbre continue toujours à pousser beaucoup de bois, ce qui nuit à sa production en fruits. Le rapprochement des arbres dans les vergers produit un effet analogue à l'espalage ; il entrave la circulation de l'air autour des branches, leur nutrition, leur développement, et par suite celui des racines. En outre, les arbres des vergers se protègent mutuellement contre les vents très-froids, aussi les pommiers plantés en vergers rapportent tous les ans.

Les cidres du canton d'Antrain sont de bonne qualité ; ceux du reste de l'arrondissement sont plats ; ils manquent de principe sucré, qui est un peu trop abondant dans les cidres d'Antrain.

C'est dans le sud de l'arrondissement que l'on fait le cidre de poires, boisson beaucoup plus capiteuse que le cidre. Le poiré de Billé et de Chienné a même une certaine réputation autour de Fougères. Lorsque le poiré est bien fait, et qu'il a été mis en bouteilles en saison convenable, il acquiert des qualités qui le font approcher d'une boisson vineuse.

La fabrication du cidre n'est soumise à aucune règle, à aucuns principes : chaque fermier suit, dans cette fabrication, une routine qu'il ne sait même pas modifier, suivant la nature et la qualité du fruit. Aussi une année il fait de bon cidre, et l'année suivante il le fait mauvais. Les instruments avec lesquels on le fabrique sont le tour à piler en pierre de granite pour l'écrasage des pommes, et le pressoir grossier, coûteux, embarrassant, d'un maniement difficile, qui est encore en usage en Normandie.

On peut fabriquer dans les bonnes années au plus soixante mille barriques de cidre, au prix moyen de 15 fr. la barrique, ce qui fait une valeur de 900,000 fr. Le prix de la barrique de cidre s'élève quelquefois jusqu'à 40 fr. Presque tous ces cidres sont consommés dans le pays ; on en exporte un peu dans le Maine, et on importe dans l'arrondissement beaucoup de pommes de la Normandie et de l'arrondissement de Saint-Malo.

Les pommiers, et surtout les poiriers, acquièrent dans l'arrondissement de très-grandes dimensions. Leur bois est employé à fabriquer divers ustensiles de ménage.

Les châtaigniers du pays ne sont pas greffés ; depuis peu

d'années seulement on en greffe quelques-uns en couronne. La récolte des châtaignes est assez rarement abondante : la gelée grille souvent la fleur du châtaignier, et le défaut de chaleur, dans le mois de septembre, empêche la châtaigne de se développer. Dans un temps où l'on ne cultivait que le seigle et le sarrasin, qui ne donnaient souvent qu'une médiocre récolte, on attachait une très-grande importance à une bonne année de châtaignes, qui, disait-on, procurait deux mois de nourriture à la population ; aujourd'hui on s'inquiète peu de ce que rapportera cette récolte.

Outre les usages ordinaires auxquels on emploie partout le bois du châtaignier, ce bois sert dans le pays à faire de petites planchettes dites *essanves*, qui remplacent les ardoises pour la couverture d'un grand nombre d'habitations rurales.

Il peut exister dans l'arrondissement 200 à 300,000 cerisiers, ou mieux mérisiers à fruits noirs, dont on emploie les mérises à faire une confiture appelée *cerisé*, qui se consomme dans le pays. Les noyaux de ces fruits sont vendus pour en extraire les amandes, avec lesquelles on fait des dragées et de l'huile. C'est sans doute une très-mince industrie, qui prouve du moins que nous tirons parti de tout ; l'exportation de ces amandes s'élève encore à environ 2,500 kilogrammes.

Les bois de nos mérisiers sont fort beaux ; tous les meubles du pays sont faits avec ce bois, que l'on exporte aussi pour la fabrication des meubles.

On confectionne avec le bois de hêtre des sabots, divers ustensiles de ménage et d'agriculture, dont on exporte une grande quantité. On ne tire aucun parti des fruits de cet arbre.

Le commerce d'exportation des bois de toute essence, œuvrés ou non œuvrés, et surtout des bois de chêne, soit en billes, soit en planches, est assez considérable et doit bien s'élever chaque année à une valeur de 400 à 500,000 fr. L'exportation se fait principalement sur Rennes, Saint-Malo et la Normandie, pour les bois de marine et de construction.

§ 6. — *Bestiaux.* — Race bovine, — chevaline, — porcine, — ovine.

L'arrondissement de Fougères étant un pays essentiellement agricole, les produits des bestiaux font la base de toute son industrie commerciale. Le développement de cette industrie a dû suivre la plus grande production des fourrages, qui elle-même a donné lieu à l'amélioration des races, à l'augmentation du nombre des têtes de bétail élevées dans le pays.

Voici, d'après divers documents statistiques, quel était à différentes époques le nombre des bestiaux existant dans l'arrondissement.

Années	Race chevaline.	Prix moyen.	Bœufs.	Prix moyen.	Vaches.	Prix moyen.	Élèves de la race bovine.	Prix moyen.	Race bovine.	Race porcine.	Prix moyen.	Bêtes à laine.	Prix moyen.	Total des bestiaux.	Total en têtes de bétail.	des bestiaux.
		F.		F.		F.		F.			F.		F.			
1732	4,400	30	3,300	50	10,700	20	»	»	14,000	4,980	18	1,811	2	25,200	20,000	6
1813	7,400	50	4,400	60	18,100	30	11,000	»	34,500	9,300	15	6,300	3	56,000	42,000	1,8..
1820	10,000	70	5,000	120	30,000	55	6,800	15	41,800	16,000	15	46,000	3	113,000	59,000	3,5..
1842	11,600	175	6,800	250	27,000	125	17,900	60	51,900	25,000	40	11,000	10	100,700	69,000	10,0..

Si les documents statistiques, vu la manière dont ils sont recueillis, doivent en général inspirer fort peu de confiance, les données statistiques sur les bestiaux sont encore bien plus erronées que toutes les autres. Nous n'énumérerons pas les nombreuses sources d'erreurs de ces statistiques; nous dirons seulement que, dans la statistique agricole officielle de France, par suite de l'omission d'une colonne pour les élèves de un à trois ans, on a porté à dix millions le nombre des bêtes bovines, qui doit s'élever au moins à treize millions.

Nous croyons fort inutile d'entrer dans la discussion des totaux du tableau ci-dessus; ceux que nous donnons pour 1844 ne valent probablement pas mieux que les autres. Quoique nous ayons presque toujours augmenté les chiffres officiels, que nous savions être faux, nous croyons néanmoins être plutôt au dessous qu'au dessus de la réalité. Les bœufs et les chevaux étant en quelque sorte recensés tous les ans, pour l'établissement des rôles de prestation en nature, on devrait penser qu'il est facile d'en connaître exactement le nombre. Il n'en est cependant rien, les déclarations des répartiteurs étant rarement sincères. Ainsi, il y a incertitude, même sur le point qui devrait offrir le plus de garanties.

Le chiffre de dix millions, auquel nous portons la valeur des bestiaux de l'arrondissement, peut paraître bien élevé, si on le compare au chiffre de 1820 ; cependant nous croyons ce chiffre assez exact et en rapport avec les progrès de l'agriculture dans notre pays, depuis vingt-cinq ans.

On peut dire qu'il n'y a pas de race bovine spéciale et dominante dans l'arrondissement ; on y trouve des bœufs nantais, d'une taille de 1 m. 56, que l'on élève surtout comme bêtes de viande, et des bœufs manceaux, plus petits, de la taille de 1 m. 40, qui sont plus particulièrement destinés au travail, et qui sont renommés sous ce rapport.

Les communes des cantons de Saint-Brice et de Louvigné, qui touchent la Normandie, Le Ferré, Saint-Georges, Louvigné, Cogles, Montours, La Selle, Saint-Brice et les communes voisines possèdent une race bovine aussi forte que la race nantaise, mais ayant des formes plus élégantes, et s'en distinguant surtout par la brièveté de ses cornes. Cette race, qui vient du croisement des taureaux du Cotentin avec les vaches du pays, s'étend chaque jour davantage vers le sud de l'arrondissement, qui en a le plus besoin, la race bovine y étant en général plus petite, surtout dans le canton de Saint-Aubin.

L'amélioration très-prononcée de la race bovine ne remonte pas beaucoup au-delà de 1833, époque à laquelle la culture du trèfle est devenue générale. Le but que l'on s'est jusqu'ici proposé par les croisements a été uniquement d'obtenir des animaux plus gros et plus grands. On n'a pu arriver que très-lentement à ce résultat; car, dès l'âge de 15 à 18 mois, tous les taureaux sont étalons, et on les castre dès deux ans : depuis quelques années seulement on consacre à la reproduction, jusqu'à l'âge de deux ans et demi à trois ans au plus, quelques-uns des plus forts taureaux. Aussitôt que les taureaux sont castrés, on les habitue à tirer ; le joug est le seul mode d'attelage en usage dans le pays. Depuis que la taille des vaches s'est élevée, on voit quelques attelages de vaches.

Le commerce des bœufs a une très-grande importance dans l'arrondissement; mais il est très-difficile d'évaluer son produit. Nos fermiers changent de bœufs dix, quinze et vingt fois par an; ils achètent des bœufs maigres à Nantes, à Rennes, à Vitré, dans le Maine ; ils en retirent un peu de travail, et les revendent, en état de prendre la graisse, aux marchands manceaux, et surtout aux Normands : de telle sorte que ce commerce peut bien porter sur 30,000 bœufs par an. C'est dans les cantons de Louvigné, Fougères nord, Fougères sud, et un peu dans celui de Saint-Brice, que ce commerce a le plus d'importance; il en a peu dans les cantons d'Antrain et de Saint-Aubin, où l'on se sert moins des bœufs que dans les autres parties de l'arrondissement. Voici le nombre d'hectares qui existent dans chaque canton pour une tête de bœuf et de vache :

	Bœuf.	Vache.
Louvigné	8 h. 5	2 h. 7
Fougères (nord)	9	2 3
Fougères (sud)	10	3 4
Saint-Brice	15	2 8
Saint-Aubin	20	3 0
Antrain	26	3 5

Depuis que la race bovine s'est améliorée par les croisements, que les relations commerciales se sont étendues, les vaches, par leur produit en beurre et en élèves, ont acquis de la valeur. Elles donnent 16 à 1,800 litres de lait par an, et 35 à 50 kilogrammes de bon beurre. On peut évaluer la production en beurre de nos 27,000 vaches à 1 million de kilogrammes, dont 3 à 400 mille kilogrammes sont exportés. Les beurres des cantons de Saint-Aubin, Antrain et Saint-Brice sont les meilleurs : cela tient à la nature des herbages, qui y sont plus secs que dans les autres cantons, où le sol est plus couvert, où les herbages sont plus humides; cela tient aussi à ce que l'on y travaille le beurre avec plus de soin.

Les veaux d'élèves se vendent 50 à 100 fr. et au-delà; les génisses, les vaches de 300, 400 et 500 fr. ne sont plus très-rares; la couple de bœufs se vend de 5 à 800 fr. et plus.

L'espèce chevaline de trait est celle qui domine dans les cantons de Fougères et de Louvigné, et dans une partie de ceux de Saint-Brice et d'Antrain. Dans les autres parties de ces deux cantons, et dans presque tout le canton de Saint-Aubin, on ne trouve encore que les petits chevaux de lande, qui existaient dans tout l'arrondissement, et dont on a fait de vigoureux chevaux de poste, par le croisement et par une meilleure alimentation.

L'ancienne espèce des chevaux du pays, qui se distinguait par une excellente constitution, a beaucoup gagné en ce qui fait la spécialité du cheval de trait.

Il y a, dans le développement du système osseux et musculaire des chevaux du pays, dans les rapports des différentes parties de ces animaux, une liaison et un ensemble assez suivis. Leurs membres sont minces, comparativement à leur corps; mais ils sont bien disposés pour que toutes les fonctions de l'animal s'exécutent sans trouble ni désordre dans le repos comme dans l'action. Ces chevaux prennent le trot avec aplomb et facilité; ils sont très-rarement atteints de la pousse et de la cécité. Leur taille, qui tend toujours à s'élever, est de 1 m. 42 à 1 m. 60, et en moyenne de 1 m. 48.

C'est de 1824, époque de l'établissement de la station des étalons des haras à Fougères, que datent les croisements de l'espèce chevaline. Les chevaux de trait bretons et percherons des haras et des particuliers, les carrossiers des haras, ont été jusqu'ici les types améliorateurs. Les étalons de selle, demi-sang, un peu forts, commencent à être appréciés par nos cultivateurs.

Jusqu'à présent, le seul but de ces croisements a été d'avoir des chevaux plus forts et d'une taille plus élevée. Ce résultat a été atteint : il existe maintenant dans le pays des juments poulinières d'une construction vigoureuse, larges, étoffées, nécessairement un peu pesantes, sans cependant qu'elles soient chargées de jambes.

Les produits de ces juments sont légers et ont des formes gracieuses; mais, avec l'âge, ils prennent du poids et du ventre, ce qui peut tenir à ce qu'on les nourrit trop au vert, sans presque leur donner d'avoine. Cependant, depuis que la race s'améliore, les cultivateurs commencent à leur en donner un peu plus.

On fait travailler les chevaux dès l'âge de deux ans ; mais en général on les excite peu à tirer. Ils ont presque toujours derrière eux quatre ou six bœufs qui font toute la besogne. Cette circonstance nous paraît très-favorable à l'élève du cheval, et nous pensons qu'elle a eu et qu'elle a une très-grande influence sur la constitution des chevaux du pays, qui, même en acquérant de la taille et de la grosseur, ont toujours conservé leurs membres minces et secs.

Les pays dont le sol est difficile et accidenté sont très-propres à donner au cheval une bonne constitution ; l'air vif de ces pays, la nourriture souvent abondante et aromatique qu'on y trouve, produisent des chevaux nerveux et robustes. Les efforts variés, les mouvements étendus qu'ils y exécutent, beaucoup plus que dans les pays de plaine, leur donnent de la souplesse, de l'énergie, de l'adresse, de l'attention, de l'intelligence, une poitrine plus large, des membres plus secs et moins empâtés.

L'arrondissement de Fougères, qui offre tous ces avantages, est donc dans de très-bonnes conditions pour que cette amélioration de la race chevaline continue à y augmenter. Le prix élevé des chevaux fait qu'aujourd'hui l'élève du cheval offre beaucoup de profit aux cultivateurs ; c'est une circonstance de plus qui favorise la tendance qu'ils ont à donner tous leurs soins à l'éducation du cheval. La présence à Fougères d'un officier chargé de la remonte de la cavalerie contribue aussi beaucoup à attirer l'attention des agriculteurs sur l'élevage des chevaux.

Le commerce des chevaux acquiert chaque jour une plus grande importance dans l'arrondissement. Presque toutes les meilleures pouliches y sont élevées et conservées pour la reproduction, ainsi qu'un certain nombre de pouliches de un à trois ans, que l'on tire du Finistère et des Côtes-du-Nord. On revend une partie des moins bonnes juments à l'âge de quatre à cinq ans, mais on vend à l'âge de un à deux ans, pour le Maine, l'Anjou et la Normandie, presque tous les poulains élevés ou importés dans le pays. On n'en conserve que quelques-uns des meilleurs pour étalons, qui sont eux-mêmes vendus à quatre ou cinq ans pour la Normandie. Le prix de ces étalons varie de 800 à 1,200 fr.; les poulains et pouliches de deux à cinq ans valent de 3 à 800 fr. On ne peut pas évaluer à moins de 2 millions et demi la valeur de l'espèce chevaline de l'arrondissement; et cette valeur augmente chaque année par l'amélioration de la race, par le nombre des productions. Les fermiers ménagent leurs juments pour le travail et les font pouliner tous les ans; ils diminuent le nombre de leurs bœufs, et augmentent celui de leurs juments poulinières. Voici le nombre d'hectares qui existent dans chaque canton pour une tête de cheval.

Antrain.	9 hectares 5 ares.
Saint-Brice.	11 »
Louvigné.	11 »
Fougères (sud).	12 »
Saint-Aubin.	13 »
Fougères (nord).	14 »

S'il y a plus de chevaux dans le canton d'Antrain, c'est que l'on n'y élève pas beaucoup de bœufs, ce canton étant celui qui contient le moins de prairies, et après le canton de de Saint-Aubin, celui qui contient le plus de landes, et dont le sol est le moins bon.

On trouve dans l'arrondissement des porcs normands, à jambes longues, à museau allongé, de la taille de 1 mètre, et des porcs manceaux, d'une taille moyenne, de 0 m. 85, à museau plus raccourci, à jambes courtes, et qui s'engraissent plus facilement que les porcs normands. Les porcs que produit le pays sont un mélange de ces deux races; on ne s'y occupe nullement de l'amélioration de cette espèce. Cependant l'élève de cet animal a acquis une certaine importance, depuis que l'alimentation des agriculteurs s'est améliorée, et depuis que l'industrie des salaisons de la viande de porcs s'est introduite et développée à Fougères. On exporte chaque année, sur Paris et Saint-Malo, 250 à 300,000 kilogrammes de salaisons, et autres préparations de la viande de porc.

Il n'y a pas de troupeaux de moutons dans l'arrondissement; les fermiers, surtout ceux qui sont voisins des landes communes, ont six à huit moutons, qui même ne sont souvent à eux que par bail à cheptel. L'élève du mouton n'a donc que peu d'importance, et ne peut en acquérir beaucoup dans un pays dont le sol est généralement frais. Cependant le sol accidenté de l'arrondissement offre beaucoup de localités où les moutons seraient très-bien, et la viande des moutons élevés dans l'arrondissement, surtout dans le canton d'Antrain, est très-estimée. Les cultivateurs des communes qui renferment une certaine étendue de landes pourraient trouver de l'avantage à s'occuper de l'éducation des moutons plus qu'ils ne le font. Dans le chiffre de 10,982 bêtes à laine on a compris les 7 à 800 chèvres qui peuvent exister dans l'arrondissement.

§ 7. — *Exploitations agricoles. — Usages locaux. — Anciens poids et mesures.*

D'après le cadastre, les 99,705 hectares qui composent l'arrondissement sont partagés en 221,810 parcelles, appartenant à 20,748 propriétaires; mais les opérations du cadastre ont commencé en 1823 pour un certain nombre de communes de l'arrondissement, dès 1811 pour deux ou trois. Les cantons d'Antrain, de Fougères nord et sud, ont été cadastrés de 1823 à 1826 ; ceux de Saint-Brice, Saint-Aubin, Louvigné, de 1834 à 1836 : tous les chiffres du cadastre sont donc aujourd'hui loin d'être exacts. Quoique le nombre des cotes foncières aille toujours en augmentant, cependant il diminue dans quelques communes : en vingt ans, il peut avoir augmenté de 1,000 et diminué de 700 dans l'arrondissement ; c'est une augmentation de 300 cotes. Si la propriété continue à se diviser, son morcellement ne doit pas augmenter beaucoup. Les partages des propriétés se font par lots ; chaque héritier ne prend pas sa part dans chaque pièce de terre, dans chaque maison, comme cela a lieu dans beaucoup de pays ; et si la propriété ne peut pas être divisée en lots convenables, elle est vendue, en entier ou par lots, à l'amiable ou par licitation.

Quoique la division et le morcellement de la propriété ne soient pas encore très-considérables dans l'arrondissement, ils y produisent déjà bien des inconvénients. Ainsi, tous les champs d'une grandeur moyenne de 45 ares sont entourés de clôtures en terre qui occupent une surface de 9,000 hectares ; ces clôtures sont surmontées d'arbres de haute futaie qui portent leur ombre sur 67,000 hectares de terres labourables et de jardins. Les champs, enchevêtrés les uns dans les autres, nécessitent, pour le service des terres, l'existence d'un grand nombre de ports, de chemins ruraux qui n'occupent pas moins de 3,000 hectares : toutes ces circonstances enlèvent beaucoup de terrain à la production. D'un autre côté, la division de la propriété réduit beaucoup d'exploitations agricoles à des vacheries et à des closeries : ainsi, sur 90,000 hectares de contenance agricole (terres, jardins, landes et prés), il n'y a que 40,000 hectares exploités par des fermiers ayant trois bêtes de trait et au dessus ; 20,000 hectares sont exploités par des cultivateurs qui n'ont pas de charrues, et 30,000 hectares par des habitants qui n'ont même pas de brouettes. Il résulte de là que les moyens de labourage manquent, que les exploitants des closeries et des vacheries sont à la discrétion des fermiers qui ont des bêtes de labour et des charrues, et que les labours se font trop tard.

On peut établir comme il suit la distribution des exploitations agricoles de l'arrondissement :

D   Distribution des exploitations agricoles.

NOMS des exploitations. GENRES.	NOMBRE des exploitations. ESPÈCES.	NOMBRE moyen de bêtes de trait par exploitations.	NOMBRE moyen D'HECTARES par exploitations.	TOTAL EN HECTARES par ESPÈCES d'exploitations.	TOTAL EN HECTARES par GENRES d'exploitations
Fermes...	5	10	60 h.	300 h.	40,770 h.
	53	8	45	2,385	
	420	6	30	12,600	
	676	4	20	13,500	
	799	3	15	11,985	
Closeries..	2,532	1 à 2	8	20,256	20,256
Vacheries.	810	1	5	4,050	29,810
	5,062	sans charrette.	5	25,310	
Louages...	5,643	»	0 25	1,410	1,410
	16,000	»	»	»	91,790

Le nombre d'hectares qui existent dans chaque canton, pour une voiture des différentes espèces, indique les genres d'exploitation de chaque canton.

	VOITURE de toute espèce	VOITURE de 1 à 2 colliers	VOITURE de 3 colliers et plus.
Louvigné...............	15 h.	28 h.	31 h.
Fougères (nord).......	20	56	33
Fougères (sud)........	20	44	40
Saint-Brice	20	31	57
Antrain...............	22	32	70
Saint-Aubin...........	23	35	70

Tous ces chiffres sont bien en rapport avec les autres données statistiques de chaque canton pour la valeur territoriale. Louvigné, qui est le meilleur canton, est aussi celui qui a le plus de voitures, et le plus de voitures à un grand nombre de colliers.

Dans l'arrondissement, la location à prix d'argent est, on peut le dire, le seul mode de fermage en usage. Le nombre des fermages à moitié fruits et croît est si petit, que l'on ne peut plus en tenir compte. Au prix de location en argent, quelques propriétaires ajoutent encore des redevances en nature assez insignifiantes, comme quelques livres de beurre, quelques poulets. Les propriétaires prenant en général leur bois de chauffage sur leurs propriétés, les fermiers sont astreints à leur amener ce bois; ils font aussi les charrois que nécessitent les réparations des bâtiments de la ferme.

Le plus grand nombre des baux à ferme est de six ans; un moins grand nombre de neuf ans, ou de trois, six et neuf ans. Beaucoup de fermiers jouissent à perpétuité sans bail écrit; presque tous les baux sont sous seing privé. Ces termes de trois ans, qui font encore règle pour les sorties et pour les tribunaux, tiennent à l'ancien assolement triennal du pays; ils devraient être modifiés, et suivre les progrès de la culture. Dans le système des baux de six et neuf ans, le fermier comptait sur deux et trois cours de récoltes; aujourd'hui, depuis l'introduction du trèfle dans la grande culture, l'assolement du canton d'Antrain est de quatre ans; celui des autres cantons est de six ans. Les baux de douze ans seraient donc ceux qui répondraient le mieux aux habitudes actuelles de la culture de l'arrondissement.

Les propriétaires du pays ne s'occupent ordinairement de leurs propriétés que pour en recevoir le prix de fermage, et pour faire les réparations et constructions des bâtiments de la ferme. Presque partout ces bâtiments ne suffisent plus aux besoins des exploitations ; leur augmentation n'a point suivi le mouvement d'accroissement des produits de la culture et du nombre des bestiaux, et les propriétaires n'ont pas généralement le moyen de faire les dépenses que nécessiterait la construction de ces bâtiments. Fort heureusement qu'avec l'insuffisance des étables et leur peu d'élévation, le système contre nature de la stabulation permanente n'a point envahi notre pays; l'adoption de ce système eût certainement été très-pernicieuse à nos bestiaux, habitués à faire entrer l'exercice et le grand air dans les conditions de leur existence. Néanmoins, les bestiaux ayant augmenté en nombre, en taille et en grosseur, sans que nos étables, trop basses, aient été agrandies et aérées, sans que nos fermiers aient pris, plus qu'auparavant, le soin d'enlever plus souvent des étables les fumiers qu'ils y laissent pourrir, il est à craindre que la constitution des bestiaux ne finisse par en souffrir; car il est difficile de croire que les vapeurs ammoniacales qui émanent des fumiers, les refroidissements brusques de la température qu'ils éprouvent en sortant des étables, n'agissent pas d'une manière défavorable sur leurs organes respiratoires, et par suite sur toute leur économie. Ainsi, d'après les observations de M. Anjuère, médecin-vétérinaire de l'arrondissement, beaucoup d'animaux de la race bovine de l'arrondissement de Fougères, comme cela a lieu dans plusieurs pays, sont atteints, même dans leur jeune âge, d'une phthisie qui est plus souvent hydatidique que tuberculeuse, mais qui sans doute, avec l'âge, deviendrait tuberculeuse. C'est ce qui arrive aux vaches laitières des environs de Paris, qui ne sortent jamais de l'étable, et probablement à tous les animaux, même les mieux soignés, qui sont condamnés à subir ce système prétendu progressif de la stabulation permanente, qui n'est propre qu'à faire dégénérer l'espèce bovine.

Nos laboureurs sont en général industrieux, assez intelligents, laborieux, économes; s'ils ne font pas mieux, c'est qu'ils ne sont pas assez riches pour tirer tout le parti possible de leurs exploitations; et cependant, comme presque partout, ils cultivent une trop grande étendue de terrain pour les éléments de fertilité qui existent dans le sol, ou qu'ils peuvent lui donner. Sans être riches, ils sont cependant assez à leur aise, assez partisans des améliorations agricoles pour prêter attention à toutes les nouveautés dont ils entendent parler, à toutes les tentatives qu'ils voient faire. Ils ne craignent pas de consacrer une partie de leurs bénéfices ou de leurs économies à se procurer de la tangue, du noir animal, de la chaux, et autres engrais ou amendements propres à augmenter la fécondité du sol. On ne compte plus les fermiers qui achètent chaque année pour 400 à 600 fr. d'engrais. Un grand nombre de nos fermiers sont petits propriétaires, et il en est qui comprennent assez les besoins de l'agriculture pour vendre les deux ou trois champs qu'ils possèdent, afin d'augmenter leur capital d'exploitation. Ces heureuses dispositions d'esprit de nos cultivateurs, et l'indifférence des propriétaires pour l'agriculture, font que le mode de fermage à prix d'argent promet de bons résultats pour l'avancement de l'agriculture de l'arrondissement.

L'arrondissement contient 100,000 hectares; pour les trois dixièmes de l'arrondissement, le prix moyen de location est de 50 à 60 fr. l'hectare; pour les sept autres dixièmes, il est de 35 à 40 fr.; en outre, c'est ordinairement le fermier qui, en plus du prix de location, paie la contribution foncière et toutes contributions extraordinaires ajoutées à la contribution foncière pendant le cours de son bail. D'après ce prix de location de l'hectare, et la contenance des fermes du pays, on peut voir approximativement quel est le prix de location de ces fermes. La colonne 4 du tableau n° 3 indique la valeur moyenne imposable par hectare pour chaque commune; mais, comme toutes les moyennes, ces chiffres ne donnent que des indications incomplètes ; les communes pour lesquelles ce chiffre moyen est au dessus de 40 fr. ou approche de 40 fr. sont celles où le prix de location est de 50 à 60 fr.

Quoique ces prix soient encore peu élevés, et que la situation de notre agriculture s'améliore sous toutes ses faces, cependant nos fermiers ne sont pas riches : s'ils sont dans un état de fortune qui est pour eux de l'aisance, c'est à force d'économies ; ils vivent, et ils vivent assez mal, voilà tout ; et si, comme cela serait juste, chacun des membres de la famille était payé pour son travail, comme le sont les domestiques des fermes, bien souvent il resterait peu de chose, à la fin de l'année, pour l'acquisition des engrais. Les fermiers riches sont encore l'exception ; et si l'on va au fond des choses, on trouve presque toujours que ces fermiers doivent leur richesse à une position exceptionnelle : ou ils sont propriétaires de biens fonds assez importants, ou ils sont depuis long-temps sur une terre qu'ils tiennent à ferme au dessous de sa valeur locative.

Pour compléter ces notes sur l'agriculture de l'arrondissement, nous croyons utile de consigner ici, en ce qui concerne l'agriculture seulement, un extrait des usages locaux de l'arrondissement de Fougères, publiés en 1839, par M. Cavé.

L'entrée en jouissance et la sortie des fermiers a lieu à midi, le jour Saint-Georges (23 avril), ou le jour Saint-Michel (29 septembre). Si le jour de la sortie est un jour férié, le délai de sortie est prolongé d'un jour.

RÈGLES DE L'ENTRÉE AU JOUR SAINT-GEORGES.

Dans tous les cantons de l'arrondissement, excepté dans celui d'Antrain, l'entrée en jouissance a lieu le 23 avril. A défaut de stipulation, les paiements se font en deux termes égaux, à la Toussaint qui suit l'entrée, et à la Saint-Georges suivante; mais on n'exige le paiement des biens ruraux qu'à Noël et à la Saint-Jean.

Au 1er mars, le fermier entrant a le droit de bêcher et préparer la terre pour les chanvres et lins dans les chenevières; le fermier sortant doit les laisser en épargne audit jour; il peut cependant profiter de ses navets jusqu'au 23 avril, pourvu toutefois que le fermier entrant ait négligé de préparer la terre.

Le fermier entrant peut semer du trèfle dans les terres ensemencées de froment d'hiver et de Toussaint, pourvu qu'il herse convenablement et en due saison. Il peut, à partir de la Toussaint, planter des choux communs dans les places vides des jardins, et au 1er mars faire des légumes d'été: il doit avoir au moins un tiers des jardins à sa disposition.

Le fermier sortant a le droit d'ensemencer en avoine un sixième, et en sarrasin un autre sixième de la terre, qu'il peut labourer l'année de la sortie: il ne peut faire que ce seul labour d'été. Si, par suite d'accidents indépendants de sa volonté, il a perdu l'espoir d'une bonne récolte de grains d'hiver, il peut faire du sarrasin dans les champs occupés par les grains d'hiver.

RÈGLE DE L'ENTRÉE AU JOUR SAINT-MICHEL.

Le seul canton d'Antrain est soumis à cette règle. A défaut de stipulation, les paiements se font en un seul terme, le jour Saint-Michel suivant.

Le fermier sortant doit laisser un plant de choux communs planté à la Toussaint, et proportionné aux besoins de la ferme; il est réputé l'avoir reçu sans indemnité à son entrée.

Le fermier entrant a le droit de planter des légumes d'été à la Saint-Jean, dans le tiers des jardins. Il a droit aux foins de l'année; le fermier sortant, qui est présumé les avoir reçus à son entrée, profite des regains jusqu'au jour de sa sortie, pourvu qu'il les fasse paître convenablement.

La récolte des prairies artificielles est au fermier sortant; il doit laisser la pièce de terre en épargne.

Le fermier entrant ne peut faire aucuns grains d'été avant son entrée, ni semer de trèfle dans les labours, à moins de convention expresse.

Le fermier sortant doit ensemencer en sarrasin, en plante équivalente, un tiers de la terre dont il peut disposer. Il a jusqu'au jour de Noël pour recueillir les fruits qui n'arrivent à maturité qu'après sa sortie. Il a le droit d'engranger ses grains, de faire et d'encaver son cidre, autant que la ferme le comporte. Il jouit à cet effet de la grange, du pressoir, de la cave jusqu'à Noël, suivant l'importance des logements, et eu égard aux besoins du fermier entrant. Il est tenu de laisser libres les greniers à foin, suivant les besoins de la récolte. Il a droit aux pommes de terre et aux navets; il peut les recueillir jusqu'au 15 octobre, et au plus tard jusqu'au jour Toussaint.

RÈGLES COMMUNES A TOUTES LES ENTRÉES.

Le bail d'une ferme, d'une closerie, d'une ou plusieurs pièces de terre, est censé fait pour trois ans; celui d'un bois taillis seul est censé fait pour neuf ans. Si, à l'expiration des baux écrits, le preneur est laissé en possession, il s'opère un nouveau bail dont la durée est la même que si le bail était fait sans écrit. Dans aucun cas, il n'est nécessaire de donner congé; mais cependant lorsque le bail, soit écrit, soit verbal, est fait pour trois, six, neuf ans, avec faculté aux parties de résilier à la fin de chaque période, le congé à fin de sortie doit être donné un an à l'avance.

Les art. 1754 et 1755 du Code civil sont applicables aux

fermiers, et par extension les réparations suivantes sont aussi à leur charge : le ramonage des cheminées, le nettoiement des vitres, l'entretien des poulies et margelles des puits, l'achat et l'entretien des cordes des puits et des crémaillères non scellées, qui sont censées leur appartenir, sauf la preuve contraire, les réparations aux fourneaux et lavoirs.

Les fermiers sont tenus de recrépir les murailles des maisons d'habitation, et de leur donner, à leur sortie, ainsi qu'au plafond, un blanc au lait de chaux, qu'ils sont censés avoir reçu à leur entrée, sauf la preuve contraire.

Les fermiers sont tenus de dresser et entretenir les cours à leur niveau, s'ils en ont abaissé le sol par l'enlèvement des boues et des fumiers; de réparer l'aire à battre le grain, de la mettre en bon état à leur sortie; d'entretenir les maçonneries sur le seuil des divers logements; de réparer et d'entretenir les allées des jardins; de tailler deux fois les vignes, bordures, haies et arbres fruitiers; de fournir les gaules et les tuteurs, le tout conformément à l'état dans lequel ils ont reçu les lieux; de faire l'échenillage, conformément aux réglements de police.

Le fermier est chargé de tenir les couvertures des bâtiments en bon état de réparations, et de les faire en entier ou en partie, sauf ce qui sera dit ci-après. Il fournit le glui des couvertures en paille, autant qu'il est possible d'en recueillir sur la ferme; il le fait placer à ses frais, et profite de la vieille paille.

Le propriétaire fournit les ardoises, les lattes, le clou, l'essente, le lignolet; il peut cependant indiquer sur la ferme un ou plusieurs pieds d'arbres. Le fermier les exploite, fait confectionner la latte, l'essente, le lignolet; fait placer le tout à ses frais, et dans tous les cas profite de tous les détruits, ainsi que des vieux matériaux, pourvu qu'il puisse les consommer sur la ferme.

En cas de réfection entière d'un édifice ancien tombé en ruine, ou détruit par cas fortuit, le fermier qui a joui plus de trois ans n'est tenu que du tiers des obligations qui lui sont imposées ci-dessus. S'il n'a pas trois ans de jouissance, ou s'il s'agit d'un édifice nouveau, il n'est tenu d'aucune contribution aux couvertures. Si la couverture, soit entière, soit partielle, est enlevée par un coup de vent, ou par toute autre force majeure, le fermier n'est tenu que du tiers des réparations, quel que soit son temps de jouissance.

Le fermier est tenu de faire confectionner à ses frais et d'entretenir les échelles, crèches, rateliers, auges, nocs, claies, barrières, dont la ferme peut avoir besoin, le bois étant fourni par pied sur la ferme; il profite de tous les débris de l'arbre exploité, à moins que le propriétaire ne fournisse ces objets prêts à être placés.

Le fermier qui n'a pas trouvé à son entrée les objets spécifiés ci-dessus, et les branchages destinés à porter les fourrages, est tenu de laisser sans indemnité ceux qu'il a placés pendant sa jouissance ; le propriétaire est réputé les avoir fournis, sauf la preuve contraire.

Le fermier est tenu d'entretenir les haies vives, sèches et en terre, de manière qu'elles soient défensables, et d'entretenir en bon état les fossés des haies, suivant la largeur et la profondeur voulues par l'usage.

L'entretien des chemins de servitude existant sur la ferme, et servant à son exploitation, est à la charge du fermier. Il doit curer et nettoyer les rigoles et fossés qui longent la propriété, et contribuer, pour sa part afférente à la ferme, à l'entretien des chemins servant à plusieurs exploitations. Il est réputé avoir reçu le tout en bon état.

Les fermiers sont tenus de faire, avant le jour de leur sortie, les réparations auxquelles ils sont assujettis, soit par leur bail, soit par la loi, soit par l'usage. Il n'est accordé aucun délai de grâce.

Le fermier sortant ne peut cultiver et ensemencer plus des deux tiers de la terre labourable, prés, jardins et chenevières non compris. — Il ne peut ensemencer en avoine plus du sixième de la terre dont il dispose en labours. — S'il s'agit de pièces de terres détachées, il peut les cultiver en entier, sauf la preuve qu'il les a reçues libres ou dans tel ou tel état.

Il est tenu de laisser les prés en épargne au jour de Noël. — Il peut, jusqu'à la fin de son bail, couper l'herbe des *noes* et bourbes qui se trouvent sur la ferme et *hors les prairies*, sans pouvoir les faire paître; mais il peut faire paître les prés dont la destination est d'être affectés à l'herbage.

Le fermier entrant a droit, depuis le jour de Noël qui précède son entrée, de faire sur les prés tous les ouvrages et actes nécessaires à leur irrigation.

Le fermier ne peut tailler et émonder les arbres de haute tige qu'en jets de six ans; il doit le faire à mesure que les jets ont atteint cet âge, en saison convenable, avant que la sève ait monté. Il ne doit jamais émonder dans la tête des arbres à *couronnes* ni dans les grosses branches. — Il ne peut couper les arbres par tête ni grosses branches qu'avec l'agrément du propriétaire; il doit élaguer conformément à la nature et à la force de l'arbre. — Les cerclières doivent être coupées à mesure que les jets ont atteint une grosseur convenable, en sève de six ans, et par sixième chaque année, si le bail est de six ans. — Le bois taillis affermé séparément ne peut être coupé qu'en jets de neuf ans et par neuvième; s'il fait partie d'une ferme, il doit être divisé en six coupes et coupé par sixième.

Le fermier ne peut dépater ni rigoler qu'à 2 mètres du pied de l'arbre planté sur la haie dont il jouit.

Il ne doit pas peler ou faucher les haies dont il jouit et les portions de terre qu'il ne cultive pas.

Le fermier sortant ne peut, dans l'année qui précède sa sortie, couper ni vendre les ajoncs de semis, les bruyères et les genêts qui ont moins de trois ans, ni les renaissances d'ajoncs qui ont moins de deux ans; il est présumé avoir reçu le tout sans indemnité.

Le fermier, pendant sa jouissance, ne peut vendre ni glui ni paille. Le fermier sortant est réputé avoir reçu les pailles sans indemnité, sauf la preuve contraire. — Il doit, dans tous les cas, les couper à sa sortie, suivant l'usage ci-après :

DANS LES CANTONS DE	POUR		
	froment et avoine.	seigle.	
Fougères (nord et sud).	0 m. 33	0 m. 41	
Saint-Brice et Lourigné	0 16	0 41	centimètres du sol.
Saint Aubin	par pied.	0 41	
Antrain	idem.	0 50	

Les pièces détachées sont soumises aux mêmes règles.

Le fermier sortant doit laisser en bon état de fumure les pièces de terre sur lesquelles il fait sa sortie.

Il est réputé avoir reçu sans indemnité les engrais trouvés à son entrée; il doit les laisser de même à sa sortie. Il ne peut, pendant la jouissance, les distraire ou les vendre.

La charretée de fumier est de 1 mètre cube. Pour que le fumier soit recevable, il faut qu'il ait au moins quinze jours d'assemblage. — La charretée de paille est de 8 mètres cubes, si la barge mesurée est faite après la récolte; si elle est nouvellement faite, il faut ajouter un quart en sus.

Le fermier doit faire consommer sur la ferme les foins qu'il récolte. — Sont exceptés de cette règle, 1° les foins qu'il a coutume de vendre au su du propriétaire, pour les besoins des localités voisines ; 2° les foins de réserve pour la sortie. Les foins provenant des prairies artificielles appartiennent au fermier sortant.

Les cendres et les charrées trouvées à la sortie sont la propriété du fermier sortant.

La balle d'avoine appartient, par partie égale, au fermier entrant et au fermier sortant. — Les poussiers provenant de la récolte ne peuvent être enlevés ni vendus ; le fermier sortant est réputé les avoir reçus à son entrée.

Les fermiers ne peuvent enlever à leur sortie les arbres tenant au sol par racines qu'ils ont plantés.

Les domestiques attachés à la culture, et généralement à ce qui tient à l'exploitation des fonds de terre et aux travaux de la campagne, sont censés loués pour une année, qui finit, quelle que soit l'époque à laquelle le service ait commencé, à la Saint-Jean pour le canton d'Antrain ; à la Saint-Georges pour les autres cantons.

DROITS ET OBLIGATIONS DES PROPRIÉTAIRES DONT LES FONDS SONT CONTIGUS.

Nul ne peut planter des arbres de haute tige dans son fonds joignant le fonds voisin, s'il ne laisse 1 mètre 625 millimètres. — On ne peut contraindre le voisin à arracher les arbres plantés à une moindre distance, s'il s'est écoulé un an et un jour depuis leur plantation, sauf, dans tous les cas, le droit d'élaguer, conformément au Code civil.

Toute haie vive doit être plantée à 1 demi-mètre du fonds voisin.

Les arbustes et arbres de basse tige peuvent être plantés à 1 demi-mètre du fonds voisin. — Néanmoins, les espaliers et les arbustes de basse tige peuvent être plantés près des murs et carrelis mutuels et privatifs.

Toute haie en terre est présumée avoir son fossé du côté du voisin. — La largeur ordinaire du fossé se détermine en suivant les sinuosités de la haie prise à sa base, eu égard à l'éboulement ordinaire des terres. Cette largeur est, sauf la preuve de toute possession contraire :

Dans les cantons de Fougères et Antrain. 0 m. 50.
     Saint-Brice. . . . . 0 41.
     Louvigné. . . . . . 0 33.
     Saint-Aubin. . . . 0 33, pour les terrains de 1re classe.
      Idem. . . . . 0 66, de 2e.
      Idem. . . . . 0 84, les landes et terrains de 3e.

Les fossés des haies donnant sur jardins n'ont, dans tous les cantons, que 33 c. de largeur. Le fossé, établi comme il est dit, ne comporte aucun terrain vers le fonds voisin.

La haie de terre, pour ceux qui sont obligés d'en faire et d'en entretenir, doit avoir au moins 1 mèt. 33 c. de hauteur, en ligne perpendiculaire, à partir du sol le plus élevé ; son épaisseur doit être, par la base, de 1 mèt. 50 c. au moins ; son inclinaison varie suivant la largeur du fossé, dont la profondeur ordinaire est de 33 centimètres.

Chacun a le droit d'aller recueillir sur l'héritage clos ou non clos du voisin les fruits tombés de l'arbre planté sur son fonds ; un passage doit lui être livré à cet effet.

Les feuilles des arbres qui tombent sur le voisin sont sa propriété ; le possesseur de l'arbre ne peut les recueillir au-delà de la limite tracée par son fossé donnant sur ledit voisin.

Le propriétaire d'un terrain enclos par haie en terre ou haie vive ne peut jamais mener ses bestiaux paître sur le côté extérieur de sa haie en terre, ou sur l'espace laissé au-delà de la haie vive ; mais il peut toujours couper les herbes, en passant sur son propre fonds.

Si plusieurs prés se desservent les uns par dessus les autres, les propriétaires assujétis doivent laisser, au 1er juillet, un passage libre et suffisant pour la récolte des foins seulement.

Si le pré supérieur est débiteur d'une servitude de prise d'eau pour l'irrigation du pré inférieur, il ne doit point passage pour exercer la prise d'eau, depuis le 15 mai jusqu'au jour où le foin aura été coupé, et, au plus tard, jusqu'au 10 juillet.

Celui qui doit une servitude de passage à toutes fins doit laisser libre et franc de talus un espace de 2 mètres 60 centimètres. — Les chemins de servitude doivent avoir cette largeur, sauf tous droits dûment acquis. — Il est défendu de planter sur les haies qui les bordent des arbres de haute tige au-delà de la crête de la haie, du côté du chemin. — Leur entretien est dû proportionnellement par les ayant-droit au passage.

A défaut de stipulation expresse, le passage à pied, toutes les fois qu'il est dû, est d'un mètre; le passage avec civière à bras ou à roue est de 1 m. 33.

Le droit de tour d'échelle, toutes les fois qu'il est dû, est de 2 m. pour le canton d'Antrain, et de 1 m. pour les autres cantons.

Anciens poids et mesures de l'arrondissement de Fougères, qui sont encore en usage, malgré les prescriptions de la loi.

MESURES LINÉAIRES.

La petite aune de Paris, qui vaut 1 m. 188, ou l'aune de 44 pouces; et la grande aune de 50 pouces, qui vaut 1 m. 353, étaient en usage pour le mesurage des toiles.

MESURES AGRAIRES.

Les mesures en usage dans l'arrondissement, sont :
La corde de 24 pieds carrés, valant. . . . » h. »» a. 60 c. 78
Le journal de 80 cordes, valant. . . . . »   48   62   40
Le jour de 120 cordes, valant. . . . . . . »   72   93   36

Le jour de terre n'est en usage que dans le canton d'Antrain.

MESURES DE BOIS DE CHAUFFAGE.

Le bois de chauffage se vend à la corde.
La corde d'Antrain vaut. . . . . 2 stères 742
La corde des autres cantons vaut. . . . 3   291

Excepté dans le canton d'Antrain, le bois est coupé à 1 m. de longueur.

MESURES POUR LES GRAINS.

Le mesurage des grains se fait au démeau, au boisseau, à la somme.
Le démeau de Fougères et de Saint-Georges valait 21 lit. 52
Celui de Saint-Aubin.   31   .07
    de Bâzouges-la-Pérouse.   33   93
    d'Antrain. . . . . , . . .   35   »»

Ces mesures ne sont plus en usage; elles ont été remplacées par le quart d'hectolitre, ou 25 litres, qui est devenu le double boisseau usuel, ou le nouveau démeau.

Deux démeaux font un boisseau de gros grains (froment, seigle, méteil); il faut trois démeaux d'avoine et de sarrasin pour faire un boisseau.

La somme de gros grains contient quatre boisseaux, celle d'avoine et de sarrasin trois seulement.

MESURES POUR LES LIQUIDES.

L'ancienne pinte de Fougères valait 0 litre 974 ; le pot était le double de la pinte, la chopine la moitié de la pinte.

La pinte d'Antrain était plus grande; elle valait 0 litre 986.

La barrique de l'arrondissement vaut 120 pots, ou 240 pintes, ou litres 233,76. Les tonneaux sont de trois à six barriques.

MESURES DE PESANTEUR.

Dans l'arrondissement, on compte encore par livres, grand poids, ou de 24 onces, pour le fil, le beurre en pot, le porc, et par livres petit poids de 16 onces pour les autres objets.

Le foin et la paille se vendent encore au grand mille, poids de 24 onces, et qui vaut 1,500 livres, poids de 16 onces. On se sert aussi du petit mille, qui est 1,000 livres de 16 onces.

Les nouvelles mesures sont venues se mêler aux anciennes, de telle sorte que l'on a souvent de la peine à s'entendre. Ainsi, la chaux se vend :

A l'hectolitre, qui pèse 80 kilogr.; à la barrique, qui vaut 2 hecto 33 ; à la pipe, qui est 2 barriques; au millier métrique, qui vaut 1,000 kil.; au grand mille, qui vaut 750 kil.; au petit mille, qui vaut 500 kil.

Les pommes de terre, les pommes à cidre, la charrée, se vendent à une mesure qui ne ressemble à rien, au démeau comble, que l'on appelle canot : c'est une mesure de capacité ayant 0 m. 50 de diamètre, et 0 m. 20 de hauteur, dans laquelle on met autant de pommes ou de charrée que l'on en peut mettre, en élevant les pommes en pyramide au dessus des bords de la mesure. Le canot de pommes de terre pèse environ 25 kil.

MONNAIES.

Deux monnaies de compte sont en usage dans l'arrondissement, l'écu de 3 fr., et la pistole, qui vaut 10 fr.

CHAPITRE IV.

Viabilité.

§ 1. — *Des chemins vicinaux de l'arrondissement.*

Les colonnes 26, 27, 28 du tableau n° 3, indiquent le nombre de kilomètres de routes qui existent dans chaque commune.

Le tableau suivant fait connaître le rapport plus général des voies de communication avec la surface de l'arrondissement.

	SURFACE en lieues carrées de 4 kilomèt.	NOMBRE DE LIEUES de 4 kilom. de toute nature.	NOMBRE DE LIEUES par lieue carrée de 4 kilom.
Fougères (ville)..	»	2.2	»
Fougères (sud)..	8	29.7	3.7
Saint-Aubin......	9	33.2	3.7
Louvigné........	10	37.2	3.7
Fougères (nord).	10.3	35.7	3.4
Saint-Brice......	10.6	41.2	3.8
Antrain..........	13.7	43 »	3.2
Arrondissement..	62	211 »	3.4

La distribution du sol agricole de l'arrondissement en 181,000 parcelles de terre, d'une grandeur moyenne de 45 ares, entourées de clôtures en terre, appartenant à 20,000 propriétaires différents et enchevêtrées les unes dans les autres, nécessite l'existence d'un grand nombre de ports, de chemins ruraux et vicinaux pour le service de ces parcelles de terrain. On peut évaluer la longueur de ces routes à 1,400 lieues de 4 kilomètres, ce qui donne 22 lieues de chemin par lieue carrée de terrain : leur largeur moyenne étant de 4 à 5 mètres, ils occupent 2,800 hectares de terre. D'après la longueur et la distribution de ces chemins, les points de l'arrondissement les plus éloignés d'un chemin en sont distants de moins de 250 mètres, ce qui ne prouve nullement la bonne viabilité du pays, presque toutes ces voies de communication étant impraticables une grande partie de l'année.

L'arrondissement a 48 lieues de routes royales et 160 lieues de chemins vicinaux, dont 60 seulement sont à l'état de viabilité parfaite. Avec les ressources qu'il est possible d'employer chaque année à la confection des chemins vicinaux, il ne faut pas moins de dix-huit à vingt ans pour que les 150 lieues classées soient faites et maintenues à l'état d'entretien. Alors l'arrondissement ne possédera encore que 3 à 4 lieues de bonnes voies publiques par lieue carrée, et les parties les plus éloignées d'un chemin entretenu en seront distantes de plus de 2,000 mètres.

Sur les 160 lieues de chemins vicinaux, l'arrondisement n'a eu jusqu'ici que 10 lieues de chemins vicinaux de grande communication : il est peut-être l'arrondissement de France le plus maltraité sous ce rapport. Mais, grâce à une organisation particulière des travaux de la prestation en nature, organisation qui a eu pour but de substituer la force de l'association, le travail d'ensemble, intelligent et combiné, à l'impuissant gaspillage de l'individualité, au travail morcelé, inintelligent et désordonné, la direction des travaux des chemins vicinaux ordinaires est depuis long-temps entièrement centralisée entre les mains de l'administration du chef-lieu d'arrondissement ; on a pu donner à l'établissement de ces chemins les mêmes soins que l'on apporte à la confection des chemins de grande communication, et assurer, pour l'avenir, leur bon état d'entretien. Dès aujourd'hui on peut arriver très-facilement, en toute saison, à presque tous les bourgs des communes de l'arrondissement.

Depuis 1839 on emploie, chaque année, une valeur d'environ 110,000 fr. pour la confection et l'entretien des chemins vicinaux de l'arrondissement : la prestation en nature figure pour 85,000 fr. dans cette somme ; 20,000 fr. viennent des contributions extraordinaires des communes ; le reste de la somme est fourni par le département. Voici le tableau des travaux exécutés de 1839 à 1844 :

ANNÉES.	LONGUEURS		
	OUVERTES.	EMPIERRÉES.	ENTRETENUES
1839	34,420	18,360	20,010 (1)
1840	26,840	22,270	38,370
1841	21,430	25,530	60,640
1842	24,300	29,834	80,174
1843	25,745	23,492	116,002
1844	28,861	38,419	139,496

A la fin de 1844, il y avait 177,715 mètres de chemins vicinaux à l'état d'entretien, et 25,527 mètres non empierrés, ce qui fait 203,442 mètres ouverts, ou près de 51 lieues ; 4 aqueducs, 20 ponceaux, 250 dallots avaient été construits depuis dix ans ; l'outillage des ateliers avait une valeur de 6,000 fr.

En examinant le tableau des travaux exécutés depuis 1839 sur les chemins vicinaux, toujours seulement avec les trois journées de prestation en nature et le produit des 5 c. addi-

---

(1) Si ce chiffre est aussi faible, cela tient à ce que plusieurs chemins vicinaux déjà avancés ont été classés routes royales ; telles sont la route stratégique n° 20, de Fougères à Laval ; les routes départementales n° 16, d'Antrain à Dinan ; n° 18, de Vitré à Saint-Malo.

tionnels, c'est-à-dire en quelque sorte avec la même force motrice, on reconnaît facilement que l'emploi de la prestation s'est amélioré successivement; et cette amélioration est due au développement de l'organisation des travaux des chemins vicinaux dont nous allons parler. Mais on voit par ce tableau qu'il en est d'un organisation administrative comme d'une machine compliquée : ce n'est pas du premier jet que l'on arrive à résoudre le problème pivotal de toute mécanique, l'économie de ressorts, le plus grand effet possible avec la moindre dépense de forces, ou les effets les plus variés avec la même force. C'est en faisant fonctionner une machine que l'on peut en apercevoir les défauts, que l'on arrive à établir la meilleure distribution des forces, le meilleur agencement des rouages. En 1839, comme en 1844, ce sont les mêmes forces, ce sont les mêmes rouages qui ont agi, et cependant quelle différence d'effets en quantité, en qualité, en variété de travail! Cela vient en grande partie de ce que l'administration de l'arrondissement a apporté, chaque année, des améliorations aux détails de l'organisation des travaux de la prestation en nature. Cette différence tient encore à l'accoutumance, qui a rendu familiers à la population et aux agents de direction tous les travaux de confection des chemins, tous les détails d'un travail combiné, organisé : aussi, chaque année, le mécanisme de cette organisation se simplifie.

Dans l'arrondissement, la prestation en nature formant presque la seule ressource que l'on puisse affecter à l'amélioration des chemins, tout l'avenir de la viabilité rurale réside dans le bon emploi de cette prestation. Ici, comme partout, sauf de très-rares exceptions, l'emploi de la prestation en nature se faisait le plus souvent sans surveillance, sans direction, ou sous la surveillance et la direction des maires des communes, qui n'ont ni le temps, ni les connaissances nécessaires pour diriger les travaux de confection des chemins, et qui, d'ailleurs, ne sont pas toujours en position de se montrer envers les prestataires aussi fermes, aussi exigeants que cela est indispensable pour le bien du service : la prestation en nature était, on peut le dire, entièrement gaspillée, et rien ne se faisait.

Après quelques essais tentés en 1831 et dans les années suivantes, qui avaient démontré que l'on peut tirer un très-bon parti de la prestation en nature, en faisant travailler les prestataires sous la surveillance et la direction d'ouvriers habitués aux travaux de confection des chemins, et recevant eux-mêmes une direction d'une autorité supérieure, en 1835, l'administration de l'arrondissement essaya d'étendre cette direction des travaux des chemins vicinaux à toutes les communes de l'arrondissement, et parvint, en 1838, à donner au service de la vicinalité une organisation nouvelle, qui a permis de porter dans cette importante branche de l'administration la centralisation, l'unité, l'ordre, la régularité, qui existent dans tous les services administratifs les plus compliqués et les mieux ordonnés.

L'arrondissement est partagé en quatre circonscriptions de communes. Chaque circonscription, qui est elle-même divisée en plusieurs groupes de communes, a son agent-voyer, ses brigades mobiles de cantonniers, son outillage, qui se transportent successivement dans chaque groupe de communes pour l'exécution de la prestation, d'après les ordres arrêtés par le sous-préfet et l'agent-voyer de l'arrondissement. Chaque commune paie les cantonniers et les réparations d'outils pendant le temps que des travaux s'exécutent sur son territoire. Le paiement des outils neufs se fait de manière que toutes les communes de la circonscription contribuent à l'entretien de l'outillage, en proportion de leurs dépenses pour les chemins.

Pour les cinquante-sept communes de l'arrondissement, le personnel de l'administration des chemins vicinaux se compose d'un agent-voyer d'arrondissement, de cinq agents-voyers secondaires, dont un comptable, de soixante-neuf cantonniers et d'une vingtaine d'ouvriers auxiliaires, parmi lesquels on recrute les cantonniers. Excepté les ouvriers auxiliaires, tous les agents et cantonniers sont employés et payés à l'année. Les agents-voyers sont seuls payés par le département. Chaque année, après avoir pris connaissance des ressources et des besoins des communes, en ce qui concerne la viabilité, les agents-voyers dressent, avec l'avis des maires, le programme des travaux à exécuter. Ce programme est arrêté par le sous-préfet et est mis à exécution successivement, en suivant l'ordre d'aménagement des communes. Les agents-voyers secondaires donnent les ordres pour l'exécution des travaux, qui se font presque tous à la tâche, en ayant soin de régler la dépense sur l'avoir des communes. Chaque mois ils dressent les pièces des dépenses faites dans les communes; les maires les contrôlent, les approuvent et signent seulement les mandats des sommes dues. Mais les maires n'ordonnent par eux-mêmes aucunes dépenses pour les travaux des chemins vicinaux. A la fin de chaque année, les agents-voyers rendent un compte général et détaillé de tous les travaux exécutés et des résultats obtenus.

Nous croyons utile de donner ici le tableau de la distribution des communes de l'arrondissement, pour l'exécution des travaux de la prestation en 1845; ce tableau, beaucoup mieux que toutes les explications que nous pourrions donner, faisant comprendre ce que l'on entend par aménagement des communes, par circonscriptions et par groupes, et quels peuvent être les avantages de cette distribution et du mécanisme qui en est le résultat.

TABLEAU de l'aménagement des communes de l'arrondissement en quatre circonscriptions, huit groupes et vingt-huit sous-groupes, pour l'exécution des travaux pendant l'année 1845, sous la direction de quatre agents-voyers de canton et de soixante-neuf cantonniers mobiles.

ÉPOQUES des TRAVAUX.	CIRCONSCRIPTION CENTRE. 16 Communes. 12 cantonn. (ch. vic. ord.)	CIRCONSCRIPTION NORD. 13 Communes. 12 cantonn. (ch. vic. ord.) 2 id. (ch. de gr. comm.)	CIRCONSCRIPTION OUEST. 17 Communes. 9 cantonn. (ch. vic. ord.) 22 id. (ch. de gr. comm.)	CIRCONSCRIPTION NORD-OUEST. 10 Communes. 12 cantonn. (ch. vic. ord.)
1ers Groupes. — 21 Sous-Groupes. — **Mars.**	Lécousse. Landéan. La Bazouges. Le Loroux. Laignelet.	Louvigné. Mellé. Monthault. Saint-Georges. Saint-Germain. Le Châtellier.	Saint-Brice. Saint-Etienne. Saint-Sauveur. Saint-Hilaire. Baillé. Saint-Marc-le-Blanc.	Bazouges. Tremblay. Marcillé. Noyal.
2e Groupes. — 27 Sous-Groupes. — **Avril.**	Lécousse. Landéan. La Bazouges. Laignelet. Le Loroux. Javené. Billé.	Louvigné. Mellé. Monthault. Saint-Georges. Saint-Germain. Le Châtellier. Parigné.	Saint-Brice. Saint-Etienne. Saint-Sauveur. Saint-Hilaire. Baillé. Saint-Marc-le-Blanc. Saint-Ouen-des-Alleux.	Bazouges. Tremblay. Marcillé. Noyal. Saint-Rémy. Rimou.

ÉPOQUES des TRAVAUX.	CIRCONSCRIPTION CENTRE. 16 Communes. 12 cantonn. (ch. vic. ord.)	CIRCONSCRIPTION NORD. 13 Communes. 12 cantonn. (ch. vic. ord.) 2 id. (ch. de gr. comm.)	CIRCONSCRIPTION OUEST. 17 Communes. 9 cantonn. (ch. vic. ord.) 22 id. (ch. de gr. comm.)	CIRCONSCRIPTION NORD-OUEST. 10 Communes. 12 cantonn. (ch. vic. ord.)
3es Groupes. 30 Sous-Groupes. Mai.	La Bàzouges. Javené. Billé. Combourtillé. Parcé. Dompierre. Luitré. Romagné.	Louvigné. Saint-Georges. Villamée. Parigné. Saint-Germain. Montours. Le Ferré. Cogles.	Saint-Etienne. Saint-Hilaire. Saint Ouen-des-Alleux. Saint-Christophe. Mézières. Gosné. Saint-Aubin-du-Cor. Saint-Jean.	Bàzouges. Tremblay. Saint-Rémy. Rimou. Chauvigné. Saint-Ouen-de-la-Rouér.
4es Groupes. 30 Sous-Groupes. Juin.	Romagné. Parcé. Dompierre. Luitré. La Chapelle-Janson. La Selle-en-Luitré. Fleurigné. Beaucé.	Louvigné. Saint-Georges. Villamée. Poilley. Montours. Le Ferré. Cogles. La Selle-en-Cogles.	Mézières. Gosné. Saint-Aubin. Saint-Jean. Saint-Marc-sur-Couesn. Chienne. Vandel. La Chapelle-Saint Aub.	Bàzouges. Tremblay. Chauvigné. Saint-Ouen-de-la-Rouér. Antrain. La Fontenelle.
5es Groupes. 23 Sous-Groupes. Juillet.	Romagné. Luitré. La Selle-en-Luitré. La Chapelle-Janson. Fleurigné. Beaucé.	Poilley. Le Ferré. Cogles. La Selle-en-Cogles. Montours. Saint-Germain.	Saint-Jean. Saint-Marc-sur-Couesn. Chienne. Vandel. La Chapelle. De Tiercent.	Bàzouges. Tremblay. Saint-Ouen-de-la-Rouér. Antrain. La Fontenelle.

Comme on le voit par l'inspection de ce tableau, l'agent-voyer ordinaire, les quatre conducteurs, les soixante-neuf cantonniers, n'ont jamais plus de vingt à trente sous-groupes ou communes à surveiller, à diriger en même temps. L'outillage confié à la garde de chaque conducteur est la propriété unitaire et proportionnelle des communes associées par circonscriptions. Il passe successivement dans chaque groupe avec le personnel. De cette manière, tous les ateliers sont bien outillés et avec économie. L'outillage servant toujours, n'est plus un capital mort pendant les trois quarts de l'année, et il faut moitié moins d'outils que si chaque commune possédait son outillage particulier. L'ensemble des travaux de la prestation s'exécute seulement pendant les cinq mois portés au tableau; mais, pendant tout le reste de l'année, les cantonniers, des ouvriers auxiliaires et quelques prestataires continuent à faire divers travaux relatifs aux chemins, et, comme on peut le voir au tableau par l'inscription des noms des communes dans les groupes, le temps que l'on consacre à l'exécution des travaux dans chaque commune est proportionné à son importance. La prestation n'est pas appliquée aux travaux des chemins de la même manière dans toutes les communes : les conducteurs tiennent compte des besoins, de la constitution topographique et sociale de chaque commune. Pour tirer le meilleur parti possible de la prestation, ils ont recours, suivant les cas, à différentes combinaisons non prévues par la loi, mais acceptées par les prestataires : telles sont la conversion totale ou partielle des journées d'une espèce en journées d'une autre espèce; l'exécution des fortes otes de prestation par division.

Avec ce système, par suite de la combinaison des travaux, qui sont aménagés par circonscriptions et par groupes de communes, on obtient un travail bien organisé, dirigé avec unité, et cependant qui satisfait aux besoins variés de tous les sous-groupes. Par suite de ce même agencement des travaux et par l'association, la solidarité établie entre les différents centres de travail, entre les communes de chaque circonscription, on réalise, en outre, un grande économie de ressorts et de dépenses en agents de direction et en instruments de travail. On a donc en même temps la variété dans l'unité, la meilleure des règles que l'on puisse appliquer pour obtenir une organisation qui approche, autant que possible, de la loi sériaire qui préside à l'arrangement de toutes les œuvres de la création.

Les bons résultats de cette organisation du travail de la prestation ont été assez rapides, pour que la population de l'arrondissement en ait promptement compris la valeur, et elle s'est soumise, sans beaucoup de difficultés, à toutes les combinaisons, à toutes les exigences que nécessitait sa mise en pratique. Aujourd'hui, dans beaucoup de communes, les prestataires font plus de travail que l'on n'en pourrait obtenir à prix d'argent, au prix de la journée de travail dans le pays ; les travaux sont aussi bien exécutés que s'ils étaient faits par un entrepreneur, et ils reviennent à un prix inférieur à celui auquel il pourrait les faire.

Par suite de l'habitude générale de faire faire toutes les prestations à la tâche, les femmes, les enfants, les hommes hors d'âge prennent part à tous les travaux des chemins, terrassements, rigolements, extraction, brisage de pierres. Aussi ces opérations sont devenues si familières à toute la population, que déjà on voit les habitants des villages faire volontairement, sur les chemins ruraux qui les conduisent aux routes entretenues, des travaux semblables à ceux qu'ils ont appris à faire sur les chemins vicinaux. Cet usage d'appliquer les prestataires à tous les genres de travaux de confection des chemins, qui fera de toute la population de l'arrondissement une population de cantonniers, doit produire pendant long-temps des résultats très-favorables et toujours de plus en plus progressifs. Il est facile de concevoir que la population qui s'élève, et qui aura, dès avant l'âge de dix-huit ans, fait et vu faire tous ces travaux des chemins, les exécutera beaucoup mieux et beaucoup plus vite que la génération actuelle. C'est ce que prouve déjà la comparaison que l'on peut établir entre les travaux faits aujourd'hui et ceux qui ont été exécutés il y a dix ans.

Le système d'aménagement des travaux de la prestation dont nous avons parlé, et tel qu'il est mis en pratique avec succès dans l'arrondissement de Fougères, a été adopté dans le département d'Ille-et-Vilaine, et ailleurs; il y a aussi produit de bons résultats, qui cependant ne peuvent être comparés à ceux que l'on a obtenus dans notre arrondissement. C'est que avoir adopté, comme on l'a fait, le seul aménagement des communes par circonscriptions et par groupes, sans un nombreux personnel de cantonniers mobiles que l'on occupe toute l'année; sans un bon outillage des ateliers par l'association des communes de chaque circonscription, pour la fourniture et l'entretien de cet outillage; sans l'entière dispensation, par une autorité centrale et supérieure à celle des maires, de toutes les ressources affectées dans chaque commune aux chemins vicinaux; sans l'application des prestataires à tous les genres de travaux qui entrent dans la confection des chemins, c'est n'avoir adopté qu'un bon cadre d'organisation des travaux de la prestation en nature. Mais ce cadre n'est qu'un des rouages de la machine qui constitue cette organisation, et l'on ne saurait faire bien marcher, avec un seul rouage, une machine qui en exige plusieurs pour exécuter un bon travail; car les résultats que donne un mécanisme quelconque sont nécessairement le produit des mouvements de tous les rouages, le produit de l'ensemble de toutes les forces de la machine, qui se prêtent un secours réciproque. Si on ne met pas toutes les forces de la machine en action, la somme des effets sera moindre. C'est ce qui a eu lieu dans le département, et ce qu'il est facile de reconnaître en jetant les yeux sur le tableau suivant, qui indique par chaque arrondissement du département, et pour 1844, le rapport qui existe entre la valeur nominale, ou de rachat, de la journée de prestation d'homme et le produit de cette journée en travaux sur les chemins.

ARRONDISSEMENTS.	PRIX DE RACHAT.	PRODUIT DE LA JOURNÉE.
Fougères.........	1 f. »	1 f. 185
Rennes...........	» 60	» 74
Saint-Malo.......	» 60	» 66
Redon............	» 60	» 61
Vitré............	» 60	» 60
Montfort.........	» 60	» 55

Quoique ces chiffres soient très-favorables à l'arrondissement de Fougères, ils doivent cependant être au dessous de la réalité; car ils n'indiquent qu'un rapport simple, absolu; et pour être dans le vrai, il faudrait tenir compte de la difficulté, de la qualité des travaux dans chaque arrondissement. On aurait alors un rapport relatif, composé, et l'on trouverait que la journée d'homme produit, en travaux sur les chemins, beaucoup plus de 1 fr. 185°; car on ne doit pas oublier que dans l'arrondissement de Fougères, dont le sol est très-accidenté, il faut faire beaucoup de travaux de remblais; que pour porter les chemins vicinaux à la largeur légale, il est, presque partout, nécessaire de détruire les clôtures en terre qui les bordent, d'abattre les grands arbres ou de déraciner les énormes souches d'arbres que l'on trouve sur ces clôtures, à peu près de deux mètres en deux mètres, et de refaire en grande partie les clôtures détruites.

C'est seulement à la loi de 1836 qu'il faut faire remonter l'existence réelle et générale de la viabilité rurale, et c'est dans le droit d'action d'office, qu'elle a attribué à l'autorité supérieure, que résident toute sa force et toute son économie. Aujourd'hui même, malgré le succès qu'obtient l'application de cette loi, malgré les bienfaits qu'elle répand sur les populations des campagnes, et quoiqu'elles reconnaissent elles-mêmes tous les avantages que procure à l'agriculture le bon état des chemins vicinaux, si l'autorité supérieure cessait d'avoir le droit de faire voter les ressources nécessaires pour la confection et l'entretien des chemins, sur beaucoup de points la viabilité rurale retomberait dans son ancien état de dégradation. De notre temps, sans moyens coërcitifs, on obtient rarement que les individus fassent des sacrifices à l'intérêt général. Si la corvée, qui fut supprimée en 1776, était une contribution injustement répartie, elle était du moins un moyen de maintenir le territoire dans un état passable de viabilité, et jusqu'à la loi de 1836, ce moyen n'avait été remplacé que par des prescriptions entièrement insuffisantes.

Malgré l'amélioration que cette loi de 1836 a fait subir à la législation sur l'établissement et l'entretien de la viabilité rurale, cette loi est encore bien imparfaite, puisqu'il n'y a peut-être pas en France deux arrondissements où elle soit exécutée de la même manière, et où elle donne les mêmes bons résultats. Il y a plus : comme jusqu'ici, sur bien des points, l'exécution de cette loi n'a eu de succès que pour la confection des chemins de grande communication, sur lesquels on fait faire à grands frais, à prix d'argent, presque tous les travaux, beaucoup en viennent à penser qu'avec la prestation en nature, qui est presque la seule ressource que l'on puisse affecter aux chemins vicinaux ordinaires, on n'arrivera jamais à améliorer la petite viabilité ; et déjà l'on en conclut qu'il faut remplacer par une contribution en argent l'impôt de la prestation en nature, que d'ailleurs quelques-uns disent être très-onéreux à l'agriculture. Les résultats obtenus dans l'arrondissement de Fougères, avec la prestation en nature, sans autre appui que l'autorité négative d'un sous-préfet, prouvent quelle pourrait être la valeur de ce moyen, appuyé par une bonne loi générale, et par des arrêtés de préfets établissant des catégories suivant les conditions dans lesquelles se trouve chaque arrondissement, et souvent même chaque canton.

D'un autre côté, croire venir au secours de l'agriculture en supprimant la prestation en nature, pour la remplacer par une prestation en argent, c'est ne connaître ni les intérêts de l'agriculture, ni la manière dont s'exécute la prestation en nature, ni surtout la manière dont elle pourra s'exécuter dans l'avenir, lorsque tous les chemins seront à l'état d'entretien. Pour remplacer la prestation en nature par une prestation en argent, qui équivalût à une prestation en nature, portée à toute sa valeur par une bonne exécution, il faudrait presque doubler le principal de la contribution foncière; et en définitive, ce serait toujours l'agriculteur, et non le propriétaire, qui paierait cette contribution. Mais, ce qui manque à l'agriculture de l'arrondissement de Fougères, comme à celle de toute la France, c'est le capital en argent, et non le capital en travail. La force pécuniaire fait toujours défaut, et n'a pas le temps de chômer; au contraire, les forces du travail en bras, et surtout celles en bêtes de trait chôment souvent; les employer pendant ces temps de chômage n'est donc pas nuire à l'agriculture; c'est au contraire utiliser une force qui n'eût rien produit. Loin de supprimer la prestation en nature, il vaudrait bien mieux prendre les mesures nécessaires pour en tirer partout un bon parti, et donner à l'autorité administrative la faculté d'augmenter le nombre des journées de prestation, en prescrivant d'employer la plus grande partie de cette contribution pendant l'hiver, temps où l'agriculture a le moins de travaux urgents à faire; temps pendant lequel on peut exécuter les travaux d'entretien, de brisage, de transport de pierre, et même ceux de terrassement dans les sols pierreux (1).

Cela serait d'autant plus important, que dans l'arrondissement de Fougères, où la population est disséminée en petits villages, en moyenne de quatre ménages et de seize habitants, à côté des chemins vicinaux qui se font, il y a un très-grand nombre de chemins ruraux en fort mauvais état, dont on ne pourra obtenir la réparation qu'en les classant chemins vicinaux ; et tant qu'ils ne seront pas réparés, on pourra dire que la viabilité agricole n'existe réellement pas dans notre pays.

Dans l'état actuel de la législation, les conseils municipaux, réunis aux propriétaires les plus imposés des communes, peuvent, pour la réparation des chemins, voter des centimes additionnels en plus des 5 centimes autorisés par la loi de 1836. Pourquoi n'en serait-il pas de même pour la contribution des journées de prestation en nature? Sans refaire la loi de 1836, ne suffirait-il pas que la loi annuelle du budget des recettes fixât le nombre maximum de journées de prestation en nature, que les conseils municipaux et les plus imposés des communes, ou les plus imposés au rôle de prestation, ce qui serait plus juste, pourraient voter en plus des

---

(1) Pendant que l'on imprimait ces lignes, M. Brochet, agent-voyer de l'arrondissement, réalisait cette amélioration. Avec la prestation de 1846, que les prestataires consentent à faire d'avance, les mois de novembre, décembre, janvier, février vont être employés à extraire, transporter et briser, à la tâche, les matériaux nécessaires pour l'empierrement des parties de chemins à l'état d'entretien. Disposer ainsi de quatre mois de plus pour coordonner et répartir les travaux de la prestation en nature, utiliser les quatre mois les plus mauvais de l'année, et les plus chômés par les agriculteurs et par leurs bêtes de trait, c'est, en même temps diminuer les charges individuelles et augmenter les bénéfices de la masse : la meilleure solution que l'on puisse donner de tous les problèmes de mécanique sociale.

trois journées, qui sont aujourd'hui le maximum obligatoire? La loi devrait en outre spécifier que ces journées en plus du maximum obligatoire ne seraient employées qu'en novembre, décembre, janvier et février, et que le vote des conseils municipaux, pour ces journées supplémentaires, pourrait s'appliquer séparément aux journées de bras ou aux journées de charrois, suivant les besoins de chaque commune.

Pour les pays dont le sol est accidenté et composé de roches vives, comme l'est celui de l'arrondissement de Fougères, il faudrait aussi donner à l'administration la faculté de rendre le rachat de la prestation en nature obligatoire en totalité ou en partie, suivant les besoins. Le défaut d'argent force à exécuter avec la prestation en nature des travaux considérables, pour faire des routes très-mauvaises et très-rapides, en gravissant des collines escarpées et rochues; tandis que, presque toujours, avec un chiffre bien moins élevé de dépenses, on pourrait, en tournant les collines, avoir de très-bonnes routes sans aucunes pentes, et d'une exécution facile. Mais, pour cela, il faudrait pouvoir acheter les terrains sur lesquels la route devrait être assise; ce que l'on ne peut faire avec la prestation. Et comme on ne saurait espérer obtenir que les communes s'imposent extraordinairement pour l'exécution de pareilles améliorations, dont les habitants de nos campagnes ne comprennent la valeur que lorsqu'ils les voient accomplies, il serait indispensable de donner aux préfets, pour le rachat forcé de la prestation en nature, le même droit d'action d'office qu'on leur a donné pour l'imposition de cette contribution. Autrement il y aura encore, comme cela a déjà lieu forcément dans l'arrondissement de Fougères, mauvais emploi, gaspillage des ressources des communes; car, dans peu d'années, on abandonnera toutes ces mauvaises routes, faites à grands frais par le sommet des collines, pour les reporter au pied de ces mêmes collines.

Si on pouvait disposer de toutes ces manières d'un plus grand nombre de journées de prestation en nature, il en résulterait de grands avantages. Outre que les moyens d'action augmenteraient, on aurait la faculté d'appliquer et de répartir plus convenablement les forces de la prestation. Les matériaux d'empierrement extraits et brisés pendant l'hiver, seraient toujours placés en temps convenable; on pourrait mettre en pratique, presque partout, une amélioration qui doublerait les forces : ce serait de diviser les communes en sections, et de porter le travail des habitants de chaque section sur les chemins qui les intéresseraient le plus; ce qui se fait déjà dans les grandes communes. Mais cela ne pourra pas être généralisé tant qu'il n'y aura que trois journées de prestation, ou bien l'on retombera dans tous les abus que produit l'éparpillement des forces.

Le vote d'un plus grand nombre de journées de prestation serait sans doute une augmentation de charges, mais qui ne saurait effrayer ceux-là même sur lesquels elle porterait. Aujourd'hui, tous nos agriculteurs ont compris la valeur de la viabilité rurale; ils aspirent à la voir généralisée. Ils reconnaissent qu'il y a nécessité d'augmenter les forces de la prestation en nature, et nos laboureurs même les plus ignorants conviennent que l'on ne saurait faire un plus utile emploi des ressources des communes, qu'en les appliquant à l'amélioration des chemins.

M. Mathieu de Dombasle avait dit : « La loi, qui a donné
» une si grande impulsion à la réparation des chemins vici-
» naux, exercera plus d'influence sur l'avenir de notre agri-
» culture, que ne pourront jamais le faire les comices et les
» institutions agricoles. » Rien n'est plus vrai, et nos paysans ont compris la prévision du célèbre agronome, mieux et plus promptement que nos sociétés d'agriculture, nos congrès, nos associations agricoles, qui paraissent se préoccuper fort peu

de notre viabilité rurale, soit qu'elles n'aient pas bien saisi toute la portée de cette opinion d'un maître, soit qu'elles pensent qu'il a suffi de promulguer une loi sur les chemins vicinaux, pour mettre l'agriculture en possession de son plus puissant instrument d'amélioration. Toujours est-il que, dans toutes les réunions des représentants de l'agriculture française, ou l'on ne dit pas un seul mot de la viabilité rurale, ou l'on n'en parle que comme d'une chose très-secondaire.

Aujourd'hui, que les chemins de fer préoccupent tous les esprits, on leur sacrifierait même facilement les chemins vicinaux, et cependant que seront les chemins de fer, tant que la viabilité rurale n'existera pas? De grandes artères privées de sang, qui voitureront plus vite ce que nous avons de richesse sociale, mais qui n'augmenteront que bien peu la véritable richesse sociale, la richesse agricole. Et pourtant c'est cette richesse toujours insuffisante qu'il faut tout d'abord augmenter dans une haute proportion, puisqu'elle est la source de toutes les autres, et que, sans la prospérité agricole, il n'y a pas de prospérité générale possible. Aucun moyen ne doit être négligé pour créer cette prospérité; mais le moyen en première ligne, et un des plus puissants, c'est la viabilité rurale. Sans elle, aucun progrès, aucune amélioration importante, vraiment générale; avec elle, les moindres améliorations acquièrent une valeur nouvelle. L'augmentation du travail agricole suit l'amélioration de la viabilité rurale: plus de travail donne plus de produit, assure et accroît le salaire du journalier. Un salaire plus assuré et plus élevé rappellerait à l'agriculture ces populations faméliques auxquelles l'industrie fait défaut, qui encombrent de plus en plus les villes. Il retiendrait aux travaux des champs ces populations agricoles, qui abandonnent la culture faute d'un salaire suffisant, et qui chaque année, en plus grand nombre que jamais, s'abattent sur nos villes pour y prendre part à cette charité aumônieuse, qui, malgré qu'elle s'ingénie à augmenter ses ressources, demeurera de plus en plus au dessous des besoins, si la préoccupation de ceux qui font l'aumône s'arrête à la seule actualité.

Si, comme cela n'est pas douteux, l'amélioration de la viabilité rurale doit, en développant l'agriculture dans de hautes proportions, rappeler et retenir aux champs un plus grand nombre de bras, d'intelligences et de capitaux, et permettre à l'agriculture de s'élever partout au rang d'une véritable grande industrie, ces circonstances ne doivent-elles pas nécessairement amener à leur suite l'alliance de l'industrie agricole avec l'industrie manufacturière? Il n'échappera pas long-temps aux intelligences qui vivront constamment de la vie de l'agriculteur que, si l'agriculture a ses moments de repos, elle a aussi des temps où ses opérations chôment de bras, où ses intérêts sont gravement compromis, par suite de cette pénurie de machines humaines que rien ne saurait remplacer. Si l'industrie manufacturière pénétrait dans les campagnes, si les agriculteurs devenaient un peu artisans et ceux-ci un peu agriculteurs, l'association de ces deux fonctions sociales ne pourrait que profiter aux deux branches de l'industrie agricole et manufacturière, en permettant une meilleure distribution de travail, une répartition plus opportune des forces de l'homme. Si le travail manufacturier ne peut être arrêté sans compromettre les intérêts des artisans, il peut très-bien être suspendu momentanément sans nuire à la société en général ; et cette suspension ne nuirait plus à personne, si, pendant le chômage du travail manufacturier, l'artisan pouvait appliquer ses bras au travail agricole. Ce nouvel état de choses amènerait un déplacement, une meilleure répartition de la population pauvre et peu aisée des villes, et par la suite un changement très-avantageux pour tout le monde dans la constitution de la société.

Mais, pour que cette alliance de l'industrie agricole avec l'industrie manufacturière ait lieu, il faut absolument que le territoire agricole soit entièrement viabilisé ; il faut que le commerce puisse, en tout temps, porter partout et rapporter de partout les matières premières et les produits manufacturés.

Le bon état de la viabilité agricole a sans doute partout une grande importance, mais il ne saurait avoir le même degré de valeur dans tous les pays : il en a évidemment beaucoup moins dans les sols en plaine, solides, secs, non couverts d'arbres, que dans les sols accidentés, argileux, humides, couverts d'arbres, comme est presque tout le sol de l'arrondissement de Fougères.

Si la généralisation des chemins de fer doit amener partout de grands bouleversements industriels, dans les pays qui se trouvent dans la même position que l'arrondissement de Fougères, la généralisation de la viabilité rurale produira une véritable révolution agricole, et amènera de grandes modifications dans le mode des transactions commerciales. C'est ce qui a déjà lieu dans notre arrondissement.

N'est-ce pas, en effet, à cette viabilité rurale qu'il faut rapporter le plus grand progrès que pouvait faire l'agriculture de l'arrondissement? N'est-ce pas elle qui a permis cette vulgarisation si rapide, et qui sera bientôt générale, de l'emploi de la tangue et de la chaux pour la culture des terres? Et cet emploi de la chaux n'est pas seulement une amélioration matérielle pour notre agriculture, elle est en outre, on peut le dire, une amélioration intellectuelle. Cet usage d'acheter de la chaux a fait faire un grand pas à l'esprit de nos cultivateurs, puisqu'elle leur a fait connaître assez fortement la valeur des engrais et des amendements, pour les décider à consacrer chaque année des sommes importantes à l'acquisition de la chaux. Des agriculteurs qui en sont arrivés là n'ont-ils pas compris et réalisé la plus difficile de toutes les améliorations agricoles? Eh bien! sans des chemins en bon état, cette intelligence de la valeur des engrais ne pouvait ni naître, ni être mise en pratique.

Tout ce qui tend à mettre le capital, le propriétaire, l'intelligence plus en rapport avec le sol, le laboureur, la pratique, importe beaucoup aux progrès de l'agriculture; la viabilité rurale produira ce rapprochement. Lorsque les propriétaires du sol ne pouvaient arriver à leurs propriétés, même pendant la belle saison, quel intérêt pouvaient-ils porter aux travaux de l'agriculture? Comment pouvaient-ils en connaître les besoins? Comment pouvait naître chez eux le désir de faire quelques améliorations à leurs propriétés, d'acquérir quelques connaissances agricoles, d'en faire donner à leurs enfants, de rapprocher leurs propriétés les unes des autres par des échanges, pour pouvoir les améliorer et les surveiller? Tandis que, avec l'amélioration de la viabilité rurale, chaque jour un plus grand nombre de propriétaires, pouvant arriver en tout temps à leurs propriétés, reviendront à l'usage d'habiter la campagne pendant une partie de l'année, et prendront nécessairement le goût des travaux de l'agriculture.

Nous avons dit comment la viabilité rurale nous paraît devoir influer sur la constitution de la propriété, en en diminuant la division et le morcellement. Le séjour des propriétaires à la campagne agira dans le même sens. En leur faisant mieux connaître et comprendre tous les nombreux inconvénients du morcellement, tous les avantages qu'il y aurait à détruire la division, le morcellement, l'enchevêtrement de la propriété; à établir une culture plus unitaire, mieux coordonnée; à introduire dans les exploitations agricoles diverses combinaisons d'assurances mutuelles, de garanties, de solidarité, d'association.

Aujourd'hui que la viabilité agricole s'améliore, l'agriculteur, au lieu d'apporter au marché ses récoltes de grains à dos de cheval, hectolitre à hectolitre, pourra les vendre en totalité sur place, ou sur échantillon à l'acheteur, qui viendra lui-même les chercher, ou auquel il les conduira en masse. Le vendeur ira porter dans les moindres villages les denrées qui sont consommées en grande quantité par l'agriculture ; on établira des entrepôts de denrées dans les principaux bourgs. Ces faits, qui se généraliseront, et se réalisent déjà dans l'arrondissement, pour la vente des froments, des avoines, de la chaux, du noir animal, s'étendront à beaucoup d'autres productions, et même à de menues denrées. Alors un seul acheteur ira trouver les innombrables vendeurs, qui font aujourd'hui trois à quatre lieues, et plus, pour venir chercher l'acheteur ; qui perdent ainsi un grand nombre de journées de travail pour apporter au marché une denrée, qui parfois ne vaut pas 25 centimes. Déjà, sur plusieurs points de l'arrondissement où il n'existe pas de marchés, l'acheteur donne rendez-vous aux vendeurs de beurre, qui lui livrent leur marchandise au prix que le beurre a valu au marché précédent le plus voisin.

C'est surtout dans un arrondissement comme celui de Fougères, où les ménages sont disséminés dans un grand nombre de petits villages, que la viabilité agricole, portée jusqu'à la minimité, jusqu'aux chemins de village à village, devra, en rapprochant tous ces groupes de ménages, développer les idées de solidarité et d'association, qui sans cela ne sauraient ni naître, ni être mises en pratique. C'est alors qu'à l'imitation des associations qui existent dans le Jura, sous le nom de Fruitières, pour la fabrication et la vente des fromages de Gruyère, les habitants de plusieurs villages pourront s'associer, pour posséder en commun quelques grands instruments d'agriculture, tels que des batteurs mécaniques ; pour fabriquer plus en grand, avec plus d'économie et de perfection, le cidre et le beurre ; pour charger un seul d'entre eux de réunir les denrées de même nature qu'ils ont à vendre, et de les conduire en masse aux marchés.

C'est alors que l'on abandonnera l'usage fort onéreux et très-dangereux d'avoir presque pour chaque ménage un mauvais four, qui cuit mal le pain, et que l'on reviendra, sous une autre forme, au four banal ou commun ; en attendant que chaque ménage reconnaisse qu'il vaut mieux acheter de bon pain que de manger celui que boulangent les ménagères, et qui est mauvais 99 fois sur 100. Pour si éloignés que soient tous ces résultats, ils n'en sont pas moins des conséquences forcées de la généralisation de la viabilité agricole.

Le bon état de la viabilité rurale, si utile à la grande culture, ne sera pas moins profitable à la petite propriété, qui pourra avoir partout des charrettes et des bêtes de trait, qu'elle n'aurait pu utiliser autrefois. C'est déjà ce qui a lieu dans l'arrondissement, et il en est surgi un fait nouveau, qui s'est propagé des petits fermiers aux grands : c'est l'association des petits cultivateurs, qui, en réunissant leurs bêtes de trait, peuvent conduire au loin leurs produits, et apporter de loin des engrais ou d'autres denrées. En 1844, on a ainsi importé dans l'arrondissement une grande quantité de pommes à cidre de la Normandie et de l'arrondissement de Saint-Malo. Beaucoup de cultivateurs, ayant également reconnu que la distance à parcourir, pour aller chercher de la chaux et de la tangue, est trop considérable pour employer des bœufs à ce travail, ont pris l'habitude de les remplacer par les chevaux de leurs voisins, et d'aller ainsi en commun chercher leur provision de chaux et de tangue.

La généralisation d'une bonne viabilité rurale doit aussi amener dans nos pays un déplacement de la population agricole, qui ne craindra plus de se grouper autour des villages et des bourgs ; car, avec de bonnes voies rurales, il sera plus facile de desservir une ferme en en étant éloigné d'une demi-lieue, qu'aujourd'hui en demeurant sur le territoire même de la ferme.

Cette généralisation influera même sur le caractère de nos agriculteurs ; elle l'adoucira en leur enlevant l'occasion de brutaliser leurs malheureuses bêtes de trait, auxquelles ils font payer les fautes d'une trop imprévoyante société, lorsqu'elles ne peuvent franchir les plus mauvais passages des chemins.

Il n'y a pas jusqu'à l'amélioration de la race des animaux de trait qui ne soit intéressée à la viabilité rurale. Comment, en effet, des animaux maltraités, excédés de fatigue par suite du mauvais état des chemins, des efforts brusques et violents de traction qu'ils sont obligés de faire, comment pourraient-ils se développer convenablement et donner de bons produits ?

§ 2. — *De la loi des chemins vicinaux.*

La nature de cet écrit ne nous permettant pas de faire une critique détaillée de la loi de 1836 sur les chemins vicinaux, nous ferons seulement, à propos de cette loi, quelques observations très-générales sur ce que devraient être les lois administratives, pour répondre aux besoins d'une bonne administration, et pour être conformes à la définition si vraie de Montesquieu : « Les lois, dans leur acception la plus » générale, sont les rapports nécessaires qui dérivent de la » nature des choses. »

La nature des choses administratives n'étant pas la même que celle des choses civiles, les lois qui règlent les matières administratives ne devraient pas être calquées sur les lois civiles. Mais en France, où malheureusement l'instruction scientifique, et surtout l'instruction naturalogique est beaucoup trop peu répandue, on ne conçoit pas l'unité sans l'uniformité; on prend trop souvent la concentration pour de la centralisation ; on a peine à comprendre que la variété dans l'unité, qui est la loi de tous les ordres de faits naturels, puisse être aussi la règle de faits administratifs. Aussi on rédige les lois et les arrêtés d'administration du point de vue de l'uniformité et de l'égalité, comme on le fait pour les lois civiles.

La loi civile étant la règle d'êtres individuels tous semblables ou à peu près, doit être une et absolue; mais la loi administrative, qui est la règle d'êtres collectifs très-différents les uns des autres, doit être variée et relative. Sans doute, qu'un territoire communal soit un pays de plaine, de montagne, de bocage; que le sol en soit pauvre et stérile, ou riche et fertile ; que les habitants, les animaux de trait y soient rares ou nombreux, chétifs ou vigoureux; que les habitations y soient agglomérées ou disséminées; que la propriété y soit peu divisée, peu morcelée ou qu'elle le soit beaucoup ; que la pierre y soit rare ou commune, le terrain sablonneux ou argileux, le climat chaud et sec, ou froid et humide, un vol, un meurtre, un droit de succession, de propriété, ne changent pas de nature pour avoir été commis, pour être exercés dans une commune ayant un ou plusieurs des caractères que nous venons d'énumérer. Dans ces cas, une loi égale et uniforme doit être appliquée à toutes les communes; mais, quand il s'agit de l'administration des communes si variées, si différentes, si inégales sous le rapport de la constitution sociale et topographique, vouloir leur appliquer à toutes les mêmes règles, comme si elles étaient toutes taillées sur le même patron; vouloir que l'application de ces mêmes règles produise partout des résultats semblables, n'est-ce pas demander l'impossible, n'est-ce pas aller contre la nature des choses?

Nos lois fondamentales modernes ont établi l'égalité en tout, comme règle générale, en opposition aux lois constitutives de l'ancienne société française, qui avaient l'inégalité pour base. Ce sont ces idées trop absolues d'égalité, de proportionnalité simple, d'uniformité, que nous ont léguées nos pères (idées qui ne dérivent pas de la nature des choses, et que nous portons cependant partout), qui nous éloignent des idées plus vraies d'inégalité, de variété, les seules qui soient conformes à la nature, qui soient compatibles avec l'unité, avec la véritable centralisation administrative ; les seules auxquelles il faudrait se rattacher pour faire de bonnes règles d'administration.

Au lieu de cela, en France, sous prétexte d'unité, de centralisation, on veut que tout passe sous le même niveau d'égalité et d'uniformité. Le plus souvent, là où il faudrait une règle variable, on n'a qu'une règle uniforme à appliquer ; et, par contre, quelquefois là où l'uniformité devrait exister, il y a une règle particulière presque pour chaque groupe de communes. Avec la règle uniforme, où il la faudrait variable, on arrive à des faits comme ceux-ci, que nous citons entre mille autres semblables :

Qu'une commune ait 100 habitants ou 10,000, la répartition des contributions est toujours faite par le même nombre de répartiteurs, par cinq ; comme si cinq personnes pouvaient bien connaître tous les ménages que renferme une ville de 10 et de 100,000 âmes.

Qu'un bureau de bienfaisance ait 5 fr. ou 50,000 fr. de revenu, il est soumis aux mêmes règles de comptabilité et d'administration : les remises, les frais de timbre et d'imprimés, s'élèvent chaque année, quelquefois, à plus de 5 fr. Il ne reste rien à distribuer aux pauvres ; au contraire, ce sont les pauvres qui redoivent! Assurément, si un particulier faisait ainsi ses affaires, on demanderait son interdiction.

On ne peut pas atteler plus d'un cheval à une charrette ayant des jantes de moins de 11 centimètres. Mais il y a cheval et cheval. Un fort cheval boulonnais, en pays de plaines, peut traîner cette charrette pesant 900 à 1,000 kilogrammes, sans qu'il y ait contravention, et deux misérables petits chevaux de landes, en pays de montagnes ou de collines, ne peuvent pas traîner cette charrette pesant 5 à 600 kilogrammes, sans qu'il y ait contravention ! Ainsi, l'uniformité produit l'iniquité, et une iniquité qui porte, suivant l'habitude, sur le plus misérable, une iniquité qui porte sur l'agriculture, la moins favorisée de toutes les industries, et sur les petits cultivateurs, les ouvriers les plus pauvres de la plus grande des industries.

Dans notre arrondissement, ce sont précisément les petits cultivateurs des plus mauvaises communes, qui ne peuvent pas aller chercher du sable de mer ou une à deux barriques de chaux (375 à 750 kil.), parce qu'ils ne peuvent pas atteler deux petits chevaux à leurs charrettes, qui ont des roues à jantes de moins de 11 centimètres. Et cependant, sur 4,485 exploitations ayant des charrettes, nous en comptons 2,532 qui n'ont qu'une à deux bêtes de trait, c'est-à-dire bien probablement des charrettes à jantes étroites.

Dans la loi sur les chemins vicinaux, en accordant à chaque commune la faculté de s'imposer uniformément trois journées de prestation en nature et cinq centimes additionnels, on n'a certainement pas cru traiter les communes fort inégalement. Cependant rien n'est plus réel. Il est telles communes qui, vu les circonstances favorables dans lesquelles elles se trouvent, feront avec les mêmes ressources cinq fois plus de longueur de chemins que telles autres, et qui auront ainsi viabilisé leur territoire vingt-cinq à trente ans plus vite que les communes moins favorisées. Ces ressources, qui suffisent à certaines communes pour créer la viabilité de leur territoire dans un délai assez bref, et l'entretenir, sont donc insuffisantes pour beaucoup d'autres; et pour qu'il y eût égalité, ces dernières devraient avoir 'a latitude d'augmenter le nombre de leurs journées de prestation en nature, d'en forcer, dans certains cas, le rachat total ou partiel.

Ce n'est pas tout : avoir autorisé d'une manière générale et absolue chaque commune à voter trois journées d'hommes, de charrettes et de bêtes de trait, sans donner la faculté d'imposer inégalement ces trois espèces de journées, c'est encore avoir traité les communes avec inégalité. Il est telle commune qui, trouvant la pierre en faisant ses chemins, ne sait où employer les journées de charrettes et de bêtes de trait, et telle autre qui, privée de matériaux d'empierrement, n'a jamais assez de moyens de transport. La loi sur les chemins vicinaux est déjà entrée dans la voie des catégories, dans la voie de l'inégalité, en donnant la faculté d'imposer chaque commune d'une manière différente pour le prix du rachat et de la conversion en tâche des journées de prestation. Elle est encore entrée dans cette même voie en prescrivant de régler par département plusieurs objets relatifs aux chemins vicinaux. Mais il faut savoir convenir qu'en général, dans l'application, on n'a pas suivi le législateur dans cette voie nouvelle, tant les esprits sont dominés par les idées d'uniformité, et l'on ne voit pas que les pouvoirs locaux fassent beaucoup de réclamations contre l'insuffisance absolue ou relative de la loi sur les chemins vicinaux.

Dans les lois d'administration municipale, et dans quelques autres lois, on a aussi tenté de sortir de la règle de l'uniformité; mais on l'a toujours fait d'une manière incomplète, et souvent à contre-sens. C'est que ces tentatives d'émancipation sont pour ainsi dire dues au hasard; elles ne sont pas faites d'un point de vue général et scientifique; elles ne viennent pas d'une conviction : elles naissent par la force des choses, mais sous l'influence de l'idée que le pouvoir administratif doit toujours être mis en suspicion légitime d'arbitraire, que l'on ne saurait trop lui lier les mains. Il en résulte que, pour faire le bien, un administrateur doit souvent s'arranger de manière à ce que le public accepte beaucoup de mesures, qui ne sont pas contraires à l'esprit des lois, mais qui ne peuvent s'appuyer sur leur texte. On oublie trop ce que doit être une loi administrative : on voudrait que les moindres détails y fussent prévus, afin de réduire, autant que possible, les agents de l'administration au rôle d'une mécanique sans intelligence ; résultat que l'on ne peut même pas obtenir pour les lois civiles, qui s'appliquent cependant à des séries de faits limités, assez bien définis, d'une nature beaucoup moins variable que les faits administratifs. Agir ainsi, c'est vouloir que l'administration n'administre pas.

L'administration est une science d'observation et d'expérience. Dans les sciences de cette nature, on ne conclut qu'*à posteriori*; on ne formule les lois qu'après de nombreuses observations et vérifications, et en administration on veut conclure *à priori*; on veut faire des lois générales et spéciales, sans avoir rien expérimenté : c'est agir à contre-sens de la nature des choses. Aussi qu'arrive-t-il ? A peine nos lois administratives sont-elles mises à exécution, on reconnaît qu'elles sont défectueuses, qu'il faudrait les refaire, et on ne les refait pas, parce que des changements si fréquents dans les lois inspireraient peu de confiance aux populations, une loi devant être chose stable.

On pourrait obtenir pour les lois administratives la même stabilité que pour les lois civiles; mais il faudrait admettre que, bien différentes des lois civiles, où tous les détails doivent, autant que possible, être réglés, les lois administratives ne devraient comprendre que des règles très-générales;

elles devraient fixer un maximum et un minimum entre lesquels le pouvoir exécutif agirait ; mais l'espace qui existerait entre ce maximum et ce minimum devrait être assez large, pour permettre de satisfaire aux besoins des différents genres de constitutions communales.

Les lois administratives pourraient être, par analogie, ce que les classes sont dans la coordination des séries d'êtres, qui forment ce que l'on appelle les trois règnes de la nature. Laissant aux ordonnances, aux arrêtés des préfets, des sous-préfets, des maires, la mission d'ordonner les faits administratifs des départements, des arrondissements, des cantons, des communes, comme en histoire naturelle, au moyen des divisions, des ordres de famille, des genres, des espèces, on distribue tous les êtres en séries régulières de groupes différents, ayant des caractères communs, soumis aux mêmes règles générales, mais ayant aussi leurs caractères particuliers, leurs règles spéciales. Cette analogie n'a rien de forcé ; elle est prise dans la nature des choses (1). Les groupes de départements forment l'Etat, dont la règle générale et spéciale est la loi, qui répond aux classes ; de même les groupes de villages forment la commune, dont la règle générale est toujours la loi, mais la loi spécialisée, appropriée par les ordonnances et les arrêtés aux espèces, aux variétés de constitutions communales. Ainsi, dans cet ordre de choses, la loi se-

---

(1)

GROUPES DE			
Départements	Etat	Loi	Classes.
Arrondissements	Département	Ordonnance	Divisions.
Cantons	Arrondissements	Arrêtés du préfet	Genres.
Communes	Canton	Arrêté du préfet	Genres.
Villages	Commune	⎫	Espèces.
Ménages	Village	⎬ Arrêté du maire	Variétés.
Individus	Ménage	⎭	Minim\[i\]tés.

rait une comme la vérité; mais elle serait variable dans ses manifestations.

Si on classait ainsi toutes les communes de France, si on les distribuait en différentes classes dans l'ordre de la population, de la topographie, des finances, de la constitution de la propriété, et que, dans chacune de ces classes, on établît un certain nombre de divisions, d'ordres ou familles dans lesquelles viendraient se grouper les communes qui se trouveraient à peu près dans les mêmes conditions, il serait alors facile de fixer des règles équitables qui feraient la loi de chaque groupe de communes. On ne verrait plus cinq notables membres d'un bureau de bienfaisance, renouvelables chaque année par cinquième, un maire, un receveur se réunissant plusieurs fois par an pour délibérer gravement sur l'administration, au profit des pauvres, d'une pièce de 5 fr., dont les pauvres ne reçoivent rien, parce qu'elle s'en va toute en frais d'administration. On ne verrait plus un conseil municipal, un sous-préfet, un préfet, un conseil de préfecture, un receveur particulier, des employés perdant leur temps à remplir d'écritures et de signatures une main entière de grand papier, et ce toujours pour régler, approuver l'administration de cette même pièce de 5 fr. au profit des pauvres, de la manière que nous venons d'indiquer.

La confection et l'application de lois et de règles administratives, ainsi faites par catégories, présenterait peut-être d'abord plus de difficultés que la confection et l'application de lois et de règles uniformes pour toutes les communes de France; mais l'administration de ces communes, étant plus en rapport avec la constitution de chacune d'elles, deviendrait plus vraie, plus simple, et par conséquent meilleure. Par application aux exemples que nous avons cités, serait-il si difficile de proportionner le nombre des répartiteurs au nombre des habitants de chaque commune; de réunir les fonds et l'administration des bureaux de bienfaisance aux fonds et à l'administration des communes, tant que les revenus des bureaux de bienfaisance ne s'élèveraient pas à une certaine somme; de tenir compte approximativement de la force des chevaux attelés aux charrettes, par la mesure de leur taille et de leur grosseur, lorsque l'on fixerait la relation qui doit exister entre la largeur des jantes et le nombre de chevaux que l'on peut atteler aux charrettes, et d'établir en même temps une tolérance différente pour les pays de plaines, de collines, ou de montagnes ?

On trouvera sans doute que nous nous arrêtons avec un peu trop de complaisance sur cette question de la viabilité rurale. Toutefois, la loi sur les chemins vicinaux ayant été mise à exécution dans l'arrondissement de Fougères en suivant une marche particulière, en y organisant ce service administratif comme nous pensons qu'il n'a encore été organisé nulle part, et cette manière d'agir ayant eu un succès remarquable, qui a déjà influé et qui influera favorablement sur l'agriculture du pays, cette question est nécessairement devenue une spécialité pour l'arrondissement dont nous écrivons l'histoire. On a pu l'y étudier sous une face nouvelle, et voir, peut-être mieux qu'ailleurs, plusieurs des défauts et des lacunes que présente la loi sur les chemins vicinaux.

Malgré les développements que nous avons donnés à cet article, nous sommes cependant bien loin d'avoir fait connaître tout ce que laisse encore à désirer l'entière solution de cette question de la plus haute utilité publique pour la France, et surtout pour les pays d'industrie agricole, d'une constitution topographique semblable à celle de l'arrondissement de Fougères.

Car nous ne devons pas oublier que sur les 81,000 habitants de l'arrondissement, 58,000 sont disséminés dans 3,635 villages de 16 habitants en moyenne; que les 64,000 habitants qui forment la classe agricole sont directement intéressés au bon état de la viabilité rurale, qui est pour eux une question de vie, et que les 17,000 autres habitants non cultivateurs, qui n'y paraissent pas aussi directement intéressés, doivent y attacher tout autant d'importance. Ces 17,000 habitants, journaliers, artisans, marchands, propriétaires, ne doivent-ils pas leur existence aux besoins, aux produits de l'agriculture?

Les frais de transport augmentant toujours le prix des marchandises, toute économie dans ce transport en temps, en force de tirage, en fatigue de l'homme, des animaux et des choses, se traduit nécessairement par une diminution de la valeur des objets transportés. Si l'agriculture est le plus grand producteur, elle est aussi le plus grand consommateur : la plus légère économie, obtenue dans les moyens de transport des objets que les cultivateurs créent et consomment, se trouve de suite multipliée en si grand nombre de fois, qu'elle produit dans la richesse agricole une augmentation d'autant plus considérable, que tous les ans cette augmentation de richesse se renouvelle en croissant toujours d'un chiffre de plus en plus élevé. La viabilité rurale est donc bien réellement le plus puissant instrument du développement de l'industrie agricole, puisqu'elle doit conduire à la réalisation de toutes ces combinaisons d'économie domestique-agricole, sous l'influence desquelles les productions de l'agriculture augmenteront dans ces hautes proportions, qui amèneront nécessairement à leur suite le bien-être général, cette plus sûre garantie de stabilité que l'on puisse donner à tous les intérêts.

Si l'importance que nous attachons à la viabilité du sol livré à la culture paraît exagérée, elle justifie du moins l'insistance que nous avons mise à nous arrêter sur cette question.

§ 3. — *Des anciennes voies publiques.* — *Voies romaines.*

En parcourant l'arrondissement, on retrouve sur tous les points de son territoire de grandes lignes de routes vicinales, assez droites, encore larges, souvent rétrécies et interceptées par des usurpations ou des dégradations venant du défaut d'entretien. A l'aspect de tous ces chemins, on reconnaît que nous avons rétrogradé sous le rapport de la viabilité des campagnes. Il est difficile de savoir à quelle époque eut lieu l'établissement de ces grandes lignes de routes vicinales et l'abandon de leur entretien. L'application de la corvée à la réparation des chemins vicinaux ne paraît avoir été faite par les seigneurs, qui étaient propriétaires de ces chemins, que vers la fin du XVIIe siècle. Elle a probablement cessé ou diminué vers le milieu du XVIIIe, en même temps que la puissance des seigneurs. C'est aussi depuis la chûte de la féodalité que les usurpations de ces chemins ont été commises par les riverains, comme le prouvent les arbres qui sont sur les côtés des portions de chemin en parti usurpé, tandis que là où le chemin a conservé sa largeur primitive, les arbres qui le bordent sont plus que séculaires.

Grâce à la loi sur les chemins vicinaux, qui a régénéré la viabilité rurale, plusieurs de ces anciennes grandes lignes vicinales, aujourd'hui presque ignorées, seront rétablies en totalité ou en partie. De ce nombre sont le chemin Chasles et un chemin que les anciens du pays appellent encore Route militaire. Ce dernier est connu, à Fougères, sous le nom de chemin de la Croix des Rochelettes. Il commence, sur la route de Fougères à Rennes, au dessus de Bliche, à droite; il se dirige en droite ligne sur Bâzouges-la-Pérouse, et passe la rivière du Couësnon à Quimcampoix. Pour des antiquaires, ce nom de Route militaire en ferait une voie romaine ; mais ce chemin ne porte aucune trace d'une aussi grande ancienneté.

Plusieurs des chemins qui conduisaient autrefois aux principaux lieux de l'arrondissement, n'avaient probablement pas la direction qu'ils ont aujourd'hui. Ainsi, l'armée bretonne qui, en 1488, partit de Rennes pour aller au secours de Fougères, assiégé par les Français, ne vint pas par la route actuelle de Fougères à Rennes, mais par celle de Rennes à Antrain. Elle coucha à Andouillé et à Aubigny, près du petit Saint-Aubin. Elle était à Vieuxvy lorsqu'elle rencontra l'armée française, qui elle-même se dirigeait sur Rennes, après avoir suivi sans doute la route qui est aujourd'hui le chemin de grande communication n° 2, de Fougères à Hédé. Dans une lettre que Charles VIII écrivait dans ces temps au sire de la Trimouille, il lui dit que ces lieux (Aubigny et Andouillé) sont sur le chemin de Fougères à Dinan.

La position du château de Saint-Aubin-du-Cormier indique aussi que l'on n'arrivait pas de Saint-Aubin à Fougères par la route actuelle. Le chemin Chasles ou Charles, qui commençait, dans la Mayenne, à la butte de la Pélerine, traversait tout le sud de l'arrondissement. Il passait à Vendel (*pagus Vindelencis*), et arrivait au château de Saint-Aubin par le rocher de Bécherel. Pour aller de Fougères à Saint-Aubin, on devait prendre ce chemin Charles, soit sur la route de Vitré, après la rivière de Chandon, soit à Vendel, par la route de Rennes et par la Chapelle-Saint-Aubert, soit en prenant un chemin qui part de Fougères dans le faubourg de Savigny, et traverse les parties sud des communes de Lécousse, Romagné, la Chapelle-Saint-Aubert.

Les travaux que l'administration fait exécuter sur le chemin vicinal de Vendel à la Selle-en-Luitré ont permis de constater, d'une manière positive, sur les communes de Javené, Billé, Vendel, l'existence d'une ancienne route pavée, qui a tous les caractères d'une voie romaine : nous disons constater, car jusqu'ici on n'avait fait que la deviner ou la supposer, comme le prouve l'article de la Selle-en-Luitré du nouveau Dictionnaire d'Ogée, où on lit que, « dans les en- » droits où cette voie n'a pas été diminuée par les riverains, » elle n'a pas moins de 15 mètres de largeur, et elle est so- » lidement pavée. » Assurément l'auteur de cet article n'a pas vu le chemin dont il parle.

Charlemagne, par un de ses Capitulaires, prescrivit la réparation des voies romaines; c'est sans doute de là que la voie romaine dont nous parlons a pris son nom de Charles, et par corruption de Chasles, que la tradition lui a conservé.

Suivant d'autres, ce nom de Charles lui viendrait de ce que Charles VIII le parcourut avec ses armées. A l'appui de cette opinion, on montre, dans la commune de la Chapelle-Janson, sur le bord de ce chemin, à 1,000 mètres au nord-est de la Selle-en-Luitré, un terrain aujourd'hui clos et planté, qui fut long-temps communal, et qui a conservé le nom de Table-du-Roi. Il est permis de douter beaucoup de cette tradition, puisque Charles VIII n'est pas venu en Bretagne.

D'un autre côté, sur ce même territoire de la Chapelle-Janson, à 1,000 m. au nord-ouest de la Selle-en-Luitré, auprès et à l'ouest du village de la Boussardière, à 200 m. du chemin Charles, on voit encore quelques traces d'un camp probablement romain, qui devait avoir la forme d'un carré long et une étendue d'un hectare.

La tradition dit encore que ce chemin était très-fréquenté par ceux qui transportaient du sel en fraude de la Bretagne dans le Maine.

Sous Childebert II, les armées françaises pénétrèrent en Bretagne par un chemin situé entre les lieux où sont aujourd'hui Fougères et Vitré; c'est probablement le chemin Charles. Elles furent battues par les Bretons, en 594, entre l'emplacement de Saint-Aubin-du-Cormier et de la Bouëxière, sur le lieu où était le prieuré d'Aillon, et peut-être aussi plus près de Saint-Aubin, dans une lande qui porte encore le nom de lande de la Rencontre.

Sur la commune de Javené, on peut suivre presque pas à pas les traces de la voie romaine, appelée chemin Charles. Il faut les chercher tantôt à droite, tantôt à gauche du chemin, au niveau des champs riverains et dans les talus de ce chemin, dont le sol actuel est parfois à trois et quatre mètres au dessous du niveau du sol des champs. On les retrouve aussi facilement sur les communes de Billé et de Vendel, dans les points où la route a été rétablie comme chemin vicinal.

Dans les très-rares endroits où ce chemin est encore solide, qu'il ait ou non conservé sa largeur primitive, il est resté au niveau du sol des champs voisins, et c'est seulement lorsque la route a été lavée par la pluie, que l'on peut y apercevoir çà et là quelques traces d'un empierrement fait avec des cailloux blancs. De semblables empierrements existant naturellement dans beaucoup de chemins de l'arrondissement, ce fait seul ne suffirait pas pour démontrer que le chemin Charles est une voie romaine. Ces empierrements naturels ne se rencontrent que dans les communes où les cailloux blancs existent à la surface du sol, ce qui n'a pas lieu dans la commune de Javené. Leur présence dans ce chemin doit déjà faire penser qu'ils y ont été apportés par la main de l'homme. Ce fait, joint à la tradition qui donne à ce chemin le nom de Chasles, au témoignage des cultivateurs qui disent avoir trouvé des couches de pierres en labourant leurs champs, avait dû faire penser qu'il y avait eu là une voie de grande communication du pays, empierrée au moyen-âge, ou au moins réparée; les chemins empierrés, dont on fait remonter la construction à cette époque, n'étant probablement que des voies romaines réparées. D'un autre côté, comment croire qu'en présence de la rivalité qui existait au moyen-âge entre la France et la Bretagne, les Bretons eussent fait une route dans la direction de la France, pour rendre plus facile l'entrée des Français en Bretagne ?

Aujourd'hui, les travaux faits sur ce chemin ont permis de reconnaître bien distinctement un empierrement à deux couches; de plus, la présence sur les bords de cette route de restes de constructions qui paraissent être gallo-romaines, ont à peu près levé tous nos doutes, et nous croyons pouvoir affirmer que le chemin Chasles est bien une voie romaine, qui pourrait être la voie que l'on suppose avoir existé de Rennes à Jublains (Mayenne), et qui devait être une route romaine vicinale de peu d'importance; encore faudrait-il l'avoir reconnue dans la plus grande étendue de son parcours, ce que l'on est loin d'avoir fait.

D'après ce que nous avons vu jusqu'ici de cette voie romaine, la partie empierrée n'avait pas plus de 7 mètres; elle était composée de deux couches de pierres différentes, ayant ensemble 15 à 20 centimètres d'épaisseur. La couche inférieure est formée de pierres schisteuses tendres, dont les plus fortes sont grandes comme la main ou grosses comme le poing; elles sont de la même nature que la pierre que l'on trouve dans toute la partie sud du bassin du Couesnon qui avoisine cette rivière, et à Guéret, en Javené, au Pont, en Lécousse, où existent des traces d'anciennes carrières. Cette première couche, qui repose sur le sol naturel, a 8 à 10 centimètres d'épaisseur; c'est le second lit des voies romaines les plus parfaites, celui que les Romains appelaient *ruderatio*. La couche supérieure (*summa crusta*) ou la seconde du chemin Charles, est formée sur quelques points de cailloux blancs bruts dans l'origine, aujourd'hui très-polis sur presque toutes leurs faces, étroitement tassés les uns sur les autres; sur d'autres points, cette couche est composée de gros sable *glarea*, nécessairement recueilli dans les rivières voisines. On n'en trouve pas de semblable dans le sol des environs. Sur plusieurs points, on ne voit plus que quelques-unes des pierres qui formaient la première couche, et il est facile de prendre le sol naturel pour la voie romaine.

Le chemin Charles aboutit, du côté de l'est, à la côte de la Pélerine, limites du Maine et de la Bretagne. Il sera en partie rétabli comme chemin vicinal de Luitré à la Pélerine. Il sera alors facile d'en constater l'existence; d'ailleurs, la tradition n'est pas incertaine sur son parcours de ce côté, quoique dans plusieurs points il soit réduit presque à l'état d'un sentier, par suite des usurpations.

Il n'en est plus de même pour la direction de ce chemin vers l'ouest : à partir de Vendel, la tradition nous abandonne; nous avons parcouru les trois chemins qui se dirigent de Vendel sur Saint-Aubin, sans pouvoir reconnaître les traces d'une voie empierrée.

Le chemin de Vendel à Saint-Marc-sur-Couesnon, qui traverse la rivière de Couesnon, les villages de Notre-Dame et de Machepas, et que quelques-uns disent être le chemin Charles, est en effet généralement très-solide; mais il est empierré naturellement.

Il existe un autre chemin de Vendel, vers Saint-Aubin, le chemin de Vendel à Livré, auquel on donne le nom de Chemin-Ferré; il arrive sur le coteau où est le rocher de Bécherel, qui précède l'entrée est du château de S   Aubin, et sur lequel on voit une des maisons à porte gallo-romaine dont nous avons parlé. Ce chemin, qui a conservé une grande largeur, est, dans plusieurs parties de son parcours, en assez bon état de conservation; mais il ressemble tellement à beaucoup d'autres chemins du pays, que rien ne nous prouve qu'il soit la continuation de la voie romaine.

Il y a aussi un chemin qui ne devait pas être celui qui existe aujourd'hui : c'est la route de Fougères à Louvigné, sur le bord de laquelle, près Landéan, on trouve les Celliers dits de Landéan, que Raoul II fit construire vers 1173, pour y mettre ses trésors à l'abri du pillage. Il est peu probable que le baron de Fougères eût choisi, comme lieu de sûreté, un endroit aussi voisin de la voie publique. Le chemin qui se dirigeait de Fougères vers Caen devait suivre l'ancien chemin Montais, aujourd'hui la route d'Avranches, jusqu'après le pont de la Butte de la Houlette, et prendre ensuite la direction d'un chemin que l'on trouve à l'est, qui traverse les communes de Parigné, Mellé, Louvigné.

Le chemin du pont Dom-Guérin, ou de Fougères à Landivy, qui conduisait à l'abbaye de Savigny, l'une des plus célèbres fondations des barons de Fougères, est nécessairement aussi l'une des plus anciennes voies de communication du pays.

A Fougères, comme partout, les moyens de communication sont devenus faciles, nombreux et rapides ; mais toutes ces facilités de transport ne sont, pour ainsi dire, nées que d'hier, puisqu'en 1812, on ne pouvait encore arriver à Fougères de Rennes, de Saint-Malo, d'Avranches, que par les rues du Gast, de Rillé et de la Pinterie.

S'il y a maintenant des voitures publiques quotidiennes de Saint-Aubin à Rennes, de Bâzouges à Rennes, d'Antrain à Rennes ; s'il y a douze de ces voitures sur sept des huit routes royales qui aboutissent à Fougères, dont quatre voitures sur la seule route de Fougères à Rennes, en 1835, il n'y en avait encore qu'une seule sur cette route. C'est seulement en 1819 que des voitures allant régulièrement de Fougères à Rennes ont été établies, et elles n'ont été quotidiennes qu'en 1830. Avant 1819, on ne pouvait aller à Rennes que par des voitures d'occasion ; occasions qui ne se présentaient même pas très-souvent, et beaucoup se souviennent encore qu'alors, et même plus tard, un voyage de Fougères à Rennes pouvait s'appeler un supplice de la journée tout entière. On arrivait à Rennes plus fatigué que si l'on eût fait le trajet à pied, tant la route était en mauvais état.

Les autres routes qui aboutissent à Fougères étaient encore plus mauvaises que celle de Rennes. Dans l'hiver de 1831, il fut presque impossible de venir de Fougères à Antrain.

La route de Fougères à Avranches n'est entièrement praticable que depuis 1833, et celle de Fougères à Laval existe seulement depuis 1835.

Les routes de Fougères à Goron, de Dinan à Antrain, de Vitré à Dol, sont des créations toutes modernes; elles datent de 1842 et 1844.

Le mouvement des voitures en poste, qui traversent la ville de Fougères, a aussi beaucoup augmenté; il y passe aujourd'hui 120 postes par an; il en passait à peine 60 il y a dix ans.

Les colonnes 29, 30, 31 du tableau n° 3 indiquent la distance en kilomètres, qui existe de chaque commune de l'arrondissement à son chef-lieu de canton, d'arrondissement et de département; cette distance est celle qui existera, lorsque tous les chemins vicinaux classés seront faits.

CHAPITRE V.

Industrie agricole, manufacturière et commerciale.

Le nombre des patentés existant dans l'arrondissement est de 2,423, et le montant en principal de la contribution des patentes s'élève à 27,000 fr., ce qui donne 11 fr. par patenté. Il y a, sur mille habitants en France, 34 patentés; dans le département d'Ille-et-Vilaine 20, et dans l'arrondissement de Fougères 30.

Dans le tableau n° 7, nous faisons connaître, par canton, le nombre des professions patentées et non patentées qui y sont exercées : ce nombre s'élève, pour l'arrondissement, à 2,458. Dans une première catégorie, nous avons compris les professions qui appartiennent plus spécialement aux industries manufacturières, ou dont les produits s'exportent. Dans la deuxième catégorie, nous plaçons les marchands-fabricants, dont les produits du travail sont presque exclusivement consommés dans le pays. La troisième comprend les professions intellectuelles et ouvrières. La quatrième se rapporte aux marchands en gros et en détail.

La première comprend   337 individus.
La deuxième   859
La troisième   222
La quatrième. 1,040

Total 2,458

Comme il y a dans la deuxième catégorie un certain nombre de marchands-fabricants qui ne sont que des marchands, on peut dire, sans exagération, que la moitié des patentés appartient aux professions que l'on peut appeler parasites ou improductives, puisque ceux qui les exercent ne sont que des intermédiaires inutiles entre les producteurs et les consommateurs.

L'arrondissement de Fougères étant essentiellement agricole, toute son industrie, tout son commerce, roulent, pour ainsi dire, sur les produits de l'agriculture, auxquels l'industrie manufacturière ajoute peu de valeur nouvelle : toute l'industrie manufacturière est concentrée dans la ville de Fougères.

La production moyenne annuelle de l'arrondissement, en grains, peut être évaluée à 7,000,000 de fr.; il en est bien exporté pour 3,000,000. Par grains nous entendons les froments, les seigles, les avoines et les sarrasins; le commerce porte principalement sur le froment et sur l'avoine.

Les froments s'exportent en Normandie. Les cultivateurs des cantons de Louvigné et de Saint-Brice portent leurs grains directement en Normandie, aux marchés de Saint-James et de Saint-Hilaire. En évaluant la production des froments à 3,400,000 fr., l'exportation ne doit pas s'élever à moins de 1,000,000 et demi (1). Les avoines s'exportent encore en Normandie, et aussi sur Rennes, sur la Mayenne, et, sous forme de gruau, sur Vitré, sur Paris. Ce commerce repré-

---

(1) Il sort probablement de Fougères et de l'arrondissement pour plus de 1,500,000 fr. de grains; mais les arrondissements de Vitré, de Mayenne et de Laval apportent au marché de Fougères des grains qui ne doivent pas être comptés comme sortant de l'arrondissement. L'établissement d'une minoterie importante, à Fougères, va encore augmenter cette importation de grains dans l'arrondissement.

sente une valeur de près de 1,000,000. On consomme peu d'avoine dans le pays, pour 300,000 fr. au plus.

La récolte du sarrasin, qui représente bien 2,000,000 et demi, est presque entièrement consommée dans le pays; on ne peut pas porter à plus de 2 à 300,000 fr. la valeur du sarrasin exporté hors de l'arrondissement, en Normandie.

On exporte encore quelques menues denrées : des poulets, des œufs, des châtaignes, pour l'Angleterre; du gibier, surtout des perdrix et des lièvres, des gigots de moutons, pour Paris; des cidres pour la Mayenne. Il est presque impossible d'apprécier la valeur de ces exportations, qui réunies doivent bien s'élever de 150 à 200,000 fr. La seule production des œufs dans l'arrondissement peut représenter une valeur de 300,000 fr.

Nous n'avons pas parlé du produit des abeilles en miel et en cire. On s'occupe fort peu de l'éducation de ces animaux; c'est à peine s'il y a dans l'arrondissement quinze mille ruches, qui, vu le peu de soin que l'on en prend, ne doivent pas produire une valeur annuelle de plus de 100,000 fr.

En parlant des bestiaux, nous avons dit tout ce qui se rattache à cette branche d'industrie et de commerce; il ne nous reste plus qu'à indiquer l'importance des foires de l'arrondissement sous le rapport du commerce des bestiaux, en faisant connaître le plus grand nombre de bestiaux exposés en vente dans les marchés.

COMMUNES qui ONT DES FOIRES et DES MARCHÉS.	JOURS de MARCHÉS.	Nombre de foires	NOMBRE DE BESTIAUX QUI VIENNENT AUX PLUS FORTES FOIRES.						
			Chevaux.	Bœufs.	Vaches.	Élèves de la race bovine.	Porcs.	Moutons.	TOTAUX.
Fougères......	mercredi samedi	9	1,050	1,800	900	350	200	50	4,350
Antrain.......	mardi vendredi	4	100	80	200	200	400	400	1,380
Saint-Aubin...	lundi	8	50	100	120	30	120	130	550
Saint-Georges..	jeudi	4	20	120	230	20	200	30	620
Bazouges......	jeudi	8	200	150	500	250	300	500	1,900
Louvigné......	vendredi	4	50	200	200	50	150	200	850
Saint-Brice....	lundi	4	200	200	500	500	500	1,000	2,900

On ne vend de bestiaux aux marchés de Fougères que le samedi ; ce marché est souvent aussi fort qu'une foire. Il vient aux plus forts marchés environ deux mille bestiaux. On peut porter à plus de trente mille le nombre de bestiaux amenés chaque année à Fougères les jours de foires et de marchés, et à plus de trois cent mille le nombre des personnes qui s'y rendent les mêmes jours. Le marché du mercredi est presque nul ; on y vend seulement du grain.

On ne vend pas de bestiaux dans tous les autres marchés de l'arrondissement, si ce n'est quelques porcs ; excepté cependant à Antrain, au marché du mardi, qui est le principal, et où l'on amène cent cinquante à deux cents bestiaux dans les plus forts marchés.

Toutes les industries manufacturières qui ont existé et prospéré à Fougères et dans l'arrondissement en ont disparu successivement, et disparaissent ou diminuent encore tous les jours. La fabrication des toiles est aujourd'hui la seule industrie manufacturière un peu importante du pays, et c'est seulement depuis quelques années qu'il existe à Fougères une grande manufacture de toiles. S'il n'y a pas de grandes industries dans cette ville, on y trouve du moins un assez bon nombre de petites industries. La population de Fougères est intelligente, adroite et laborieuse ; lorsqu'une branche d'industrie vient à lui manquer, elle se porte facilement vers une autre. Dans un temps, toute la population des femmes et des enfants des deux sexes filait, tricotait la laine et le fil, était employée aux travaux préparatoires du tissage des laines, des toiles et des flanelles ; puis elle a brodé des tulles ; aujourd'hui elle fait des chaussons de tresses de laine. On n'en continue pas moins à filer, à tricoter, à broder, à préparer le fil et la laine pour le tissage ; mais ce n'est plus une occupation unique et aussi générale.

Les tricots de Fougères avaient de la réputation, et il est

à remarquer qu'il en est et qu'il en a été de même de tous les produits des différentes industries du pays. Le grand socialiste Charles Fourier, dans une de ses spirituelles et trop légitimes boutades contre la fausseté du commerce, a dit :

« Je portais depuis vingt ans des demi-bas en fil blanc, » tricotés à Fougères : on n'en peut plus trouver. Un jour où » je faisais la ronde pour en recueillir quelques restes, en di- » vers magasins, je me plaignais aux marchands de ce qu'ils » n'en faisaient plus venir : ils balbutiaient, prétextant qu'on » n'en voulait plus. L'un d'eux, assez franc, avoua le secret » du métier, et me dit en riant : « HA ! HA ! ÇA DURE TROP ! ... » En effet, ils supportent sept à huit lavages, et les bas au » progrès sont criblés avant le premier lavage. »

Aujourd'hui on ne tricote plus à Fougères que des bas de laine, et encore il n'y a guère qu'une soixantaine de femmes anciennes à s'occuper de ce travail ; elles peuvent faire 6,000 paires de bas par an, dont une partie se vend dans la Mayenne.

Il y avait à Fougères, vers les XIVe, XVe et XVIe siècles, une fabrique de draps de couleur écarlate, célèbres par leur bon teint. Cette manufacture est tombée vers 1672, et dès 1632, le cardinal de Richelieu lui avait retiré le privilége presqu'exclusif qu'elle possédait, de fournir le drap de couleur écarlate. On prétend que la fabrique de draps de Fougères était assez importante pour rivaliser avec les principales fabriques de France. Ce qui porte à le croire, c'est que les ducs de Bretagne accordèrent une protection spéciale à cette fabrication, et, dans la vie de Louis de Bourbon, en parlant de la prise de Fougères en 1372, Cabaret d'Oronville désigne cette ville sous le nom de Fougères-la-Rons, *où l'on fait les draps*. On voit, d'après une pancarte des devoirs de 1559, qui était encore en vigueur en 1656, qu'il y avait alors une cohue à draps à Fougères.

De toute cette branche d'industrie il n'est resté que la teinturerie des laines et la fabrication des flanelles rayées. La teinture des laines se fait toujours bien à Fougères ; mais cette industrie n'y a pas une très-grande importance, puisqu'il n'y a dans l'arrondissement que sept teinturiers, qui occupent seulement quinze à vingt ouvriers. La bonne qualité des teintures de Fougères vient principalement de la nature des eaux de la rivière du Nançon, alimentée par des sources qui, sortant des sols granitiques, donnent des eaux très-pures et très-limpides.

On peut faire remonter vers 1550 à 1600 l'origine de la fabrication du papier dans l'arrondissement de Fougères. Les produits de cette fabrique étaient de bonne qualité. Elle jouit pendant long-temps du privilége exclusif de fabriquer le papier timbré de Bretagne. Vers 1727 et 1730, époque où le gouvernement accorda de nombreux priviléges à cette industrie, elle avait acquis à Fougères son plus grand développement. Il y avait alors dans l'arrondissement vingt-neuf papeteries. Dès ce temps, elles commencèrent à souffrir de la concurrence des fabriques hollandaises et anglaises. En 1748, le gouvernement français, non seulement supprima les priviléges accordés aux fabricants de papier, mais il établit des droits considérables sur les papiers. Le nombre des fabriques de l'arrondissement ne fut plus que de 17 ; en 1807, il n'y en avait plus que 12 ; aujourd'hui on en compte encore 12 ; mais plusieurs ne travaillent qu'une partie de l'année ; excepté une seule, elles ne font que des papiers très-grossiers. Cette fabrication n'a plus que fort peu d'importance ; elle produit à peine un mouvement d'affaires de 90 à 100,000 fr. Les patentes des 12 papetiers ne s'élèvent qu'à 321 fr.

Les moulins à papier sont et étaient situés, comme l'indique le tableau suivant, sur quatre des petites rivières de l'arrondissement.

	EN	
	1730	1842
La Biguette......	9	4
Minette..........	6	3
Loisance.........	5	4
Le Nançon.......	7	1
	29	12

C'est la fabrication du papier à la mécanique qui a détruit tous nos moulins à papier; ils sont aujourd'hui convertis en moulins à farine, qui finiront eux-mêmes par être détruits par ces grandes usines, que l'on désigne sous le nom de minoteries.

Le nombre des tanneries et mégisseries de l'arrondissement a également diminué : on en comptait 39 en 1732; 30 en 1812; il n'y en a plus aujourd'hui que 21, et elles ne doivent pas avoir beaucoup plus d'importance que les 39 qui existaient en 1732; le montant des patentes de ces 21 tanneurs ne s'élève qu'à 119 fr. En 1559, les tanneurs exposaient leurs cuirs dans la cohue à blé de Fougères. Les produits de ces tanneries sont presque tous employés dans le pays; ils représentent une valeur de 150,000 fr.; les matières premières qui entrent dans la fabrication des cuirs peuvent aussi s'élever à 150,000 fr. Ainsi cette industrie représente un mouvement de fonds de 300,000 fr.; elle n'occupe pas plus de 25 ouvriers.

Il y a dans l'arrondissement trois verreries à verre soufflé; mais ces trois usines étant toutes exploitées par les mêmes industriels, et ne marchant jamais en même temps, c'est comme s'il n'y avait qu'une seule verrerie. Les propriétaires de ces usines occupent environ 120 personnes.

D'après un manuscrit sur l'état de la Bretagne en 1732, il y avait, dans les environs de la forêt de Fougères, une forge à fer qui cessa de marcher, parce qu'alors au lieu de vendre les bois de la forêt, on les laissait périr sur pied.

La fabrication des toiles n'a dû prendre de l'extension à Fougères que lorsque celle des draps a diminué ; car, d'après la pancarte de 1559, il n'y avait pas alors de cohue à toiles à Fougères. Comme toutes les autres industries du pays, celle des toiles tend aussi à diminuer, par suite de la fabrication des toiles à la mécanique, faites avec des fils également filés à la mécanique. Ces filatures à la mécanique ont déjà beaucoup réduit la filature à la main qui se faisait dans le pays ; cependant, environ la moitié des fils nécessaires à la fabrique de Fougères est encore fournie par la filature à la main, qui ne se fait plus que dans les campagnes.

Dès le commencement du XVIIIe siècle, le commerce des toiles a diminué à Fougères ; et voici ce que rapporte à cet égard un manuscrit de 1732 : « Les habitants de Fougères sont » fainéants, audacieux, aimant les procès, et peu riches ; les » tisserands se sont relâchés pour ourdir leurs toiles, les four- » nir de la même quantité de fils, de donner trente-six por- » tées tissues au pied comme à la tête, de faire bouillir leur » fil dans le gruau. »

Le portrait n'est pas flatté, et on ne reconnaît plus là Fougères, qui, en 1449, était une ville riche, marchande, bien peuplée et habitée, située en bon pays, et ayant grande réputation de bonne ville au loin.

Quoique les toiles dites de Fougères et de Saint-Georges aient un nom dans le commerce, cependant la fabrique de Fougères n'a jamais été ni très-variée, ni très-distinguée : il faut même savoir convenir que c'est une de celles où l'on étire le plus les toiles. Néanmoins, les produits de la fabrique de Fougères sont estimés dans le commerce, le travail des ouvriers est fait avec intelligence et propreté, les lisières de leurs toiles ont une grande régularité. L'importance de cette fabrication a dû s'élever jusqu'à 2,000,000 dans les années de prospérité. D'après le mémoire de 1732, dont nous avons parlé, cette fabrication s'élevait alors à 4 millions 500,000 f., ce qui nous paraît très-exagéré. Aujourd'hui, cette production ne s'élève pas à beaucoup plus de 1,500,000 fr., dont cent et quelques mille francs pour les campagnes, le reste pour la ville de Fougères.

Il peut y avoir à Fougères 8 à 900 métiers battants, et 150 à 200 dans les campagnes. D'après les rôles de patentes, on compte :

	A FOUGÈRES.	DANS LES CAMPAGNES.	DANS L'ARRONDISSEM.
Fabricants de toile..........	3	1	4
Fabricants seuls.............	52	4	56
Fabricants pour leur compte	50	3	153
Tisserands patentés.........	33	78	111
TOTAUX........	138	86	224

Autrefois, les toiles de Fougères s'exportaient pour l'Amérique et l'Espagne. Ces débouchés spéciaux sont depuis longtemps perdus, et ces toiles ne sortent plus de France.

Les ouvriers flanelliers sont compris parmi les tisserands ; ils ne sont pas plus de 50 à 60. Les produits de cette fabrication, qui consistent principalement en flanelles rayées pour vêtements de femmes, sont presque tous consommés dans le pays : on en exporte dans la Basse-Bretagne, le Maine et la Normandie. Ces flanelles ont obtenu des mentions honorables à l'exposition générale des produits de l'industrie française.

Les deux filatures de laine qui existent à Fougères contiennent 1,400 broches et 12 cardes. Tous leurs produits sont en grande partie employés dans l'arrondissement, et sont loin de suffire aux besoins de l'industrie du pays. Les laines de ces filatures, et celles que l'on importe à Fougères, y sont teintes pour être exportées dans la Basse-Bretagne et dans la Basse-Normandie.

Une des filatures ne file guère que pour elle-même, pour

entretenir 44 métiers à fabriquer des tresses de laine pour faire des chaussons. Il existe encore une autre petite fabrique de tresses de laine de 10 métiers ; mais les produits de ces fabriques ne suffisent pas aux besoins de la fabrication des chaussons de tresse. Ces filatures et ces fabriques de tresse occupent une centaine de personnes.

La fabrication des chaussons de tresse de laine, qui existe à Fougères depuis vingt ans, prend chaque année une plus grande extension. Les dix fabricants qui s'occupent de cette industrie font fabriquer de 12 à 15 mille douzaines de paires de chaussons par an. Cinq cents femmes, chaussonnières et semelleuses, qui gagnent en moyenne 50 c. par jour, et une quarantaine d'hommes gagnant un franc et plus par jour, sont employés à cette industrie, qui peut représenter un mouvement de fonds de 300 à 350,000 fr. Presque tous les produits de cette fabrication, qui sont de très-bonne qualité, sont exportés en France, principalement à Paris, à Rouen et en Bretagne.

Tous les produits de l'industrie des laines, en filatures, teintureries et en différents tissages de laine, doivent représenter une valeur de plus de 2 millions, et produire 130,000 fr. de salaire. Cette industrie occupe de 7 à 800 personnes.

Les marchands et les fabricants craignent tellement de faire connaître leurs opérations commerciales, que nous n'avons pu nous procurer que des bases très-vagues, pour asseoir les chiffres de l'évaluation des produits de l'industrie manufacturière de l'arrondissement : nous ne donnons donc nos chiffres que comme des approximations, qui ne nous inspirent pas une très-grande confiance.

LIVRE TROISIÈME.

Topographie et statistique de la ville de Fougères.

La ville de Fougères, ville et faubourgs, offre un aspect très-remarquable, qu'elle doit surtout aux accidents du sol sur lequel elle a été forcée de s'asseoir. Rien n'est d'un pittoresque plus varié que Fougères vue de la ville même et des collines qui la dominent.

On ne saurait donner une idée plus exacte de la forme de cette ville du moyen âge, qu'en la comparant à un ⊳ capital gothique, fleuri et placé de travers, ayant sa pointe au nord-est, au sommet du coteau où était la porte Roger. Sur ce même coteau est placé son jambage gras, montant vers le sud, terminé par la porte Saint-Léonard; sur ce jambage, l'église du même nom, l'hôtel-de-ville, l'hôpital Saint-Nicolas, la rue du Bourg-Neuf, ou de Devant, et la rue de Derrière; puis son jambage maigre qui se dirige vers l'ouest, en descendant au fond d'une vallée de 90 mètres de profondeur, porte la rue Pinterie, la rue du Bourg-Vieil, terminée par les entrées de Rillé, de Saint-Sulpice, et par le château; sur la barre de l' ⊳, la rue du Boële et la tour de l'Horloge, au pied de laquelle était l'Auditoire; enfin les murailles crénelées, à machicoulis, sur le côté extérieur des jambages de l' ⊳, sur la ligne inférieure de sa barre, et sur les parties internes des jambages, au dessous de cette barre.

Hors les murs de la ville, dans l'ouverture de l'✷, au fond de la vallée et aux pieds du château, l'ancien Fougères; le Marchix; l'Hospice de la Providence, où étaient l'église et le prieuré de la Trinité; l'église de Saint-Sulpice; les douves du château; le faubourg du Gast.

Du sommet de l'✷ et de l'extrémité de ses jambages, montent et descendent les rues, les chemins qui font les faubourgs et les arrivées de Fougères.

C'est de la place aux Arbres, cette délicieuse promenade, que l'on ne se lasse jamais de contempler et d'admirer, mais c'est surtout des champs qui dominent les vallées de Saint-Sulpice et de Saint-Martin, que l'on aperçoit, sous ses aspects les plus variés, cette petite ville de Fougères, assise sur un sol si tourmenté, que l'on a de la peine à se faire une idée de son ensemble.

Si, étant sur la place aux Arbres de cette ville, on porte sa vue de l'orient vers le nord, le couchant et le midi, on reconnaît l'hôtel-de-ville, l'église de Saint-Léonard, la tour de l'horloge, et depuis la tour carrée du Papegault, les fortifications, aujourd'hui couronnées de maisons, de jardins, couvertes de verdure, et descendant jusqu'au fond de la vallée, où l'on voit, pour ainsi dire, à ses pieds le majestueux château de Fougères, l'église si pittoresque de Saint-Sulpice, entourée de ses grands ormeaux, et tout autour l'ancienne ville de Fougères; et, pour fond et pour cadre à ce tableau, sous tous les aspects, sous toutes les inclinaisons, des collines, des vallées parsemées de maisons, de rochers, de bouquets de bois, coupées en tous sens par des chemins, des rues, des sentiers qui montent, qui descendent; et tout cela presque sous la main. — Puis les coteaux s'écartent, s'inclinent vers l'horizon; la vue s'étend, la vallée toujours verte des Batailles et de Gibary, fertilisée par les eaux du Nançon, se développe sous l'œil, qui peut encore détailler les richesses d'un nouveau paysage, tout différent de celui que l'on vient de quitter. — Les objets s'éloignent, se confondent dans la vallée du Couesnon ; l'œil ne voit bientôt plus qu'une immense forêt montant jusqu'à un vaste horizon de huit lieues d'étendue, et se terminant sur les montagnes de la chaîne Armorique, qui limitent le bassin du Couesnon, à quatre lieues de Fougères.

Du cimetière de Saint-Léonard, qui est à 7 mètres au dessus de la place, la vue s'étend encore davantage ; et si on s'élève jusqu'à la plate-forme de l'église, le cercle s'agrandit, il devient immense : la vallée se creuse de plus en plus. On a sous les yeux le magnifique panorama qui provoqua l'enthousiasme de Victor Hugo, et lui fit écrire, en 1836, à son ami Louis Boulanger :

« Une ville qu'il faut aussi que vous voyiez, et que vous
» voyiez avec moi, c'est Fougères... Eh bien ! donc, je viens
» de Fougères, comme La Fontaine revenait de Baruch, et
» je demanderais volontiers à chacun : Avez-vous vu Fougè-
» res ?..... Je reviens à Fougères. Je veux absolument que
» vous voyiez Fougères. Figurez-vous une cuiller ; grâce en-
» core pour ce commencement absurde. La cuiller c'est le
» château, le manche c'est la ville. Sur le château, rongé
» de verdure, mettez sept tours, toutes diverses de formes,
» de hauteur et d'époque ; sur le manche de ma cuiller, en-
» tassez une complication inextricable de tours, de tourelles,
» de vieux murs féodaux chargés de vieilles chaumières, de
» pignons dentelés, de toits aigus, de croisées de pierre, de
» balcons à jour, de machicoulis, de jardins en terrasse ; at-
» tachez le château à cette ville, et posez le tout, en pente et
» de travers, dans une des plus vastes et des plus profondes
» vallées qu'il y ait ; coupez le tout avec les eaux vives et
» étroites de la Vilaine (du Nançon), sur laquelle jappent
» nuit et jour quatre ou cinq moulins à eau ; faites fumer les

» toits, chanter les filles, crier les enfants, éclater les en-
» clumes, vous avez Fougères. Qu'en dites-vous? — C'est
» comme cela que vous la verrez quelque jour avec moi, du
» haut de la plate-forme de l'église, et puis vous la peindrez,
» mon Louis, et la copie sera plus belle que l'original. »

Quoi qu'on en ait dit, rien n'est plus vrai que cette poétique description, appliquée surtout à la partie de la ville qui était enceinte de murailles.

Si la ville de Fougères offre en tout temps un aspect d'un pittoresque très-remarquable, il est des époques de l'année, des heures du jour, des moments de l'atmosphère, où le panorama si varié qu'elle présente est encore plus attrayant. Rien n'est plus gracieux que la vue de ce panorama au moment où le réveil de la végétation donne une vie nouvelle à toute la nature; et suivre les développements de cette renaissance des plantes, qui, chaque jour, modifie le paysage, est pour l'œil un spectacle plein de charme.

Quelle plus délicieuse phase de cette évolution de la vie végétale que celle où, comme une jeune fiancée, la nature, pour célébrer ses noces annuelles, se pare de son bouquet virginal, au moment où, déjà tout couverts de la fraîcheur et de la délicatesse de leur naissant feuillage, les arbres laissent encore voir les détails du paysage à travers cette légère et élégante résille de verdure, que produisent leurs branches à peine feuillées. De tous côtés, ce sont des massifs de fleurs blanches et roses sous toutes les formes, en corymbes, en girandoles, en guirlandes, en couronnes; de toute part c'est un fond de verdure aux variétés infinies de nuances, brodé, festonné, semé de magnifiques bouquets de cerisiers, de pommiers et de poiriers en fleurs. Partout, au loin, la campagne, couverte de tous ces massifs de fleurs blanches, est comme étoilée en son vêtement de verdure; çà et là, un bouquet plus grand annonce une habitation rurale, et de tout l'horizon, l'air si pur des pays de bocages arrive embaumé de l'arôme des fleurs.

De plusieurs points des environs de Fougères, cette ville, qui est en partie sur le sommet d'un coteau, paraît surgir du fond d'une vallée. Les coteaux de la Garenne, de Fourgon, de la Pélerine (1), de Montbelleux, de Saint-Aubin, et plusieurs autres, sont en effet à une centaine de mètres au dessus du sol de la partie haute de Fougères, et à plus de 160 mètres au dessus de la basse ville. Le sommet de la lanterne du clocher de l'église de Saint-Léonard, bâtie sur la partie la plus élevée du sol de la ville, a été pris pour un des points de mire de troisième ordre dans la triangulation faite pour l'exécution de la carte de France. Ce point se trouve être à 178 m. 9 au dessus de la mer; il est situé par le 48° 21' 9" de latitude, et par le 3° 33' 31" de longitude ouest.

La ville de Fougères se montre aujourd'hui sur presque tous les sommets des coteaux qui forment la ceinture de la profonde vallée où elle naquit, et la position de son berceau paraît au premier abord justifier l'étymologie de ville du Fond, que l'on a donnée du nom de Fougères. Malheureusement pour les étymologistes, comme l'a très-bien démontré M. Maupillé, il y avait certainement un pays de Fougères, long-temps avant que l'on eût pensé à donner ce nom aux quelques masures qui s'étaient élevées sous l'aile du seigneur du pays.

C'est sur l'angle d'une ligne de ce rocher, qui surgit de travers au fond de la vallée, et qui, descendu de l'est à l'ouest, tourne brusquement à angle droit du sud au nord, que le seigneur de Fougères avait établi son château, si l'on

---

(1) C'est de ce point que dans un de ses premiers romans, *le Dernier des Chouans*, M. Balzac a décrit la vallée du Couesnon.

peut appeler ainsi une simple habitation protégée par quelques palissades, comme étaient toutes les forteresses de ces temps. La féodalité naissante, faible comme tout ce qui commence, était alors obligée d'avoir recours aux protections naturelles que lui offraient les difficultés du sol, pour se mettre à l'abri des attaques de l'ennemi. C'est ce qui dut décider le seigneur du pays de Fougères à fixer sa retraite sur un rocher d'un difficile accès, pour ainsi dire entouré de tous côtés par des marais, formés par la stagnation des eaux de la rivière de Roullard ou du Nançon ; stagnation que la disposition du terrain permettait d'augmenter très-facilement, par des barrages établis près de la porte de Rillé, et à l'extrémité des rochers de la Couarde et de Saint-Sulpice (1).

Les habitants du pays ne durent pas tarder à venir grouper leurs demeures le plus possible auprès de celle du protecteur de la contrée ; mais le marais qui régnait autour du rocher féodal les força de s'en éloigner et de rechercher les parties solides les plus voisines, pour y asseoir leurs habitations. Les premières demeures des vassaux s'élevèrent ainsi en rayonnant tout autour du rocher seigneurial, jusqu'au sommet des hauteurs qui le dominent. Toutefois, le versant situé à l'orient du rocher dut nécessairement être préféré, com-

---

(1) Ce dernier est le rocher qui descend auprès du presbytère de Saint-Sulpice ; il était très-élevé et s'avançait jusque dans la prairie du moulin de la Roche. C'est bien probablement dans ce rocher, dans celui de Saint-Martin, et dans celui sur lequel est bâti le château, que l'on a pris la pierre nécessaire pour construire le château, la ville et ses fortifications. De nos jours, nous aurons vu disparaître le rocher de la Couarde, une des sorties du château, et sa place ne sera bientôt plus marquée que par des jardins, qui s'élèvent déjà entre les prairies qui ont remplacé les marais de la Couarde.

Il faut par la pensée rétablir, autant que possible, tous ces lieux tels qu'ils étaient il y a mille à douze cents ans, pour comprendre combien le rocher où est aujourd'hui le château était d'un abord difficile.

me étant le seul côté par lequel la demeure du seigneur de Fougères tenait, pour ainsi dire, à la terre, et aussi comme étant la partie la plus facile à protéger par des défenses naturelles. Ainsi, au nord existaient les marais de Pissepré et le premier étang de la Couarde; à l'ouest le second étang de la Couarde; à l'ouest et au sud le marais de Saint-Sulpice, celui de Roullard et l'étang du même nom (au point où sont aujourd'hui le moulin de la Roche et les prairies voisines). Tous ces marais, qui n'existent plus, baignaient le pied des collines élevées que nous voyons encore.

La partie étroite du manche de la cuiller, le jambage maigre de l'⊱, devint la rue du Bourg de Fougères, et lorsque cette rue, montant toujours, protégée par les marais, par les versants rapides des coteaux, et approchant du sommet de la colline, allait être moins protégée par les difficultés du sol, et obligée de se défendre par des moyens artificiels, elle tourna du nord au sud par la rue du Boële, pour profiter de la protection naturelle que lui offraient à l'ouest le marais, l'étang et le coteau de Roullard.

Les abords de Fougères, du côté de l'orient, pour être moins difficiles que sur les autres points, étaient loin d'être faciles. On ne peut plus aujourd'hui se faire aucune idée de ce qu'ils étaient, tant le sol a été bouleversé de ce côté, ainsi qu'au sud-est de la ville.

Telle a été l'origine de Fougères et la cause de la forme de cette singulière ville fortifiée, qui, au moyen-âge, offrait aussi dans son intérieur un aspect très-remarquable. Formée pour ainsi dire par une seule rue de mille mètres de longueur, ayant, comme nous l'avons dit, la forme d'un ⊱ placé de travers, commençant par un château féodal, terminée à 60 mètres au dessus du château par un hôtel-de-ville, ayant auprès du château, hors les murs, une église et une communauté religieuse, et près de l'hôtel-de-ville, dans

les murs, aussi une église et une communauté religieuse. Puis, pour conduire du château à la maison de ville, une rue comme à Bologne, « bordée de chaque côté d'un trottoir cou-
» vert, formé par le porche ou portique qui sert de devanture
» ou d'appui à chaque maison, et qui, se joignant à celui de
» la maison voisine, fait ainsi, dans l'intérêt public, perdre
» à chaque habitation privée son importance individuelle. »
(Hope, Histoire de l'Architecture.)

A Fougères, comme partout, toutes les constructions religieuses et civiles du moyen-âge, surtout les constructions civiles domestiques, s'en vont ou se transforment chaque jour assez rapidement, pour donner à penser que les formes primitives de cette architecture de l'individualisme et de la communauté disparaîtront avec notre génération, ou seront du moins assez morcelées pour que l'on ne puisse plus les juger dans leur ensemble, et y voir la pensée qui avait présidé à la création de cet ensemble. Avec ce qui reste des anciennes constructions domestiques de Fougères, il est encore possible, en tenant compte des souvenirs historiques, de rétablir l'ensemble des rues de cette ancienne ville, et d'y lire la pensée des architectes du temps.

Si on examine une de ces maisons dites à pignon sur rue, ayant l'arête de son toit perpendiculaire à la rue, au premier abord on n'y voit rien de très-remarquable; mais si l'on considère une suite de ces maisons, avec leur unique fenêtre, leurs toits réunis au centre de la maison par un toit parallèle à la rue, cet aspect ne rappelle-t-il pas de suite la vue du côté et du toit d'une église ogivale? Chaque maison est comme une travée de l'église, et plusieurs maisons représentent ainsi l'ensemble des travées qui forment une église.

Et ces autres rues, que l'on voit encore dans quelques villes, formées d'une suite de maisons composées d'étages bâtis en encorbellement, et qui finissent presque par se joindre à leur partie supérieure, ne sont-elles pas une imitation de la nef centrale des églises, ayant leurs nefs latérales dans les porches ou portiques qui bordent les deux côtés des rues; maisons dont les façades, portiques dont les colonnes sont souvent ornées de sculptures semblables à celles qui se trouvent sur les murs des églises, sur les piliers qui portent leurs voûtes.

La pensée religieuse et architectonique du moyen-âge, qui essayait de se formuler de toutes les manières, n'est-elle pas toute entière même dans ces rues, où étaient les modestes demeures de nos aïeux? Cette analogie de l'ensemble des constructions civiles domestiques du moyen-âge avec les constructions religieuses de cette époque, nous semble trouver un appui dans les observations générales de M. Considérant et de M. Hope sur l'architecture (1).

Il ne nous paraît pas douteux qu'au moyen-âge la religion chrétienne, qui était l'âme de la société de ces temps, qui se réflétait dans toutes les créations de l'homme, a dû imprimer à la demeure du chrétien un cachet particulier, et que son habitation n'a pu être qu'une empreinte de l'Eglise, cette demeure privée de la divinité, cette demeure commune de la grande famille chrétienne.

On ne doit pas oublier non plus qu'au moyen-âge, ce temps des corporations exclusives, l'architecture, et surtout l'architecture chrétienne, eut aussi sa corporation, qui fut celle des Francs-Maçons. Cette confrérie, dont le but était de porter partout son industrie, se fit donner par les papes le monopole de la construction des édifices religieux, pour tous les pays qui reconnaissaient la suprématie religieuse des chefs de l'é-

---

(1) Th. Hope, Histoire de l'Architecture; Victor Considérant, Considérations sociales sur l'Architectonique.

glise latine : elle relevait directement et uniquement des papes, qui lui accordèrent, sous peine d'excommunication, l'affranchissement le plus entier de toutes lois, de tous statuts locaux, et les priviléges les plus absolus. Nécessairement cette confrérie, on peut dire religieuse, si puissante et si universelle, qui avait mission de construire des édifices chrétiens partout où pénétrait un apôtre de l'Evangile, dut, sinon imposer sa volonté aux constructeurs des édifices civils et des habitations privées, au moins influer beaucoup sur la direction de ces constructions, et leur imprimer le cachet des constructions chrétiennes, dont elle avait le monopole.

Cette unité dans la variété que l'on trouve dans toute l'architecture du moyen-âge, même dans l'architecture domestique ; cette imitation de l'église que les chrétiens de ces temps cherchèrent à réaliser dans leurs constructions publiques et privées, tout cela était une conséquence de la pensée religieuse qui, remplissant alors le milieu social, produisit ce levier architectonique, encore plus fort et plus universel que celui dont la puissance romaine avait pu disposer; cette vaste confrérie des Francs-Maçons, qui avait pour mission de matérialiser dans toute la chrétienté le principe de l'unité catholique.

Pour compléter la topographie historique de la ville de Fougères, nous donnons, dans le tableau ci-joint, la chronologie des noms des rues de cette ville et la date de l'ouverture de quelques-unes d'elles. Outre l'intérêt historique qu'offre cette chronologie, elle peut aussi être utile pour l'intelligence de plusieurs actes de vente et de partage.

TABLEAU Topographique des rues et Chronologique des noms des rues de Fougères (1). (Page 476.)

PLAN D'ALIGNEMENT de la ville, DRESSÉ EN 1845.	DÉLIBÉRATION DU CONSEIL MUNICIPAL du 9 novembre 1830.	DÉLIBÉRATION DU CONSEIL MUNICIPAL du 3 décembre 1816.	ARRÊTÉ DU MAIRE du 14 décembre 1807.	DÉLIBÉRATION DE LA COMMUNE du 20 messidor an II.	AVANT le 20 juin 1790.
Des Fontaines........	Id.	Id.	Id.	Id.	faubourg du Gast.
Du Château..........	Id.	Id.	Id.	Id.	douves du Château.
De la Providence (2)..	»	»	»	»	Id.
Du Fos-Quérally......	Id.	Id.	Id.	Id.	Id.
Du Nançon..........	Id.	Id.	Id.	Id.	Id.
Place du Marchix.....	Id.	Id.	Id.	Lepelletier.	Marchix.
Des Tanneurs........	Id.	Id.	Id.	Id.	Id.
De Savigny..........	du Marchix.	Id.	Id.	Lepelletier.	Savigné (3).
Place de la Couarde (4)	Id.	Id.	Id.	Id.	Id.
Du Pont de Rennes....	Id.	Id.	Id.	Id.	du Pont-de-Rillé.
De la Fourchette.....	Id.	Id.	Id.	de la Montagne.	l'Isle Barbecane.
De la Pinterie.......	Id.	Id.	Id.	de la Montagne.	Pinterie (5).
De l'Horloge.........	Id.	Id.	Id.	Marat.	du Boële (6).
Place Royale.........	Id.	Id.	Impériale.	Brutus.	du Brûlis (7).
De la Porte-Roger.....	Royale.	Id.	Impériale.	Brutus.	Roger (8).
Royale..............	Id.	Id.	Impériale.	de la Républ'que.	Grande-Rue (9).
Du Temple...........	Id.	d'Angoulême.	Temple.	Id.	du Bourgneuf (9).
Porte Saint-Léonard..	Id.	Id.	Id.	de la Réunion.	Saint-Léonard (10).
Place aux Arbres.....	Id.	Id.	Id.	de la Fraternité.	Royale et de Bret. (11)
De la Porte-S.-Léonard.	Id.	Id.	de l'Union.	de l'Union.	Saint-Léonard.
Des Vallées..........	Id.	Id.	Id.	de la Victoire.	Vallées de Guibaud.
De Vitré............	Id.	Id.	Id.	Id.	faubourg S.-Léonard.
De Laval............	Id.	Id.	Id.	Id.	faubourg S.-Léonard.
De Nantes (12).......	»	»	»	»	»
Du Marché (13).......	Id.	Id.	Id.	de Voltaire.	Grande-Douve.
Place du Marché (14)..	Id.	Id.	Id.	Id.	Grande-Douve.
Riboisière...........	Id.	de Berri.	Riboisière.	de l'Unité.	de Saint-Joseph (15).
De l'Aumaillerie.....	Id.	Id.	Id.	de l'Egalité.	de l'Aumaillerie (15).
Rallier..............	Id.	de Bourbon.	Id.	ruelle Tarascon.	Id. (16)
J.-J. Rousseau.......	Id.	de Condé.	J.-J. Rousseau.	Id.	des Trois-Rois (17).
Du Four.............	Id.	Dauphine.	du Four.	Beaurepaire.	du Four (18).
Place d'Armes........	Id.	d'Artois.	d'Armes.	de la Loi.	de la Petite-Douve (19)
De Paris.............	Id.	Id.	Id.	Id.	du Bas-du-Roquet (20)
Du Tribunal (21).....	»	»	»	»	»
De l'Hospice.........	Id.	Id.	Id.	Id.	du Colombier (22).
Des Prés............	Id.	Id.	Id.	Id.	Id. (23)
De la Forêt..........	Id.	Id.	Id.	Id.	faubourg Roger.
Du Parc.............	Id.	Id.	Id.	Id.	Id.
Du Cimetière (24)....	Id.	Id.	Id.	Id.	Id.
De la Caserne (25)...	Id.	Id.	Id.	Simoneau.	des Urbanistes.
Du Boulevard (26)....	route de Rennes.	Id.	»	»	»
DesRochers-Coupés(27)	du Rocher-Coupé.	Id.	»	»	»
De Rillé.............	d'Antrain.	Id.	Id.	de la Révolution.	faubourg Rillé.
Du Portail-Marie (28).	route de Saint-Malo.	Id.	Id.	du Port-Malo.	faubourg l'Echange.
De l'Echange.........	Id.	Id.	Id.	Id.	Id.

(1) Ce tableau se lit de gauche à droite.
(2) Ouverte en 1823.
(3) Cette rue, qui était l'ancienne route de Vitré, doit être appelée Savigny et non Savigné, du nom de l'abbaye de Savigny, qui possédait plusieurs propriétés dans ce quartier de la ville.
(4) Agrandie en 1844.
(5) La partie de la rue Pinterie, comprise entre la rue du Boële et le château, s'appelait autrefois la rue du Bourgviel. Pendant la République, elle porta le nom de rue de la Convention.
(6) Du mot latin *Boelea*, synonyme de *Brolium*, bois. Cette rue fut en effet ouverte au milieu d'un bois qui, au XII° siècle, couvrait encore l'emplacement qu'elle occupe aujourd'hui. Dans la grande Charte de Rillé, Henry donne aux religieux une maison sur la place de Geoffroy dans le Boële. Plusieurs maisons, cours et jardins adjacents à cette rue portent encore le nom de la Futaie.
(7) En 1558, la Saunerie ayant été abattue, on traça une rue de la Porte-Roger à la rue Pinterie. Lorsque la Saunerie existait, la rue au sud s'appelait de la Saunerie, et celle au nord rue N...... Lors de l'incendie de 1710, on fit la place du Brûlis.
(8) Nous ignorons d'où vient ce nom de Roger; elle fut construite en 1444. Avant sa construction, il y avait à l'extrémité de la rue N....., située au nord de la Saunerie, une porte appelée porte de Paris, qui se trouvait ainsi placée au bas du faubourg Roger; elle fut sans doute détruite; d'où la rue qui y conduisait prit le nom de rue Perdue (c'est l'impasse situé au nord de la place Royale).
(9) Ces deux rues ont aussi porté le nom de rue de Devant. La rue du Bourgneuf, qui est plus ancienne que la Grande-Rue, communiquait dans l'origine avec la rue du Bourgviel, par la rue du Boële.
(10) En 1775, le marché aux chevaux tenait auprès de cette porte.
(11) Cette place aux Arbres ou Royale était en partie occupée par le cavalier de l'Epron, dont l'applanissement fut commencé en 1763; elle fut plantée en ormeaux, terminée en 1772 et mise au même niveau que la place de Bretagne, celle qui touche la tour carrée du Papegault, dont elle n'est séparée que par une murette. En 1770, on s'opposa à la construction de la maison du sieur Vannier, prêtre, qui masquait la rue de la seule place publique de la ville (la place aux Arbres); il fut décidé qu'il descendrait le mur et la charpente de sa maison au niveau du sol de la place.
(12) Ouverte en 1843.
(13) Elle a été abaissée à plusieurs reprises en 1783, 1789, 1844. En 1763, c'était une promenade publique plantée d'ormeaux.
(14) Elle a été agrandie en 1844. La Grande-Douve avait partout la même largeur que la place du marché, avant son agrandissement de 1844; elle avait été afféagée, de 1770 à 1772, à divers particuliers. Les Ursulines étaient de ce nombre. En 1775, elles voulurent clore leur afféagement; la communauté de Fougères protesta et fit cesser les travaux. Les Ursulines étaient liées par un acte capitulaire qui leur défendait de s'accroître dans la ville.
(15) Ces deux rues ont aussi porté le nom de rue de Derrière. Le nom de l'Aumaillerie vient de ce que le marché des bêtes aumailles tint dans cette rue jusqu'en 1775; il fut alors transporté sur la Grande-Douve, où il avait déjà tenu pendant l'année 1763. Ce marché avait dû être placé dans la rue de Devant, lorsqu'il cessa de tenir dans le Marchix, vers la fin du XVII° siècle. L'impasse, qui existe à l'extrémité nord de cette rue de l'Aumaillerie, s'appelait place du Tronchay, ou rue du Petit-Saint-Nicolas.
(16) Ce n'était qu'une ruelle, ouverte en 1805, prolongée en 1843 jusqu'au ruisseau de Marre-Bouillon.
(17) Elle s'appela aussi rue des Trois-Marchands, avant de prendre le nom de rue J.-J. Rousseau.
(18) Du nom du four banal qui s'y trouvait.
(19) La place d'Armes n'existait pas telle qu'elle est aujourd'hui; elle ne fut établie que vers 1811; elle a été abaissée, à plusieurs reprises, de 2 à 3 mètres. En 1737, lorsque l'on afféagea à M. de la Belinaye une partie du Boulevard de la Porte-Roger, où est maintenant le tribunal, il y avait une rue de la Porte-Roger à la rue du Roquet.
(20) Le nom de cette rue annonce ce qu'elle était avant l'abaissement du boulevard de la Porte-Roger. Elle porta d'abord le nom de rue Poitrine.
(21) Cette rue n'existe que depuis 1843.
(22) Le public la désigne aussi sous le nom de rue Saint-Louis; la véritable rue Saint-Louis est cette petite rue qui va de la rue du Tribunal à celle de l'Hospice. Une des rues de ce quartier portait aussi le nom de rue du Pressoir.
(23) La route de Paris ou du Maine passait par cette rue.
(24) Ce cimetière fut établi en 1811, agrandi en 1844, et clos la même année avec les fonds d'une souscription.
(25) C'est l'ancien chemin Mélouin.
(26) La route de Rennes, proposée en 1779, commencée en 1782, fut terminée en 1812; les glacis furent plantés en 1813.
(27) Cette partie de la route de Rennes porte son nom des deux rochers qui ont été coupés pour l'établir. Celui de la poterne, par lequel on entrait au château, n'existe plus.
(28) A cause de la porte qui existait au haut du faubourg Rillé. Cette route a été

La ville de Fougères a trop peu d'importance pour avoir, sous aucun rapport, une physionomie particulière, pour que l'on puisse en donner une statistique spéciale; et, si nous cherchions à le faire, nous ne le pourrions qu'en répétant ce que nous en disons dans l'histoire et dans la statistique de l'arrondissement. Nous consignerons seulement ici quelques faits de son histoire, qui n'ont pu trouver place dans notre cadre général.

Tout le mérite de cette ville est dans cet aspect pittoresque qu'elle doit à son origine féodale; et son état actuel, ce qu'elle offre de remarquable, ses rues larges, ses grandes maisons, ses fontaines, tout cela tient aussi à cette même origine.

S'il est vrai de dire que les lois sont les rapports nécessaires qui dérivent de la nature des choses (Montesquieu), ce principe est applicable à bien d'autres faits. L'état physique, intellectuel et moral des individus, les accidents de leurs vies, ne dérivent-ils pas souvent, en grande partie et nécessairement, du milieu social et topographique où ils ont vécu? Il en est de même pour la vie des collections d'individus, et surtout pour celle des sociétés communales agglomérées dans les villes.

C'est parce que le sol où est assis Fougères est tourmenté et d'un difficile accès, que le seigneur du pays le choisit pour y fixer sa demeure. La forme du sol a forcé la ville à monter et à descendre de tous côtés, à s'étendre en rues longues et étroites, en faubourgs plus longs encore (1). Ces rues étroi-

---

(1) Pour faire apprécier les résultats de cette assiette de la ville sur un sol accidenté, nous ferons connaître la distance qui existe, à vol d'oiseau et par les anciennes routes, entre les extrémités des faubourgs de Fougères et quelques autres points. Les routes nouvellement ouvertes ont un peu abrégé ces distances. Il existe bien aussi des sentiers, des chemins à pied

tes, garnies de maisons construites en bois, bâties sur porche ou en encorbellement, ont offert un aliment facile aux six incendies qui eurent lieu en 1710, 1734, 1751, 1762, 1788, et c'est à ces désastres que Fougères doit ces rues largement ouvertes, ces maisons bien bâties, qui en font aujourd'hui une des jolies petites villes de France. Ce sont ces désastres, c'est la position de Fougères, à 60 mètres au dessus de la petite rivière qui coule à ses pieds, qui ont fait

---

qui les abrègent, mais nous ne parlons que des anciennes routes à toutes fins.

La ville de Fougères est inscrite dans un parallélogramme ayant de l'est à l'ouest 1,570ᵐ de base, et du nord au sud 1,440ᵐ de hauteur, occupant ainsi 226 hectares, à peu près la moitié de l'étendue de la commune.

DISTANCES.	A VOL d'oiseau.	par les ANCIENNES routes.
Du faubourg l'Echange au faubourg Roger..........	1,340ᵐ	2,250ᵐ
— Saint-Léonard.	1,550	2,140
— à l'Hôtel-de-Ville.......	1,170	1,900
— faubourg du Gast......	840	1,670
— de Savigny....	1,370	1,740
Du faubourg du Gast au faubourg Roger..........	1,630	1,950
— Saint-Léonard..	1,040	1,870
— à l'Hôtel-de-Ville........	800	1,400
— de Savigny......	710	1,280
Du faubourg Saint-Léonard au faubourg Roger.....	1,390	1,570
— de Savigny.	340	1,950
Du faubourg de Savigny au faubourg Roger........	1,450	2,100
— à l'Hôtel-de-Ville......	350	1,450
De l'église Saint-Léonard à l'église Saint-Sulpice...	340	910
De la porte Saint-Léonard à la poterne du château.	480	1,000

La différence qui existe entre les deux distances exprimées, fait présumer les accidents du sol et les détours qu'il faut parcourir pour arriver d'un point à l'autre. Avant 1823, pour arriver au Marchix, au faubourg Savigny, il n'y avait pas d'autre chemin que la rivière du Nançon, que l'on prenait en sortant de la porte Saint-Sulpice. Pour aller du faubourg l'Echange au faubourg Saint-Léonard par les anciennes routes, il faut toujours monter ou descendre pendant 2,250ᵐ par des pentes de 12 et 15 centimètres par mètre. La somme des élévations et des abaissements à parcourir doit s'élever à 250 mètres.

naître la pensée de procurer de l'eau à tous les quartiers éloignés du Nançon. Ce sont les accidents du sol qui entourent toute la ville, les exigences d'une circulation plus rapide, qui ont créé ces routes nouvelles, qui sont devenues de larges rues, et qui donnent à Fougères la faculté de s'accroître en descendant sur un sol moins inégal, plus propre aux constructions.

Il est peu de villes dont l'aspect et les abords aient plus changé que ceux de Fougères; c'est seulement à partir du milieu du XVIIIe siècle que tous ces changements ont commencé. L'ordonnance d'Orléans, de 1560, prescrivait la suppression des porches dans tout le royaume, sans indemnité, et dans deux ans pour tout délai. Cette ordonnance était restée inexécutée à Fougères, comme ailleurs, mais les incendies de 1710, 1734, et surtout ceux de 1751 et 1762, attirèrent l'attention de l'administration; des arrêts du Conseil, de 1752 et 1765, ordonnèrent, pour Fougères, la démolition de plusieurs porches, défendirent d'en construire de nouveaux, de faire aucune réparation aux anciens, et fixèrent l'alignement de plusieurs rues. Il en a été des arrêts de 1752 comme de l'ordonnance de 1560; les porches de Fougères ne meurent pas de vieillesse; ils ne disparaissent qu'à mesure que la ville les achète.

C'est à partir des premières années du XVIIIe siècle que l'on a commencé à afféager les fortifications, les fossés, les terrains qui les avoisinent, ou les vaux, comme on disait, et que la ville féodale a été peu à peu démolie, quoique les afféagistes fussent obligés d'entretenir les fortifications à leurs frais. Mais la communauté de Fougères donnait elle-même l'exemple de la démolition: en 1777, elle vendit les ponts-levis, les chaînes, les herses des portes de la ville; elle établit partout des ponts pleins. Vers cette époque, et même plus tard, elle fit aussi entièrement disparaître les éperons, les cavaliers, les douves qui protégeaient les portes et les remparts, et qui rendaient l'accès de Fougères si difficile.

C'est à mesure que tous ces nivellements de fossés, que toutes ces démolitions de cavaliers et de remparts ont eu lieu, et seulement lorsqu'elle a eu, pour ainsi dire, brisé tous ces langes usés de la féodalité qui l'emmaillotaient encore, que la ville de Fougères a commencé à prendre quelques développements. En 1766, on n'y comptait que 746 maisons numérotées. Aujourd'hui, il y a dans la commune 1655 maisons d'habitation, dont 1449 dans la ville.

Cependant, vers ce temps, en 1776, Ogée portait la population de Fougères à 10,000 âmes; chiffre évidemmen exagéré. Voici, d'après des recensements officiels, faits suivant des bases souvent très-différentes, et avec plus ou moins de soin, quelle a été successivement la population de cette ville :

1781,	6,000.	1821,	7,600.
1793,	7,093.	1826,	7,880.
1800,	7,217.	1831,	7,677.
1801,	7,297.	1836,	9,384.
1806,	7,443.	1841,	9,182.

Du recensement de 1831 au recensement de 1836, il y a une différence de 1,707 habitants en plus, dont il est difficile de se rendre compte. Il est vrai qu'en 1832, après de nombreuses réclamations, on a enfin détruit la ridicule circonscription communale, qui avait été faite pendant la révolution, et qui avait mis en Lécousse et en Laignelet le faubourg l'Echange et une partie du faubourg Roger. Mais comme déjà on recensait à Fougères tout ce dernier faubourg, le changement de circonscription n'a augmenté la population de Fougères que de 400 habitants.

D'un autre côté, dans la période quinquennale 1831-35, sous l'influence cholérique, les décès ont excédé les naissances de 526. Il est bien probable que le recensement officiel de 1831 a été très-mal fait; car il résulte de recensements particuliers faits par l'administration municipale, que la population de Fougères s'élevait à

8,248 en 1832
9,545 — 1834
9,720 — 1835

On voit, par ces chiffres, combien il est encore difficile aujourd'hui, en France, de connaître la population même d'une petite ville. Néanmoins, après un grand nombre de recensements qui approchent de la vérité, on n'arrive jamais à 10,000 habitants, population qui devait exister à Fougères il y a soixante ans.

La ville de Fougères possède bien les registres des naissances, des décès et des mariages des XVIIe et XVIIIe siècles, tels qu'ils étaient tenus par les prêtres des paroisses de Saint-Léonard, de Saint-Sulpice et de Rillé; mais il nous a été impossible de rien conclure de l'examen de ces registres, si ce n'est qu'ils étaient tenus avec fort peu de soin. Les naissances paraissent y avoir été enregistrées avec assez d'exactitude, ainsi que les mariages; quant aux décès, on tenait fort peu à les constater : il y a des années où, évidemment, on a enregistré à peine le tiers de ceux qui ont dû avoir lieu dans la ville de Fougères.

Voici le nombre moyen des naissances annuelles, dans les trois paroisses qui existaient à Fougères, dans les périodes de

	S.-LÉONARD.	S.-SULPICE.	RILLÉ.	TOTAL.
1635 à 1640	191	80	20	291
1740 à 1745	159	64	22	245

Le chiffre moyen des naissances de Fougères, de 1839 à 1844, s'élève à 286.

On ne peut tirer de ces chiffres aucune induction sur la population de la ville; ils prouvent qu'il y a deux cents ans il naissait à Fougères plus, ou au moins autant d'enfants que maintenant; mais ils ne prouvent pas que la population de cette ville fût alors plus forte. La mortalité des enfants et des hommes, le nombre d'enfans qui naissaient de chaque mariage dans ces temps étaient beaucoup plus considérables qu'aujourd'hui.

Le tableau suivant donne, par période quinquennale, le mouvement de la population de Fougères pendant vingt-cinq ans.

	NAISSANCES.		DÉCÈS.		EXCÉDANT des décès.	MARIAGES.		ENFANS NAT.	
	Total.	Moyenne.	Total.	Moyenne.		Total.	Moyenne.	Total.	Moyenne.
1820-24	1362	272	1510	300	148	320	64	145	27
1825-29	1377	275	1651	330	274	317	63	148	29
1830-34	1276	255	1775	355	499	285	57	122	24
1835-39	1401	280	1555	311	150	363	72	183	36
1840-44	1433	286	1570	314	137	348	69	224	48

Les naissances, qui se sont élevées à 312 en 1822, ont baissé jusqu'à 226 en 1832; les décès se sont élevés à 459 en 1834, à 382 en 1836; ils n'ont été que de 282, en 1838 et 1843.

C'est dans la période de 1830-34 qu'il y a eu le moins de mariages et de naissances, et le plus de décès. C'est aussi pendant cette période qu'ont eu lieu les inquiétudes politiques, l'augmentation du prix des grains et l'influence cholérique.

On voit qu'à Fougères les décès excèdent toujours les naissances. Cet excédant est de 1,208 en vingt-cinq ans; il est vrai qu'il ne porte pas en entier sur la population réelle de la ville: il meurt par an en moyenne 30 personnes étrangères à Fougères. Néanmoins la mortalité, comparée à la population, s'y présente dans une forte proportion. En faisant la déduction des décès des étrangers, on trouve pour les deux dernières périodes quinquennales, qui sont les plus favorables, 1 décès sur 33.41 et sur 32.48, tandis que la proportion est de 1 sur 41.8 pour l'arrondissement, et de 1 sur 40.9 pour la France.

Si la population de Fougères augmente, et nous croyons qu'elle augmente peu, cela ne vient pas de l'excédant des naissances sur les décès. A Fougères, comme dans toutes les villes, les campagnes y envoient bien des ménages que l'agriculture n'a pas enrichis. D'un autre côté, la fabrication des toiles étant en souffrance depuis plusieurs années, un bon nombre de ménages ont quitté Fougères.

Pour justifier un accroissement de la population de Fougères, il faut donc avoir recours à une augmentation dans la durée de la vie moyenne, que nous avons reconnue exister pour l'arrondissement, et qui existe aussi dans une plus forte proportion pour la ville de Fougères, si on compare le tableau suivant au tableau n° 4, colonnes 13, 14, 15 :

AGE DES DÉCÉDÉS.	NOMBRE DES DÉCÈS de 1840 à 1845	AGE DES DÉCÉDÉS.	NOMBRE DES DÉCÈS de 1840 à 1845	AGE DES DÉCÉDÉS.	NOMBRE DES DÉCÈS de 1840 à 1845
Au-dessous de 3 mois.	226	7 ans à 8	6	50 ans à 55	73
De 3 à 6 mois.	27	8 — 9	10	55 — 60	64
De 6 mois à 1 an.	34	9 — 10	3	60 — 65	82
		10 — 15	35	65 — 70	78
		15 — 20	47	70 — 75	100
1 an à 2	36	20 — 25	69	75 — 80	79
2 — 3	29	25 — 30	57	80 — 85	50
3 — 4	25	30 — 35	52	85 — 90	28
4 — 5	21	35 — 40	42	90 — 95	4
5 — 6	8	40 — 45	57	95 — 100	»
6 — 7	13	45 — 50	54		

A l'inspection de ce tableau, on reconnaît que sur 1,409 décès, 714, plus de la moitié, ont eu lieu après 35 ans, et

339, presque le quart, après 65 ans. D'un autre côté, le quart, 352, ont eu lieu avant l'âge de 3 ans ; 287 arrivent avant l'âge de 1 an, et 361 ont lieu après 70 ans. Comme pour la mortalité dans l'arrondissement, un chiffre très-fort répond à l'âge de 70 à 75 ans, et dans la même proportion à peu près ; mais dans l'âge de 80 à 95 ans, il meurt à Fougères un tiers de plus de personnes de cet âge que dans l'arrondissement. La répartition de cette mortalité s'explique assez par le climat variable et assez froid de Fougères. Ceux qui ne sont pas doués d'une bonne constitution succombent dès les premières années ; mais ceux qui résistent au climat sont éprouvés et parcourent une longue carrière.

Cette augmentation dans la durée de la vie moyenne, cette longévité, annoncent une amélioration dans la constitution physique de la population. Lorsque ces faits n'existeraient pas, il suffirait de se rappeler ce qu'était autrefois la population de Fougères, pour reconnaître qu'il y a eu progrès. Les torts et les bossus, et, sans doute à cause de cela, les sorciers de Fougères, passaient pour être très-nombreux dans cette ville, et cela était vrai. Si la population en général y manque encore de taille, elle s'est du moins bien redressée ; sa constitution physique s'est considérablement fortifiée. Nous doutons que l'on pût en dire autant de sa moralité : le nombre toujours croissant des enfants naturels, dans la ville et dans l'arrondissement, vient confirmer l'opinion assez répandue, que les bonnes mœurs ne sont pas le beau côté de la population de Fougères.

Pendant long-temps la ville de Fougères n'a eu que des revenus tout-à-fait insuffisants, et les conseillers de la commune se sont toujours montrés fort peu disposés à lui en créer.

En 1735, Fougères n'avait que 20 livres de deniers patrimoniaux ; mais il existait un octroi qui rapportait, à cette époque, 4 à 5,000 fr. L'établissement de l'octroi de Fougères remonte au commencement du XVIIe siècle. C'est en 1573 que les premiers octrois paraissent avoir été établis en Bretagne par les habitants de Ploërmel ; ces octrois étaient établis par lettres-patentes du roi, et du consentement des Etats; ces lettres étaient renouvelées tous les quatre ans, et se payaient à Fougères 600 fr. pour 4,600 fr. que rapportait l'octroi.

En 1800, la ville n'avait plus d'autre revenu que le produit des centimes additionnels, et le conseil municipal refusait avec persistance d'établir un octroi ; son budget s'élevait à 4,000 fr. Enfin, en 1802, le conseil se décida à établir un octroi, et un droit de pesage et de mesurage.

Le produit net de l'octroi fut, en 1803, de 5,000 fr., et en 1805, de 10,000 fr. En 1807, le produit brut de cet octroi s'éleva à 14,000 fr.; il fit ensuite peu de progrès : ainsi, en 1818, il ne rapportait encore que 16,499 fr. De 1819 à 1838, l'octroi a rapporté, année moyenne, 23,000 fr., et à partir de 1839, de nouvelles denrées ayant été soumises au droit d'octroi, le produit brut de cette contribution a été, en moyenne, de 46,000 fr.

Pour donner, sans multiplier trop les chiffres, une idée de la consommation de la ville de Fougères depuis vingt-cinq ans, nous établirons, par période de cinq ans, le tableau des quantités de denrées entrées dans la ville et des produits de l'octroi, en faisant seulement connaître l'année la plus forte et l'année la plus faible pendant ces vingt-cinq ans. Pour les denrées qui ne sont imposées que depuis 1839, nous indiquerons les résultats année par année. Nous avons mis, au dessous du nom de chaque denrée, le droit d'octroi payé pour telle quantité de ces denrées.

ANNÉES.	VIN. 1 f. 80 l'hec.	ALCOOL. 6 f. l'hect.	CIDRE. 60 c. l'hect.	BIERRE. 2 f. 40 l'hec.	FOIN. 5 c. le myr.
1820-24	4,879	2,356	108,355	603	179,583
1825-29	5,504	2,200	113,718	927	188,415
1830-34	4,214	1,727	128,408	459	230,599
1835-39	4,100	1,800	119,878	1,039	140,924
1840-44	4,075	2,433	138,902	1,248	385,084
Année la plus forte.	1820—1,248	1838— 605	1841- 32,310	1839— 383	1843- 94,266
Année la plus faible.	1830— 650	1825— 295	1839- 11,800	1830— 21	1837- 19,238

ANNÉES.	PAILLE. 2 c. le myr.	BOIS. 15 c. le stère	FAGOTS. 50 c. le cent	PRODUIT BRUT.	MOYENNE.
				f.	f.
1820-24	179,583	87,608	309,700	107,554	21,710
1825-29	97,586	78,040	300,090	118,511	23,700
1830-34	130,095	75,374	307,101	121,040	24,209
1835-39	35,016	78,097	287,760	128,052	25,610
1840-44	226,730	97,463	475,100	233,310	40,660
Année la plus forte.	1831- 63,939	1843-22,557	1843-110,451	1842- 49,130	
Année la plus faible.	1835- 4,078	1831-13,972	1820- 30,880	1820- 19,349	

ANNÉES.	BOEUFS. 6 f. par tête.	VACHES. 3 f. par tête.	GÉNISSES. 1 f. 50 par tête.	VEAUX. 1 f. par tête.	MOUTONS. 50 c. par tête.	CHEVREAUX. 15 c. par tête.	PORCS. 1 f. 50 par tête.	VIANDE DÉPECÉE. 0 f. 025 le kil.
1839	160	454	53	4,782	4,641	340	883	460
1840	104	693	140	5,600	4,505	276	843	2,547
1841	152	700	169	5,245	4,038	338	860	3,437
1842	138	692	93	5,552	2,659	361	1,196	5,310
1843	147	570	53	5,234	3,131	336	859	2,946
1844	125	510	60	5,755	2,844	415	1,051	7,668

ANNÉES.	SUCRE EN PAIN. 5 c. le kilogr.	SUCRE BRUT. 2 c. le kilogr.	CAFÉ. 10 c. le kilogr.	FROMAGES. 3 c. le kilogr.	HUILE A MANGER. 10 c. le kilogr.	SAVON. 2 c. le kilogr.	HUILE A BRULER. 2 c. le kilogr.	CHARBON. 5 c. le kilogr.
1839	13,844	20,699	5,141	2,257	1,288	38,906	4,247	5,106
1840	23,544	27,332	7,008	2,171	1,213	51,109	5,948	5,603
1841	20,513	21,905	5,963	1,540	1,911	40,151	5,016	5,321
1842	28,822	18,907	10,635	3,503	2,818	48,399	6,807	6,557
1843	28,683	20,701	11,206	2,712	2,438	47,987	7,261	7,277
1844	33,500	18,902	11,119	4,145	2,726	53,477	7,276	6,038

Le conseil municipal a en outre établi, en 1833, un droit d'étalage qui a rapporté 6,000 fr., et qui, en 1839, a été étendu à un plus grand nombre d'objets ; il rapporte de 10 à 12,000 fr. Ce droit, prélevé sur des marchandises exposées en vente, n'est pas nouveau. On possède encore une pancarte de 1559, faite et réformée sur les anciennes pancartes et chartes des devoirs que les manants et habitants de la ville et forts bourgs de Fougères, et bourgeoisie de Saint-Sauveur-des-Landes, avaient coutume de payer au seigneur, pour les marchandises vendues, passant et distribuées dans la baronnie de Fougères. La liste des marchandises soumises aux droits de coutume est encore plus longue que la liste de celles qui paient aujourd'hui les droits d'octroi ou d'étalage ; mais nous n'avons aucun document qui puisse nous faire connaître ce que ces droits de coutume rapportaient au seigneur.

Avec ces droits, les revenus de la ville ont pu être portés successivement à 15,000 fr. en 1816 ; à 20,000 fr. en 1817 ; à 25,000 fr. en 1832 ; à 30,000 fr. en 1833 ; à 52,000 fr. en 1839, et ils sont aujourd'hui de 60 à 65,000 fr.

Pendant que les revenus de la ville s'amélioraient, ceux des hospices suivaient la même marche ; ils étaient de 16,000 fr. en 1803 ; ils s'élèvent maintenant à 60,000 fr. Ils commencèrent à augmenter en 1810, lorsque la halle aux grains ayant été transférée dans la halle au sel, on établit, au profit des hospices, un droit de hallage au 100e des grains exposés en vente.

Le bureau de bienfaisance de Fougères, qui n'existe que depuis le commencement du siècle, ne possède encore que 5,000 fr. de recettes.

Malgré ces accroissements de revenus de toute nature, la ville de Fougères est loin d'être en état de satisfaire à tous ses besoins. Ses recettes, pendant long-temps trop faibles, ont souvent paralysé les actes de ses administrateurs, en les forçant de faire à grands frais, à plusieurs fois, ce qu'ils eussent pu faire bien mieux, à moins de frais et en une seule fois, si, comme il arrive souvent dans les petites villes, les conseillers de la commune n'avaient pas porté dans l'administration de ses affaires leurs idées d'économie domestique, oubliant ou ignorant qu'une famille communale vit toujours; qu'elle ne doit pas craindre d'engager l'avenir dans l'intérêt du présent et de l'avenir lui-même.

C'est ce que prouve très-bien l'historique des fontaines de Fougères, qui, lorsqu'elles seront tout-à-fait établies, comme elles auraient dû l'être dès le principe, auront coûté bien près de 250,000 fr., tandis qu'avec 100,000 fr. employés de suite, on eût obtenu les mêmes résultats.

Il résulte d'un arrêt du roi, en Conseil d'Etat, du 9 juin 1687, que le premier établissement des fontaines publiques de Fougères remonte à l'année 1674. La réunion des sources qui alimentaient ces fontaines avait lieu, comme aujourd'hui, dans la forêt, au regard de la Verrerie. Ces sources, toutes situées dans la forêt, étaient au nombre de quatre : celle de la *Sablonnière* et celle du *Casserel* furent réunies au regard des *Amas*, et de là elles furent conduites à la Verrerie.

Les deux autres sources, qui étaient celles de la *Héronière* ou de la *Verrerie*, furent aussi dirigées sur le regard de la *Verrerie*. De ce regard les eaux furent amenées, par une conduite d'environ 236 mètres de longueur au regard de Belair, d'où se fit la distribution de l'eau entre les différents quartiers de la ville.

On n'établit alors qu'une seule fontaine publique dans la ville; elle fut placée vers le milieu de la rue de l'Aumaillerie; elle arrivait à ce point en traversant la rue de la Forêt, à peu de distance du regard de Belair, en passant dans l'enclos des Récollets, au carrefour de la rue des Prés; elle gagnait la petite douve, traversait les fossés de la ville, et remontait le long de l'escarpe du mur d'enceinte pour aboutir, par un tuyau de plomb d'un pouce et demi de diamètre, muni de deux dégorgeoirs, à la pyramide en pierre de taille qui faisait la fontaine de la rue de l'Aumaillerie.

Ce premier essai ne fut pas heureux : les tuyaux de terre, qui formaient la conduite, ne pouvaient long-temps résister à la forte pression d'une colonne d'eau, qui avait au moins 13 mètres à remonter pour arriver au point de sortie; aussi la fontaine de la rue de l'Aumaillerie cessa-t-elle bientôt de couler. Dès 1687, elle était en mauvais état.

Cette fontaine n'était pas la seule prise d'eau qui fût faite sur le produit des sources de la forêt de Fougères.

Les religieuses Urbanistes acquirent la propriété de quatre lignes d'eau sur le produit des sources, par un traité du 19 mars 1676.

Les religieux Récollets jouirent pendant quelque temps du privilège de prendre une certaine quantité d'eau, mais cette faculté ne tarda pas à leur être retirée.

Le sieur Chobé de la Piardière, propriétaire de Belair, avait acquis, le 30 juin 1676, pour 240 fr., la propriété d'une ligne d'eau. La communauté de Fougères racheta ce droit en remboursant la somme de 240 livres.

Le sieur Dagnier, d'après un traité du 1er juillet 1676, jouissait d'une demi-ligne d'eau. Ce droit lui fut retiré le 31 août 1694. Cependant lui et ses successeurs continuèrent d'en jouir. L'usage en subsistait encore en 1742 et ne paraît avoir été aboli qu'en 1755, lorsque l'on changea la direction de la conduite des eaux.

L'hôpital général Saint-Louis obtint aussi, par un arrêté du Conseil-d'Etat du 28 juin 1684, un droit de prise d'eau.

Les quatre sources précitées ne fournissant pas assez d'eau pour suffire aux besoins de l'hôpital général, on fit, en 1684, une nouvelle prise d'eau dans le *Pré-Forêt*, et on la conduisit au regard des *Amas*.

Une délibération de la communauté de Fougères, du 17 août 1687, arrêta que l'eau qui venait à la fontaine de l'Aumaillerie serait partagée entre cette fontaine et l'hôpital.

Ce partage, placé à un point très-bas de la conduite, nuisit beaucoup au service de la fontaine de la rue de l'Aumaillerie, qui était déjà en mauvais état. Aussi, peu de temps après cette opération, l'eau ne vint plus à cette fontaine.

C'est alors que l'on fut obligé de chercher dans la ville un point assez bas pour que les eaux, partant du regard de Belair, pussent y arriver par leur pente naturelle, et que l'on établit une nouvelle fontaine publique dans la Pinterie, devant le collège Saint-Yves.

L'eau arrivait à ce point, en partant du bassin situé dans le jardin du sieur Pichonnais-Maunoir, passant dans un regard situé sur la Petite-Douve, rangeant la tour de Montgommery (Chesnardière), et après avoir traversé le chemin de l'Abreuvoir, elle longeait tout le mur extérieur de la ville. Parvenue dans la fontaine Saint-Yves, elle s'élevait contre un pilier de maçonnerie, traversait la cour du collège et arrivait à la fontaine publique. Cette fontaine, qui n'était qu'un pis-aller, existait encore en 1730, mais elle ne coulait plus en 1742.

La communauté de Fougères ne cessait cependant pas de chercher à rétablir sa fontaine de l'Aumaillerie, comme on le voit par l'adjudication de l'entretien des fontaines, faite pour trois ans, le 14 juillet 1694, pour la somme de 300 livres, à Julien Conuault. Il devait entretenir les fontaines de la rue Derrière ou de l'Aumaillerie, de Saint-Yves, de l'hôpital et des Récollets. Il demanda à ne pas être obligé à faire venir l'eau de suite dans la rue Derrière, mais à la faire venir seulement au corps-de-garde de la porte Roger.

Dès ce temps, le public souffrait de la disette d'eau, tant

par le mauvais état de la conduite, que par la trop grande quantité d'eau que prenaient les concessionnaires, qui abusaient de leurs droits. En effet, la communauté décida, le 31 août 1694, que le robinet du sieur Dagnier serait bouché; que la prise d'eau de Belair serait réduite à une ligne, et que celles des Récollets et des Urbanistes seraient réduites suivant les anciennes concessions.

En 1742, les conduites supérieures à Belair étaient en si mauvais état, que l'on songea à les réparer et à établir une nouvelle fontaine publique sur la place du Brûlis. Des fontainiers de Gers proposèrent de faire le travail pour 8,780 livres; cette proposition n'eut pas de suite.

En 1755, ayant reconnu que le regard de Belair était supérieur au pavé de la Halle-aux-Grains, qui est le point le plus élevé de Fougères, on pensa à y établir une fontaine, dont le trop-plein servirait à en alimenter d'autres, dans les parties plus basses de la ville. On commença même, avant de savoir si on réussirait, à poser une conduite pour mener une partie du trop-plein sur le Brûlis.

La nouvelle conduite pour amener l'eau à la Halle-aux-Grains, à partir du regard de Belair, s'éloignait de la rue de la Forêt, vers le nord, après avoir traversé par une ligne un peu courbe le champ de foire actuel. Elle rentrait dans la rue de la Forêt, à l'endroit de la Fontaine Saint-Gourgon, suivait cette rue jusqu'à la Petite-Douve, longeait le mur oriental de la Grande-Douve, jusque devant la tour du Four, où elle formait un angle sensible; de là elle se rendait à la Halle le long de la rue du Four.

Quoique cette direction fût meilleure que la première, l'eau avait encore environ 16 mètres de hauteur à franchir pour arriver à la Halle, et la même conduite en tuyaux de terre était incapable de supporter une pression aussi forte.

Avant que cette conduite fût entièrement terminée, on crut

devoir faire une épreuve, qui ne réussit pas. Les tuyaux éclatèrent, et l'on renonça, avec raison, à un projet qui ne pouvait avoir un bon succès, tant que l'on emploierait des tuyaux de terre. Cependant tout le travail ne fut pas perdu ; on l'utilisa pour alimenter une fontaine qui fut placée sur la Petite-Douve, à peu de distance de l'entrée du faubourg Roger.

Quoique cette conduite n'eût plus à supporter qu'une colonne d'eau de 5 mètres de hauteur, ce poids se trouva encore trop fort pour des tuyaux de terre déjà en mauvais état, et qui en outre, vu leur position sous les pavés de la ville, étaient continuellement et fortement ébranlés par le passage des charrettes et souvent brisés. Cette fontaine ne put exister long-temps.

On fut obligé de reculer encore la sortie d'eau, et de placer la fontaine publique jusqu'au milieu du faubourg Roger, auprès de la chapelle Saint-Gourgon.

Cependant, en 1774, on fit une nouvelle tentative pour amener les eaux à la Halle-aux-Blés, en substituant, dans la ville seulement, des tuyaux de fer aux tuyaux de terre, qui étaient incapables de supporter sans se rompre le poids de la colonne d'eau, qui devait les comprimer pour porter les eaux jusqu'à ce point. On donna aussi à la conduite une nouvelle direction, qui se rapprochait beaucoup plus de celle de 1671 que de celle de 1755.

La conduite d'eau, après avoir traversé la rue de la Forêt, l'enclos des Récollets, où un regard fut établi, les jardins du sieur Gauthier, de la Retraite, du sieur Lechat, arrivait sur la Petite-Douve, près du jardin Maupillé, puis sur la Grande-Douve, devant la maison Rotureau, près la tour du Four, enfin dans la rue de l'Aumaillerie.

Depuis ce point jusqu'au regard du faubourg Roger, la conduite fut faite en tuyaux de fer, et de ce même point à la Halle, on ne mit que des tuyaux de terre. Cette conduite était plus courte que celle de 1755 d'environ 80 mètres ; mais elle traversait la rue de la Forêt dans un point de 2 mètres plus bas qu'en 1755 ; ce qui portait à 18 mètres la charge que la conduite avait à supporter dans sa partie inférieure.

Les tuyaux de fer employés venaient des forges de Paimpont. Ils avaient quatre pieds de longueur, trois pouces de diamètre intérieur et cinq à six lignes d'épaisseur. Ils ne s'assemblaient que par juxtà-position et ne s'emboitaient nullement les uns dans les autres. Leurs joints étaient seulement recouverts et assujettis avec des manchons de fer et du mastic. Mais toutes ces précautions ne pouvaient empêcher le poids de la colonne d'eau, que cette conduite avait à supporter, de vaincre une aussi faible résistance. Aussi l'eau, après avoir coulé quelque temps à la Halle, diminua progressivement et manqua bientôt tout-à-fait, sans que l'on pût parvenir à l'y faire couler de nouveau.

Cet insuccès fut attribué à l'entrepreneur ; mais un ingénieur appelé pour donner son avis reconnut que réellement la charge était trop considérable pour que cette conduite pût y résister. Cette nouvelle conduite demeura entièrement inutile, et le public fut de nouveau obligé de se contenter de la petite fontaine de Saint-Gourgon.

Les choses restèrent dans cet état jusqu'à l'année 1790 ; alors on essaya de rétablir la conduite en tuyaux de fer, qui avait été posée en 1774 ; mais on ne pensa plus à amener l'eau à la Halle-aux-Blés. Cette conduite laissant échapper l'eau par les soudures dans un grand nombre de tuyaux, il fallut la relever en entier depuis le regard du bourg Roger. On chercha à remédier, autant que possible, aux inconvénients de l'assemblage des tuyaux par simple juxtà-position, en employant des tuyaux de plomb qui entraient à frottement par dessus les tuyaux en fer, de manière à emboîter leurs extrémités, et par dessus ces tuyaux de plomb, on fit encore usage de manchons, de clavettes et de mastic.

On changea un peu la direction de la conduite, en la portant plus au nord, dans la partie la plus basse; ce changement fit gagner près de trois mètres de hauteur, ce qui diminua d'autant le poids de la colonne d'eau; on supprima le regard du jardin Lechat; on le remplaça par un regard placé au carrefour des rues des Prés et de l'Hospice.

Ce fut près du regard de la Petite-Douve que l'on établit la fontaine publique, qui a existé jusqu'à son remplacement par les fontaines actuelles; elle coulait constamment par deux dégorgeoirs; elle s'est toujours maintenue en bon état jusqu'à sa suppression. L'élévation de cette fontaine ne faisait éprouver à la conduite qu'une charge d'environ six mètres; elle eût pu en supporter une beaucoup plus forte, et conduire l'eau sur la place du Brûlis ou sur la Grande-Douve, et ce ne fut que le défaut de fonds qui empêcha la municipalité de Fougères d'amener, en 1790, les eaux dans un point à la fois plus élevé et plus rapproché du centre de la ville.

Néanmoins, cet établissement des fontaines exigeait de fréquentes réparations, et ne suffisait plus aux besoins de la ville. On revint à l'idée de faire venir les eaux à la Halle-aux-Blés : le 3 janvier 1837, on adjugea, pour la somme de 65,608 fr., les travaux et fournitures à faire pour obtenir ce résultat, et le 29 juillet 1838, les eaux coulaient à la Halle-aux-Blés, et s'élevaient à plus de trente pieds au dessus du sol.

Les eaux de la fontaine actuelle sont prises dans la forêt de Fougères, aux anciennes sources et à deux sources nouvelles, qui sont : la Barbotière et la Réconciliation, situées à 4,335 mètres de la Halle-aux-Grains.

La source de la Réconciliation se rend au regard du Préforêt par une conduite de 660 mètres de longueur, et reçoit, à

99 mètres de son origine, la source de la Barbotière. Ces deux sources fournissent à elles seules plus d'eau que toutes les anciennes sources réunies à la Verrerie n'en produisaient. Ainsi réunies à celles du Préforêt, elles se rendent au regard des Amas par une conduite de 308 mètres.

Une deuxième conduite de 108 mètres amène au regard des Amas les sources du Grand-Casserel ; enfin, une conduite de 74 mètres amène au même regard des Amas la source du Petit-Casserel.

Ces cinq sources réunies se rendent au regard de la Verrerie par une conduite de 364 mètres de longueur. Ce regard reçoit encore, par un second tuyau, les eaux des deux sources de la Verrerie.

Ces sept sources ainsi réunies au regard de la Verrerie viennent de ce point à Fougères par une conduite de 3,002 mètres de longueur, en tuyaux de fonte de fer de 10 centimètres de diamètre intérieur, de 2 mètres de long, de 12 millimètres d'épaisseur ; ils sont éprouvés à cinq atmosphères, et ils ont une pression de trois atmosphères à supporter.

Du regard de la Verrerie, situé à 15 mètres 85 au dessus du sol de la Halle-aux-Grains, qui est le point le plus élevé que les eaux ont à atteindre, nulle part elles ne prennent leur niveau et ne paraissent à ciel ouvert. Vu cette grande différence de niveau de près de 16 mètres, les eaux des fontaines de Fougères ont une force d'ascension considérable, puisqu'elles peuvent s'élever à près de 45 pieds au dessus du niveau du sol des Halles.

Dans la longueur de la conduite, on a établi des robinets en cuivre, qui rendent plus faciles les recherches des ruptures de tuyaux et les réparations. Dans l'intérieur de la ville, ces robinets permettent, en cas d'incendie, de diriger de suite toute l'eau des fontaines vers le lieu du sinistre.

Les eaux des fontaines coulent aujourd'hui dans huit points

différents de la ville : à la caserne des Urbanistes, à l'angle des rues du Parc et de la Forêt, à l'angle nord-est du Tribunal, à l'hospice Saint-Louis, dans la rue et dans l'hospice, à l'angle nord-est de la Halle-aux-Viandes, au milieu de la rue Pinterie, à la Halle-aux-Grains, à la prison Neuve. Ces conduites secondaires sont en tuyaux de plomb de 46 millimètres de diamètre intérieur.

Il serait facile d'augmenter beaucoup le nombre des sorties d'eau, puisque les bornes-fontaines laissent échapper l'eau constamment, et que les habitants ne recueillent pas plus d'un quart de celle qui coule. Ainsi, l'état actuel des choses est plus que suffisant pour les besoins de la population. On doit donc moins regretter que les ressources de la commune n'aient pas permis de faire de suite, à la Halle-aux-Grains, un bassin pour recevoir toutes les eaux, et d'où elles se seraient rendues par des conduites secondaires dans tous les quartiers de la ville.

NOTICE BIOGRAPHIQUE [1]

Des personnages célèbres nés dans l'arrondissement de Fougères.

Il nous reste, pour compléter notre travail sur l'arrondissement de Fougères, à donner une courte notice sur les hommes remarquables que notre pays a vus naître. Quoique le contingent qu'il a fourni à cette troupe illustre, dont le talent, la vertu ou le génie font une des plus belles gloires de notre Bretagne, soit peu nombreux, il nous offre néanmoins des noms auxquels se rattachent les plus honorables et les plus glorieux souvenirs. En remontant le cours des siècles, nous trouvons :

Saint Hamon, religieux de l'abbaye de Savigny, né au village de Landecod, dans la paroisse de Saint-Etienne-en-Coglais, mort en odeur de sainteté, le 21 avril 1173.

Etienne de Fougères, chapelain de Henri II, roi d'Angleterre, évêque de Rennes en 1168, cultiva d'abord les belles-lettres, et s'acquit une grande réputation par ses poésies ; revenu à des occupations plus sérieuses, il composa en latin les vies de saint Firmat, de saint Vital, premier abbé de Savigny, et de saint Hamon, religieux de cette abbaye. Il y mourut en 1178.

Pierre de Fougères, neveu du précédent, également évêque de Rennes, mort en 1222.

---

[1] Cette notice est l'œuvre de M. Maupillé.

Etienne Cœuret, né à Fougères, docteur en droit, secrétaire du duc de Bretagne Jean V, évêque de Saint-Brieuc en 1404, transféré à l'évêché de Dol en 1405, ou au plus tard en 1406, assista par procureur au concile de Pise, en 1409, et en personne à celui de Constance, en 1415, et mourut le 6 décembre 1429.

Etienne Le Petit, né à Fougères, abbé de Daoulas en 1410, fut recommandé au duc de Bretagne par le pape Jean XXII, qui l'estimait beaucoup, et mourut en 1425.

Thomas James, né à Saint-Aubin-du-Cormier, docteur en droit, archidiacre de Penthièvre, fut pourvu de l'évêché de Léon en 1478, et transféré ensuite à celui de Dol en 1482 ; mort le 5 avril 1504.

DOMINIQUE DE SAINT-ALBERT, carme déchaussé, né à Fougères en 1596, mort le 24 janvier 1634, dans sa trente-huitième année. Il portait, avant son entrée en religion, le nom de Vincent Leschart.

LE P. MAUNOIR *(Julien)*, jésuite, célèbre missionnaire, né à Saint-Georges-de-Reinthembault, le 1er octobre 1606, mort à Plévin, en Cornouailles, le 28 janvier 1683.

Le P. Maunoir est auteur des ouvrages suivants : *Le Collége de Jésus, en cinq classes, où l'on enseigne, en langue armorique, les leçons chrétiennes,* avec un *Dictionnaire français-breton et breton-français, Grammaire et Instructions spirituelles en la même langue;* Quimper, HARDOUIN, 1659, in-8°.

Le Temple consacré à la Passion de J.-C., basti par le Saint-Esprit dans le cœur du chrétien dévot, en breton, prose et vers; Kemper, ROMEN MALASSIS, 1679, in-8°; ibid., PERIER, in-8°.

VITA S. CORENTINI, *Aremorici*; Corisopiti, 1685, in-12.
Canticon spirituel, ibid., DERRIEN, in-8°.

La vie du P. Maunoir a été publiée par le P. Antoine Boschet, jésuite, P., 1687, in-12, et par D. Lobineau, Vie des Saints de Bretagne, page 507.

Bertin (Exupère-Joseph), né à Tremblay en 1712, fut reçu médecin à Reims en 1739, et nommé peu de temps après premier médecin du prince de Moldavie. Il occupa cette position pendant deux années, après lesquelles il revint en France, et se fixa à Paris, où il exerça sa profession avec succès et distinction. Épuisé par le travail, tourmenté par des querelles littéraires, accablé par des chagrins domestiques, son organisation ne put résister à tant de secousses : en 1747, il fut pris d'un violent accès de délire qui fut suivi d'une longue et profonde léthargie, et il demeura pendant trois années dans cet état. Lorsque ses accès ne furent plus que de quelques heures, ses amis lui conseillèrent de faire un voyage en Bretagne : il y revint en 1750, et s'établit à Gahard, où sa réputation et ses lumières attirèrent auprès de lui un grand concours de personnes qui venaient, des points les plus éloignés de la province, le consulter sur des maladies graves et inconnues. Il mourut d'une fluxion de poitrine, le 21 février 1781.

Nous avons de ce célèbre médecin les ouvrages suivants :

1° *Traité d'Ostéologie;* 1754, 4 vol. in-12.—2° *Lettre au D..... sur le nouveau Système de la Voix;* La Haye, 1745, in-8°. Cet ouvrage ayant été attaqué par Ferrein ou son élève Montagnat, Bertin répondit par de nouvelles *Lettres sur le nouveau Système de la Voix et sur les Artères lymphatiques;* 1748.—3° *Consultation sur la Légitimité des Naissances tardives;* 1764 et 1765, in-8°.—4° *Mémoire sur les Conséquences relatives à la Pratique, déduites de la structure des os pariétaux* (Journal de Médecine, 1756). — 5° Enfin plusieurs articles insérés dans *les Mémoires de l'Académie des Sciences.*

Pommereul (François-René-Jean, baron de), né à Fougères, le 12 décembre 1745, entra au service comme officier d'artillerie, en 1765, et fut l'un des assistants à l'examen que subit Napoléon Bonaparte à sa réception dans cette arme; il était lieutenant-colonel, lorsqu'en 1787 il fut envoyé par le gouvernement français dans le royaume de Naples pour y organiser l'artillerie sur le même pied qu'elle était en France. Il devint successivement colonel, brigadier et maréchal-de-camp, inspecteur général en 1790.

La révolution ayant éclaté, et la cour de Naples s'étant réunie à la coalition contre la France, Pommereul demanda ses passeports, et protesta énergiquement contre le refus qu'on fit de les lui accorder. Ayant appris que son nom avait été porté sur la liste des émigrés, que ses biens avaient été confisqués, et que sa femme et ses enfants étaient incarcérés, il renouvela ses instances, et finit par obtenir l'objet de sa demande (1795) : il se rendit en toute hâte auprès du ministre français, à Florence, d'où il sollicita sa radiation de la liste fatale; mais cette grâce ne lui fut accordée que l'année suivante. Bonaparte, qui le vit dans son séjour à Florence, lui proposa le commandement de l'artillerie de l'armée d'Italie, honneur qu'il refusa, autant parce qu'il lui répugnait de supplanter un de ses anciens camarades, le général de Lespinasse, que parce qu'il était atteint d'une infirmité qui ne lui permettait pas de monter à cheval.

Rentré à Paris, au mois de mai 1796, Pommereul fut nommé général de division, et employé au comité central de l'artillerie; mis à la réforme en 1798, il fut rappelé par Bernardotte en 1799, et chargé de pourvoir aux besoins, en artillerie, des armées d'Helvétie et des Alpes.

Remis en disponibilité au mois de novembre 1800, il fut, le 1ᵉʳ décembre de la même année, nommé préfet d'Indre-et-Loire, appelé ensuite, le 7 décembre 1805, à la préfecture du Nord, et enfin, le 5 janvier 1811, à la direction générale de la librairie.

La chute du gouvernement impérial rendit de Pommereul à la vie privée; il vécut dans la retraite jusqu'au 20 mars 1815. Il fut alors envoyé, en qualité de commissaire extraordinaire, dans la cinquième division militaire (Haut et Bas-Rhin).

Au retour des Bourbons, de Pommereul, compris dans l'article 2 de l'ordonnance du 24 juillet 1815, dut, en vertu de la loi du 12 janvier 1816, quitter le sol de la France. Il se retira à Bruxelles, où il trouva dans les lettres quelque soulagement à ses peines et des consolations à l'exil. Ayant obtenu de rentrer en France (1819), il revint à Paris, où il mourut le 5 janvier 1823.

De Pommereul avait été conseiller d'Etat sous l'Empire, et officier de la légion d'honneur (1).

M. de Pommereul a laissé les ouvrages suivants :

1° *Lettres sur la Littérature et la Poésie italienne, traduites de l'italien (de Betinelli)*; 1778, in-8°. — 2° *Histoire de l'île de Corse*; 1779, 2 v. in-8°. — 3° *Recherches sur l'Origine de l'Esclavage religieux et politique du Peuple en France.* — 4° *Des Chemins, et des Moyens les moins onéreux au peuple et à l'Etat de les construire et de les entretenir.* — 5° *Manuel d'Epictète, précédé de Réflexions sur ce Philosophe et sur la Morale des Stoïciens,* 1783, in-8°, et 1823, in-18. — 6° *Poésies diverses, ou plutôt mes Rapsodies*; Fougères, 1783, in-8°. — 7° *Etrennes au Clergé de France.* — 8° *Des Corvées, nouvel Examen de cette Question, et, par occasion, Fragment d'un Essai sur les Chemins.* — 9° *Essai historique sur le corps royal de l'Artillerie en France.* — 10° *Essais minéralogiques sur la*

---

(1) L'arrondissement de Fougères est redevable à M. de Pommereul de la culture du froment : c'est lui qui le premier fit faire l'essai de cette culture, inconnue avant lui dans le pays, et l'encouragea par ses conseils.

Solfatarre de Pouzzoles, traduit du manuscrit italien de Breislac. — 11° *Des Institutions propres à encourager et perfectionner les Beaux-Arts en France.* — 12° *Observations sur le Droit de Passe proposé pour subvenir à la confection des chemins.*—13° *Vues générales sur l'Italie, Malte, etc., dans leurs rapports avec la République française, et sur les Limites de la France à la rive droite du Rhin*, etc. — 14° *Sur une Question proposée par le Ministre de l'intérieur à un Jury choisi par les Artistes, pour juger lesquels d'entre eux méritent le Prix d'encouragement.* — 15° *Campagnes du général Buonaparte en Italie pendant les années IV et V de la République française;* 1797, in-8° et in-12. — 16° *De l'Art de voir dans les Beaux-Arts, traduit de l'italien de Milizia,* etc. — 17° *Mémoires sur les Funérailles et les Sépultures.* — 18° *Voyage physique et lithologique dans la Campanie, suivi d'un Mémoire sur la Constitution physique de Rome, par Scipion Breislac, traduit du manuscrit italien;* 1804, 2 v. in-8°. — 19° *Inutilités politiques, et Opuscules d'Economie politique;* Tours, an XI. — 20° *Oisivetés;* Tours, an XII. — 21° *Souvenirs de mon Administration des préfectures d'Indre-et-Loire et du Nord;* Lille, 1807.— 22° *Epigrammes de Martial, d'Owen et autres poètes latins, anciens et modernes;* 1818, in-8°.—23° *Essai sur l'histoire de l'Architecture, précédé d'observations sur le Beau, le Goût et les Beaux-Arts, extrait et traduit de Milizia;* La Haye, 1819, 3 v. in-8°.

M. de Pommereul a fourni à *l'Art de vérifier les Dates* la *Chronologie historique des Barons de Fougères;* au Dictionnaire d'Ogée, les articles Fougères et Dol, ainsi que l'article Carnac, en collaboration avec MM. de Caylus et de la Sauvagère; au *Dictionnaire des Sciences morales*, les articles Corse et Neuhofen, etc. (1).

---

(1) M. de Pommereul était non seulement un savant, il était encore un

RALLIER (Louis-Anne-Esprit), né à Fougères vers 1749, d'abord officier au corps royal du génie, où il se fit remarquer par son activité et ses connaissances ; ensuite successivement officier municipal et administrateur du district de Fougères, fut député en 1795 par le département d'Ille-et-Vilaine au Conseil des Anciens, porté, en 1799, à celui des Cinq-Cents, et passa, après le 18 brumaire, au Corps législatif, où il siégea jusqu'au 20 mars 1815. Rentré à Fougères, M. Rallier n'accepta aucune fonction pendant les Cent Jours, et, depuis cette époque, il se livra tout entier aux soins de l'administration de la ville, à laquelle il prit la part la plus active. Nommé député de l'arrondissement en 1827, il présida la chambre à l'ouverture de la session, comme doyen d'âge, et se fit remarquer par la modération de ses opinions. Ayant donné sa démission en 1829, il revint dans sa ville natale et mourut au mois d'août de la même année, à la suite d'une chûte qu'il fit dans sa bibliothèque.

Aucun homme n'a plus travaillé pour notre ville que M. Rallier. On peut dire que la plus grande partie de sa longue carrière a été consacrée au service de ses concitoyens. Si ses plans et ses projets n'ont pas toujours été heureux, du moins ses intentions ont toujours été pures, honorables et désintéressées. Le conseil municipal, voulant reconnaître les services qu'il avait rendus à la ville et particulièrement aux

---

bibliophile très-distingué. A sa mort, sa bibliothèque composée de près de trente mille volumes fut partagée entre ses trois fils. M. le baron de Pommereul, maréchal-de-camp d'artillerie en retraite, son fils aîné, fit don, en 1838, à la ville de Fougères, de la plus grande partie des livres qui lui revenaient de la bibliothèque de son père. C'est cette donation qui a servi à fonder la bibliothèque publique de la ville. Elle a été depuis augmentée par les dons que lui a faits le gouvernement, par les acquisitions que la ville fait chaque année, et enfin par un don d'environ trois cents volumes que lui a fait M. Bertin, sous-préfet : elle se compose aujourd'hui de 7 à 8,000 volumes.

hospices, dont il avait été le généreux bienfaiteur et l'administrateur éclairé, permit qu'il fût inhumé dans l'église de l'hospice Saint-Louis, où une pierre de marbre rappelle les titres nombreux qui doivent assurer à sa mémoire le respect et les hommages des habitants de Fougères. Il a en outre donné son nom à une des rues de la ville, laquelle avait été ouverte d'après ses plans.

M. Rallier, malgré ses grandes occupations, avait encore trouvé le moyen de cultiver les lettres et les sciences. Nous avons de lui : 1° *Recueil de Chants moraux et patriotiques*, 1799, in-12 ; 2° *Traité de la Cissoïde*, in-12 ; 3° *Epître à la Rime*; 4° *Mémoires sur les Frittes de verres de l'Ecosse*, 1809; 4° *OEuvres poétiques et morales*, P., 1813 et 1822, 2 vol. in-8° (1).

Louichè Desfontaines (René), né à Tremblay, à la fin de 1751 ou au commencement de 1752, fit ses études au collége de Rennes, et se rendit ensuite à Paris, où il se livra avec ardeur à l'étude de la botanique. Nommé en 1783 membre de l'Académie, il entreprit, cette même année, un voyage phytographique en Barbarie; explora toutes les régions de Tunis et de l'Algérie, depuis la Méditerranée jusqu'au versant de l'Atlas qui regarde le Sahara, et ne revint à Paris qu'en 1785. A son retour, il fut nommé professeur au Jardin des Plantes, et conserva cette position jusqu'à sa mort, arrivée le 16 novembre 1833.

Desfontaines était membre de la Légion-d'Honneur et de l'Institut.

Ses principaux ouvrages sont : 1° *Flora Atlantica, sive*

---

(1) Dans ce recueil se trouvent les six tragédies suivantes qui n'ont jamais été représentées : *La Mort d'Annibal, Mandane, Emilie ou les Tectosages, Marsille, Athénaïs et Olidor*.

historia plantarum quæ in Atlante agro Tunetano et Algeriensi crescunt, Paris, an VI (1798), 2 vol. in-4°, avec pl.; — 2° *Cours de botanique élémentaire et de physique végétale;* — 3° *Catalogus plantarum horti regii Parisiensis cum adnotationibus de plantis novis aut minùs cognitis*, 1831, in-8°; — 4° *Choix de plantes du corollaire de Tournefort, gravées sur acier par Aubryet*, avec pl., 1808, in-4°; — 5° *Histoire des arbres et des arbustes qui peuvent être cultivés en pleine terre sur le sol de la France*, 1809, 2 vol. in-8°; — 6° enfin, beaucoup de *mémoires, notes* ou *observations* relatifs à l'anatomie, la zoologie, la physiologie végétale et son voyage en Barbarie.

ARMAND TUFFIN, MARQUIS DE LA ROUERIE, né en 1756 au château de la Rouërie, dans la commune de Saint-Ouen, d'abord officier aux gardes françaises, d'où ses désordres le firent renvoyer, se retira à la Trappe; reprit ensuite les armes, et servit avec distinction, dans la guerre d'Amérique, sous le général Rochambeau. De retour en France, peu de temps avant la Révolution, il fut un des douze députés bretons qui vinrent à la cour en 1787, pour réclamer le maintien des priviléges de la province. Enfermé à la Bastille pour sa résistance aux décisions du ministre, il en sortit entouré d'une sorte de popularité.

Ennemi des innovations qu'il prévoyait devoir entraîner la ruine de la monarchie, il s'occupa tout entier des moyens d'opérer une contre-révolution. Il se rendit en 1791 à Coblentz, et communiqua ses projets aux princes, qui les approuvèrent. De retour en Bretagne, il conçut l'idée d'insurger cette province, ainsi que l'Anjou et le Poitou; il se fit un grand nombre de partisans, et fut comme l'âme et le chef de toute la confédération. Les alliés ayant attaqué les frontières du nord de la France, La Rouërie crut ce moment favorable pour l'exécution de ses projets; mais la conspiration avait été dévoilée par un traître, et des émissaires envoyés de Paris étaient chargés d'arrêter son auteur. Il erra pendant longtemps de châteaux en châteaux, et parvint à se dérober à leur poursuite ; enfin, épuisé de fatigues, il tomba malade au château de la Guyomarais, auprès de Lamballe, et succomba quatre jours après, le 30 janvier 1793.

Le comte Jean-Ambroise Baston De la Riboisière, né à Fougères au mois d'août 1759, lieutenant d'artillerie en 1780, capitaine au même corps en 1792, fit partie de l'armée du Rhin, sous Custine, prit part à l'invasion du Palatinat, fut chargé de l'armement de la place de Mayence, et, après sa capitulation, fut donné en ôtage aux ennemis. Rentré en France, il continua à servir, pendant les années II et III de la République ; parvint au grade de colonel, et fut successivement nommé directeur du parc d'artillerie des armées d'Angleterre, de Suisse, du Rhin et du Danube.

Général en 1803, De la Riboisière commanda l'artillerie du 4e corps d'armée à Austerlitz, et contribua puissamment au succès de cette journée. Nommé général de division, il fut appelé par l'empereur au commandement de l'artillerie de la garde impériale, se signala à Eylau, et particulièrement au siège de Dantzick, dont il dirigea les opérations avec une habileté remarquable. Il assista encore aux batailles de Heilsberg et de Friedland ; puis nommé gouverneur du Hanovre, il se fit distinguer dans son administration par sa haute probité et son désintéressement.

Au mois de février 1808, il eut le commandement en chef de l'artillerie des armées d'Espagne, et assista en cette qualité à la bataille de Sommo-Sierra et à la prise de Madrid. — Rappelé à la grande armée, en 1809, il commanda en chef l'artillerie à la bataille de Wagram. Élevé en 1811 à la dignité de premier inspecteur général de l'artillerie, il fut d'abord chargé de visiter les ports de la Méditerranée, qui semblaient menacés par une flotte anglaise ; mais bientôt rappelé par les besoins du service sur les bords de la Vistule, il assista à la prise de Smolensk, et engagea fortement l'empereur à s'arrêter après cette victoire.

Le général De la Riboisière se signala encore à la bataille de la Moskowa, où il eut le chagrin de perdre son jeune fils, officier de carabiniers ; à la prise de Moscou, etc. Chargé de faire sauter les fortifications de Smolensk, il ne put rejoindre le quartier-général qu'à Krasnaï. Peu de temps après, épuisé de fatigues et accablé du chagrin que lui causait la mort de son fils, il tomba malade à Wilna ; et, bien que sa position fût fort grave, il voulut néanmoins suivre le mouvement de l'armée, et vint jusqu'à Kœnisberg où il mourut, le 21 décembre 1812.

La ville de Fougères a donné le nom du général à la rue où est située la maison qu'il habitait.

Jamin (Jean-Baptiste-Auguste-Marie), marquis de Bermuy, né en 1773 à Louvigné-du-Désert, entra au service en 1790 comme sous-lieutenant de cavalerie, passa par tous les grades, se signala surtout en Espagne en 1813 et 1814, fut fait maréchal-de-camp, et périt à la bataille de Waterloo.

Piquet du Bois-Guy (Aimé), né vers 1774 au château du Bois-Guy, dans la commune de Parigné, chef de la conspiration *de la Rouërie* et de l'insurrection royaliste dans l'arrondissement de Fougères, se joignit, au mois d'août 1794, au comte Joseph de Puisaye. Nommé par le roi maréchal-de-camp et commandant du département d'Ille-et-Vilaine, il refusa d'adhérer à la pacification de la Mabilais ; et lorsqu'en 1795, Puisaye revint en Bretagne, il se joignit une seconde fois à lui, et ne posa les armes qu'à l'époque de la pacification opérée par le général Hoche. Il quitta alors son pays, où il ne croyait pas sa vie en sûreté, et vécut tantôt à Paris, tantôt à Senlis, changeant sans cesse de domicile, pour se soustraire à l'inquisition des agents du gouvernement impérial. En 1814, du Bois-Guy entra de nouveau dans l'organisation royaliste des départements de l'ouest. En 1815, il se rendit à Rennes, en vertu d'un ordre du roi, pour y décerner des récompenses aux royalistes blessés; mais sa présence ayant excité des troubles dans cette ville, il ne put accomplir sa mission. Les événements de 1815 le surprirent malade à Paris. Un ordre de l'empereur le fit arrêter dans son lit et conduire à la Force, où il resta prisonnier jusqu'au retour du roi.

Nommé au commandement du département des Ardennes, il le conserva jusqu'au moment de la révolution de juillet, où il rentra dans la vie privée.

Du Bois-Guy est mort à Paris il y a quelques années.

Bertin (Joseph-Marie-Eusèbe), né à Fougères, le 18 janvier 1774, fit ses humanités à Rennes avec un grand succès. En 1792, il y commença ses études médicales, qu'il interrompit pour prendre part à l'expédition de la force départementale; il fut employé pendant plusieurs années comme chirurgien dans la division des armées de l'Ouest, et après leur licenciement, se rendit à Paris pour continuer ses études médicales; il y obtint, en 1801, le premier prix de l'Ecole de médecine.

Reçu médecin en 1802, il vint, en 1804, se fixer à Rennes, où il s'acquit une grande réputation par ses connaissances et son caractère, par son dévouement à la profession qu'il avait embrassée. Il fut dès 1804 nommé médecin de l'Hôtel-Dieu et de l'hospice des Incurables. Sur la demande de ses confrères de Paris, il reçut, en 1823, comme récompense de ses travaux, le titre d'associé régnicole de l'Académie royale de médecine, sans avoir adressé aucun mémoire à cette Société savante. Il fut encore nommé médecin des épidémies, membre du jury pour la réception des officiers de santé, chevalier de la Légion-d'Honneur, membre du conseil académique et directeur de l'Ecole secondaire de médecine, où durant trente-cinq ans il professa avec une grande distinction la clinique et la pathologie internes, et pendant plusieurs années la chimie médicale.

M. Berlin est mort le 6 novembre 1839. Il n'a laissé d'autre ouvrage imprimé que sa Thèse *sur l'emploi des incisions dans les plaies d'armes à feu*, Paris, 1802, dissertation que l'on a mal à propos attribuée à M. René-Hyacinthe Berlin, son beau-frère (1).

BARBEDETTE CHERMELAIS, né à Louvigné, le 11 décembre 1784. D'abord sous-chef dans l'administration de la guerre, président du tribunal de Fougères en 1816, mort à Louvigné, le 28 janvier 1826, auteur du *Traité des Attributions des juges de paix*, Paris, 1810, in-8°, et collaborateur de Favard de Langlade, qui le cite avec éloge dans la préface de son *Répertoire de la nouvelle législation*.

Avant de se livrer à l'étude sérieuse de la jurisprudence, Barbedette Chermelais avait montré du goût pour les compositions dramatiques; mais le peu de succès qu'obtinrent ses essais dans ce genre le déterminèrent à suivre la nouvelle carrière qu'il embrassa.

---

(1) René Le Pays et Sébastien Frain, le commentateur de la Coutume de Bretagne, ne sont pas nés à Fougères, comme l'ont cru quelques biographes.

ERRATA.

Page 6, ligne 3, d'un autre côté, *lisez :* d'un côté.
Page 51, ligne 12, Mersiens, *lisez :* Merpins.
Page 63, histoire de la sénéchaussée de la subdélégation, *lisez :* de la sénéchaussée, de la subdélégation.
Page 73, à la dernière ligne, la distance qui sépare etc, *lisez :* qui séparait.
Page 80, ligne 9, ou palissades, *lisez :* ou de palissades.
Page 112, ligne 15, le Gréal, *lisez :* de Gréal.
Page 117, ligne 10, La Placardière, *lisez :* La Placeardière.
Page 133, ligne 14, la translation provisoire, *ajoutez :* de l'oratoire.
Page 161, avant-dernière ligne, les revenus les dépenses, *lisez :* les revenus et les dépenses.
Pages 186, ligne 28, *lisez :* 1598 Gilles Ruellan, sieur du Portal et du Rocher Sénéchal.
Page 189, ligne 1re, Tristan Courtoys; *lisez :* Courtays.
Page 203, ligne 10, le Parc, *lisez :* le Porc.
Page 212, ligne 5, quelques sommiers en bois de chêne, *lisez :* étaient en bois de chêne.
Page 222, ligne 24, bonne fortune, *lisez :* bonne fontaine.
Page 229, ligne 21, Andoëni, *lisez :* Audoëni.

Flore de l'arrondissement, page 297.

Aux espèces que nous avons indiquées, il faut ajouter : Pavot douteux, 3; moutarde des champs, 2; cardamine des bois, 4; sabline à feuilles menues, 5; géranion fluet, 3; genêt des teinturiers, 3; scandix, peigne de Vénus, 2; camomille des champs, 5; laiche cylindracée, 3; laiche des bourbiers, 3; paturin bulbeux, 3.

Il faut en retrancher : Berles à feuilles étroites; saule marceau; paturin comprimé; galeopside, ladanum.

TABLE DES MATIÈRES.

PRÉFACE . . . . j

INTRODUCTION.
De la cité des Rhedones et du comté de Rennes 1

PREMIÈRE PARTIE.

LIVRE Ier.

Histoire de la terre ou baronie de Fougères et de ses possesseurs.

CHAPITRE PRÉLIMINAIRE. — De l'étendue de la terre de Fougères. — Des droits qu'elle donnait à son possesseur. — Étymologie du nom de Fougères. 11

CHAPITRE Ier. — Seigneurs de la maison de Fougères proprement dite (990-1256) 21

CHAPITRE II. — Seigneurs de Fougères de la maison de Lusignan (1125-1314). 50

CHAPITRE III. — Seigneurs de Fougères de la maison de France (1314-1428). 53

CHAPITRE IV. — Seigneurs de Fougères, depuis 1428 jusqu'en 1780. 59

LIVRE II.

Histoire de la sénéchaussée, de la subdélégation, du district et de l'arrondissement de Fougères 63

DEUXIÈME PARTIE.

Histoire des villes et des communes de l'arrondissement de Fougères.

LIVRE Ier.

Histoire de la ville de Fougères et de ses monuments.

CHAPITRE Ier. — Histoire de la ville de Fougères. 77

§ 1er. — Fougères sous les seigneurs des maisons de Fougères et de Lusignan................ 77
§ 2. — Fougères sous les seigneurs de la maison de France et d'Alençon................ 85
§ 3. — Fougères sous les ducs de Bretagne......... 89
§ 4. — Fougères sous les rois de France........... 109

CHAPITRE II. — Histoire des monuments de la ville de Fougères. 131
§ 1er. — Du château et des anciennes fortifications.... 131
§ 2. — Des églises paroissiales de la ville de Fougères... 143
    I. — Saint-Léonard.................. 144
    II. — Saint-Sulpice.................. 151
§ 3. — Des hospices de la ville de Fougères.......... 157
    I. — Hospice Saint-Nicolas............ 157
    II. — Hospice Saint-Louis............. 162
    III. — Hospice de la Providence........ 164
    IV. — Maladrerie de la Madelaine........ 166
    V. — Lazaret de la Santé.............. 167
§ 4. — Des établissements religieux avant la révolution.. 167
    I. — Abbaye de Rillé................ 168
    II. — Prieuré de la Trinité............ 175
    III. — Couvent des Récollets.......... 177
    IV. — Maison des Ursulines........... 178
    V. — Maison des Urbanistes.......... 178
    VI. — Maison des Gigonnes........... 179
    VII. — Maison de Retraite............ 180
§ 5. — Anciennes chapelles de la ville de Fougères..... 180

APPENDICE.

De la Communauté ou de l'Hôtel-de-Ville de Fougères...... 183

LIVRE II.

Histoire des communes de l'arrondissement de Fougères...... 191

§ 1er. — Canton sud de Fougères................. 196
§ 2. — Canton nord de Fougères................. 206
§ 3. — Canton d'Antrain....................... 217
§ 4. — Canton de Saint-Brice................... 232
§ 5. — Canton de Louvigné.................... 237
§ 6. — Canton de Saint-Aubin-du-Cormier......... 254

TROISIÈME PARTIE.

INTRODUCTION.................... 275

LIVRE Ier.

§ 1er. — Topographie générale; position astronomique; dimentions, confins........................ 278
  Pays.............................. 278
§ 2. — Montagnes........................ 278
  Terrains, roches, minéraux, industrie minérale. 279
§ 3. — Bassins, vallées, rivières, bassin de la Vilaine... 283
  Bassin de la Sélune, du Couesnon......... 284
  Rivière du Couesnon................. 386
  De la tangue...................... 290
§ 4. — Climat........................... 293
  Aspect général..................... 294
  Flore de l'arrondissement.............. 297
§ 5. — Habitations....................... 306
  Églises........................... 309
  Châteaux, maisons gallo-romaines......... 310
§ 6. — Costume........................ 312
  Caractère, religion.................. 313
  Langage, alimentation................ 314

LIVRE II.

Statistique générale. Tableau A général, proportionnel et comparatif des cantons de l'arrondissement entre eux; de la France, du département d'Ille-et-Vilaine, et des arrondissements du département avec celui de Fougères................ 318

CHAPITRE Ier. — Statistique dans l'ordre de la population et de l'instruction.
§ 1er. — Population....................... 319
  Mariages, naissances................. 321
  Décès............................ 323
  Vie moyenne...................... 324
  Taille, infirmités.................... 325
  Constitution physique................ 326
§ 2. — Répartition de la population sous divers aspects, et sa distribution en différents groupes, population agglomérée; villages........................ 331
  Ménages......................... 332

Tableau B de la répartition des ménages et des habitants en différents groupes 334
    1re Distribution, en classes pauvre, gênée, moyenne, aisée et riche. 335
    2e Distribution, en classes non agricole et agricole. 337
    3e Distribution, les laboureurs 338
    4e Distribution, les propriétaires 339
§ 3. — Instruction primaire. 341

CHAPITRE II. — Statistique dans l'ordre de la topographie et des finances. 344
    Morcellement et division de la propriété. 345
    Revenus des communes de l'arrondissement 347
    Revenus des bureaux de bienfaisance 348

CHAPITRE III. — Agriculture.
§ 1er. — Observations sur le tableau n° 3 350
    Chronologie agricole 352
    Topographie agricole. 356
§ 2. — Assolement des terres 359
    Nature du sol, instruments d'agriculture 362
    Manière de cultiver. 363
§ 3. — Culture des céréales. 365
    Récolte des céréales, battage 367
    Qualité des céréales, de l'avoine. 370
    Du sarrazin. 371
    Du trèfle, des ajoncs 372
    Des genêts. 373
    Des pommes de terre. 374
§ 4. — Prairies. 374
    Landes. 376
    Communs. Observations sur leur vente et leur emploi. 377
§ 5. — Bois, forêts, arbres de clôtures. 384
    Pommier. 385
    Du cidre. Châtaignier. 388
    Cerisier. Commerce du bois. 389
§ 6. — Tableau C du nombre des bestiaux existant à différentes époques dans l'arrondissement 390
    Race bovine, commerce des bœufs et du beurre. 391

TABLE DES MATIÈRES.

Race chevaline.	393
Race porcine; industrie et commerce des salaisons.	396
Race ovine.	397
§ 7. — Exploitations agricoles.	399
Tableau D distribution des exploitations agricoles.	300
Usages locaux agricoles; règles de l'entrée au jour Saint-Georges.	403
Règles de l'entrée au jour Saint-Michel.	404
Règles communes à toutes les entrées.	405
Droits et obligations des propriétaires dont les fonds sont contigus.	410
Anciens poids et mesures de l'arrondissement.	412

CHAPITRE IV. — Viabilité.

§ 1er. — Des chemins vicinaux de l'arrondissement.	415
Tableau des travaux faits sur ces chemins.	417
Organisation des travaux de la prestation en nature.	419
Tableau de l'aménagement des communes pour cet objet.	421
Résultats obtenus par cette organisation des travaux et effets de l'amélioration de la viabilité rurale dans l'arrondissement.	424
§ 2. — Observations sur la loi des chemins vicinaux et sur les lois administratives en général.	438
§ 3. — Des anciennes voies publiques du pays.	448
Voies romaines.	449
Des moyens de transport dans l'arrondissement.	454

CHAPITRE V. — Industrie agricole, manufacturière et commerciale : patentés 456

Commerce des grains.	457
Marchés de bestiaux.	458
Industries manufacturières, tricots.	459
Draps.	460
Teintureries, papeteries.	461
Tanneries, verreries.	462
Toiles.	463
Flanelles, filatures de laine.	464
Fabriques de tresses et de chaussons de tresses.	465

LIVRE III.

Topographie de la ville de Fougères, aspect extérieur 467

    Aspect intérieur 473
    Tableau des rues de Fougères 476
    Statistique de la ville de Fougères 477
    Population 480
    Tableau du mouvement de la population de cette ville 482
    Revenus 484
    Octrois 486
    Historique des fontaines de Fougères 488

Saint Hamon; Etienne de Fougères; Pierre de Fougères.. 497
Etienne Cœuret; Etienne Le Petit; Thomas James; Dominique de Saint-Albert; le P. Maunoir. 498
Bertin (Exupère) 499
Pommereul 500
Rallier 503
Louiche Desfontaines 504
Amand Tuffin de la Rouërie 505
Baston de la Riboisière 506
Jamin; Piquet du Bois-Guy 507
Bertin (Joseph) 508
Barbedette-Chermelais 509

FIN DE LA TABLE.

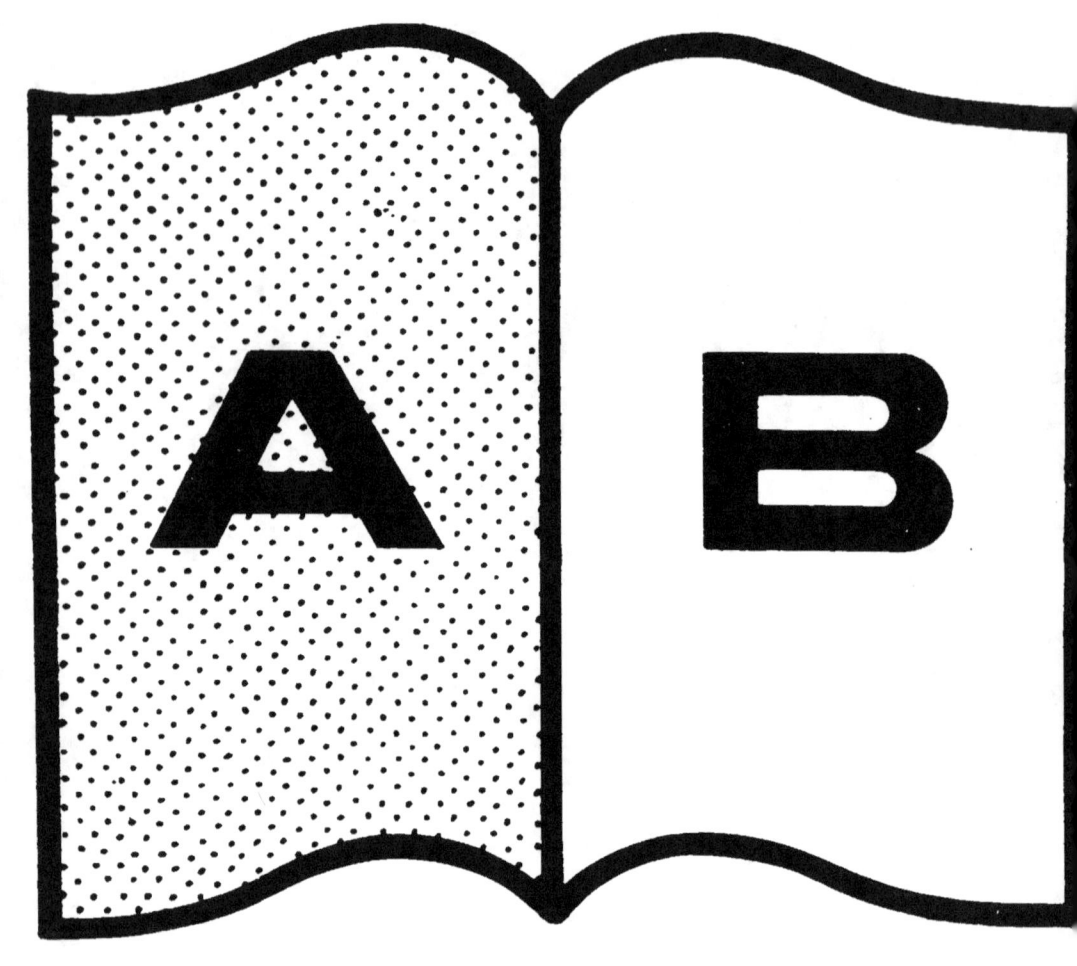

Contraste insuffisant

NF Z 43-120-14

www.ingramcontent.com/pod-product-compliance
Lightning Source LLC
Chambersburg PA
CBHW051358230426
43669CB00011B/1681